ÉCONOMIES DE LA CEMAC

Sous la direction de
Moustapha Kassé
Damien Ega Akoété Agbodji
Mathias Marie Adrien Ndinga

ÉCONOMIES DE LA CEMAC

Croissance économique, intégration régionale, capital humain, emplois et pauvreté

L'Harmattan

5-7, rue de l'Ecole-Polytechnique, 75005 Paris
http://www.editions-harmattan.fr
ISBN : 978-2-343-17097-8
EAN : 9782343170978

Tous nos remerciements et notre gratitude à l'endroit de M. le Ministre Jean Baptiste ONDAYE, Secrétaire général de la présidence de la République, pour son engagement et son soutien à la réalisation de cette formation doctorale.

Mot du Recteur de l'Université Marien NGOUABI

Professeur Jean-Rosaire IBARA
Grand Officier dans l'Ordre du Mérite Congolais
Commandeur dans l'Ordre du Mérite Universitaire

La session des soutenances des thèses qui s'achève confirme l'idée selon laquelle, à l'Université Marien NGOUABI, le travail est de rigueur et la science avance.

Les cuvées que nous célébrons, aujourd'hui, présentent la particularité d'être les premiers produits sortis du moule de la Faculté des sciences économiques.

Cette grand-messe pour laquelle nous sommes réunis, dans l'auditorium du rectorat, consiste à mettre en exergue l'engagement, le travail et le mérite, à promouvoir l'insertion professionnelle des diplômés de l'enseignement supérieur, nantis des compétences attendues par une société dorénavant exigeante.

Permettez-moi de vous exprimer mon immense joie et ma légitime fierté, avec un sentiment du devoir accompli, de prendre la parole, ici, au nom de l'ensemble de la communauté universitaire, des étudiants, du personnel administratif et d'appui, devant cette auguste assemblée, pour vous souhaiter une cordiale et chaleureuse bienvenue à une telle manifestation.

Permettez-moi alors, avant toute chose, de dire, mais avec les mots du cœur, les sentiments de reconnaissance, de gratitude aux membres du Gouvernement de la République pour avoir pu s'arracher, pour quelques heures, à leurs absorbantes occupations, afin d'être des nôtres cet après-midi.

Je voudrais, Monsieur le ministre, Secrétaire général de la présidence de la République, vous dire toute notre reconnaissance et notre émotion.

En acceptant de parrainer la première promotion et de participer personnellement à cette cérémonie, vous avez tenu à rendre un hommage public aux travaux accomplis par la Faculté des sciences économiques et à saluer ce qui représente, pour nous, l'aboutissement des longs efforts et un espoir pour l'avenir. Vous ne le regretterez pas, car il s'agit d'un investissement utile.

Nous vous prions de trouver, ici, l'expression de notre infinie reconnaissance.

Je voudrais me saisir de cette heureuse et historique occasion pour remercier, très sincèrement, Monsieur le président général des jurys, le Professeur Moustapha KASSE, Doyen honoraire de la Faculté des sciences économiques et de gestion de l'Université Cheikh Anta Diop de Dakar, membre de l'Académie des sciences du Sénégal et du Maroc, membre fondateur du Programme de troisième cycle interuniversitaire en économie ;Ancien président du Comité technique spécialisé sciences économiques et de gestion du CAMES, parrain de la formation doctorale de la Faculté des sciences économiques de l'Université Marien NGOUABI.

Que le Décanat de la Faculté des sciences économiques vous demande d'assurer la présidence générale des jurys n'est que justice.

Vous avez fait montre d'une grande responsabilité et d'un sérieux qui a rassuré tous les membres des jurys.

Je vous sais attaché à l'excellence, à l'exigence et à la bienveillance en soi.

Trouvez, ici, Monsieur le président général, la reconnaissance renforcée de notre institution. Nous sommes persuadés que vous continuerez à assurer notre compagnonnage.

Former nos propres cadres en économie, porter un jugement sur leur aptitude, apprécier la valeur scientifique de leurs travaux, voilà notre ambition : elle est noble.

Mais, nous tenons à associer, en raison de cette autre nécessité, la coopération internationale pour le progrès de la science et le dialogue des cultures. C'est pourquoi, notre volonté d'ouverture est sans équivoque, ouverture sur toutes les universités du monde pour former les meilleurs cadres possibles.

C'est ce qui justifie la présence, dans nos jurys, des collègues venus du Benin, du Burkina Faso, du Cameroun, de la Côte d'Ivoire, du Niger, du Sénégal et du Togo, qui, en dépit de leurs multiples occupations, ont daigné faire le déplacement de Brazzaville, parce qu'ils sont animés par la même foi que nous, rehaussant ainsi la qualité des jurys de la première promotion. Ils nous apportent leur concours désintéressé en toute amitié.

Chers collègues, si, d'aventure, toutes vos attentes n'ont pas été comblées au cours de cette session, ce n'est pas faute d'y avoir donné le meilleur de nous-mêmes : ne nous en tenez pas rigueur.

Aux collègues nationaux, membres des différents jurys qui se sont mis au service de la nation pour lui offrir l'une des plus grandes richesses du pays, à savoir les compétences en ressources humaines, j'adresse mes très vifs remerciements.

Je voue aussi une déférence à Monsieur Hervé DIATA, premier Maître de conférences agrégé en économie de notre pays, Doyen honoraire de la Faculté des sciences économiques. Atteint par la limite d'âge, il a su partir, mais a su aussi rester, revenir quand il fallait accompagner, pour donner encore des enseignements, pour une expertise à l'occasion des évènements académiques majeurs.

Permettez-moi de vous rendre un vibrant hommage, et vous témoigner la profonde gratitude de l'Institution.

Enfin, je m'en voudrais de ne pas féliciter Monsieur le Doyen et tout l'encadrement de la Faculté des sciences économiques pour cette première promotion qui, je le souhaite, de tout mon cœur, va ouvrir le chemin à beaucoup d'autres.

A nos illustres invités dont la présence dans cet auditorium rehausse l'éclat de cette cérémonie, la Faculté des sciences économiques et l'Université Marien NGOUABI, par ma voix, vous expriment leur profonde gratitude.

Permettez-moi de féliciter ces jeunes chercheurs qui, par leurs conclusions souvent réalistes, ont séduit les différents membres du jury des présentes thèses. Ces documents, une fois corrigés, comme l'ont souhaité certains membres du jury, seront disponibles à la bibliothèque du fait d'avoir obtenu la caution scientifique requise.

Chers Lauréats,

En ce jour où l'excellence académique s'expose, sachez que les diplômes que vous allez recevoir représentent la consécration de plusieurs années de travail personnel intensif, d'efforts inlassables, grâce auxquels vous avez reçu de vos maîtres ici présents et dont la notoriété est établie et avérée, des connaissances théoriques et pratiques indispensables pour mener à bien des tâches qui vous seront confiées dans un futur proche.

J'adresse les chaleureuses félicitations de notre communauté aux différentes familles qui ont consenti d'énormes sacrifices pour atteindre le résultat que voici. La fierté que vous ressentez, nous la partageons, puisque nous avons été, par l'esprit et le savoir, pendant de nombreuses années, les parents des impétrants.

Vive la Faculté des Sciences Économiques ;

Vive l'Université Marien NGOUABI ;

Vive le Congo notre beau pays ;

Je vous remercie.

Mot de M. le ministre, Jean-Baptiste ONDAYE

Secrétaire général de la Présidence de la République,
Parrain de la promotion

Parler d'une première promotion de docteurs à la Faculté des sciences économiques, après plus de deux décennies d'existence de l'Université Marien NGOUABI, peut être une source d'appréhension. En effet, il est possible de se poser un certain nombre de questions, à savoir : pourquoi maintenant et non avant ? Avons-nous l'expertise pour le faire ? ou encore quelle sera la qualité des produits ? Autant de questions qui auraient pu décourager plus d'un et inciter au renoncement à une telle entreprise.

Cependant, ne pas le faire soulève d'autres préoccupations encore plus importantes qui ne sauraient me laisser indifférent en tant que collaborateur immédiat du Président de la République dont le projet de société milite en faveur d'une marche vers le développement. Oui, ne pas le faire nous conduirait inéluctablement à nous poser la question de savoir s'il est possible de parler de développement de l'enseignement supérieur au Congo dans le domaine des sciences économiques ou tout simplement de développement si notre pays n'est pas en mesure de produire des ressources humaines de haut niveau dans un domaine aussi important.

Cette question montre à quel point cet événement est particulièrement important pour notre pays qui aspire déjà à l'émergence dans sa marche vers le développement. Mon devoir, en tant que collaborateur du chef de l'Etat, a été d'accompagner et d'apporter tout le soutien nécessaire à la réalisation de cette entreprise scientifique, car elle participe à la concrétisation de la vision du Président de la République dans le domaine de l'enseignement supérieur.

Au regard de la qualité des travaux réalisés qui ne fait l'ombre d'aucun doute après ces quatre jours de soutenance de thèses, je ne peux qu'exprimer mes remerciements à toutes les personnes ressources, qui ont mis leur expertise au service de la Faculté des sciences économiques, pour la réalisation de cette formation et, tout particulièrement, aux membres du jury pour avoir fait le déplacement de Brazzaville, malgré leurs multiples occupations. Je salue, à cet effet, l'esprit panafricain placé au service du développement des universités africaines.

La célébration des remises de diplômes, cet après-midi, ne doit pas marquer la fin d'une entreprise, bien au contraire, elle constitue le premier pas d'une interminable coopération entre les facultés des sciences économiques des pays de la Conférence des institutions d'enseignement et de recherche économiques et de gestion en Afrique (CIEREA, en sigle). Cette coopération s'impose à nos universités comme une exigence dictée par la nécessité de mutualiser nos ressources afin d'exister dans un monde qui, de plus en plus, se globalise sur fond d'une forte exigence, en termes d'assurance qualité. Ne dit-on pas que l'être humain a besoin des cinq (5) doigts de sa main pour nettoyer son visage ?

Je voudrais dire à mes enfants, qui ont travaillé, pendant trois ans, et qui sont, aujourd'hui, docteurs es sciences économiques, d'être fiers de ce diplôme qui est le fruit de leurs efforts et de leurs sacrifices.

Chers enfants, vous devez savoir que si les douleurs de la production de vos thèses de doctorat sont derrière vous, celles de la défense de vos diplômes sont à venir. Il en est ainsi parce que chaque victoire dans la vie est une nouvelle bataille en perspective. Vous devez travailler sous la supervision de vos maîtres pour devenir des professeurs d'Universités et contribuer au rayonnement de notre alma mater. Vous avez la grande responsabilité d'être, non seulement des exemples pour les plus jeunes, mais aussi des piliers de l'encadrement des autres pour que la flamme allumée, ce jour, ne s'éteigne jamais. De vos maîtres, vous avez reçu, soyez généreux en retour et donnez aussi à ceux qui viendront après vous.

Le refus de partage que vous appelez le "catch" est un comportement qui conduit au nivellement par le bas. Les exemples de générosité aussi bien du professeur Moustapha KASSE que des autres professeurs présents, ici, doivent vous guider afin de bénéficier, vous aussi, de la considération et de l'estime de votre communauté scientifique.

Je vous remercie !

Mot de M. le ministre Jean Richard Bruno ITOUA

Ministre de l'Enseignement supérieur,

Monsieur le Secrétaire général de la présidence de la République, parrain de cette première promotion ;
Monsieur le Conseiller spécial du chef de l'Etat, chargé de l'Education de la recherche et de l'innovation ;
Monsieur le Recteur de l'Université Marien NGOUABI ;
Monsieur le Président général du jury international ;
Monsieur le Directeur de cabinet ;
Madame la Directrice générale des affaires sociales et des œuvres de l'Université ;
Monsieur le Vice-recteur chargé de la recherche et de la coopération ;
Monsieur le Secrétaire général de l'Université Marien NGOUABI ;
Messieurs les chefs d'établissement, chefs d'établissement adjoints de l'Université Marien NGOUABI ;
Mesdames et messieurs les directeurs centraux de l'Université Marien NGOUABI ;
Éminents professeurs, membres du jury international de cette première promotion ;
Mesdames et messieurs les enseignants-chercheurs ;
Monsieur le président de la chambre de commerce de Brazzaville ;
Monsieur le Recteur honoraire de l'Université Marien NGOUABI ;
Monsieur le Secrétaire général honoraire de l'Université Marien NGOUABI ;
Monsieur le représentant des syndicats de l'Université Marien NGOUABI,
Monsieur le représentant des Associations des étudiants ;
Chers lauréats, chers parents, mesdames et messieurs, chers étudiants,
Tous autres invités en vos rangs et grades respectifs,

Je voudrais, à l'entame de mon propos, vous dire à quel point je suis particulièrement heureux d'être avec vous aujourd'hui à l'occasion de cette cérémonie exceptionnelle, solennelle et inédite qui clôture la première édition de soutenances de thèses de doctorat au sein de notre chère faculté des sciences économiques de l'Université Marien NGOUABI. C'est pourquoi, au nom du gouvernement de la République, permettez-moi de féliciter toutes les parties prenantes à cette œuvre académique qui a conduit à la formation de douze (12) docteurs dont onze (11), par ailleurs, exercent déjà en qualité de chargés d'encadrement technique et professionnel (en sigle CETP) à la même faculté des sciences économiques.

De la même manière, je voudrais saluer ici particulièrement le sens élevé de panafricanisme qui a animé le corps enseignant à travers la présence à Brazzaville de douze (12) éminents professeurs africains venus de six (6) pays d'Afrique francophone : le Benin, le Burkina Faso, le Cameroun, la Côte d'ivoire, le Sénégal, le Togo. Monsieur le recteur l'a dit, permettez-moi de réitérer, que, aux cotés de leurs collègues du Congo, ils ont apporté la caution scientifique indispensable à l'évaluation du travail réalisé par leurs pairs de la faculté des sciences économiques de l'Université Marien NGOUABI et ils ont donné ainsi à ce jury son caractère international.

C'est, en effet, grâce à la collaboration de nos universités, de nos facultés de sciences économiques respectives et de nos laboratoires de recherche que la formation des docteurs a été rendue possible aujourd'hui. C'est, à n'en point douter, une bonne moisson pour notre Alma mater. Ces nouveaux docteurs viennent ainsi renforcer nos ressources humaines en quantité et en qualité dans le domaine des sciences économiques.

Je me réjouis de l'organisation solennelle de la présente cérémonie et je ne peux m'empêcher, quoi qu'il m'en coûtera peut-être quelques oreilles, de réitérer l'intérêt de l'Université Marien NGOUABI de communiquer davantage sur le travail, sur le bon travail, sur l'excellent travail d'enseignement et de recherche hautement appréciable, qui est à combler en vue d'améliorer sa visibilité y compris à l'intérieur du Congo, mais aussi bien entendu à l'international.

Distingués invités ;
Mesdames et messieurs,

L'enseignement supérieur et l'université, en premier, sont au cœur de la valorisation des ressources humaines. Faut-il rappeler, une fois encore, que la ressource humaine est une arme de construction massive qui impacte positivement la société avec son faisceau d'opportunités et de motivations. Peut-être, devrions-nous ajouter que la production de haut niveau est indubitablement le moyen le plus approprié pour développer le potentiel d'un pays dans tous les domaines de sa vie, de ses activités et de son ambition. Le Congo, notre pays, s'est fortement engagé sur la voie de l'émergence. Monsieur le Secrétaire général de la Présidence l'a rappelé qu'il est indispensable de disposer des ressources humaines de qualité pour avoir une économie mieux armée pour faire face aux défis et aux besoins toujours plus croissants, plus exigeants de nos populations et d'une société dont la modernité et l'ouverture accélèrent les attentes et les ambitions.

La présente session de Congratulation des nouveaux docteurs en science économique doit s'inscrire résolument dans cette dynamique. Le plan national de développement, le PND 2018-2022, adopté récemment par l'Assemblée nationale est la traduction de la grande ambition de son excellence Monsieur le Président de la République à travers son projet de société intitulé « La marche vers le développement pour notre pays ». Son premier axe accorde désormais une place de choix au développement du capital humain. Comme, il s'en fallait encore, de notre prise de conscience que le développement de notre pays passe par la mise à disposition de la nation des ressources humaines de qualité dans notre sous-secteur de l'enseignement supérieur qui a la responsabilité de produire, de fournir à la nation sur la base des standards internationaux, les plus rigoureux la tranche supérieure et de l'Elite.

Notre marche vers le développement est et doit être perçue par tous comme une entreprise collective à laquelle chacun de nous doit apporter sa pierre à l'édifice. La formation des docteurs, à la Faculté des Sciences Economiques, tant d'années après sa création en 1988 qui ferait même suite à l'éclatement de l'Institut supérieur des sciences économiques, juridiques, administratives et de gestion en sigle INSEJAG arrive à point nommé à ce stade de l'évolution désirée de notre nation pour massifier la communauté des économistes congolais afin que, par leur éclairage ravisé de nourrir toutes les réflexions en cours en vue de conduire notre pays vers la voie du développement.

Distingués invités,
Mesdames et messieurs,

Le ministère de l'Enseignement supérieur ne ménagera aucun effort pour accompagner la direction rectorale dans l'œuvre de finalisation de la mise en place complète du système "Licence Master Doctorat" (LMD) dans tous les établissements et, au-delà, la mise en œuvre de son plan stratégique de développement 2025 de l'Université Marien NGOUABI adopté par le dernier comité de direction. Je voudrais en profiter ici pour remercier la qualité, le brio du travail de son président du comité de direction à ma gauche c'est-à-dire Monsieur le Conseiller spécial pour cette belle victoire qui était très attendue. A ce stade, je voudrais adresser mes sincères félicitations aux lauréats de cette première promotion notamment pour la qualité et le choix des thèmes traités, dans les thèses de doctorat, que vous avez entendus tout à l'heure. Ils permettent, j'en suis convaincu, d'avoir une meilleure compréhension des problématiques de pauvreté, vous l'aviez entendu, de lutte contre la pauvreté, de croissance économique et de développement pour le Congo et la Zone CEMAC.

Les félicitations du Gouvernement de la République s'adressent ensuite au décanat de la Faculté des sciences économiques et au-delà à tout le personnel de cette faculté qui, pendant trois (3) ans, se sont investis pleinement pour arriver à l'aboutissement de ce travail collectif qui nous permet de congratuler ce jours ces douze (12) docteurs. Soyez rassurés que je saurai traduire fidèlement à son Excellence Monsieur le Président de la République, notre satisfaction de voir que la Faculté des Sciences économiques de l'Université Marien NGOUABI a désormais atteint sa vitesse de croisière, pourrais-je dire, afin d'accompagner le gouvernement dans le processus de développement des ressources humaines de qualité et de haut niveau dans le domaine de l'économie avec la production désormais chaque année des docteurs et enseignants aux standards internationaux.

A madame et messieurs les lauréats, qu'il me soit permis de vous dire que vous faites désormais partie des acteurs de haut niveau de l'intelligence économique nationale, voire internationale, fruit de nombreux sacrifices que vous et vos familles respectives, ici présentes ce jour, aviez consentis pendant ces années. Toutes mes félicitations donc pour votre ténacité, votre régularité, votre persévérance. Mais, que l'ardeur au travail ne baisse pas, pour autant néanmoins, car, quoiqu'important, ceci est la première des étapes qui doivent vous conduire vers les cimes de la profession et du savoir. Dans quelque temps, il vous faudra recommencer, redoubler d'efforts et je vous y exhorte pour vous soumettre au filtre des évaluations scientifiques de notre institution régionale en la matière, à savoir le Conseil africain et malgache de l'enseignement supérieur (CAMES), afin de perpétuer l'excellence de votre formation et aussi pour éclairer notre société sur les questions économiques du XXIe siècle et j'ai envie de dire que j'aimerais être témoin de rendez-vous du jour où vous serez professeurs de rang magistral.

Distingués invités,
Mesdames et messieurs

Pour terminer, j'espère une fois de plus que cette cérémonie de gradation, la première de l'histoire de la Faculté des Sciences Economiques de l'Université Marien NGOUABI, est le point de départ de ce qui deviendra comme pour la Faculté des sciences de la santé une tradition qui sera perpétrée, année après année.

Distingué invités,
Mesdames et messieurs,

Je vous remercie pour votre aimable attention.

Introduction

Damien Ega Akoété AGBODJI
Mathias Marie Adrien NDINGA

La formation doctorale en économie appliquée est la première de la faculté des sciences économiques de l'Université Marien NGOUABI. Sa mise en place à l'issue du conseil technique de notre alma mater, en février 2016, et, dans la foulée, le recrutement de la première promotion pour le compte de l'année académique 2015-2016 parachève la mise en place du système Licence – Master – Doctorat au sein de l'Établissement. Les travaux réalisés par les doctorants de cette première promotion peuvent être regroupés en deux sous-thèmes. Le premier porte sur la pauvreté, le marché du travail et la protection de la forêt. Le second est relatif à la croissance économique et à l'intégration régionale. Pour une première, il y est ajouté, les travaux des premiers docteurs du Laboratoire de recherche et d'études économiques et sociales ayant soutenu leurs thèses de doctorat dans les différentes universités africaines telles que celles de Lomé, Cheick Anta Diop, Delaware. Mais, avant de présenter ces premiers travaux, il est important de faire un peu d'histoire dans la mesure où la formation doctorale en économie appliquée de la Faculté des sciences économiques s'inscrit dans la lignée de l'histoire de l'évolution de cette faculté.

Un peu d'histoire

C'est à travers l'histoire retraçant l'évolution de l'enseignement supérieur au Congo que s'est dessinée celle de la Faculté des sciences économiques. En effet l'Université de Brazzaville a vu le jour en 1971 sur les cendres de la Fondation de l'enseignement supérieur en Afrique (FESA). Elle comptait cinq (5) établissements dont une école, un institut et trois (3) facultés. Il s'agit de : l'École normale supérieure, l'Institut des sciences de l'éducation, la Faculté de droit et des sciences économiques, la Faculté des lettres et des sciences humaines et la Faculté des sciences.

Rebaptisée Université Marien NGOUABI, en 1977, en hommage au président Marien NGOUABI, l'Université Marien NGOUABI a connu plusieurs mutations dues à la création des écoles et des instituts qui ont renforcé ou reconfiguré les établissements existants. C'est ainsi qu'en 1977, l'institut supérieur des sciences économiques, juridiques, administratives et de gestion (INSSEJAG) a été créé dans le but de reconfigurer la Faculté de droit et des sciences économiques, à laquelle a été annexée la branche des sciences de gestion. C'est ainsi que l'INSSEJAG s'est structuré autour de trois départements, à savoir : le département des sciences économiques, le département de droit et le département de gestion.

En 1988, une réforme de l'université Marien NGOUABI à travers les décrets n°88-561, n°88-562 et n°88-570 consacre l'éclatement de l'INSSEJAG en trois établissements que sont : l'Institut supérieur de gestion, la Faculté de droit et la Faculté des sciences économiques. Ainsi, en l'état actuel, la Faculté des sciences économiques existe depuis 1988. Mais, depuis sa création, son histoire a été marquée par des changements organisationnels faisant suite, chaque fois, à des restructurations de ses offres de formation.

En effet, à l'époque de l'INSSEJAG, il y avait deux offres de formation dont l'une en économie du développement et l'autre en planification. Ces deux offres couvraient aussi bien le cycle de la licence (trois ans d'études) que celui du Diplôme d'études supérieures (DES) qui se faisait en deux années après la licence.

Le passage de l'INSSEJAG à la Faculté des sciences économiques s'est accompagné d'une restructuration des offres de formation. Les diplômes d'études spécialisées ont été supprimés pour laisser place aux diplômes de maîtrise en sciences économiques. De plus, il y est apporté une plus grande diversité dans les offres de formation dont la matérialisation a été la création des départements traduisant ces évolutions. Ainsi, après un tronc commun (première année et deuxième année), les étudiants avaient le choix de s'orienter, en troisième année, dans, l'un des départements suivants : Macroéconomie appliquée, Économie financière et Économie du développement.

A la faveur de l'augmentation et de la diversification des ressources humaines, les offres de formation ont évolué, à partir des années 1990. Le cycle de tronc commun va être érigé en département d'Economie fondamentale et, aux trois anciens départements (Macroéconomie appliquée, Economie financière et Economie du développement), il va y être ajouté le département d'Economie d'entreprise.

Depuis 2008, la Faculté des sciences économiques s'est engagée dans une réforme devant conduire à l'instauration du système « Licence – Master – Doctorat » dit LMD. L'implémentation de ce système a déjà conduit à l'instauration des parcours en licence et en master. Tous les parcours sont encore sous la tutelle des cinq (5) départements. Aussi, l'achèvement passe-t-il par la dissolution des cinq départements pour ne laisser place qu'à trois départements : les départements de Licences, Masters et Doctorats. C'est dans le cadre de cette réforme qu'est née la formation doctorale « Économie appliquée », six (6) ans, après la mise en œuvre du système LMD à la Faculté des sciences économiques.

Travaux émanant des premières thèses

Les travaux réalisés par les doctorants de cette première promotion prennent appui aussi bien sur le domaine de la microéconomie que sur celui de la macroéconomie. Ils portent sur des thématiques d'une grande importance pour les pays en développement de façon générale, l'Afrique et le Congo, en particulier. Ces thématiques reposent sur la pauvreté, le marché du travail et la protection de la forêt, d'une part, et la croissance économique ainsi que l'intégration régionale, d'autre part.

Pauvreté, marché du travail et protection de la forêt

Dans leur travail portant sur *Les effets de la pauvreté et des inégalités de revenu sur le bonheur*, madame Olga NGAKALA, épouse AKYLANGONGO, NDINGA Mathias Marie Adrien et KANE Chérif Sidy font preuve d'originalité en traitant d'un thème peu abordé dans les pays en développement, notamment ceux d'Afrique. A partir d'une méthodologie, qui combine les techniques statistiques, les auteurs de ce travail ont développé deux mesures du bonheur. C'est ainsi qu'à l'aide d'une analyse économétrique, ils ont établi qu'au Congo la pauvreté et les inégalités de revenu réduisent le niveau de bonheur des populations.

L'accès à l'emploi, dont le capital social constitue l'un des canaux indiqués, est l'un des moyens de sortir de la pauvreté. De ce fait, analyser les effets du capital social sur l'accès à l'emploi ainsi que son influence sur les caractéristiques de l'emploi occupé au Congo sont les principales préoccupations du travail réalisé par Ted NGASSA, Maixent LOUBASSOU NGANGA et Mathias Marie Adrien NDINGA. Les résultats, qu'ils obtiennent, suggèrent que le capital social détermine beaucoup plus l'accès à l'emploi dans le secteur informel que dans le secteur formel. De ce fait, il ne favorise pas l'accès aux emplois décents.

En dehors du capital social exploré par Ted NGASSA, Maixent LOUBASSOU NGANGA et Mathias Marie-Adrien NDINGA comme moyen d'accéder à l'emploi et sortir de la pauvreté, Arsène AKOUELE, MALAM MAMAN Maman Nafiou et Pierre Ghislain BATILA NGOUALA ont focalisé leur travail sur la migration interne. Au cœur de leur travail se trouve la question de savoir si la migration interne est un déterminant de l'accès à l'emploi dans les secteurs formel et informel. Les résultats qu'ils obtiennent suggèrent que l'exode rural est un déterminant de l'accès à l'emploi. Pour ces auteurs, les individus les plus scolarisés, en particulier ceux qui habitent dans les zones rurales, sont plus disposés à migrer dans les zones urbaines pour accéder aux emplois non agricoles qui valorisent mieux leur capital humain.

Le Congo est un pays doté de vastes étendues de forêts. De ce fait, dans la lutte contre la pauvreté, il est possible d'aller au-delà des leviers comme la migration interne et le capital social pour s'intéresser aux produits forestiers non ligneux (PFNL). C'est l'objet du travail de Rodrigue Maxime SAH, Jean Claude BOZONGO et Pam ZAHONOGO qui placent, au centre de leur problématique, la question de savoir quels sont les effets des produits forestiers non ligneux sur la réduction de la pauvreté et la conservation de la forêt. A l'issue de leurs différentes analyses, ils montrent que les activités qui se développement autour de l'exploitation et la commercialisation des PFNL sont une source de revenu, de création d'emplois et, donc, de réduction de la pauvreté. Les analyses réalisées sur l'exploitation des PFNL suggèrent qu'il s'agit d'une exploitation durable, capable de conserver la forêt.

La sortie de la pauvreté peut se faire par le développement des activités économiques, par les ménages-entrepreneurs ou encore par l'accès facile aux biens de consommation. Mais, de telles entreprises se heurtent, souvent, au risque d'inflation. Cette question a fait l'objet du travail réalisé par Denis Billhickok LOUBELO, Marie Alphonse ITOUA et Damien Ega AGBODJI AKOUETE qui ont procédé à l'analyse du comportement des investisseurs et des consommateurs face au risque d'inflation. Les résultats qu'ils obtiennent suggèrent que, à long terme, les investisseurs sont averses au risque d'inflation. L'incertitude liée à l'évolution future des prix conduit des entreprises à ne pas prendre de risque, en matière d'investissement. En revanche, les consommateurs ne sont pas averses au risque d'investissement, puisqu'ils décident de maintenir les habitudes de consommations. Cependant, à court terme, ils manifestent un comportement hétérogène face au risque d'inflation.

La sortie de la pauvreté nécessite aussi l'amélioration du capital humain. Dans les pays en développement, l'accent est, souvent, mis sur l'enseignement primaire et secondaire considéré comme l'actif du peuple, parce qu'il permet aux pauvres de participer à la vie socio-économique du pays. Pour atteindre cet objectif, le système éducatif doit être performant. Ainsi, la recherche de performance de ce système justifie la thèse de doctorat de Stève MBOKO sur *l'Efficacité interne du système d'enseignement secondaire au Congo*. Les résultats obtenus suggèrent que le redoublement est le fait des conditions de vie des ménages et des conditions de travail qu'offrent nos écoles. Ces facteurs impactent la qualité de l'éducation proposée dans les écoles publiques qui, du reste, concernent près d'un élève sur trois au Congo. Or, la qualité de l'enseignement conditionne le niveau de compétences cognitives de la population qui, à leur tour, sont étroitement liées aux gains individuels, à la redistribution du revenu et, surtout, à la croissance économique.

Aimé OUADIKA, Constant Serge IKIEMI et Mathias Marie-Adrien NDINGA se sont intéressés à la dynamique de la pauvreté au Congo. A cet égard, leur analyse suggère que les transitions négatives sont légèrement plus importantes que les transitions positives qui traduisent une chronicité de la pauvreté. En d'autres termes, les ménages congolais entrent dans la pauvreté et y restent longtemps. Cette dynamique de la pauvreté est déterminée aussi bien par le niveau de vie des ménages, leur dotation en capital humain, la situation du marché de travail, le milieu de résidence que par la qualité des politiques économiques mises en œuvre dans le pays. La pauvreté chronique est associée aux caractéristiques démographiques et d'autres intrinsèques aux individus et, dans une moindre mesure, au dysfonctionnement du marché du travail.

Avec la diffusion des technologies de l'information et de la communication, les paiements mobiles sont en train de prendre de l'importance au Congo et pourraient être une solution à l'inclusion financière. C'est pour favoriser la diffusion de cette innovation que GANGA ZANDZOU, Chérif Sidy KANE et Mathias Marie-Adrien NDINGA s'intéressent aux facteurs d'adoption des paiements mobiles au Congo. Leur analyse confirme le rôle important de l'observabilité, la compatibilité, l'avantage relatif, les coûts et la confiance. Ils notent, enfin, une forte interaction pour l'observabilité, ainsi que la significativité de l'effet de la possession d'un emploi sur l'adoption des paiements mobiles.

Enfin, la lutte contre la pauvreté sous toutes ses formes demeure une préoccupation majeure exprimée dans les différents documents de politique économique (Document pour la croissance, l'emploi et la réduction de la pauvreté, Plan national de développement). Franck MAMPOUYA MBAMA et Val - Man LECKA abordent cette question en s'intéressant aux déterminants de la pauvreté multidimensionnelle au Congo, à partir des données de l'enquête congolaise auprès des ménages. Les résultats obtenus par les deux auteurs suggèrent qu'il faudrait porter une attention particulière sur : la construction de logements sociaux décents à des prix accessibles aux plus pauvres, la régulation et l'encadrement des prix des terrains dans les grandes villes, l'accélération du projet « Eau pour Tous », l'ouverture des formations qualifiantes à plus de femmes, l'accès des femmes aux crédits, aux microcrédits et à plus d'activités génératrices de revenus.

La relation entre la consommation d'énergie et la croissance économique dans les pays membres de la CEMAC est au centre du travail de recherche réalisé par Hermann Clachel LEKANA, Chérif Sidy KANE et Mathias Marie-Adrien NDINGA. L'objectif poursuivi dans leur travail est d'évaluer les effets de la consommation d'énergie sur la croissance économique. De manière spécifique, ils établissent l'apport de la consommation d'énergie dans l'amélioration du niveau d'efficience productive et ensuite ils procèdent à la détermination du niveau optimal d'énergie capable de booster la croissance des pays membres de la CEMAC. Les résultats obtenus par ces auteurs permettent de mettre en lumière l'apport de l'énergie en tant que facteur de croissance économique dans les pays de la CEMAC. D'un point de vue analytique, ce travail met en évidence le caractère non linéaire de la relation entre la consommation d'énergie et la croissance économique. De ce fait, cette recherche montre les effets de seuil dans la consommation d'énergie en vue d'optimiser la croissance économique.

La cyclicité de l'output gap au sein des pays membres de la CEMAC a fait l'objet du travail de recherche de Jean Roméo Félix KOUIKA BOUANZA, Jean Ignace TENDELET et Mathias Marie Adrien NDINGA. L'objectif visé dans ce travail est d'analyser les effets des chocs sur la cyclicité de l'output gap dans les pays de la CEMAC. Ainsi, cette thèse se veut une contribution à l'analyse empirique de la cyclicité de l'output gap dans les pays de la CEMAC. Les résultats qui en découlent montrent que, d'un côté, les cycles conjoncturels sont très erratiques; ce qui dénote de l'hétérogénéité des économies de la CEMAC et, de l'autre, la prééminence des effets des chocs de demande dans l'explication de la cyclicité de l'output gap dans les pays de la CEMAC.

Une union économique et monétaire est-elle bénéfique pour l'attractivité des investissements directs étrangers ? Cette question est au cœur du travail réalisé par Julien Ghislain MOUANDA MAKONDA, Constant Bruno Serge IKIEMI et Béthuel MAKOSSO qui tentent d'apprécier les effets de l'union monétaire sur les flux d'IDE entrants dans les pays membres de la CEMAC et de l'UEMOA. Pour ce faire, ils recourent à une analyse économétrique, d'une part, et ils utilisent des groupes de pays témoins non membres des unions monétaires, d'autre part. C'est le cas des pays de la CEDEAO non membres de l'UEMOA et les pays membres de la CEEAC non membres de la CEMAC. Les résultats obtenus montrent que les pays qui ne sont pas en union monétaire ont une propension plus élevée d'attractivité des IDE. De plus, leurs analyses permettent de montrer qu'il y a une forte présomption d'auto-corrélation spatiale des IDE entrants dans l'UEMOA et la CEDEAO et une faible présomption dans la CEMAC et la CEEAC.

La production pétrolière s'est généralisée dans l'espace CEMAC et les économies des pays membres de cette sous-région dépendent de plus en plus de cette matière première. Aussi les chocs pétroliers affectent-ils les grandeurs macroéconomiques de ces pays comme c'est le cas pour la dette. C'est l'objet du travail de Michel Abéa OKIEMY, Joseph MATA et Mathias Marie-Adrien NDINGA qui analysent les effets macroéconomiques des chocs pétroliers sur l'encours de la dette extérieure, la dette souveraine et le service de la dette des pays de la zone CEMAC entre 1986 et 2015. Les résultats obtenus suggèrent, au sujet de la dette souveraine, que les chocs de demande sont plus importants sur la dette ; mais que cette dette est, en grande partie, expliquée par l'encours de la dette extérieure ; et que l'augmentation ou la baisse de l'encours de la dette et la dette souveraine n'est pas due aux seules fluctuations des prix du pétrole, mais à d'autres facteurs tels que les politiques budgétaires pro-cycliques. En ce qui concerne le service de la dette, les résultats obtenus révèlent que celui-ci est plus expliqué par les prix et les termes de l'échange que par l'offre et la demande.

L'importance des infrastructures dans la croissance économique est de plus en plus mise en avant aussi bien dans la relance des économies en récession pour juguler la crise de l'emploi ou pour lutter contre la pauvreté. C'est là tout l'intérêt de la conception de Sylvaniste ETSIBA, Pam ZAHONOGO et Béthuel MAKOSSO dont l'objectif est d'analyser les effets des investissements publics en infrastructures économiques sur la croissance économique au Congo. Les résultats obtenus suggèrent que les infrastructures économiques améliorent l'efficience productive au sein de l'économie congolaise. Les scores d'efficience sont plus élevés au niveau des infrastructures de transport, d'électricité et d'eau. A contrario, ces scores d'efficience sont faibles au niveau de l'éducation, la santé et les postes et télécommunication.

Toujours dans le but de rechercher les sources de la croissance dans la zone CEMAC, Roland BANY s'est intéressé à l'analyse de l'incidence de la concentration bancaire sur la croissance économique au cours de la période 2005-2015. Pour ce faire, il recourt à l'extension du modèle AK de Pagano (1993) proposée par Deidda et Fattouh (2005) et à la méthode des moments généralisés (GMM) en systèmes pour tester l'hypothèse selon laquelle, dans la zone CEMAC, la concentration bancaire exerce une influence négative sur la croissance économique. Les principaux résultats obtenus attestent l'absence d'un pouvoir explicatif significatif de la concentration bancaire sur la croissance économique.

Avec une économie faiblement diversifiée, le Congo est vulnérable aux chocs affectant les prix du pétrole. Aussi, pour comprendre les effets des chocs des prix du pétrole sur l'économie congolaise, Gaspard Symphorien MBOU LIKIBI s'est penché sur l'analyse des effets de ces chocs sur l'économie congolaise. Les résultats qu'il obtient confirment la forte sensibilité de l'économie congolaise aux chocs des prix. Les variances du PIB des secteurs industriel et agricole seraient imputables aux chocs des prix à hauteur respectivement de 17 et 12%. Toutefois, il convient de relever que les effets de ces chocs tendent à s'annuler, dès la deuxième année pour le PIB du secteur agricole et à partir de la quatrième année en ce qui concerne le PIB du secteur industriel.

Enfin, le développement de la très petite entreprise est au cœur de la diversification de l'économie, de la résolution du problème du chômage et de la croissance économique. A cet égard, Pierre Ghislain BATILA KOMBO analyse les effets du capital social sur l'accès de la très petite entreprise au financement bancaire au Congo. Les résultats obtenus par l'auteur montrent que le capital social a plus d'effets sur l'accès au financement bancaire quand il est associé à la tenue de la comptabilité. Par conséquent, le capital social de la TPE est un complément important à la non tenue de la comptabilité. Au vu de ces résultats, il est recommandé aux TPE d'améliorer la tenue de leur comptabilité et de se mettre en réseaux pour bénéficier des bienfaits du capital social.

Hommage à Samir AMIN

par le Professeur Moustapha KASSE

Président du comité scientifique, Doyen honoraire de la FASEG, membre de l'Académie des sciences et techniques, commandeur de l'Ordre national du Lion, Commandeur de l'Ordre du mérite universitaire du Congo-Brazzaville et Officier des Palmes académiques du CAMES.

Samir AMIN: Le parcours sans fin d'un monument de la Science économique, un analyste robuste des alternatives au néolibéralisme

Résumé

Le développement et l'émancipation des pays africains ont constitué la pierre angulaire de l'œuvre de Samir AMIN, décédé le 13 août 2018, jour de la cérémonie de gradation des premiers docteurs de la Faculté des sciences économiques de l'Université Marien NGOUABI de Brazzaville. Le Professeur Moustapha KASSE, alors président du comité scientifique de la formation doctorale et président général des jurys a travaillé avec l'illustre disparu et compte, aujourd'hui, parmi ceux qui connaissent bien l'homme et son œuvre scientifique. Il est, donc, la personne indiquée pour nous peindre le parcours de ce monument de la science économique, de ce chercheur marxiste à l'analyse robuste, diversifiée, accessible et fortement engagé au service de l'émancipation des peuples de la périphérie.

Mots-clés : Samir AMIN, biographie, développement, Afrique
Classification JEL : B31, O20, O55

Qui est SAMIR AMIN ? Quelle est son œuvre ?

L'Afrique vient de perdre l'une de ses meilleures têtes pensantes sur des questions de théories économiques à la lumière du marxisme (socialisme, développement, droit de sociétés africaines, arabes, latino-américaines, etc.). Samir Amin a mené une carrière immense d'universitaire, de chercheur, d'écrivain prolifique et une variété d'activités de conseiller de gouvernements, de dirigeant d'organisations. L'immensité et la diversité de ce parcours nous rappellent que le marxisme n'est pas seulement une théorie économique, c'est aussi un système politique et un choix de société. Ces quelques repères bibliographiques, parmi ses nombreuses publications l'attestent :

Trois expériences africaines de développement : le Mali, la Guinée et le Ghana, éd. PUF (1965) ; *Le développement du capitalisme en Côte d'Ivoire*, éd. Minuit (1967) ; *L'accumulation à l'échelle mondiale. Critique de la théorie du sous-développement,* éd. Anthropos (1960), *L'Afrique de l'Ouest bloquée. 1880-1970,* éd. Minuit ; *L'accumulation à l'échelle mondiale. Critique de la théorie du sous-développement,* éd. Anthropos ; *Le développement inégal. Essai sur les formations sociales du capitalisme périphérique,* éd. Minuit. *L'échange inégal et la loi de la valeur. La fin d'un débat,* éd. Anthropos (1987) ; *L'impérialisme et le développement inégal,* éd. Minuit ; *La loi de la valeur et le matérialisme historique,* éd. Minuit (1977) ; *La faillite du développement en Afrique et dans le Tiers-monde. Une analyse politique,* éd. L'Harmattan ; *L'empire du chaos. La nouvelle mondialisation capitaliste,* éd. L'Harmattan (1989) ; *Les défis de la mondialisation,* éd. L'Harmattan (1996) ; *Le virus libéral,* éd. Le Temps des Cerises (2003). *Pour un monde multipolaire,* éd. Syllepse (2005).

Il a consacré toute sa vie au service de la science économique et de la recherche d'alternative à la pauvreté et à la misère des populations du Tiers-monde comme le montre cet extrait de CV : diplôme de l'Institut d'études politiques (1952), diplôme de l'Institut de statistiques de l'Université de Paris (1956) ; il soutient une thèse dirigée par François Perroux et Maurice Byé dont le thème est : *Les effets structurels de l'intégration internationale des économies précapitalistes : une étude du mécanisme qui a engendré les économies dites sous-développées* (1957), il est reçu au concours d'agrégation en sciences économiques (1966), Professeur à l'Université de Poitiers et de Paris VIII-Vincennes (1966) ; professeur à l'Université de Dakar (1970), Directeur de l'IDEP (1970), candidature fortement appuyée par le Président L. S. Senghor. Il a travaillé respectivement comme économiste à l'Organisation de développement économique (la Moussassa) au Caire (1958), au service des études économiques et financières du ministère des Finances à Paris (1960), conseiller pour la planification à Bamako (1960), missions dans divers pays, dont la Guinée et le Ghana et Président du Forum mondial des alternatives (1997) et a dirigé le bureau dakarois jusqu'à sa mort.

Ce fils de deux médecins fut, dans sa prime jeunesse, membre des partis communistes français et égyptien, dont il a, par la suite, rejeté les positions. Depuis, il n'a jamais abandonné le cap d'une critique radicale du capitalisme et n'a jamais perdu l'espoir de voir naître un monde plus démocratique, plus égalitaire et plus humaniste, comme le montrent ses nombreuses publications. Ma chance historique est d'avoir été, à une période, dans la proximité intellectuelle de ce grand maître, avec qui, bien des fois, j'avais engagé des débats durs et sans concession qui m'ont toujours été très profitables.

De plus en plus, les économistes apprennent la modestie et commencent à se spécialiser tout en continuant à s'interroger sur les fondements de leur science. Ce constat est validé par les travaux de recherche récompensés par le Prix Nobel en Économie qui se structurent en 7 thèmes : Économie internationale, Finance et la monnaie, Entreprises, Système global, Les individus, Les marchés et l'Etat. L'auguste comité du Nobel n'a jamais évoqué deux monuments de la science, Cheikh Anta Diop et Samir Amin. Les raisons sont bien évidentes : ils sont africains, scientifiques hétérodoxes et progressistes.

Toutes les théories économiques d'inspiration néolibérale, Samir Amin les qualifie de théorie standard qui tend à montrer que le capitalisme est éternel. Son œuvre peut être regroupée en trois rubriques qui retracent les grandes évolutions historiques du capitalisme et dégagent les alternatives que dessinent les bouleversements géopolitiques de la mondialisation triomphante. Il s'agit d'abord, de la réévaluation de l'analyse de l'accumulation productive dégagée de l'œuvre du « Capital », ensuite et conséquemment des études relatives à la formation du système périphérique dans ses principales composantes en Amérique Latine, particulièrement en Afrique et dans le monde arabe et islamique et enfin des analyses de l'internationalisme des peuples dans cette période de démobilisation des forces populaires et des ralliements aux idées selon lesquelles le « socialisme est définitivement vaincu ».

Pourtant, beaucoup d'écrits de K. MARX et F. ENGELS avaient montré qu'il n'existe pas de modèle universel et homologué de socialisme que l'on plaquerait sur des réalités réfractaires. Poursuivant cette ligne de réflexion, Samir AMIN établit que la longue transition vers le capitalisme à la périphérie a enfanté des formations sociales précapitalistes hybrides ; un capitalisme misérable, peu performant et empêtré dans des crises sociales, économiques et financières graves.

Les marxistes ont découvert plus tardivement la correspondance de MARX et ENGELS sur le mode de production asiatique révélatrice, en raccourci, de deux idées fortes : la première est qu'il n'existe pas de modèle universel et homologué de socialisme que l'on plaquerait sur des réalités africaines réfractaires. Ainsi, lors d'une conférence, à Alger, dans les années 70, R. GARAUDY observait « *Qu'un Algérien de culture musulmane peut accéder au socialisme scientifique à partir d'autres voies que Hegel, Ricardo et St Simon : il a eu son socialisme utopique avec le mouvement des*

Carmathes, sa tradition rationaliste et dialectique avec Averroès, son précurseur du matérialisme historique avec Ibn Khaldoun ; c'est sur ses traditions qu'il peut greffer le socialisme scientifique ».

A cette période, plusieurs partis marxistes-léninistes, au Sud du Sahara comme le Parti africain de l'indépendance (PAI), programmaient de faire une révolution prolétarienne sans prolétariat ou, du moins, avec un prolétariat extrêmement embryonnaire. La seconde idée est que la longue transition vers le capitalisme à la périphérie a enfanté des formations sociales précapitalistes hybrides incapables de réaliser une quelconque révolution des forces productives matérielles et humaines, tout en générant, de surcroît, famine, précarité et distorsions sociales graves. Cela veut dire que l'alternative socialiste soulève un ensemble complexe d'interrogations politiques, économiques et sociales inédites dont les réponses ne sont pas toujours inscrites dans le référentiel marxiste orthodoxe, ni dans les praxis historiques. Pour rappel, cela a été le débat inachevé sur le mode de production asiatique, à la fin des années 70. Les analyses de Samir AMIN nous ont confortés dans ces recherches parfois avec des divergences de vues et de vives polémiques, mais qu'importe ! C'est cela qui fait avancer la science.

Globalement, au centre, sur une période plus ou moins longue, le capitalisme ne connaîtra que de très faibles signes d'effondrement : la croissance rapide jusqu'aux trente glorieuses (1945-1975), l'avènement de la révolution technologique qui va modifier fondamentalement les systèmes productifs, les échanges internationaux, l'élévation de la productivité globale, la financiarisation grandissante, même entachée de quelques crises marquantes (la dernière en 2008), tout cela sur fond de fortes inégalités, de précarités et de paupérisation des pays pauvres, suite à la baisse, sur un temps long, des termes de l'échange. Les prix des exportations des pays pauvres vers les pays riches tombent par rapport aux prix des importations des pays pauvres provenant des pays riches. Dans ce contexte, les néo-classiques et toutes les versions keynésiennes pouvaient gausser : le capitalisme moribond se porte bien, car le monde contemporain est le théâtre de transformations d'une ampleur gigantesque. Les États-Unis sont devenus la première puissance industrielle, technologique et militaire. L'Europe s'est mutée en première puissance commerciale engagée dans une construction politique commune qui exclura, probablement, le retour aux guerres intra-européennes. Le Japon se place comme une grande puissance économique et une bonne partie de l'Asie est engagée sur la voie d'un développement accéléré. Simultanément, la disparition du système socialiste réellement existant laisse penser que le capitalisme constitue désormais le seul avenir possible de toutes les nations. Ce triomphe apparent du capitalisme mondialisé marque, selon certains auteurs comme F. Fukuyama et quelques autres, « la fin de l'Histoire ».

Conséquence de cette mondialisation néolibérale, un quarteron des grandes puissances capitalistes s'érige en *« communauté internationale »,* nouvelle version de défense des zones d'influence (interventions brutales en Irak, en Syrie, en Libye, en Corée du Nord, en Iran et dans la crise des Balkans, etc.) et impose une gestion chaotique du monde portée par une diplomatie des sanctions et de la punition. L'arrière-pensée est que les politiques de puissance peuvent tout résoudre et que l'on peut même transiter le réel par la violence. Ce nouvel ordre néolibéral est servi par des organisations internationales qui jouent, essentiellement, un rôle de gestion des risques et de préservation de la « bonne santé économique » de la mondialisation libérale : l'OTAN, le FMI, la Banque mondiale, l'OMC, la CPI et la vaste nébuleuse d'ONG issue de la démocratisation, du développement des TIC et de la multiplicité des organisations internationales. Alors s'observe, pour reprendre l'intitulé de l'ouvrage du Pr. Bertrand Badie, *Le temps des humiliés, pathologie des relations internationales*. Les gérants de ce « nouveau désordre économique mondial », selon Georges Corm, continuent de penser que les politiques de puissance doivent tout résoudre et que l'on peut même transiter le réel par la violence. Apparemment, ces succès expliquent la déshérence du militantisme, la grande méfiance à l'égard des politiques, la désertion des urnes et l'immobilisme structurel des classes politiques.

Dans cette situation, Samir Amin observe que la classe dirigeante des États-Unis triomphe. Elle a toujours nourri un leadership d'une mondialisation unipolaire autour d'un projet, depuis 1945 (doctrine de Monroe) qui vise, aujourd'hui, cinq objectifs : (i) neutraliser et asservir les autres partenaires de la triade (l'Europe et le Japon) et minimiser la capacité de ces États d'agir à l'extérieur du giron américain; (ii) établir le contrôle militaire de l'OTAN et "latino-américaniser" les anciens morceaux du monde soviétique ; (iii) contrôler, sans partage, le Moyen-Orient et ses ressources pétrolières : (iv) démanteler la Chine, s'assurer la subordination des autres grands États (Inde, Brésil) et empêcher la constitution de blocs régionaux qui pourraient négocier les termes de la globalisation ; (v) marginaliser les régions du Sud qui ne représentent pas d'intérêt stratégique. Les classes dirigeantes de la triade (États-Unis, Europe et Japon) ont du mal à inventer une nouvelle configuration internationale, malgré le fait que leurs multiples interventions de puissance ont partout été des échecs cuisants.

Pourtant, sur un autre plan, les théories économiques libérales, qui affichent des certitudes rassurantes sur la capacité du capitalisme à exploiter toutes les ressources naturelles et instaurer un processus irréversible de croissance, ont manifestement occulté le fait que les modèles de ce type ont accouché, à la périphérie, d'un capitalisme misérable, peu performant et empêtré dans des crises graves : crises agroalimentaires, faible industrialisation, déséquilibres économiques et financiers, détérioration des termes de l'échange, déficit structurel de la balance des paiements, endettement et accentuation du chômage, de la pauvreté et de la précarité. Cette situation ressort d'une analyse fine des deux formes d'accumulation productive dialectiquement liées que Samir AMIN décrypte : d'une part, l'accumulation, sans fin, qui définit le capitalisme. Celle-ci est synonyme de croissance exponentielle (exploitation ouvrière, rapine et expansion impérialiste) donc, elle est associée à des formes successives de dépossession à toutes les étapes de son déploiement et précède, d'autre part, l'accumulation à l'échelle mondiale.

I) Une analyse rigoureuse du capitalisme contemporain : la base est l'accumulation à l'échelle mondiale qui établit comment la périphérie sauve le système central dans sa forme mercantiliste comme cognitive

Depuis Alger, en 1964-69, nous avions formé un groupe, « le marxisme par le texte », dans le but de remonter directement aux textes (Du *Capital*, aux manuscrits, au Marx des Grundrisse) plutôt que de s'arrêter aux lectures de seconde main. De retour au Sénégal, Samir a supervisé ce travail et a offert toute la logistique, sa bibliothèque (un petit millier d'ouvrages dont plusieurs éditions du *Capital*). Ce travail collectif m'a semblé comme la meilleure voie de formation et de rupture avec le dogmatisme ambiant qui a retardé les luttes révolutionnaires en Afrique de l'Ouest et, particulièrement, au Sénégal (Mon ouvrage *Du sous-développement au socialisme*, édition Silex 1988 noter le chapitre 2).

Samir Amin établit, tout au long de ses réflexions, que la crise est la caractéristique permanente du capitalisme. Pour preuve, en moins d'un demi-siècle, l'économie mondiale a connu quatre (4) crises majeures : la crise des années 1970-1975 du premier choc pétrolier, la crise des années 80 avec le second choc pétrolier (le resserrement de la politique monétaire américaine (1979) et le déclenchement de la crise de la dette), la crise du début des années 90, subséquente à la politique monétaire indûment expansionniste et aux excès d'investissements avec la multiplication des créances douteuses ; et la crise issue du dysfonctionnement du Système financier international de 2007/2008 avec les « subprimes ». Manifestement, si la chute du capitalisme, au sens de l'analyse originelle de Marx, a été évitée, c'est grâce à l'exploitation historique de la périphérie (de l'esclavage, à la colonisation et la néo-colonisation). L'impérialisme, observe Samir AMIN de ses origines au XVIe siècle jusqu'à la Seconde Guerre mondiale, se conjuguait au pluriel. La Seconde Guerre mondiale s'est soldée par la substitution d'un impérialisme collectif de la « triade » (États-Unis, Europe, Japon) à la multiplicité des impérialismes.

Dans cette configuration, quelle est la capacité de l'Asie émergente à remettre en question l'ordre impérialiste ? La montée en puissance technologique, financière de ces pays, au cours du dernier quart de siècle, a permis à cette région d'engranger des taux de croissance économique remarquables, au moment même où tout le reste du monde s'enfonçait dans la stagnation. Se dirigerait-on vers un renouveau du système capitaliste mondialisé non empreint d'impérialisme et mieux « équilibré » en faveur de l'Asie, sinon du reste du tiers monde. De surcroît, la région dispose, désormais, de capacités militaires importantes en voie de modernisation. En témoignage, la Chine et l'Inde sont devenues des puissances nucléaires, avec une parfaite maîtrise des quatre (4) grandes révolutions qui nous attendent dans les vingt prochaines années : la révolution numérique, la révolution biologique et génétique, la révolution énergétique et la révolution relative à l'espace. Ces révolutions technologiques rapides nous mettent à l'aube d'un capitalisme nouveau qui modifie les systèmes productifs et les perspectives de la croissance et de l'emploi, et les réoriente vers les pays à faible coût de main-d'œuvre.

Le capital physique devient une variable secondaire, par rapport à la capacité de mobiliser, en réseau les intelligences des hommes (économie du savoir), ce qui entraine un basculement vers une division cognitive du travail. Le capitalisme cognitif configure une nouvelle division du travail qui peut induire plusieurs mutations dans le système périphérique : Industrialisation, IDE, Délocalisation et transfert de technologie (mon ouvrage, « L'Industrialisation africaine est possible », L'Harmattan 2013).

Parmi les quatre ouvrages de S. AMIN qui constituent son armature théorique, « L'accumulation à l'échelle mondiale » (1970) est, sans doute, sa contribution majeure. Ses étudiants du troisième cycle dont feu El hadji Cissé, Pierre Moussa, Mamadou Wade et moi-même lui avions apporté un soutien modeste, particulièrement, dans la revue de la littérature. Cet ouvrage montre que le capitalisme est synonyme de croissance exponentielle, qui comme le cancer, conduit à une mort certaine. Stuart Mill l'avait compris en imaginant un « état stationnaire » qui mettrait un terme à ce processus irrationnel. Keynes partageait cet optimisme de même que J. Schumpeter qui estimait que le capitalisme ne pouvait survivre. Toutefois, comment le dépassement nécessaire du capitalisme s'imposerait-il ? C'est surtout au chapitre II (Les formations sociales périphériques) que se développe la partie centrale de l'ouvrage.

La transition au capitalisme périphérique (pp. 163-193) est conçue comme l'étape de construction d'une formation sociale capitaliste spécifique à la périphérie à partir de la colonisation et de l'exportation de capital sur des modes de production précapitalistes. Le développement du capitalisme périphérique ou le développement du sous-développement (pp. 197-338), selon S. AMIN, se manifeste par des formations sociales capitalistes périphériques (pp.339-376) avec, plus spécialement, une caractérisation des formations sociales africaines de la péripétie qui partagent trois caractéristiques communes : (i) la prédominance du capitalisme agraire et commercial dans le secteur national ; (ii) la constitution d'une bourgeoisie locale dans le sillage du capital étranger dominant ; (iii) la tendance au développement bureaucratique original, propre à la périphérie contemporaine (p. 360), qui engagerait les formations sociales vers un « capitalisme d'État » parfaitement compatible avec les exigences du centre et la reproduction des rapports capitalistes internes aux pays sous-développés (p. 372). La question des relations de spécialisation et d'échange inégal entre centre et périphérie a entraîné des controverses qui se poursuivent toujours (A. Emmanuel, C. Palloix, C.A Michalet, P. Salama, A. Gunder Franck). Malgré la vivacité, l'ampleur et la rigueur des controverses, ces auteurs reconnaissent, du reste, qu'ils n'ont pas su faire sauter l'apparente simplicité de la construction de l'auteur, sur la transposition mécanique de l'appareil conceptuel du prix de production du cadre national à celui de l'économie mondiale.

Sommairement, il résulte, de tous ces développements, que, pour S. AMIN, « Le capitalisme historique est tout ce qu'on veut, sauf durable. Sa remise en cause fondamentale est la condition incontournable de l'émancipation des travailleurs et des peuples dominés de la périphérie qui représentent plus de 80% de la population du monde, plus de 50% de pauvreté et de précarité, plus de 80 % des pathologies, plus de 90% des souffrances, des humiliations et des conflits et qui ne siègent pas proportionnellement dans les instances où se règlent les affaires du monde.

II) Quelles luttes idéologiques, politiques, sociales ? La déconnexion pour sortir du système mondial (Collection La Découverte 1986 et 2016).

La réponse, pour sortir du capitalisme, est, selon Samir AMIN, la déconnexion incontournable, qui correspond à une stratégie politique de libération et de progrès dans une perspective socialiste. L'auteur entrevoit, ici, une longue transition qui passe par la construction d'une société nationale populaire (associée à celle d'une économie nationale autocentrée) qui associe des critères institutionnels, des modes d'opération de nature capitaliste et des réformes sociales en rupture avec la logique du capitalisme mondial. Elle associe, aussi, un certain degré d'ouverture extérieure contrôlée et la protection des exigences de transformations sociales progressistes en conflit avec les intérêts du capitalisme dominant. Les bourgeoisies nationales, contrairement aux classes populaires, du fait de leur caractère comprador, ne peuvent s'accommoder aux politiques de la déconnexion.

Cette transition emprunte, donc, beaucoup au capitalisme dans ses méthodes d'organisation du travail et des rapports sociaux, dans ses méthodes de gestion, tout en portant des transformations sociales progressives. C'est dire que la déconnexion ne saurait se réduire à des formules toutes prêtes valables pour toutes les situations et tous les moments historiques. Elle doit être repensée à la lumière des leçons de l'histoire et de l'évolution de la mondialisation capitaliste.

Ce travail de Samir AMIN a suscité des critiques acerbes de beaucoup d'auteurs toutes disciplines confondues. Les questions soulevées sont à la fois nombreuses et complexes : Comment redresser l'économie, revitaliser l'agriculture et relancer la croissance ? Comment valoriser les matières premières (chaînes de valeur) ? Comment financer l'industrialisation ? Comment profiter des progrès de la révolution scientifique et technologique (le fameux raccourci dont parlait Mao) ? Quel est le rôle du secteur privé, fût-il, embryonnaire ? Quelle est la place des relations économiques et financières internationales ? Quelle politique économique et sociale pour rendre équitable la répartition des revenus et le niveau de vie ? Quel Etat fort et transformationnel qui ne doit être ni mou (G. Myrdal), ni prédateur (F. Bayard), ni patrimonial (P. Jacquemot), ni surchargé (Banque mondiale), ni contourné (P. Hugon) ?

Ce questionnement m'avait conduit à approfondir la problématique de la transition et, surtout, l'intermède d'une étape qui résorbe certaines contradictions spécifiques aux pays périphériques qui sortent d'une longue domination coloniale qui a perturbé toutes leurs structures avec un système d'accumulation fondé principalement sur la rente agricole et minière. Manifestement, ce qui freine la croissance n'est pas seulement l'insuffisance des ressources financières, technologiques mais les paramètres institutionnels et politiques. À la vérité, les modèles d'État ont conduit, partout, en Afrique, à l'État bonapartiste, souvent incapable de construire un système économique performant, un régime politique démocratique. Ce modèle qui comprend plusieurs variantes a précarisé et dévoyé toutes les institutions législatives, judiciaires et exécutives. C'est pourquoi, il suscite beaucoup de controverses relativement à ses défaillances, ses dysfonctionnements et ses impuissances instrumentales.

Pour ma part, l'organisation de la transition doit se concevoir dans un cadre national (État de démocratie nationale). La mondialisation capitaliste est loin d'avoir supprimé les frontières (voir Régis Debray, *L'éloge des frontières*). Il ne faut rien céder à la pensée néolibérale de délégitimer l'Etat et le pouvoir national comme levier possible de changement. C'est au niveau de l'État-Nation que le capitalisme s'est affirmé et c'est à ce niveau, également, que les valeurs telles que l'équité, l'égalité des chances, la solidarité, la responsabilité à l'égard de la jeunesse, des plus démunis et des générations futures doivent être défendues pour devenir force sociale et exigence politique. Alors, quelles sont les stratégies nationales, plurinationales, mondiales qui pourraient permettre d'aller dans ce sens?

III) Faut-il cristalliser les luttes anticapitalistes par la cinquième internationale et les FSM ?

Pour Samir AMIN, les peuples du Nord et les peuples dominés du Sud doivent s'articuler pour sortir du capitalisme. Les forums sociaux altermondialistes sont alors l'un des lieux donnant une visibilité aux luttes des forces démocratiques du Tiers-monde et des efforts énormes sont encore nécessaires pour ouvrir des voies nouvelles au socialisme du XXIe siècle.

Alors, les forums sociaux altermondialistes sont l'un des lieux donnant une visibilité aux luttes des forces démocratiques du Tiers-monde. Mais, il reste un long chemin à parcourir pour que la convergence de ces luttes se cristallise dans des stratégies cohérentes et efficaces, capables de mettre en déroute les projets de contrôle économique, financier, technologique et militaire de la planète par la fameuse « communauté internationale ». Dès lors, il importe d'associer le combat démocratique au progrès social, de reconstruire sur cette base l'internationalisme des peuples face au cosmopolitisme du capital, tel est le défi auquel toutes les gauches du monde sont confrontées. Toutefois, pour ma part, le cadre national constitue l'espace privilégié, soit pour se protéger contre les pressions du capitalisme mondial, soit pour le contrebattre ou tenter de construire un système économique alternatif. Manifestement, les contradictions entre reproduction de l'humanité et reproduction du capitalisme se sont manifestées à la première échelle où s'est affirmé le capitalisme : celui de l'État-Nation. Au demeurant, la logique de la reproduction capitaliste élargie (versus baisse tendancielle des taux de profit) ne pouvait rester éternellement enfermée dans les limites d'un ensemble social, ni dans les frontières d'un État-Nation avec le dynamisme des marchés internationaux, des firmes multinationales. Aujourd'hui, cette logique a conduit à la création d'espaces nationaux et à une mondialisation multipolaire de l'économie avec tous les facteurs qu'elle implique : idéologiques, culturels, institutionnels, etc.

En définitive, la prise en compte de la dimension nationale est, aujourd'hui, nécessaire (mais évidemment pas suffisante). Michel Beaud observe, dans un article intitulé « Sur le système-monde et l'économie mondiale », qu'entre le "local" et le "mondial", les États-Nations ont été, au cours des derniers siècles, des lieux, de plus en plus, importants d'organisation de la reproduction sociale : d'où l'importance de l'étude des formations sociales nationales, des "économies nationales", des États nationaux... Dans un contexte des crises cycliques du capitalisme mondialisé, l'urgence commande de restaurer les fondements d'une croissance à long terme, protégée de l'inflation et des déséquilibres macro-économiques qui hypothéquaient l'investissement. Solder les comptes du passé n'est jamais facile pour un État et appelle une politique qui commande d'importants sacrifices à court terme, et qui court le risque d'être impopulaire. Également, le refus d'affronter la réalité et le changement n'est pas exempt de risques, lui non plus. Il faut l'organiser dans un cadre national (État de démocratie nationale).

J'avais écrit, en avril 2001, un article en direction de la première édition du Forum social mondial que la mondialisation à plusieurs vitesses entraîne la multiplication des chocs asymétriques et génère trois dualités graves : la fracture sociale entre riches et pauvres, le travail et le chômage structurel qui creuse un fossé croissant entre « inclus » (ceux qui ont un travail rémunéré) et « exclus » ; la montée des interdépendances sans augmentation symétrique des moyens pour les gérer. Conscient que la bonne société n'existe pas, il fallait s'orienter vers la réalisation des réformes ou chantiers qui sont susceptibles d'améliorer celle dans laquelle nous vivons. Le premier chantier est relatif à la régulation de la globalisation, ce qui appelle à une mobilisation politique pour redéfinir les institutions de gouvernance et à élaborer des règles et des mécanismes qui puissent, tout au moins, protéger le faible contre le fort. Le deuxième chantier concerne l'éradication de la pauvreté et le troisième est la mise en œuvre concertée du Nouveau partenariat pour le développement de l'Afrique (NEPAD) essentiel pour une nouvelle solidarité mondiale avec le continent africain. J'étais un des architectes principaux de la rédaction de cette nouvelle initiative prise par les cinq chefs d'Etat que sont Tabo Mbecki, Abdoulaye Wade, le Général Obajanjo, A. A. Bouteflikha et H. Moubarak après une participation technique à l'élaboration du Plan de Lagos et du CARPAS (Cadre africain de référence pour les ajustements structurels sous la direction du Pr. Adédéji Adébayo.

L'œuvre colossale léguée par Samir AMIN est à poursuivre et à approfondir

Bien que les moments de querelles doctrinales ne soient jamais clos, il reste que l'instant d'un hommage n'est pas celui des polémiques et des quolibets sans consistance. Nous pouvons retenir de Samir Amin que la pensée néolibérale qui gère la mondialisation nous conduit au désastre. Cela nous impose de poursuivre et d'approfondir la critique dans le cadre des recherches sur les alternatives. Le défi pour ceux qui luttent est un double approfondissement de la gestion économique et de la démocratisation véritable en dehors des mimétismes absurdes téléguidés de l'extérieur de nos sociétés.

Ce monument de la science sociale (la servante des sociétés) ne doit laisser aucun chercheur indifférent. Les critiques ne manqueront pas, particulièrement celles adressées à tous ceux qui, comme Roger Garaudy, réfléchissent sur les « alternatives au capitalisme ». Cet auteur écrit fort justement, dans son ouvrage intitulé *L'Alternative* (Edition Robert Laffont, 1972) : on nous accusera de substituer à la science le prophétisme et l'utopie. Ce sera un bon signe si nous mettons en colère les réalistes et les positivistes... On nous accusera de substituer à la politique l'anarcho-syndicalisme. Ce sera un bon signe si nous mettons en colère tous ceux pour qui la politique est devenue le métier de parler et d'agir au nom des autres et en se substituant à eux. Heureusement, les querelles doctrinales ne sont jamais closes, parce qu'elles font avancer la science.

Références bibliographiques

Amin Samir (2016). *La déconnexion : pour sortir du système mondial.* Éditions La Découverte, Paris ;

Amin Samir (1970). *L'accumulation à l'échelle mondiale*, Paris, Éditions Anthropos, 1970, 592 p. :

Amin Samir (1973). *Le développement inégal : essai sur les formations sociales du capitalisme périphérique*. Éditions de Minuit, Paris ;

Amin Samir (1988), *L'eurocentrisme : critique d'une idéologie.* Éditions Anthropos – Économica, Paris ;

Amin Samir (1991). *L'empire du chaos - La nouvelle mondialisation capitaliste*. Éditions L'Harmattan, Paris ;

Amin Samir (2006), *Au-delà de la Mondialisation libérale : Un monde meilleur ou pire ?* Presses Universitaires de France, Paris, 2 n° 40, pp. 102-122 ;

Amin Samir (2009), *Sortir de la crise du capitalisme ou sortir du capitalisme en crise*, Éditions. Le Temps des Cerises, Paris ;

Badie B, Odile J. (2014). *Le temps des humiliés : pathologie des relations internationales*. Civitas Europa 2015/1 (N° 34), pp. 313-317, DOI 10.3917/civit.034.0313 ;

Beaud M. (1987), *Le système national mondial hiérarchisé*, Paris : La Découverte, Paris, 134 p, Collection : Agalma ;

Debray R. (2010), *Éloge des frontières*, Éditions. Gallimard, Paris ;

Emmanuel, A. (1978), *Échange inégal : Essai sur les antagonistes dans les rapports internationaux,* François Mapero, 1, Place Paul Painlevé, V^{e}, Paris.

Eyméoud A. (1903). *La doctrine de Monroe : Note diplomatique du gouvernement argentin à son représentant à Washington, en date du 29 décembre 1902* ;

Georges CORM (2013). *Le nouveau désordre économique mondial : Aux racines des échecs du développement*. Éditions La Découverte, Paris ;

Gunder Frank A. (1968). « Le développement du sous-développement ». *Cahiers Vilfredo Pareto*, T. 6, n° 16/17 (1968), pp. 69-81.

Jacquemont P. (2015). Les entreprises françaises et le développement en Afrique. Armand Colin, Revue Tiers-Monde, 4 n° 224 p. 123-142

Kassé M., Du Sous-développement au socialisme, Editions Panafrica/silex, 1988, 277 pages.

Kassé M. (2013). *L'industrialisation africaine est possible : Quel modèle pour le Sénégal ?* Éditions L'Harmattan, Paris.

Lallement R. Mouhoud et E.M. Paillard S. (2002). *La France dans l'économie du savoir : pour une dynamique collective*. Commissariat général du plan, La documentation française, Paris.

Myrdal G. (1960). *Théorie économique et pays sous-développés*. Tome 1, Tiers-monde. n°4, 1960. pp. 552-553 ;

Palloix C. (1970). *À propos de l'accumulation à l'échelle mondiale, l'Homme et la société*, N.18, Sociologie, économie et impérialisme, pp. 197 208, doi : 10.3406/homso.1970.1358

Philippe Hugon (2009). *L'économie de l'Afrique*, Éditions la Découverte. Paris.

Schumpeter J. (1942). *Capitalisme, socialisme et démocratie*. Payot, Éditions française de 1951, pp. 106-7.

PREMIERE PARTIE :

PAUVRETE ET MARCHE DU TRAVAIL

Effets de la pauvreté sur le bonheur au Congo

Olga NGAKALA AKYLANGONGO,
Mathias Marie A. NDINGA,
Chérif Sidy KANE,

Résumé

La littérature sur le bonheur révèle que le revenu absolu importe plus pour le bien-être subjectif des populations pauvres. Ainsi, à l'aide d'une régression logistique multinomiale, nous analysons l'effet de la pauvreté sur le bonheur au Congo, à partir des données de l'enquête ECOM 2011. Nos résultats montrent, d'une part, une corrélation négative entre la pauvreté et le bonheur (la pauvreté réduit le bonheur) et, d'autre part, des pauvres s'estiment heureux, voire très heureux ; ce qui suggère l'existence d'une trame de pauvreté (Lewis, 1959), même une adaptation à la pauvreté : les pauvres ne voyant pas leurs conditions de vie s'améliorer, perdent espoir et s'adaptent.

Mots clés : Pauvreté, bonheur, adaptation, Congo
Classification JEL : I31, I32, D60

Introduction

La relation entre pauvreté et bien-être subjectif a fait l'objet de nombreux travaux empiriques, à la fois au sein des pays et entre les pays, mettant ainsi, en lumière, l'intérêt pour les déterminants du bonheur. Les premières recherches sur le bien-être subjectif se sont concentrées sur l'identification des facteurs déterminant le bonheur (Wilson 1967). Les travaux menés par les psychologues tels que Diener et Kahneman ont abouti à la construction de la mesure du bonheur, ainsi qu'à l'identification de ses déterminants. Les contributions théoriques ont permis d'expliciter la relation entre pauvreté et bonheur. L'objectif méthodologique vise, ainsi, à circonscrire le concept de bonheur et à évaluer le bien-être subjectif des ménages. Ces méthodes d'investigation ont permis la construction des questions uniques et multiples qui rendent compte de l'évaluation que l'individu fait de son niveau de vie et qui permettent une évaluation de la pauvreté dans le cadre des pays en développement (PED). Les résultats obtenus montrent que les riches sont plus heureux que les pauvres, tant à l'intérieur des pays qu'entre les pays (Clark, A., C. D'Ambrosio, and S. Ghislandi, 2014).

L'objectif visé, dans cet article, est d'examiner la relation entre la pauvreté, telle que mesurée dans les pays pauvres, en général, au Congo, en particulier, et le bonheur. Nous cherchons à savoir si les résultats obtenus en général sur les pays développés ou en transition se vérifient dans le cas du Congo. Il est certain que la pauvreté n'est pas seulement monétaire, mais elle est surtout le fait d'un manque de capacité à atteindre un mieux-être. Cependant, il apparaît clairement que, pour atteindre cette capacité, l'individu doit disposer de ressources financières nécessaires.

Si la pauvreté est considérée comme une situation de privation ou d'incapacité à satisfaire ou à faire face aux besoins fondamentaux pour l'individu ou pour sa famille ; la mesure de la pauvreté est une sorte de mesure du revenu ou de la consommation nécessaire pour répondre à certains besoins de base (ligne de pauvreté) y compris les besoins alimentaires et non alimentaires (Haughton et Khandker 2009). En partant du principe que les individus ont une certaine appréciation de la position de leur revenu passé, présent et futur, l'insuffisance de revenu peut avoir des conséquences négatives sur la satisfaction de vie. Le revenu exerce, de ce fait, une influence sur le bonheur des individus en leur permettant d'acheter des « symboles de niveau de vie ». C'est pourquoi, dans la littérature sur le bonheur, un des enjeux importants réside dans la volonté des auteurs à décortiquer le lien existant entre le revenu et le bonheur.

Cependant, cette relation n'intègre pas, souvent, les individus qui se situent sous le revenu de subsistance. L'une des premières mesures d'un seuil de pauvreté date, en effet, des travaux de Seebohm Rowntree (1901) dans lesquels est considérée comme pauvre toute famille ne disposant pas du montant nécessaire pour subvenir à ses besoins. Le contexte de la pauvreté peut être très différent, selon les pays et les époques. Mais, ses impacts restent inchangés : un faible niveau d'instruction (ce qui donne accès à un emploi de niveau de rémunération faible), des grossesses précoces, des difficultés d'accès à un logement de qualité, des services administratifs à une santé de qualité, un risque accru à l'alcoolisme (Parek, MacInnes et Kenway, 2010).

La relation entre pauvreté et revenu n'est pas directe. Le faible revenu et la pauvreté restent associés à des niveaux faibles de bonheur, tant dans les pays développés (PD) que dans les pays en développement. L'argent n'est, de ce fait, qu'un instrument permettant de déterminer la capacité des individus à recourir à l'achat de biens et services. En l'occurrence, disposer de peu de ressources réduit l'accès à ces biens, donc, au bonheur. Les problèmes surgissent lorsque les individus rencontrent des difficultés pour atteindre leurs fins. L'analyse faite sur ses freins permet de mettre en place des actions de réduction de la pauvreté.

L'exploration de la pauvreté, d'un point de vue monétaire, n'a pas permis, jusqu'à ce jour, de réduire drastiquement la pauvreté au Congo. La proportion de la population vivant dans la pauvreté est passée de 50.7%, en 2005, à moins de 40,9%, en 2011, soit environ 143 000 personnes qui sont sorties de la pauvreté (BM, 2017). Le nombre de pauvres a continué à se réduire pour s'établir, en 2016, à environ 34% (BM 2017). Malgré des améliorations observées dans les conditions de vie des Congolais, les résultats, en matière de réduction de la pauvreté, sont insuffisants. Ces derniers semblent ne pas se justifier, pour le pays au regard de son classement de pays à revenu intermédiaire et de son potentiel. Le taux de population pauvre demeure élevé, comparativement à celui d'autres pays à revenu intermédiaire. La pauvreté est le mal social du Congo. Cette situation semble expliquer le score bas du bonheur des Congolais estimé à 4,291 (World Happiness Report 2017) ; ce qui place le Congo, à la 20ième place au niveau africain, sur 44 pays, et à la 124ème place, sur 155 pays, au niveau mondial. Le Congo est derrière le Cameroun et le Gabon classés respectivement à la 11ème et à la 17ème place (deux pays de la Communauté économique des Etats de l'Afrique centrale). Par conséquent, peut-on dire que les personnes les plus heureuses se trouvent dans les pays développés ?

L'observation, à l'intérieur des pays développés, est que ces derniers font preuve d'une cohésion sociale et d'une productivité. Ce qui dénote leur capacité à répondre aux besoins nutritionnels de base et aux investissements dans l'enseignement primaire, la santé et les infrastructures (telles que l'eau, l'électricité et les routes) de leur population (World Happiness Report 2017). Par contre, si l'on regarde la situation à l'intérieur des pays en développement, il convient de remarquer que leurs populations se considèrent comme ne disposant pas suffisamment de ressources, pour répondre à leurs besoins essentiels. Si, comme l'affirme Layard (2011), le bonheur devrait être au centre de toute politique, il est alors important de porter une attention particulière sur le bonheur des Congolais. En effet, comme le supposent Frey et Stutzer (2007), il existe des facteurs universels déterminant le bien-être subjectif, lesquels doivent s'appliquer à tout être humain, quels que soient sa culture et les buts qu'il se fixe.

Le débat sur le lien entre revenu et bonheur reste entier. D'un côté, il existe un courant de pensée pour qui le revenu a un impact positif sur le bonheur : plus de revenu amène à plus de bonheur (Jacquemin et Tulkens 2001). Et de l'autre, une littérature pour qui le sens de la corrélation entre pauvreté et bonheur résulte des effets de comparaison, d'adaptation et d'aspiration (Easterlin 2015).

La suite du document va être organisée de la manière suivante : dans un premier temps, il va être fait un examen de la relation entre la pauvreté et le bonheur dans la littérature. Ensuite, dans un second temps, il sera question de faire une présentation de la méthodologie permettant d'inférer le lien entre pauvreté et bonheur. Ce point sera suivi de la présentation et de l'interprétation des résultats obtenus à partir des données de l'enquête de consommation auprès des ménages (2011). En dernier temps, il sera tiré des conclusions.

Relation entre la pauvreté et le bonheur dans la littérature

Au demeurant, le bonheur est un concept influencé par de nombreuses disciplines. Un retour à ses fondements théoriques et empiriques permet de mieux appréhender notre analyse en ce qui concerne les effets de la pauvreté et du bonheur. Une bonne partie de la littérature tourne autour des facteurs permettant de décrire ce qu'est une vie heureuse, mais également d'appréhender les facteurs influençant le bonheur des individus. Ce qui revient à supposer que le bonheur peut être mesuré sur une échelle ordinaire et interpersonnelle.

Dans la relation entre la pauvreté et le bonheur, deux courants de pensée se distinguent, soient les théories objectives des effets de la pauvreté sur le bonheur qui soutiennent l'existence d'un effet fortement significatif du revenu sur le bonheur des individus, soit une vision subjective de la satisfaction de vie.

La première qui s'appuie sur la théorie microéconomique estime que le revenu permet l'augmentation de la consommation, la satisfaction d'un plus grand nombre de besoins et, par conséquent, un niveau de bien-être plus élevé.

La conviction que l'amélioration du niveau de revenu mène à plus de satisfaction est la pierre angulaire de la théorie économique classique, mais aussi de la pratique politique. Senik (2014) affirme que le revenu contribue au bonheur. Elle indique qu'en partant de la photo d'un pays à un temps t, « un revenu plus élevé est toujours et partout associé à un niveau de bonheur plus élevé. Le niveau de bonheur moyen d'un pays augmente avec le revenu par habitant, même si ce n'est pas de manière linéaire : quand on sort de la pauvreté, le bonheur croît très vite, ensuite, la progression se ralentit. Cette relation entre revenu et bonheur est tout à fait standard, du point de vue de la théorie économique » ; ce qui conduit directement à associer la croissance économique au bonheur (Veenhonen 1984/1992 ; Blanchflower & Oswald 2004 ; Lelkes 2006 Boes & Winkelmannb 2010 ; Kahneman & Deaton 2010 ; Luhmann, Schimmack et Eid 2011).

Cependant, certaines études réalisées dans la deuxième moitié du XXème siècle par les auteurs comme Diener et al. (1993) et Frey et Stutzer (2001) montrent que la relation entre hausse du revenu et bonheur ne l'est que jusqu'à un seuil d'augmentation du revenu qui varie selon les études. Au-delà, une hausse supplémentaire du revenu n'a plus d'incidence sur le bonheur (Paradoxe d'Easterlin 1974). En outre, une augmentation du revenu des pauvres peut ne pas conduire à une augmentation du bonheur, si cette augmentation de revenu n'est pas orientée vers la satisfaction des besoins essentiels (emprunter à des taux très élevés, voire prohibitifs ou faire des dépenses « futiles » alors même que ces derniers n'ont pas assez à manger (Banerjee & Mullainthan, 2010). L'incapacité de la théorie classique à expliquer cette tendance à la stabilité du bien-être auto-déclaré des individus sur le long terme fait jaillir l'hypothèse de revenu relatif. Selon cette théorie, si le revenu de tous les individus augmente dans les mêmes proportions, alors leur positionnement dans la société ne change pas et leur niveau de bonheur non plus. Cette assertion est, d'ailleurs, corroborée par Andrew Oswald (1997), Frey et Stutzer (2002).

Différents aspects qui proviennent de la modélisation théorique du comportement humain expliquent cette tendance à la stabilité du bonheur, malgré une hausse continue du revenu (Blanchflowers et Oswald 2001). Le bonheur est, non seulement, le fait essentiel du revenu, mais également la résultante des émotions positives et négatives ressenties par un individu, compte tenu de son environnement socioéconomique (Ferrer-i-Carbonell et Van Praag 2008; Clark, D'Ambrosio et Ghislandi, 2016). Pour Frederick et Loewenstein (1999), ceci est le fait « d'une réduction de l'intensité affective ». « En ce sens, ce ne serait pas, par exemple, la richesse réelle qui compte, mais la richesse relative par rapport à ceux qui nous entourent » (Gil-Ian Royannez, 2015). Une autre explication du paradoxe d'Easterlin repose sur l'hypothèse de sensibilité des individus, tant aux variations de leur propre revenu, qu'aux caractéristiques socioéconomiques des groupes socioéconomiques auxquels ils s'identifient. Pollak (1976) et Frank (1985) désignent ce phénomène sous les termes d'interdépendance du bien-être ou de comparaison.

L'un des premiers modèles étudiant ce phénomène remonte à Van Praag (1971). A partir d'un modèle de régression, Van de Stadt et Al. (1985) montrent que toute chose égale, plus le revenu du groupe de référence est élevé, plus les individus ont besoin d'un niveau de revenu supplémentaire pour atteindre un certain niveau de bien-être déclaré. Des études menées par Clark et Oswald (1996), sur les données de l'enquête BHPS, Ferrer-i-Carbonell (2005) et Mc Bride (2001) sur une analyse des données françaises et américaines, étendues aux données de l'enquête GSOEP allemande et par Vendrik & Maarten (2013) concluent qu'augmenter le revenu de tous n'augmente le bonheur de personne. Ces résultats sont confirmés par les auteurs Rojas et Jiménez (2007) sur les données mexicaines et Guillen-Royo (2011), sur les données péruviennes.

Il ressort des principaux résultats que le revenu relatif et le comportement de consommation des individus exercent une influence sur le bonheur. Pour comprendre ces constantes et, en particulier, la première, il convient de considérer simultanément l'évolution du revenu, l'évolution de l'adaptation et les effets de comparaison. Toutes choses égales, une croissance générale de tous les revenus ne contribue guère au relèvement du niveau de bonheur. « Le bonheur varie directement et significativement avec chaque dimension de la vie des gens », comme la situation financière, la vie familiale, la santé, le travail, etc. (Easterlin 2015). Ces variables sont celles qui rentrent dans la détermination de l'appréciation générale que se font les individus de leur état socio-économique global. Cet article se concentre sur les réponses de l'enquête ECOM afin de faire l'analyse de l'influence des variables de quantification de la pauvreté au Congo sur le niveau de satisfaction. Les données sont modélisées à l'aide de la régression logistique multinomiale.

Détermination des effets de la pauvreté sur le bonheur

Les études menées montrent que définir la pauvreté comme un état dans lequel un individu manque de ressources nécessaires à sa subsistance est limitatif dans la mesure où elle n'a pas seulement un caractère monétaire. En effet, l'état de pauvreté peut aussi être le fait de l'inaccessibilité à certains services publics tels que : l'électricité, l'éducation, la santé et l'eau. Par conséquent, la pauvreté n'est pas seulement fonction du revenu, mais aussi de l'accessibilité à certains biens et services publics. Ces déterminants sont ceux qui contribuent à l'appréciation que les individus se font de leur vie, en dehors de toute considération monétaire. L'objectif, ici, consiste à examiner comment cette appréciation que se font les individus de leur état de pauvreté peut affecter leurs estimations du bonheur. En outre, il s'agit d'étudier, au regard de la littérature existante sur le sujet, si les faits suivants se vérifient (i) dans chaque pays : les riches sont plus heureux que les pauvres (ii), la pauvreté exerce une corrélation négative sur le bonheur (iii). Dans un pays, le revenu n'est pas le seul facteur déterminant le bonheur, les facteurs sociodémographiques impactent positivement ou négativement l'état de pauvreté et, par conséquent, infèrent sur le bonheur.

Approche méthodologique

Les données de ce modèle viennent de la deuxième Enquête congolaise de consommation auprès des ménages (ECOM 2) réalisée en 2011 sur un échantillon de 10535 ménages par l'Institut national de la statistique (INS) avec le concours de la Banque africaine de développement (BAD) et du Programme des Nations Unies pour le développement (PNUD).

Cette enquête contient des informations recueillies auprès des ménages congolais portant sur la situation économique des ménages, l'éducation et l'alphabétisation, la santé, l'emploi, possession et problèmes du ménage, les caractéristiques du logement, les dépenses de consommation du ménage et la pauvreté subjective, l'accès aux infrastructures de base, la sécurité alimentaire, les chocs et les stratégies de survie, ainsi que des informations sur les membres de chaque ménage. La combinaison des informations économiques et comportementales disponibles dans cette enquête est idéale pour mener une recherche complète de la relation entre le bonheur et les facteurs socio-économiques de détermination de la pauvreté. Les mesures subjectives de la pauvreté et du bonheur sont les moyens les plus appropriés pour déterminer comment divers facteurs influent sur le fait d'être « très heureux », « heureux » ou « pas heureux » (Hayford, Ayerakwa, Robert, Osei, and Osei Okoto, 2015).

Pour les variables indépendantes, l'étude utilise la pauvreté à partir d'un indice de pauvreté multidimensionnel (IPM) qui se veut le reflet des privations multiples dont souffre chaque individu, sur le plan de l'éducation, de la santé et du niveau de vie (le tableau 5 en annexe donne une mesure du bonheur au Congo). Dans un ménage donné, nous déterminons si chaque individu est pauvre, ou non, en fonction du nombre de privations dont souffre son ménage. Ces données font, ensuite, l'objet d'une agrégation sur l'ensemble des ménages pour être intégrées à la mesure nationale de la pauvreté.

Le bonheur ne peut être appréhendé qu'en mettant en commun plusieurs facteurs issus de l'enquête. Il est certain que le champ des facteurs inhérents à la présente recherche est beaucoup plus vaste mais, nous ne prenons en compte que ceux qui ont un impact tangible sur le bonheur et qui paraissent faciles à contrôler. En outre, dans notre cas, le bonheur est homogène entre les individus (les facteurs de détermination du bonheur sont les mêmes qu'on soit pauvre ou non pauvre).

La construction d'un indicateur composite du bonheur (ICB) se base sur l'approche de l'inertie pour définir un indicateur composite pour chaque individu de la population par l'utilisation de la méthode statistique multi-variée (Asselin 2002). Cet indicateur résume l'état des ménages ou des personnes vis-à-vis du bonheur. Le tableau suivant a été construit en tenant compte des conditions minimales à remplir pour mesurer le niveau de bonheur. Il est composé de la liste des domaines de la vie humaine et des variables retenues pour définir des indices de bonheur selon la dimension.

Tableau N°1 : Sélection des variables pour la détermination de l'ICB

Domaines	Niveau mesuré	Variables	Seuil de bonheur
Revenu	Chef de ménage	Satisfaction du niveau de vie	Seuil : la personne est heureuse si, étant donné le revenu de son ménage, elle pense qu'elle vit bien ou assez-bien
Évolution du niveau de vie	Chef de ménage	Satisfaction de l'évolution du niveau de vie	Seuil : la personne est heureuse, si elle pense que la situation économique générale de son ménage par rapport à celle d'il y a un an est beaucoup mieux maintenant ou un peu meilleure maintenant
Évolution du niveau de vie de la communauté	Chef de ménage	Satisfaction de l'évolution du niveau de vie de la communauté	Seuil : la personne est heureuse si elle pense que la situation économique générale de sa communauté par rapport à celle d'il y a un an est beaucoup mieux maintenant ou un peu meilleure maintenant
Éducation	Chef de ménage	Satisfait du fonctionnement du système éducatif	Seuil : la personne est heureuse si elle est complètement satisfaite de la qualité de l'enseignement primaire
Santé	Chef ménage	Satisfait du fonctionnement du système de santé	Seuil : la personne est heureuse si elle est complètement satisfaite de la qualité des services de santé
Travail	Chef de ménage	Satisfaction pour l'emploi	Seuil : la personne est heureuse si elle travaille dans le secteur formel
Eau	Chef de ménage	Satisfaction dans l'approvisionnem ent en eau	Seuil relatif : la personne est heureuse si elle est complètement satisfaite de l'approvisionnement en eau potable
Assainisse-ment	Chef de ménage	Satisfaction de l'assainissement et du traitement des ordures	Seuil : la personne est heureuse si elle est complètement satisfaite de l'assainissement et du traitement des ordures
Socio-démo-graphique	Chef de ménage	Satisfaction d'avoir un enfant dans la famille	Seuil : La personne est heureuse si elle a au moins un enfant dans son ménage

Source *: auteurs à partir d'ECOM (2011)*

Dans le cadre de ce travail, la classification ascendante hiérarchique (CAH) est utilisée suite à l'ACM, pour constituer trois classes homogènes (les chefs de ménages très heureux, heureux et pas heureux).

Le modèle de régression logit multinomial est alors utilisé pour voir comment s'opère l'influence de la pauvreté sur le bonheur. Ce modèle permet, également, l'évaluation des variables dépendantes ordinales du bonheur, qui catégorisent le bonheur en trois niveaux : Très heureux, heureux et pas heureux.

La variable expliquée "bonheur" prend trois modalités (suivant l'individu).

$$y_i = \begin{cases} 1 : Très\ heureux \\ 2: heureux \\ 3: pas\ heureux \end{cases} \quad (1)$$

En d'autres termes, la variable polytomiques $y_i = 1,2,3$, selon l'appartenance d'une variable inobservable y_i^* à trois classes distinctes :

$$y_i = \begin{cases} 1\ si\ y_i^* < h_1 \\ 2\ si\ h_1 \leq y_i^* < h_2 \\ 3\ si\ y_i^* > h_2 \end{cases} \quad \forall i = 1, \dots, N^* \ (2)$$

Où y_i^*, la variable latente est distribuée suivant la loi normale $N(x_i\beta,\ \sigma^2)$. Le modèle analytique utilisé dans le document qui présente la relation entre le bonheur d'un ménage et leurs caractéristiques respectives est représenté par les effets de probabilité marginaux (MPE) qui sont des effets partiels de variables indépendantes sur le résultat probabilistc. Lc vecteur x_i comporte l'ensemble des caractéristiques de la variable bonheur.

Les MPE pour le résultat, j peut être calculé comme :

$$MPE_j(x_k) = \beta_{kj} = \frac{\partial \ln[P(j|x)/P(J|x)]}{\partial x_{(k)}} = \frac{\partial (P(j|x)/P(I|x))}{\partial x_k} = \frac{1}{P(j|x)/P(J|x)} \ (3)$$

Le paramètre β_{kj} est égal, au facteur $^1/_{P(j|x)/P(J|x)}$ près, de la dérivée du rapport des probabilités $P(j|x)/P(J|x)$. Il nous renseigne seulement sur le sens de l'évolution de ce rapport lorsque $x_{(k)}$ augmente d'une unité, mais pas sur son amplitude. Pour avoir les résultats sur l'évolution de la seule probabilité $P(^j/_x)$, il suffit de dériver (MPE) :

$$\frac{\partial P(j|x)}{\partial x_{(k)}} = [\beta_{kj} - \sum_{h=1}^{j} \beta_{kh} \; P(h|x)]P(j|x) \qquad (4)$$

Cette dérivée dépend des valeurs de toutes les variables explicatives. Autrement dit l'effet de $x_{(k)}$ sur $P(j|x)$ varie d'un individu à l'autre. Bien plus, il montre que les signes de β_{kj}et de $\partial P(j|x) / \partial x_{(k)}$ être opposés, du moins si *J >2*. Cette situation est due à la nécessité d'imposer au modèle une condition d'identification et, par voie de conséquence, de définir une catégorie de référence, à laquelle toutes les autres catégories doivent être comparées. En d'autres termes, ce qui est pertinent pour le logit multinomial c'est le rapport et non la seule probabilité.

Afin d'avoir les informations sur le sens de l'évolution des différentes probabilités, nous pouvons calculer la probabilité marginale pour une personne moyenne en utilisant les moyens d'échantillonnage de variables :

$$MPE_j(\bar{x}_k) = \frac{1}{P(j|\bar{x})/P(J|\bar{x})} \qquad (5)$$

Le modèle formalisé se présente ainsi qu'il suit :

$$y_i^* = \beta x_i + \varepsilon_i \qquad (6)$$

Avec y_i^* la variable latente et x_i les variables expliquant le phénomène. Comme présentée plus haut, cette variable a deux composantes principales : P_i et Z_i.

On peut écrire x_i sous la forme : $x_i = f(P_i, Z_i)$ où P_i représente les variables de pauvreté et Z_i les autres variables explicatives du bonheur.

Présentation et interprétation des résultats

Dans un premier temps, nous faisons une présentation des résultats du bonheur au Congo, notamment dans sa relation croisée avec le bonheur, Ensuite, nous faisons une interprétation des résultats par une estimation, à partir de la régression, pour voir les chances d'accès au bonheur, ce qui va donner le sens de l'influence des variables explicatives sur le bonheur. Dans un deuxième temps, pour une meilleure interprétation des résultats, les effets marginaux associés à chaque variable sont déterminés. En effet, en rapport à Cameron et Trivedi (2005), l'effet marginal est l'effet causé par un changement d'une unité, d'une variable dépendante sur la probabilité de tomber dans l'un des résultats possibles.

Les résultats issus de la construction de l'IBC au Congo, transcrits au tableau 2 ci-dessous, montrent que 67,6% des Congolais sont généralement heureux.

Tableau 2 : Répartition du bonheur au Congo

	Effectifs	Pourcentages	Pourcentages cumulés
Très heureux	111538	11,613	11,613
Heureux	537548	55,970	67,584
Pas heureux	311331	32,416	100,000
Total	960417	100,000	

Dans cette répartition du tableau 3 ci-dessous, il existe une plus grande proportion de non-pauvres heureux que de pauvres heureux, ce qui est conforme aux résultats obtenus dans la littérature (Sacks D.W., Stevenson B., Wolfers J. ; 2012).

Tableau3 : relation croisée pauvreté et bonheur

	Non pauvre	**Pauvre**	**Total**
Très heureux	50,49	49,05	100
Heureux	72,57	27.43	100
Pas heureux	42.43	57.57	100

Source : auteurs à partir des données de l'ECOM, 2011

A partir des études du comportement appliquées à l'analyse des pauvres, il apparaît, en effet, que le pauvre n'est pas seulement en insuffisance de ressources matérielles, mais également en insuffisance de ressources sociales. Des ressources qui lui permettent de saisir toutes les opportunités pouvant s'offrir à lui et ainsi l'aider à sortir du cycle de la pauvreté. Cette incapacité les corsète dans cet environnement de pauvreté. La pauvreté a des effets délétères sur le bonheur. Ce qui est confirmé par les auteurs Clark, D'Ambrosio et Glissandi (2014). Afin, d'apprécier dans quelle mesure la pauvreté explique le bonheur au Congo, nous allons analyser comment s'opère le sens de la corrélation entre la pauvreté et le bonheur à partir d'une régression multinomiale.

La régression multinomiale permet, en effet, de faire l'estimation de la relation entre le bonheur et les variables explicatives. L'estimation du modèle (modèle logit multinomial) s'est faite par la méthode du maximum de vraisemblance, avec des variables spécifiques individuelles (tableau 5). Dans l'ensemble, les variables retenues dans le modèle sont globalement significatives.

Nous cherchons maintenant à connaître l'effet réel de la pauvreté sur le bonheur au Congo par une analyse des effets marginaux présentés au tableau 4 ci-dessous.

Tableau 4 : effets marginaux de la régression logistique multinomiale de la relation pauvreté et bonheur

	Pas heureux		Très heureux	
	dy/dx	Significativité	dy/dx	Significativité
Situation matrimoniale				
Non marié	Réf		Réf	
Marié	-0,1313398	***	0,0528342	***
Genre				
Homme	Réf		Réf	
Femme	0,0108762	**	-0,005173	*
Pauvreté				
Non pauvre	Réf		Réf	
Pauvre	0,0728007	***	-0,039718	***
Zone géographique				
Urbain	Réf		Réf	
Rural	0,0722644	***	-0,042621	***
Famille				
Famille nucléaire	Réf		Réf	
Famille élargie	-0,0665109	***	0,0194087	**
Groupe d'âge				
< à 36 ans	Réf		Réf	
≥ à 36 ans	0,0322435	**	-0,012689	*
Number of obs	10 319			
LR chi2(12)	529,37			
Prob > chi2	0, 0000			
*** p<0,01, ** p<0,05, * p<0,1				

Source: auteurs à partir des résultats obtenus sur Stata.14

L'analyse des résultats souligne que la pauvreté exerce une influence négative sur la satisfaction de vie. Ainsi, le fait d'être pauvre fait augmenter le risque de ne pas être heureux par rapport aux non-pauvres.

Le tableau 4 montre que le fait d'être pauvre augmente la probabilité de ne pas être heureux de 7,3% par rapport à ceux qui ne sont pas pauvres. Le bonheur dépend, en effet, de la satisfaction par les individus de certains besoins biologiques (Veenhoven 1991). Cela suggère que les pauvres, du fait de leur situation socioéconomique, ne peuvent prétendre à l'acquisition d'un minimum de biens et services, ce qui peut agir sur leur perception du bonheur, comparativement à ceux qui ne sont pas pauvres. En outre, la pauvreté peut introduire un sentiment d'insécurité accru, notamment pour les individus qui n'ont pas bénéficié des fruits de la croissance. Cette insécurité et la menace réelle de demeurer dans la pauvreté font que les pauvres aient une perception négative de l'ensemble de leur vie. Ceci est vrai, particulièrement, au Congo où le système d'assurance sociale est quasi inexistant. Les populations pauvres ne bénéficient pas d'un matelas de sécurité leur permettant d'assurer le minimum de subsistance.

Les études réalisées, tant dans les pays développés (PD) que dans les pays en développement (PED), sur le bonheur, montrent que le revenu reste un élément clé de la détermination du bonheur. Cependant, il n'est pas le seul facteur expliquant le bonheur (Frey et Stutzer, 2002 ; Ng, 2006). Les études réalisées dans les PD, et même celles qui utilisent une analyse plus complexe à plusieurs niveaux ont constaté que le revenu (comme élément de détermination du seuil de pauvreté) n'explique qu'environ 2 à 4,5 pour cent de la différence de bonheur entre « pauvre » et « non pauvre » (Saris 2001 ; Hsieh 2004 ; Ahuvia 2012). Il existe d'autres facteurs qui expliquent pourquoi les pauvres n'atteignent pas le bonheur autre que le revenu. Dans notre article, cela revient à analyser les effets des variables de contrôle soulignant qu'un large éventail de facteurs autres que des facteurs économiques influe sur le bonheur. Les variables de contrôle dans le modèle comprennent l'âge du chef de ménage, le genre, la situation matrimoniale, la zone géographique d'habitation et les caractéristiques de la famille.

Nous constatons, dans notre étude, que la taille de la famille diminue de 6% la probabilité de ne pas être heureux. Cela augmente la probabilité d'être très heureux de 2%. Il peut exister quelques cas pour lesquels avoir une famille n'est pas forcément un facteur d'un mieux-être (Martin et Westerhof (2003)). Si cela vous oblige à assumer la responsabilité pécuniaire des membres de la famille, cela réduirait votre bonheur (Pichler (2006)). L'effet du genre sur le bonheur a été, également, examiné et les hommes sont plus heureux que les femmes au Congo. La probabilité de ne pas être heureux augmente de 1% pour les femmes, chefs de ménage, comparativement aux hommes. Cela peut s'expliquer par le fait que sur les 21,5 % des ménages dirigés par les femmes, 70% sont soit veuves, divorcées ou séparées. Les femmes exercent plus d'emplois précaires que des hommes et sont nombreuses à être sans emploi. Cette situation de pauvreté peut ainsi les rendre moins heureuses que des hommes. En Afrique du Sud, cependant, l'étude de Mahadea (2013) montre que les femmes rapportent des niveaux moyens de bonheur légèrement supérieur à celui des hommes. Ce résultat est similaire à celui de Hinks et Gruen (2007). Le bonheur est, également, influencé par l'âge du chef de ménage. La satisfaction de vie diminue avec l'âge. Le fait d'avoir au moins 36 ans d'âge augmente de 3% la probabilité de ne pas être heureux, comparativement à l'autre catégorie. L'âge exerce une influence psychologique, dans « l'entendement général », notamment en prenant en compte des difficultés rencontrées par les retraités au Congo : retard dans le paiement de la pension, non prise en charge de la santé, etc. sont autant d'éléments qui amènent à penser que les personnes âgées sont plus malheureuses que les personnes jeunes. Les études montrent que la relation entre l'âge et le bonheur a une forme en U (Blanchflower et Oswald 2007). Elles laissent entendre que les personnes âgées sont plus heureuses que les jeunes.

Conclusion

L'enjeu de cet article réside dans l'identification des effets spécifiques et, si possible, du lien causal entre la pauvreté et le bonheur. Les résultats obtenus montrent que 67,6% de Congolais s'estiment heureux. Il existe une corrélation robuste entre le niveau de revenu des individus et le sentiment subjectif de bonheur. Le bonheur reste tributaire des dimensions de ressources économiques, de même que l'état de pauvreté et dans une moindre mesure des facteurs ayant trait à « l'environnement social ».

Pour ce faire, lors de l'application de la mesure du bonheur, nous avons pris soin de vérifier l'influence de la pauvreté sur le bonheur, en faisant une analyse croisée entre bonheur et pauvreté, nous constatons que les pauvres sont moins heureux que les non-pauvres. Ainsi, vivre dans la pauvreté a des effets néfastes sur le bonheur. Le bonheur touche 79% des non pauvres contre 21% des pauvres. En outre, il existe des pauvres qui s'estiment très heureux ; ce qui confirme la théorie de LEWIS (1959) sur l'existence d'une « culture de la pauvreté ». Ce résultat vient, en effet, apporter une réponse empirique à la théorie de LEWIS (1959) sur l'existence d'une pauvreté incompressible ou d'une « trappe de pauvreté », qui est plus la caractéristique d'une pauvreté absolue que d'une pauvreté relative. Cette caractérisation d'une partie des individus est le fruit des processus sociaux et politiques qui ont ainsi transformé de simples catégories de la population en groupe. Ces processus peuvent être le fait des échecs répétitifs des programmes de lutte contre la pauvreté. Les populations concernées ne voyant pas leurs conditions de vie s'améliorer ont perdu espoir et, donc, ont accepté leur situation. Elles s'estiment heureuses malgré tout.

Le concept de bonheur revêt alors tout son sens, il devient, dès lors, intéressant de connaître les facteurs qui importent réellement pour les citoyens afin de mener des programmes ciblés. Par conséquent, les objectifs de développement devraient prendre en compte ce qui rend les gens heureux et agir sur ces facteurs plutôt que de reproduire des programmes uniques quelles que soient les couches de population. En effet, les personnes concernées sont, souvent, dans des situations économiques désespérées, il est difficile, dans ce cas, de parler d'une adaptation à la pauvreté au regard des conditions objectivement difficiles de vie dans lesquelles vivent ses populations (difficulté d'accès à l'emploi, à l'eau, à l'électricité, niveau d'éducation, ...). Les implications pour les comparaisons interindividuelles du bonheur doivent donc être approfondies. Ceci permettra d'étendre le champ de l'analyse aux aspects de dichotomie entre espaces de vie, afin de procéder à des comparaisons entre ménages urbains et ruraux. La pauvreté au Congo devenant, entre les deux enquêtes (2005 et 2011), de plus en plus duale.

Annexe

Tableau 5 : Estimation des régressions log multinomiales

VARIABLES	Pas heureux	Très heureux
Situation matrimoniale		
Non marié	Réf,	Réf,
Marié	-0,515***	0,443***
	-0,0601	-0,102
Genre		
Homme	Réf.	Réf.
Femme	0,0427	-0,0428
	-0,0674	-0,114
Pauvreté		
Non pauvre	Réf.	Réf.
Pauvre	0,277***	-0,346***
	-0,0468	0,0741
Zone géographique		
Urbain	Réf.	Réf.
Rural	0,269***	-0,379***
	-0,0459	-0,0731
Famille		
Famille nucléaire	Réf.	Réf.
Famille élargie	-0,287***	0,111
	-0,0492	-0,0749
Groupe d'âge		
< à 36 ans	Réf.	Réf.
≥ à 36 ans	0,134***	-0,0904
	-0,0497	-0,0752
Constante	-0,382***	-1,659***
	-0,0693	-0,114
Observations	10 319	10 319

Number of obs	10 319
Log-Likelihood	– 9394,239
LR chi2 (12)	418,7
Prob >chi2	0,0000

*** p<0,01, ** p<0,05, * p<0,1

Source: auteurs à partir des résultats obtenus sur Stata.14

Références bibliographiques

Clark AE, D'Ambrosio C, Ghislandi S (2016a), « Adaptation to poverty » in Long-run panel data, Rev Econ Stat 98: 591–600 Cross Réf. Google Scholar.

Clark, A., C. D'Ambrosio, and S. Ghislandi (2014), «Adaptation to Poverty» in Long-Run Panel Data, Paris School of Economics Working paper 2014-01.

Clark, A.E. and Oswald, A. J. (1996), « Satisfaction and comparison income», Journal of Public Economics, vol. 61, pp. 359-81.

Blanchflower, D., and A. Oswald (2003), « Does inequality reduce happiness? Evidence from the States of the USA from the 1970s to the 1990s », Mimeographed, Warwick University.

Easterlin, R. (1974) « Does economic growth improve the human lot? Some empirical evidence ». In David, R. abd Reder, R. (Eds.), Nations and Households in Economic Growth: Essays in Honor of Moses Abramovit, New York: Academic Press.

Easterlin R., (2015), Happiness and Economic Growth–The Evidence (pp. 283-299).
Springer Netherlands

Easterlin, R.A., 1974. Does economic growth improve the human lot? Some empirical evidence, in : P.A.

Ferrer-i-Carbonell, A., & Gowdy, J. M. (2007), « Environmental degradation and happiness», Ecological Economics, 60 (3), 509-516.

Ferrer-i-Carbonell, A. (2005), « Income and well-being : An empirical analysis of the comparison income effect», Journal of Public Economics, vol. 89, pp. 997-1019.

Frederick S., Loewenstein G. (1999), « Hedonic Adaptation », dans Kahneman D., Diener E. et Schwarz N. (eds) (1999), Well-Being: The Foundations of Hedonic
Psychology, New York, The Russel Sage Foundation.

Frey, B. and Stutzer A., (2007), « Should National Happiness Be Maximised », University of Zurich, Working Paper n° 306.

Frey, B.S. and Stutzer, A. (2002b). Happiness and Economics. Princeton University Press, Princeton, NJ.

Frey, B.S., and A. Stutzer (2002), « What Can Economists Learn from Happiness Research? », Journal of Economic Literature, 40(2): 402-35.

Jacquemin, A. et Tulkens, H. (2001) « Fondement d'économie politique », Paris, Bruxelles : De Boeck Université, 3ième édition.

Royannez Gil-Ian (2015), « Compréhension et prise en compte de la notion de Bonheur, quel impact dans la réflexion économique ? », Kairos [En ligne], Le bonheur, mis en ligne le 08/07/2015, URL : http://kairos.univ-bpclermont.fr/le-bonheur/dossier/comprehension-etprise-en-compte-de-la-notion-de-bonheur-quel-impact-dans-la-reflexion-economique

Hayford M. Ayerakwa,1 Robert D. Osei,2 and Isaac Osei Akoto2 (2015), « Poverty and happiness an examination of the factors influencing happiness among the extreme poor in rural Ghana»

Hinks, T. & Gruen, C. (2007), « What is the structure of South African happiness equations? Evidence from Quality of Life surveys», Social Indicators Research, 82 : 311-336.

Kahneman & Deaton (2010), « High income improves evaluation of life but not emotional well-being», Proceedings of the National Academy of Sciences 107 (38) : 16489-16493.

Kahneman D., Diener E., Schwarz N., (1999), « Well-Being: The Foundations of Hedonic Psychology», New York, The Russel Sage Foudation.

Layard R., (2006). « The Depression report A New Deal for Depression and Anxiety Disorders», Londres, ce.

Lelkes, O. (2006), « Tasting freedom: Happiness, religion and economic transition», Journal of Economic Behavior and Organization, vol. 59, pp. 173-194.

Mahadea D. (2013), « On the economics of happiness: the influence of income and non-income factors on happiness », South African Journal of economic and Management Sciences 16(1), 39-51.

Martin, M., & Westerhof, G. J. (2003), « Do you have to have them or should you believe you have them ? Resources, their appraisal, and well-being in adulthood », Journal of Adult Development, 10, 99-112.

McBride, M. (2001), « Relative-income effects on subjective well-being », in the cross-section.

Morawetz, et al. (1977), « Income distribution and self-rated happiness: Some empir- ical evidence», The Economic Journal, 87(347), 511-522.

Oswald, A.J. (1997), « Happiness and Economic Performance», Economics Journal, 107(445): 1815-31.

Pichler F., (2006), « Subjective quality of life of young Europeans. Feeling happy but who knows why?» Social Indicators Research, 75, 419–444.

Pollak, R.A. (1976), « Interdependent preferences», American Economic Review, vol. 66, pp. 309- 320.

Rojas et Jiménez (2007), « Heterogeneity in the relationship between income and happiness: A conceptual-referent-theory explanation», Journal of Economic Psychology, 28(1), 1–14

Sacks D.W., Stevenson B., Wolfers J. (2012), « The new stylized facts about income and subjective well-being», Emotion, 12(6) 1181-1187

Saris, W. (2001), « The relationship between income and satisfaction: The effect of measurement error and suppressor variables », Social Indicators Research, 43 (1):3-26.

Seebohm Rowntree (1901), Poverty, a study of town life, réimprimé par H. Fertig 1971, Université de Cornell.

Senik C., (2014). L'économie du Bonheur. Editions du Seuil et La République des Idées, 128 p. ISBN 978-2-02-118623-9.

Van de Stadt, H., Kapteyn, A. and Van de Geer, S. (1985), « The relativity of utility: Evidence from panel data », Review of Economics and Statistics, vol. 67, pp. 179-187.

Van Praag, Ferrer-iarbonell (2007), « Happiness Quantified : A satisfaction Calculus Approach », Oxford University Pres.

Van Praag, B.M.S. (1971), « The Welfare Function of Income in Belgium: An Empirical Investigation », *European Economic Review*, vol. 2, pp. 337-369.

Veenhoven R. (1991), *Is Happiness Relative ?* Social Indicators Research, 24 : 1-34.

Vendrik, Maarten C.M. (2013), « Adaptation and social interaction in happiness : An integrated error-correction approach », *Journal of public economics*, Elsevier, vol. 105© page 131-149.

Analyse de la transition de pauvreté au Congo : Une approche par le processus markovien

Séverin Aimé Blanchard OUADIKA[1]
Constant Serge IKIEMI[2]
Mathias Marie Adrien NDINGA[3]

Résumé

L'objectif de cet article est d'identifier les pauvres transitoires et chroniques. Un modèle markovien est utilisé pour analyser la dynamique de la pauvreté au Congo en supposant que les changements d'états de pauvreté observés au niveau des ménages suivent un processus de Markov fini et à temps discret. Les indicateurs issus de la matrice de transition ont permis d'apprécier la mobilité des ménages. Au terme de l'analyse, il ressort que les ménages congolais sont mobiles dans la pauvreté. Par conséquent, il y a plus de pauvres chroniques que de pauvres transitoires. De plus, la réduction de l'extrême pauvreté se fait lentement et se réduit en 15 ans. Les politiques de lutte contre la pauvreté mises en œuvre entre 2005 et 2011 n'ont pas permis à une proportion importante des ménages de sortir de la pauvreté.

Mots clés : Congo, pseudo-panel, dynamique de pauvreté, chaîne de Markov

Classification JEL : 0120, C6, D6.

Introduction

L'adoption d'une définition de la pauvreté ainsi que le choix d'une méthode de mesure ont une grande importance pour l'analyse de ce phénomène, alors même qu'aucun consensus ne se dégage (Madior et al. 2008). Les auteurs comme Odouro (2002), Clément (2005), Fall et al. (2000) affirment que la pauvreté est un phénomène essentiellement dynamique. Bien entendu, l'analyse de la pauvreté a, longtemps, privilégié l'approche statique, avec les auteurs comme Lachaud (1998), Kakwani (1997), Duclos (2004). Ces auteurs ont analysé la pauvreté selon une approche statique à partir des indicateurs axiomatiques et non axiomatiques. L'analyse de la

[1] Université Marien Ngouabi, FSE \ LARES
[2] Université Marien Ngouabi, FSE \ LARES
[3] Université Marien Ngouabi, FSE \ LARES

dynamique s'intéresse à la transition entre les différentes classes de pauvreté en distinguant les pauvres chroniques des pauvres transitoires.

La pauvreté chronique est définie comme le fait d'être privé de tout pendant une période prolongée. Les pauvres transitoires sont ceux dont la situation alterne entre l'état de pauvreté et de non-pauvreté pendant la période d'étude. Telle que définie, la chronicité ou la transition de la pauvreté suscite plusieurs interrogations. En effet, on peut se demander, en toute légitimité, combien de temps un ménage ou un individu doit rester dans une situation de pauvreté pour qu'il soit qualifié de pauvre chronique ou temporaire. Plusieurs auteurs ont répondu à cette question de différentes manières tant du point de vue théorique qu'empirique. Parmi ces auteurs, il y a Friedman (1950), Lewis (1968), Ravallion(1998), Murdoch (1994), Galza-Rodriguez et al (2015), Ottoni et al (2017), etc.

Au Congo, les dernières publications sur le phénomène pauvreté portent, d'une part, sur les liens entre la pauvreté et la santé, la nutrition, la scolarité et, d'autre part, sur la pauvreté des enfants. Certains travaux ont analysé la pauvreté non monétaire en utilisant des approches multidimensionnelles. A partir d'un indicateur composite de pauvreté multidimensionnelle construit sur les données de l'Enquête congolaise auprès des ménages (Ecom 2005), Ambapour (2006) a mis en évidence l'existence de trois types de pauvretés, à savoir celles liées aux infrastructures, à l'existence humaine et au confort des ménages. Cette même approche a été aussi utilisée par Geranda et al. (2008) pour construire des indicateurs dans chacune des dimensions du bien-être. Les auteurs sont arrivés à la conclusion selon laquelle les individus ne sont pas pauvres, de façon absolue, mais dans plusieurs dimensions du bien-être comme la nutrition, la scolarité, la santé, l'habitat, etc. L'une des études la plus récente sur la pauvreté au Congo est celle de Backiny et al. (2009) sur la pauvreté monétaire. Les auteurs confirment les résultats officiels et la tendance de la pauvreté monétaire au Congo et son ancrage dans le milieu rural. L'Unicef (2017) a analysé la pauvreté multidimensionnelle des enfants au Congo, selon l'approche de chevauchement des privations multiples (MODA). D'après cette étude, les enfants congolais ne subissent pas les mêmes types de privations. Il est regrettable que les principales questions de recherche relatives à notre étude n'aient pas été traitées par ces différents travaux sur la pauvreté au Congo.

Certes, tous ces travaux ont permis d'expliquer la pauvreté, mais ils n'ont pas renseigné sur ses formes (pauvreté transitoire et chronique) dans le temps. Tout ceci met en évidence la limite de l'analyse statique de la pauvreté et la nécessité de l'approfondir par une approche dynamique en distinguant des formes de pauvreté. D'où cette interrogation : qui sont les pauvres chroniques et les pauvres transitoires au Congo ? Ainsi, cette recherche a pour objectif d'identifier les pauvres transitoires et chroniques.

De façon spécifique, l'étude va essayer d'apporter des réponses aux questions suivantes : (i) quelles sont les proportions des pauvres chroniques et transitoires dans la population ? (ii) quelle est la durée moyenne de séjour dans un état de pauvreté ? et (iii) quel est le temps nécessaire pour un ménage qui sort de son état actuel d'y retourner après avoir parcouru plusieurs autres états ? Les réponses à ces interrogations faciliteront la compréhension du phénomène d'entrée et de sortie de la pauvreté. La principale hypothèse est que les ménages congolais subiraient plus la pauvreté chronique que transitoire.

A cet égard, cet article s'organise en six sections. Outre l'introduction, une deuxième section qui présente la revue de la littérature, une troisième section consacrée au cadre d'analyse, l'estimation du modèle fait l'objet de la quatrième section. La cinquième section porte sur l'interprétation et l'analyse des résultats et, enfin, la sixième et dernière section présente la conclusion et les recommandations.

Revue de la littérature

La littérature théorique relative à la dynamique de pauvreté révèle une diversité d'approches tantôt antagonistes, tantôt complémentaires. Ces dernières décennies, le débat théorique a évolué et s'est rapproché d'une perspective plus explicative de la dynamique de pauvreté. En effet, plusieurs théories ont été développées pour expliquer la dynamique de pauvreté, de la théorie du revenu permanent de Friedman (1950) à la théorie des cycles de vie (Modigliani, 1986) en passant par la théorie de pauvreté culturelle (Lewis, 1968).

Ainsi, en discutant de la persistance de la pauvreté, Murdoch (1994) ne se concentre pas sur la longueur de la période de pauvreté du ménage, entre autres, mais sur la relation entre le revenu courant du ménage, son revenu permanent et les seuils de pauvreté. Cette théorie de Murdoch (1994) complète certains aspects de la théorie du revenu permanent de Friedman (1950). En effet, la théorie du revenu permanent et l'hypothèse du cycle de vie de Friedman se fondent sur le fait que le revenu permanent des populations ou des individus a une tendance, mais peut connaître une déviation (transitoire) de court terme de sa tendance de long terme ; ce qui explique l'entrée ou la sortie de la pauvreté.

Une autre dimension théorique sur la dynamique est liée à la problématique de la décomposition de la pauvreté avec les travaux de Shorroks (1999). Cet auteur propose un cadre théorique unifié sur la décomposition, en s'appuyant sur la valeur de Shapley (1953). La dynamique de la pauvreté résulte de la composition de la pauvreté qu'il faut décomposer en pauvretés transitoire et chronique pour les auteurs comme Jalan et Ravaillon (1998), Datt, Shorrocks (1999), Stevens (1999), Kwakani (1999).

Par ailleurs, plusieurs autres théories ont tenté d'expliquer la mobilité des ménages par la dynamique de revenu, notamment celles citées par Fields et al. (2005) précisément la théorie des avantages cumulatifs, la théorie de la trappe à la pauvreté et la théorie fondée sur le marché du travail.

De même, le débat théorique actuel porte principalement sur le choix inter-temporel des individus, la transmission intergénérationnelle de la pauvreté, l'unité d'analyse et la question de l'efficacité des politiques publiques, notamment avec les travaux d'Alcock (2003), Dewilde (2003), Galtier (2003) et ceux de Jenkins et Micklewright, (2007), Galza-Rodriguez et al(2015), Ottoni et al. (2017).

Sur le plan méthodologique, la littérature a révélé l'usage de plusieurs méthodes statistiques et économétriques pour traiter de la dynamique de pauvreté. Chaque approche théorique adopte des méthodes plus ou moins complexes pour répondre à la problématique de la dynamique de pauvreté. Les méthodes vont des modèles de survie à l'analyse stochastique des séries en passant par les méthodes purement économétriques et mathématiques comme les processus stochastiques. De même, plusieurs restrictions conditionnent les études dynamiques dont la plus importante étant celle portant sur la disponibilité des données longitudinales.

Du point de vue théorique, il n'y a pas de consensus quant aux théories tendant à expliquer le mouvement dans la pauvreté. En effet, deux tendances principales se dégagent. La première, incarnée par les auteurs comme Ducan, (1984), Murdoch (1999), Friedman (1950) explique le mouvement dans la pauvreté par l'approche axée sur les épisodes principalement par les fluctuations affectant le revenu ou la consommation. Cette approche identifie, également, les évènements déclencheurs de sortie et d'entrée de (dans) la pauvreté. Les transitions observées sont, en général, liées à une évolution brutale des revenus, elle-même liée à un changement important du volume d'activité (Zoyem, 2002).

Les travaux empiriques sur la dynamique de pauvreté sont récents et font l'objet de nombreuses publications. Les études pionnières sur la dynamique de pauvreté remontent à la décennie 1960. En effet, c'est à partir de cette période que la dimension dynamique intègre réellement les problématiques de la pauvreté des individus ou des groupes d'individus, notamment aux États-Unis. Ce développement s'appuie sur différentes théories, mais reste, pour la plupart, empirique. Une grande partie des travaux empiriques sur la dynamique ont recherché, d'une part, à identifier la nature de pauvreté qui touche les individus, d'autre part, les facteurs déclencheurs d'entrée et de sortie de la pauvreté.

Actuellement, il est, de plus en plus, question d'analyser les territoires en lieu et place des ménages ou individus. C'est une avancée significative dans l'analyse de la dynamique de pauvreté qui se concentre sur la dynamique territoriale du phénomène. Les travaux de Ottoni et al (2017), au Brésil, qui portent sur les municipalités comme unité d'analyse de la dynamique, sont une avancée significative dans l'analyse de la pauvreté. Les travaux sur la dynamique de la pauvreté en Afrique, comme l'affirment Hodonou et al. (2010), sont rares. En effet, il existe très peu d'études sur la dynamique individuelle de la pauvreté dans les pays en développement et, en particulier, les pays d'Afrique, à même de renseigner sur les déterminants de la transition dans la pauvreté.

En Afrique, plusieurs travaux ont traité de la dynamique de pauvreté en utilisant différents outils et approches. On y trouve plusieurs travaux sur la dynamique de la pauvreté pour les pays comme l'Afrique du Sud, la Côte d'Ivoire, l'Ethiopie, le Benin, le Niger, le Sénégal, etc. Pour le cas du Benin, par exemple, Vodonou et al. (2005) ont utilisé l'approche de dominance stochastique dans une analyse de la dynamique de la pauvreté et les questions de redistribution de croissance.

Aussi, Mededji (2006) a travaillé sur la dynamique de la pauvreté en milieu urbain au Benin. Il a utilisé les données de panel pour analyser les transitions dans la pauvreté et les facteurs déterminant l'appartenance des ménages aux classes de bien-être identifiées. Les résultats obtenus par cet auteur révèlent que la proportion des ménages pauvres, de court terme, est plus importante que celle des pauvres, de long terme, et qu'au sein des pauvres, de court terme, les entrées sont supérieures aux sorties.

Les résultats de Mededji (2006) sont similaires à ceux obtenus par Hodonou et al. (2005). Plusieurs autres auteurs ont traité ce sujet en s'inspirant des pays en développement. A ce sujet, les auteurs les plus cités sont : Gaiha (1988,1989), Gaiha et Deolaliker (1993) sur l'Inde, Ravallion et Jalan (1998a, 2000) sur la Chine et Grooteart (1996) en Côte d'Ivoire. Leurs travaux ont porté aussi bien sur la dynamique de la pauvreté que sur les facteurs de la transition.

Aussi Gaiha et Deolaliker (1993) montrent-ils que la pauvreté chronique, au sud de l'Inde, est due à la variation de la rémunération et au taux de salaire. Ces auteurs justifient cette différenciation du revenu par tête et par l'inégalité des capacités nécessaires à accroître le revenu. L'analyse de la pauvreté transitoire montre qu'elle est le résultat des effets pervers de la variation des prix. En effet, à partir des prix, Jalan et Ravallion (2000) définissent la pauvreté transitoire comme « la contribution de la variabilité de la consommation dans le temps à la consommation anticipée ». La pauvreté chronique est celle qui reste lorsque « la variabilité inter-temporelle a été éliminée ». Par ailleurs, ces auteurs identifient trois catégories de ménages pauvres. Le premier groupe est pauvre de manière persistante, c'est-à-dire avec un niveau de consommation inférieur au seuil de pauvreté pour toutes les dates. Le second groupe n'a pas un niveau de consommation inférieur au seuil de pauvreté pour toutes les dates mais la consommation moyenne se situe en deçà de ce seuil. Ce groupe est défini comme les pauvres chroniques. Le troisième groupe comprend les pauvres transitoires qui ont une consommation moyenne supérieure au seuil de pauvreté, mais qui sont parfois pauvres. Dans cette perspective, Ravallion et al. (1998a) ont montré, sur la base des données chinoises, que les facteurs explicatifs communs aux deux types de pauvreté sont les actifs physiques et les effets du cycle de vie.

Murdoch (1994) examine les raisons pour lesquelles les ménages des pays en voie de développement peuvent entrer et sortir de la pauvreté et il introduit le concept de pauvreté stochastique et de pauvreté structurelle. Il montre que, dans de nombreux pays en développement, les ménages pourraient devenir pauvres temporairement, parce qu'ils ne sont pas capables de se protéger contre les événements stochastiques tels que les aléas climatiques ou les chocs sur le prix. L'approche de Murdoch est améliorée par Grooteart (1996). Cet auteur a introduit la dimension "capital humain". Sur les données ivoiriennes, il en conclut l'importance du capital humain dans la dynamique de pauvreté. En effet, le capital humain est le facteur expliquant mieux le changement du niveau de vie dans le temps. De même, Woolard et al. (2004) ont montré l'importance des chocs sur la variabilité du bien-être en Afrique du Sud. Ils affirment, dans leurs travaux, que les événements qui provoquent des changements importants, au niveau du revenu du ménage, sont d'ordre démographique et économique.

Les travaux sur les données éthiopiennes montrent qu'un tiers des ménages reste dans le même quintile de dépenses de consommation d'une année à une autre (Dercon et Krishnan, 2000). Les mouvements des ménages à l'extrémité de la distribution sont plus limités que ceux des ménages situés dans le milieu de la distribution. L'approche de comptage d'Alkire (2011) est très utilisée pour les études de dynamique de pauvreté. C'est le cas des travaux d'Alkire et al. (2017). Lorsqu'ils ont utilisé l'approche de comptage, ces auteurs ont étudié la persistance de la pauvreté multidimensionnelle dans le temps.

A la lumière de ces travaux, il ressort l'absence de consensus quant aux théories à expliquer le mouvement dans la pauvreté. En effet, deux principales tendances se dégagent. La première, incarnée par les auteurs comme Ducan et Murdoch, explique le mouvement dans la pauvreté par l'approche axée sur les épisodes, principalement, par les fluctuations qui affectent le revenu ou la consommation. La seconde, quant à elle, précise que la dynamique de la pauvreté résulte de la composition de la pauvreté qu'il convient de décomposer en pauvreté transitoire et en pauvreté chronique pour les auteurs comme Jalan, Ravaillon, Datt, Shorrocks, Stevens, etc. L'absence de consensus se traduit aussi au niveau méthodologique où plusieurs approches sont utilisées pour traiter la problématique de transition dans la pauvreté.

Au regard de toutes ces controverses (théoriques et empiriques), il apparaît opportun de voir en quels termes ce problème se pose au Congo, dans une économie tributaire des ressources naturelles, avec un taux de pauvreté élevé (37%).

En utilisant l'approche par épisode, cet article tentera d'apporter des réponses à la problématique de la dynamique de pauvreté au Congo. La section suivante porte sur le cadre d'analyse qui précise les choix méthodologiques retenus pour répondre à la question de recherche.

Cadre d'analyse

Le cadre d'analyse théorique retenu dans cette étude est l'approche par épisodes avec l'utilisation d'une matrice de transition comme principal outil d'analyse de la dynamique de pauvreté. En effet, la dynamique de pauvreté sera analysée, à partir d'une matrice de transition qui servira à dériver les indicateurs de mobilité. Les principaux indicateurs de la dynamique seront estimés à partir d'une chaîne de Markov.

Les données utilisées pour cette étude sont issues des enquêtes auprès de ménages de 2005 et 2011, réalisées par l'Institut national de la statistique (INS). Pour des besoins de cet article, un pseudo-panel est construit en utilisant les bases de données de ces deux enquêtes transversales.
Ainsi, ce cadre d'analyse rappelle les éléments théoriques d'une chaîne de Markov et son estimation.

Modèle théorique d'une chaîne de Markov

Le modèle de chaîne de Markov à temps discret est utilisé dans le cadre de cette recherche pour identifier les pauvres chroniques et transitoires. Le choix de la chaîne de Markov se justifie, à la lumière de la revue, parce qu'elle permet, à partir de la matrice de transition, d'estimer un ensemble d'indicateurs de mobilité des individus par rapport au phénomène étudié, en l'occurrence, la pauvreté. Cowell et Schlüter (1998) affirment, à ce propos, que les indices de mobilité issus d'une matrice de transition sont robustes, même en présence des données peu fiables.

Les chaînes de Markov servent à modéliser l'évolution au cours du temps de quantités X qui peuvent prendre un nombre fini d'états X=x1, X=x2,..., X=xn et qui passent de l'état xi à l'instant t à l'état xj à l'instant suivant t+1 avec une probabilité pij donnée. On suppose que le revenu suit un processus de Markov discret de η états, par exemple très pauvre, pauvre, moyen, riche et très riche. Soit P=$[P_{kl}]$, la matrice de transition (ηxη) supposée régulière[4] qui est telle qu'il existe un vecteur de probabilité π de l'état stationnaire, solution unique de l'équation $\pi^t = \pi^t P$, t désigne la transposée. L'élément P_{kl} représente la probabilité qu'un individu initialement dans un état k se retrouve dans l'étatℓ.

Considérons le processus (x→y) où x= $(x_1, x_2, \ldots x_i \ldots x_n)$ et y= $(y_1, y_2, \ldots y_i \ldots y_n)$. On suppose que les x_i *et* y_i sont bornés supérieurement et respectivement par les valeurs strictement positives $\bar{x}$ et $\bar{y}$. Soit Ω_k chacune de η partitions de l'intervalle $[0, \bar{x}]$ représentant les classes de rang k et Γ_l chacune des η partitions de l'intervalle $[0, \bar{y}]$ représentant les classes de rang ℓ. On définit, également, P_i comme la probabilité associée au couple (x_i, y_i) avec $\sum_{i=1}^{n} P_i = 1$, l'expression de P_{kl} est donnée par

$$P_{kl} = \frac{P_r([x_{i\in\Omega_k}] \cap [y_{i\in\Gamma_l}])}{P(x_i \in \Omega_k)} = \frac{\sum_{i=1}^{n} P_i I(x_i \in \Omega_k, y_i \in \Gamma_l)}{\sum_{i=1}^{n} P_i I(x_i \in \Omega_k)} \quad (1)$$

où Pr exprime la probabilité et **I(.)** une fonction indicatrice prenant la valeur 1 si la condition est vérifiée et 0 si non. Cette expression appelée probabilité conditionnelle représente la « probabilité de la quantité X vaille y_i, à l'instant t+1 sachant qu'elle valait x_i à l'instant t ».

---

[4] P^d est strictement positive pour les valeurs suffisamment élevées d'un entier d.

On note, également, les probabilités marginales suivantes

$$\pi_k = \sum_{i=1}^{n} P_i I(x_i \in \Omega_k) (2) \text{ et } \pi_l = \sum_{i=1}^{n} P_i I(y_{i\in}\Gamma_l) (3)$$

π (k) et **π (l)** sont des vecteurs contenant respectivement les probabilités π_k *et* π_l avec π (k)=π (l)=π à l'état stationnaire.

Ainsi, pour définir une chaîne de Markov, il faut deux ingrédients de base : l'espace des états S=$\{x_1, \ldots, x_n\}$ connu que l'on supposera fini et la matrice de transition ou de passage $\boldsymbol{P} = (\boldsymbol{p}_{ij})_{1\leq i\leq n, 1\leq j\leq n}$.

On suppose que le processus de changement d'états de pauvreté est une chaîne de Markov à temps discret, X(t), caractérisée par une matrice de transition P et par la distribution initiale ao. Par exemple, **X(t)= $\mathbf{x}_t$** signifie qu'au temps t, le ménage observé est dans l'état de bien-être x_t.

La chaîne de Markov peut être analysée en utilisant une méthode descriptive, basée sur les indicateurs issus de la matrice de transition et une méthode multi-variée. La méthode descriptive retenue, dans le cadre de cette recherche, est celle utilisée par Hodonou et al. (2008) qui s'inspire de la méthode « First-step analysis »[5] décrite par Ross (1997) et Kulkarni (1995).

On rappelle que la modélisation d'un phénomène par le processus markovien est basée sur deux hypothèses fondamentales : (i) la chaîne de Markov est homogène à temps discret avec un nombre limité d'états ; ainsi, la matrice de transition ne dépend pas du temps, et seuls les changements observés au moment des observations sont pris en compte ; (ii) l'état dans lequel se trouve un ménage au cours d'une période ne dépend que de son état de la période précédente, et non de l'historique de l'état de bien-être du ménage. Dans cet article, les états de la chaîne de Markov sont définis par les quintiles des dépenses de consommations du ménage[6].

Soit S=$\{x_j\}$, j=1,2,..., r l'ensemble des états de pauvreté d'un ménage. Par construction, les états sont ordonnés $x_1 < x_2 \ldots x_r$ et se lit : x_1 vient avant x_2, etc. Autrement dit, l'état x_2 est préférable à l'état x_1, l'état x_3 est préférable à l'état x_2 ; et, plus généralement, l'état x_j est préférable à l'état

[5] Le first-step analysis est fondé sur l'analyse du comportement de la chaîne de Markov à temps discret à travers l'examen des obstacles qui pourraient surgir à la fin de la première transition de la chaîne (Batabyal, 2004).

[6] On pouvait utiliser aussi tout autre indicateur de pauvreté (seuil de pauvreté, le revenu, la consommation normalisée, etc.) et, par conséquent, obtenir une autre chaîne de Markov.

x_{j-1}. Cela signifie qu'un ménage classé dans x_j a un niveau de vie plus élevé qu'un autre classé dans x_{j-1}. Le niveau de pauvreté atteint par un ménage est un phénomène aléatoire. Lorsqu'un ménage passe de l'état x_j à un état x_{j-1} du fait de la dégradation de son niveau de vie, on parle d'un changement d'état négatif ou une transition négative, dans le cas contraire, on parle d'un changement d'état positif ou une transition positive. Dans le cadre de la lutte contre la pauvreté, l'objectif d'une stratégie serait de réduire progressivement le nombre de ménages dans l'état x_j au profit de l'état x_{j+1}. Autrement, une mise en œuvre efficace des politiques de lutte contre la pauvreté devrait se traduire par la réduction des effectifs des classes de quintiles inférieurs au profit des classes de quintiles supérieurs. Ainsi, la stratégie de réduction de la pauvreté veut qu'un ménage qui se trouve dans une classe de bien-être supérieur y séjourne le plus longtemps possible. Cela signifie que l'état de non pauvreté soit un état absorbant pour une chaîne de Markov.

Estimation du modèle

Les principaux indicateurs associés à la chaîne de Markov sont estimés à partir de la matrice de transition dont les éléments sont des probabilités de passage entre les différents états de pauvreté. Dans le cadre de cet article, on considère que la chaîne de Markov est ergodique, car il est quasiment impossible d'avoir une chaîne de Markov absorbante dans le cas de la dynamique de la pauvreté (Hodonou et al. ,2008). On rappelle qu'une chaîne de Markov est dite ergodique ou irréductible si tout état est atteignable à partir d'un autre état. Dans le cas de cet article, les états de pauvreté sont, évidemment, atteignables à partir de n'importe quel état.

Une matrice de transition est utilisée avec les indicateurs associés pour apprécier la dynamique de pauvreté. Les principaux indicateurs retenus sont (i) les probabilités de transition d'un état de bien-être à un autre ; (ii) la vitesse à laquelle les ménages transitent d'un état à un autre, analysée à partir de la matrice des durées moyennes au premier passage ; (iii) la distribution stationnaire qui est une projection dans le long terme des proportions de la population dans chaque classe de bien-être et (v) la mobilité interclasse des individus à l'aide des indicateurs de mobilité.

Les résultats ont été obtenus à partir d'un pseudo-panel construit à partir des bases de données issues des enquêtes sur les ménages pour l'évaluation de la pauvreté (Ecom 1 et Ecom 2). Les individus sont constitués des cohortes pour les deux années 2005 et 2011.

Interprétation et analyse des résultats

Les résultats analysés, dans cette section, sont ceux de la matrice de transition issue de la chaîne de Markov. En outre, les données, étant issues des enquêtes par sondage, ont été entièrement pondérées pour les différents calculs. Comme l'affirment Daveziez et al. (2009), en général, les estimateurs pondérés sont plus robustes que les estimateurs non pondérés. L'estimation du modèle markovien a permis d'obtenir une matrice de transition (Tableau 1).

Le test du rapport de vraisemblance a été effectué pour vérifier l'hypothèse d'existence d'une chaine de Markov. Ce dernier confirme l'hypothèse de la propriété de Markov, c'est-à-dire que les événements successifs ne sont pas indépendants. Donc, la transition, dans la pauvreté, suit un processus markovien du premier ordre, la longueur de la série ne permet pas de vérifier le processus d'ordre deux. Le ratio de vraisemblance est significatif au seuil retenu de 5%. Autrement dit, les états de pauvreté de 2005 dépendent de ceux de 2011.

L'analyse de la matrice de transition montre que la chaîne est irréductible, car il y a une parfaite communication entre les différents états de pauvreté, cela se traduit par l'absence des probabilités nulles ($p_{ij} \neq 0$) dans la matrice. Ainsi, la nature ergodique de la chaîne de Markov permet l'analyse des transitions. Dans la suite, les quintiles de consommation sont appelés états de pauvreté et l'analyse se mène au niveau des ménages éléments constitutifs des cohortes.

L'analyse du tableau 1 met bien en exergue l'existence d'une faible mobilité entre différents états de pauvreté. En effet, plusieurs ménages sont restés dans leurs états initiaux de pauvreté. La proportion initiale, dans chaque état, est de 20%, en 2005. Cela suppose qu'elle n'a pas évolué, de façon significative. On note une légère hausse pour les états pauvres, moyens, riches et très riches de 0,25 points de pourcentage. L'état des pauvres extrêmes a subi la baisse la plus importante, passant de 20 à 18,9%, en 5 ans. Cette situation explique la forte concentration des ménages dans leur état initial, autrement dit, en 5 ans, il n'y a pas eu assez de ménages qui ont quitté leur situation initiale de pauvreté.

L'analyse différenciée par états illustre que les transitions entre états ne se sont pas déroulées de la même façon. Comme le montre le tableau 1, 6,3% de ménages qui étaient pauvres extrêmes en 2005 sont demeurés dans cet état après 5 ans et 37,5% ont réalisé l'exploit d'atteindre l'état des "plus riches", en partant de la situation d'extrême pauvreté. Ce résultat n'est pas surprenant en raison de l'évolution du taux de pauvreté au Congo. Au cours de la même période, au niveau des ménages, ce résultat est passé de 42,4% à 37,5% (INS-Congo, 2011). La fraction des ménages qui a réussi à sortir de l'extrême pauvreté pousse à la baisse le taux d'incidence de la pauvreté pour l'ensemble des ménages.

Tableau 1: Matrice de transition

	Distribution finale (2011)				
Distribution initiale (2005)	**Pauvre extrême**	**Pauvre**	**Pauvre moyen**	**Riche**	**Très riche**
Pauvre extrême	0,0625	0,125	0,1250	0,3125	0,3750
Pauvre	0,1250	0,0625	0,1875	0,2500	0,3750
Pauvre moyen	0,1875	0,3125	0,3125	0,0625	0,1250
Riche	0,3333	0,2667	0,1333	0,200	0,0667
Très riche	0,2500	0,2500	0,2500	0,1875	0,0625
Distribution ergodique	**0,1899**	**0,2025**	**0,2025**	**0,2025**	**0,2025**

Source : Calcul des auteurs, à partir des données de l'ECOM 2005 et 2011

Par ailleurs, l'analyse de la dynamique de la pauvreté entre les deux extrêmes révèle une transition de la pauvreté des ménages. En effet, des ménages se trouvant dans un état d'extrême pauvreté, 12,5% sont devenus pauvres contre 31,3% qui ont intégré la classe des riches. Ce résultat montre qu'il y a plus de ménages qui transitent de l'extrême pauvreté vers les états de pauvreté supérieurs en 5 ans. De même, pour les ménages se trouvant dans l'état de pauvreté *moyen* à la première observation, 31,3% sont restés dans cet état, tandis que la même proportion est devenue pauvre; 18,7% sont passés dans l'extrême pauvreté, contre 12,5% qui ont atteint l'état des très riches.

Par contre, parmi les ménages très riches de 2005, 6,3% sont restés dans cette situation contre 25% qui sont devenus pauvres extrêmes en 2011. Entre les extrémités, 18,6% de ménages sont devenus riches, alors qu'ils étaient très riches, 5 ans auparavant. En outre, l'analyse de la diagonale principale de la matrice de transition relève un taux de persistance dans les états initiaux relativement faibles. Le taux de persistance varie entre 6 et 32%. On estime à 14%, en moyenne, le nombre de ménages demeurés sédentaires. Il y a 44% de ménages ayant demeuré pauvres (extrêmes pauvres, pauvres et pauvres moyens), contre 26,0 % non pauvres, entre 2005 et 2011. Ainsi, la proportion de pauvres chroniques est de 44%. Ce pourcentage correspond à l'ensemble de ménages pauvres qui n'ont pas changé d'état, en 5 ans. Ce résultat montre un niveau de chronicité de la pauvreté élevé. Un résultat similaire a été obtenu par Sadaatou (2015) au Niger. Cela peut s'expliquer par plusieurs raisons comme l'inefficacité des politiques de lutte contre la pauvreté. Dans la période de 2005-2011, le gouvernement a investi dans les infrastructures en dotant le pays des infrastructures physiques. La chronicité de la pauvreté, dans la même période, peut se justifier par l'absence des canaux de transmission des fruits des investissements publics au niveau des ménages.

De plus, l'analyse des probabilités hors diagonales principales fait ressortir des éléments supplémentaires de compréhension de la dynamique de pauvreté, notamment les proportions des pauvres transitoires. En effet, les ménages, à défaut de conserver leur état initial, sont relativement plus nombreux à transiter vers les états de pauvreté inférieurs que vers les états de pauvreté supérieurs. Ces résultats confirment ceux obtenus par Dercon et Krishnan (2000) sur les données éthiopiennes.

Ainsi, il apparaît que la transition négative est relativement plus importante, par rapport à la promotion sociale ou transition positive entre 2005 et 2011. A titre d'illustration, parmi les ménages classés pauvres moyens en 2005, 18,7% sont devenus pauvres extrêmes, 31,3% de pauvres contre 6,3% qui sont montés dans la classe des riches et 12,5% dans celle des très riches. Globalement, cela correspond à 50% de transition négative contre 19% de transition positive. Comme on peut le constater, la différence est importante. Les ménages sont si nombreux à devenir plus pauvres que riches, entre 2005 et 2011.

La persistance de la pauvreté et l'efficacité des politiques de lutte contre la pauvreté seront appréciées à partir des indicateurs comme la vitesse de transition entre les états, la durée de renouvellement et, éventuellement, les indices de mobilité.

Vitesse de transition entre les états

La vitesse de transition entre les états est mesurée par la durée moyenne du parcours au premier passage[7]. Il s'agit du temps moyen

---

[7] La relation $M = (m_{ij}) = (I-Z+cc'Z_{dg})*D$ donne la durée moyenne du parcours au premier passage où

- ✓ M est la matrice des durées moyennes du parcours au premier passage ;
- ✓ c est une matrice colonne dont tous les éléments sont égaux à 1 ;
- ✓ c' la transposée de la matrice c ;
- ✓ Z la matrice fondamentale de la chaîne de Markov ;
- ✓ Zdg est la matrice diagonale tirée de Z ;
- ✓ D est une matrice diagonale dont tous les éléments diagonaux sont égaux à l'inverse des probabilités limites de la chaîne.

nécessaire à la chaîne de Markov pour atteindre un état sachant qu'il vient d'un autre. Dans le cadre de cet article, c'est le temps moyen nécessaire pour un ménage d'entrer pour la première fois dans un état de pauvreté donné sachant qu'il était dans un autre.

A cet effet, l'analyse du tableau 2 montre que m21=4,8 est supérieur à m12=4,63 et. m_{51}=4,5 est supérieur à m_{15}=3,8. Il va de même pour m_{41}=4,5 est inférieur à m_{14}=4,6 et m31=4,9 est aussi inférieur à m_{13}=6,0.

Tableau 2. Matrice de la durée moyenne du parcours au premier passage (m_{ij})

Distribution initiale(2005)	**Pauvre extrême**	**Pauvre**	**Pauvre moyen**	**Riche**	**Très riche**
Pauvre extrême	**4,7194**	4,6372	6,0020	4,5712	3,8353
Pauvre	4,8171	**4,3476**	0,5294	4,9166	3,8228
Pauvre moyen	4,8894	3,8571	**5,6085**	5,8749	4,9029
Riche	4,5049	4,1669	6,0816	**5,1027**	4,9029
Très riche	4,5049	4,1669	5,3890	5,2072	**4,4535**

Source : Calcul des auteurs, à partir des données de l'ECOM 2005 et 2011

Dans plusieurs transitions, on constate qu'il y a presque autant de $m_{i>j} > m_{i<j}$ que de $m_{i>j} < m_{i<j}$ avec une légère avance pour le deuxième cas. Le cas où $m_{i>j} > m_{i<j}$ signifie que la descente d'un état de bien-être élevé (non pauvreté) vers un état de bien-être moins élevé (pauvreté) est moins rapide que la montée d'un état inférieur (pauvreté) vers un état supérieur (non pauvreté). Le cas où $m_{i>j} < m_{i<j}$ décrit l'inverse. Dans le cas de cette recherche, le cas où $m_{i>j} < m_{i<j}$ est plus important que celui où on a $m_{i>j} > m_{i<j}$.

Ce résultat confirme ceux de la section précédente qui mettent en exergue la chronicité de la pauvreté et une forte propension de transition vers les états de pauvreté (extrême pauvre, pauvre et pauvre moyen). Mededji (2006) a obtenu des résultats contraires dans le cas du Benin. En effet, l'auteur, à partir d'un panel, montre qu'en milieu urbain, les proportions des ménages pauvres de court terme est plus importante que celle des pauvres de long terme.

Durée de renouvellement et **distribution limite**

Les éléments de la diagonale de la matrice permettent d'analyser la durée de renouvellement du processus. La durée de renouvellement varie de 4,5 à 5,6 unités de temps, le minimum pour l'état de *"pauvreté"* et le maximum pour l'état de *"pauvreté moyen"*. L'analyse du tableau 2 montre que les ménages classés très riches et pauvres ont la durée de renouvellement la plus faible. Ce résultat signifie que les ménages reviennent plus rapidement à leur position initiale après avoir transité dans les autres états. Par ailleurs, les ménages se trouvant dans les états *pauvres moyens* et *riches* ont un temps de renouvellement un peu plus élevé, cela signifie qu'ils mettent plus de temps à revenir à leurs états initiaux, justifiant ainsi leur insertion dans d'autres états de pauvreté.

Ces indicateurs traduisent l'efficacité ou non de la politique de lutte contre la pauvreté mise en œuvre entre 2005 et 2011. En effet, cette politique a permis aux ménages pauvres et très riches de revenir rapidement à leur position initiale, après un séjour dans des transitions positives ou négatives.

En revanche, l'action publique, toutes choses égales par ailleurs, a aussi permis aux ménages riches de rester dans cet état, le plus longtemps possible. Malheureusement, ce sont les pauvres (pauvres moyens) qui ont la durée de renouvellement la plus élevée pour les différentes transitions.

Le problème de vitesse de convergence a été aussi mis en exergue par Mededji (2006) qui distingue les ménages pauvres, selon l'horizon temporel, et en conclut que les ménages sont plus nombreux dans le court terme que dans le long terme. Gaiha et Deolaliker (1993) expliquent cette transition en Afrique du sud par le niveau de rémunération et les taux de salaire.

Globalement, la durée de séjour, dans un état de bien-être, est relativement faible, la politique de lutte contre la pauvreté a permis, en 5 ans, d'une part, de maintenir les ménages dans leur position initiale un peu plus longtemps et d'autre part, pour ceux qui sortent de leur position initiale, de demeurer, un peu plus longtemps, dans un autre état avant d'y retourner. La différence de temps de séjour entre les différents états est faible.

On rappelle que toute matrice régulière d'une chaîne de Markov admet une distribution limite ou ergodique (Kemeny et al. 1976). Les auteurs montrent que la matrice de transition converge vers une matrice W de rang un, $P^n=W$, où n est le temps nécessaire pour atteindre la distribution dite ergodique formée par les probabilités d'occupation d'équilibre.

La distribution limite est caractérisée par la matrice limite W dont les éléments α_i sont des probabilités limites de la matrice de transition. Les α_i représentent les proportions de la population dans les différents états, lorsque le processus est en équilibre. La matrice limite représente la situation du futur, en l'absence de toute action publique, c'est-à-dire si, pendant la période étudiée (2005-2011 dans notre cas), la politique de lutte contre la pauvreté n'a pas changé. Elle caractérise, ainsi, le comportement, à long terme, des ménages s'ils n'ont pas subi tout choc extérieur.

Tableau 3: Distribution ergodique pour l'ensemble des ménages

	Total	Pauvre extrême	Pauvre	Pauvre moyen	Riche	Très riche
Distribution initiale	1	0,2000	0,2000	0,2000	0,2000	0,2000
Distribution ergodique	1	**0,1899**	**0,2025**	**0,2025**	**0,2025**	**0,2025**

<u>*Source*</u> *: Calcul des auteurs, à partir des données de l'ECOM 2005 et 2011*

L'analyse du tableau 3 fait ressortir qu'à long terme près de 19% de ménages seront dans la pauvreté extrême et 20,25% seront très riches. La situation dans les classes de bien-être intermédiaire, à long terme, sera similaire aux extrêmes. En effet, à long terme, 20,25% de ménages seront pauvres, pauvres moyens et riches. En comparant à la situation initiale, on note une légère stabilité du nombre de ménages se trouvant dans les états pauvres, *pauvres moyens*, *riches* et *très riches*, une baisse dans la classe des extrêmes pauvres.

Ce résultat signifie que si la politique de lutte contre la pauvreté menée entre 2005 et 2011, reste comme telle, à long terme, le nombre des extrêmes pauvres va baisser à 18,9%. La matrice de transition converge à partir de la 15ème année. En théorie, cela signifie que la distribution ergodique sera atteinte après 15 ans à partir de l'année de référence. Autrement, si les politiques et stratégies mises en œuvre entre 2005 et 2011 ne changent pas, dans 15 ans, le pays compterait 20,25% des très riches et 18,9% d'extrêmes pauvres.

Ces résultats sont cohérents avec ceux trouvés par Gaiha et Deolaliker (1993) en Afrique du Sud. Résultats qu'expliquent Woolard et al (2004) par l'importance des chocs sur la variabilité du bien-être, toujours en Afrique du Sud.

Analyse des indices de mobilité

Une autre catégorie d'indicateurs nécessaires à l'analyse de la chaîne de Markov est constituée d'indices de mobilité. En effet, l'analyse de la mobilité permet de mesurer la vitesse avec laquelle la distribution limite est approchée. Ils mesurent la mobilité relative et ne montrent aucune mobilité si les changements observés au niveau de l'indicateur du niveau de vie n'engendrent aucun changement entre les états de bien-être.

Les éléments non-diagonaux de la matrice de transition sont considérés comme les indicateurs de mobilités. Plus les probabilités de transition sont élevées, plus la mobilité est forte. Ces indicateurs souffrent de la faiblesse de dépendre du nombre de classes définies. Plus les classes sont de faibles amplitudes, plus il y a de chance que les individus ou les ménages étudiés bougent fréquemment d'un intervalle à un autre. L'un des indices le plus utilisé pour mesurer la mobilité est celui de Shorrocks[8]. Il permet de quantifier la mobilité à partir d'une matrice de transition.

A côté de l'indice de Shorrocks, deux autres indices ont été utilisés dans le cadre de cette recherche, notés respectivement (voir en annexe A3). Il existe plusieurs autres indices permettant d'apprécier la mobilité des individus par rapport à un phénomène donné. On préfère les indices issus de la matrice de transition pour leur robustesse, comme l'affirme Cowel et Schlûter (1998), les indices de mobilité qui proviennent d'une matrice de transition sont robustes même en présence de données peu fiables.

Tableau 5. Indicateurs issus de la matrice de transition

Indices	Valeurs
Indice de Shorrocks (µ1)	1,08
Indice de Shorrocks normalisé	0,86
µ2	0,07
µ3	0,085
Durée de convergence	15

Source : Calcul des auteurs, à partir des données de l'ECOM 2005 et 2011

Par définition, l'indice de Shorrocks est compris entre 0 et $\frac{n}{n-1}$; donc une valeur de μ_1 égale à zéro représente une parfaite immobilité, par contre μ_1= 1,25 (valeur de $\frac{n}{n-1}$), traduit une parfaite mobilité. Cet indice est

[8] Shorrocks (1978) : l'indice est donné par la formule) ; où n est le nombre d'états, p_{ij} est le $j^{ème}$ élément de la diagonale de P et tr (P) est la trace.

interprété comme l'inverse de la moyenne harmonique du temps moyen passé dans un état donné. Ainsi, plus sa valeur est élevée, moins il y a de persistance dans le processus caractérisé par la matrice de transition.

Dans le cadre de cet article, μ_1= 1,08 et μ_{1nor}=0,86 (Tableau 4), deux valeurs de l'indice de Shorrocks qui sont plus proches de 1,25 que de 0. Les ménages congolais ont relativement été très mobiles entre 2005 et 2011, par rapport à leur situation dans la pauvreté, ils sont plus "*movers*" que "*stayers*", avec un faible temps de renouvellement. Ce résultat est compatible avec l'analyse des sections précédentes. En effet, les ménages congolais sont restés mobiles entre 2005 et 2011, mais beaucoup plus à l'intérieur des classes de pauvres (extrêmes pauvres, pauvres, et pauvres moyens). Cela s'explique, en partie, par l'inadaptation des politiques de lutte contre la pauvreté, qui considèrent les pauvres comme une classe homogène. En effet, les résultats ont mis en exergue l'existence des pauvres chroniques et des transitoires.

Par ailleurs, l'analyse de l'indice μ_2 qui est un indicateur de la vitesse de convergence de la matrice de transition montre que les ménages congolais convergent lentement. La faible valeur de cet indice (0,07) traduit une sortie ou une entrée lente d'un état de bien-être donné vers un autre, d'où les taux de sédentarisation légèrement élevés constatés (voir section précédente) et une longue durée de convergence (15 ans). La valeur de μ_3 proche de 0 confirme cette lenteur dans la convergence des ménages congolais vis-à-vis des états de pauvreté.

Le calcul des différents indicateurs associés à la matrice de transition a permis d'approfondir la limite de l'analyse des probabilités de transitions. Ces différents indicateurs ont confirmé le comportement des ménages congolais entre 2005 et 2011 au sujet de la dynamique de pauvreté. Dans l'ensemble, les ménages congolais sont mobiles à l'intérieur de leurs états de pauvreté et y restent un peu plus longtemps. Si les politiques de lutte contre la pauvreté ne changent pas, la situation sera la même jusqu'en 2020.

Conclusion

L'objectif de cet article était d'identifier les pauvres transitoires et chroniques. De façon spécifique, il s'est agi d'estimer la probabilité d'être un pauvre chronique, un pauvre transitoire ou un non-pauvre ; de mesurer la durée moyenne de séjour dans un état de pauvreté ; d'évaluer le temps nécessaire pour un ménage qui sort de la pauvreté d'y retourner.

En utilisant la chaîne de Markov à temps discret avec un espace d'états représenté par les quintiles de consommation, il ressort que, dans l'ensemble, les ménages congolais sont peu mobiles dans la pauvreté. En effet, ils ont une faible mobilité, même lorsqu'ils sont mobiles, ils restent dans les classes de pauvreté. La durée moyenne de transition entre les états de bien-être varie entre 4,5 et 5,6 ans. Elle est plus longue pour les pauvres moyens et plus courte pour les plus riches.

Par ailleurs, un peu plus du tiers des ménages ont réussi à sortir de la pauvreté, passant de l'extrême pauvreté à la classe des plus riches avec une faible vitesse de convergence correspondante à une proportion de 44% de ménages pauvres chroniques.

Cette faible vitesse de convergence se traduit par une chronicité de la pauvreté des ménages. La vitesse de sortie des différents états de pauvreté est très faible. Par conséquent, la matrice de transition n'atteint l'équilibre qu'après 15 ans par rapport à la date de référence. Si les politiques de lutte contre la pauvreté ne changent pas et en tenant compte de l'accroissement naturel de la population, il y aura plus des pauvres extrêmes en 2020 qu'en 2005, en dépit d'une baisse relative. L'examen des indicateurs associés à la matrice de transition confirme la relative faible mobilité des ménages congolais.

Par ailleurs, les différents indices de mobilité ont confirmé le caractère quasi-sédentaire des ménages congolais par rapport à la pauvreté. Cette quasi-sédentarisation des ménages explique le fait selon lequel la proportion des pauvres chroniques est plus importante que celle des pauvres transitoires.

A la lumière des résultats obtenus, il serait judicieux, pour les pouvoirs publics, de mettre en place une politique de lutte contre la pauvreté visant, en priorité, les pauvres extrêmes. Dans le même registre, l'action publique devrait, également, se focaliser sur les leviers susceptibles d'accroître la mobilité des ménages vers les états de bien-être supérieurs.

Références bibliographiques

Ambapour, S. 2006, Pauvreté multidimensionnelle au Congo, Document de travail, BAMSI n°12

Alkirea S., Apablazac M., Chakravarty, S., Yalonetzky, G. (2017), Measuring chronic multidimensional poverty, Oxford Poverty & Human Development Initiative, University of Oxford, 3 Mansfield Rd., Oxford OX1 3TB, UK.

Awel, M. 2004, « Vulnerability and poverty dynamics» in rural Ethiopia, Master thesis.

Backyny, 2009, « Profil et perceptions de la pauvreté en République du Congo en 2005 », Rapport d'étude, disponible sur www.perspaf.org

Batabyal, Amitraje et A. 2004 « A note on First Step Analysis and Rangeland Management under Uncertainty», disponible à SSRN: http://ssrn.com/abstract=496263

Clément, M. 2005, « Dynamique et persistance de la pauvreté en Russie », Document de travail n°89, Centre d'Economie du Développement de l'Université Montesquieu Bordeaux IV.

CNSEE, 2005, « Enquête congolaise auprès des ménages pour l'évaluation de la pauvreté », Rapport d'analyse, Brazzaville, Congo.

Davezies, L. and D'Haulfoeuille, 2009, « Faut-il pondérer ?... Ou l'éternelle question de l'économètre confronté à des données d'enquête », INSEE, série des documents de travail de la Direction des Études et Synthèses Économiques, G2009/06, 26p

Hodonou, A. and al., 2010 « Dynamique de la pauvreté au Bénin : approche par le processus markovien », Working paper, PEP.

Gaiha, R. 1988, On measuring the risk of poverty in rural India in rural poverty in south Asia, Columbia University Press, 1988.

Gaiha, R. 1992, On the chronically poor in rural India Journal of International Development, Vol.4, N°4, 409-421.

Gaiha, R. and Deolaliker A.B. 1993. Persistent, expected and innate poverty-estimates for semi-arid rural South India; 1975-1984. Cambridge journal of Economics, Vol. 17, N°4, 409-421.

Geranda N. and al. 2008. Pauvreté multidimensionnelle des enfants et des femmes en République du Congo. Rapport d'analyse.

Grooteart, C. 1996. The determinants of poverty in Côte d'Ivoire in the 1980 s. Journal of African Economies, Volume 6, Number 2.

Guilherme Ottoni, Teixeira Costa, Ana Flávia Machado, Pedro V. Amaral (2017). Vulnerability to poverty in Brazilian municipalities in 2000 and 2010: A multidimensional approach

Institut national de la statistique (INS), 2011. Enquête congolaise auprès des ménages pour l'évaluation de la pauvreté. Rapport d'analyse de 2011, Brazzaville, Congo.

Loustau, S. Chaînes de Markov et Processus markovien de sauts : application aux files d'attentes. Ecole centrale de Marseille.

Kemeny, J. G et Snell, J.L. 1976. Finite Markov chains. Springer-Valey, 209 p.

Kulkarni, V.G. 1995. Modelling and Analysis of stochastic systems. First Edition, Chapman & Hall, 619p.

Le Gallo, J. 2004 Space-time analysis of GDP disparities among European Régions : A Markov chains approach. International Régional science review 27, 2.

Mededji, D. 2006. Dynamique de pauvreté urbaine au Bénin : une analyse en termes d'entrées et sorties. Working paper, PEP.

Murdoch, J. 1994. «Poverty and vulnerability». American Economic Review, Vol. 84, n° 2

Odouro, D.A 2002. "La Dynamique de la pauvreté" Center for Policy Analysis, Accra, Ghana, http://www.pep-net.org

Ravaillon, M. et Jalan, J. 1998a. Determinants of Transient and Chronic Poverty: Evidence from rural China. Policy Working Paper 1936. Washington DC: World Bank.

Ravaillon, M. et Jalan, J. 2000. Is transient poverty different ? Evidence from Rural China. Journal of Development Studies, Vol.36, N°6, 82-99

Ross, S.M. 1997.Introduction to probability Models, Sixth Edition, Academic Press, 669p.

Selly Amal Kerim, (2016). Mesure de la pauvreté multidimensionnelle selon l'approche par Counting : application à la Mauritanie. Université de Montpellier, UMR5474 LAMETA, F-34000 Montpellier, France, Faculté d'Économie.

Sen A.K. (1989). The concept of Development. Handbook of Development Economics.Volume 1.

Sen, A. K. (2003). Un nouveau modèle économique : Développement, Justice, Liberté. Paris : Edition Odile Jacob 482 p.

Sen, A. K., (1984). The Living Standard. Oxford Economic Papers, volume 36, pp. 74-90.

Shorrocks, A. F., 1978. The measurement of mobility. Econometrica, Vol. 46, n°5.

Temel, T. and Albersen, P. J. 2003, Are the US Farm wages equalizing ? Markov chain approach. Centre for World Food Studies, Vrije Universiteit.

Vodounou, C., Mededji, D., Adjovi, E. Hodonou, A. 2005. Pauvreté au Bénin : Analyse dynamique, rôle de la croissance et l'inégalité et ciblage des populations vulnérables. CREA/AERC.

Woolard I. and Murray L., 1999. Measuring poverty in South Africa. University of Cap Town.

Effets du capital social sur l'accès à l'emploi des jeunes de 15-29 ans au Congo

Ted Cléophane Ngassa[9]
Maixent Loubassou-Nganga[10]
Mathias Marie Adrien Ndinga[11]

Résumé

L'objectif de cette recherche est d'analyser les effets du capital social sur l'accès à l'emploi des jeunes au Congo. Le modèle probit est utilisé pour atteindre cet objectif. Les estimations sont réalisées à partir des données issues de l'Enquête de transition vers la vie active (ETVA) au Congo, réalisée en 2015. Après les estimations, les résultats montrent que, dans le contexte congolais, notamment, dans le secteur formel, le capital social est un facteur complémentaire du capital humain qui a plus d'effets sur l'accès à l'emploi, lorsqu'il est associé au capital humain. Ces résultats impliquent qu'il faudrait porter une attention particulière sur l'éducation et conseiller aux individus de se mettre en réseaux afin de bénéficier des ressources potentielles qu'offre le capital social.

Mots clés : *accès à l'emploi, capital social, jeunes, information, marché du travail.*
JEL : *J21, J23, J60, J64.*

Introduction

La littérature sur l'économie du travail met en avant plusieurs déterminants pour expliquer l'accès à l'emploi (Kamanzi et al., 2010). Parmi ces déterminants, le capital social occupe une place de choix (Ngassa, 2018). Celui-ci est défini comme étant l'ensemble de ressources sociales qu'un individu peut mobiliser pour accéder à un emploi (Lin, 1995). A la suite des critiques de l'approche basée sur le capital humain ou encore de la théorie du signal, beaucoup d'auteurs soutiennent que le capital social est un facteur important de l'accès à l'emploi (Shen et Bian, 2018). Le point de vue selon lequel le capital social joue un rôle important dans l'accès à l'emploi semble ne pas faire l'unanimité entre les économistes. En effet, pour les économistes

---

[9] Enseignant chercheur, LARES et Université Marien Ngouabi.
[10] Enseignant chercheur, LARES et Université Marien Ngouabi.
[11] Enseignant chercheur, LARES et Université Marien Ngouabi.

néoclassiques, l'information sur le marché du travail est supposée transparente, ce qui n'est pas le cas pour les tenants de la théorie de la recherche de l'emploi, notamment Montgomery (1991) ou encore de Mortensen et Viswanath (1994) pour qui le marché du travail est caractérisé par l'asymétrie informationnelle ou encore pour les tenants de la théorie du capital humain pour qui le capital humain est le principal déterminant de l'accès à l'emploi (Becker, 1994).

Le débat sur le caractère important du capital social dans l'accès à l'emploi s'appuie sur le relâchement de l'hypothèse de la transparence de l'information sur le marché du travail. Les résultats empiriques obtenus, à partir de plusieurs travaux continuent à alimenter le débat, du fait que certains résultats, par exemple, penchent à la faveur du capital humain comme principal déterminant de l'accès à l'emploi (Becker, 1994) alors que d'autres affirment le caractère déterminant du capital social comme principal facteur de l'accès à l'emploi (Granovetter, 1995). Ce débat met en évidence l'importance des analyses empiriques liées aux questions de l'accès à l'emploi.

En réalité, l'accès à l'emploi est l'une des préoccupations mondiales de ces dernières décennies. Selon le résumé analytique de l'Organisation internationale du travail (OIT) de 2017, en Afrique, le nombre de chômeurs devrait augmenter de 450000. Le chômage au Congo, en général, et celui des jeunes, en particulier, semble toucher de plus en plus les diplômés de l'enseignement supérieur. En effet, le taux de chômage des jeunes diplômés de l'enseignement supérieur se chiffre à 16,7% contre 11,9% pour ceux qui n'ont aucun diplôme et 15% pour le niveau primaire (INS, 2009). Cette situation demeure préoccupante, puisqu'en 2015, selon l'enquête sur la transition vers la vie active (ETVA), le taux de chômage des jeunes ayant un niveau universitaire s'établit à 41,9 % contre 38,1% pour les jeunes ayant un niveau primaire et 18,8% pour les jeunes qui ont un niveau inférieur au primaire.

Ces résultats obtenus sur le marché du travail au Congo semblent s'opposer à la théorie du capital humain postulant que le niveau d'études (diplôme) est lié positivement à la probabilité de trouver un emploi et/ou influence, par conséquent, les caractéristiques de l'emploi trouvé (salaire élevé, CDI, satisfaction, etc.). D'après le rapport de la deuxième enquête congolaise sur la consommation auprès de ménages (INS, 2011), la situation du chômage au Congo est la conséquence de la suppression des recrutements systématiques (après la formation) dans la fonction publique, principal pourvoyeur des emplois dans la décennie 1980, du faible niveau de création d'emplois et de la mise sous programmes de l'économie congolaise par les institutions de Bretton Woods (Diata, 1989).

Malgré les initiatives des pouvoirs publics, afin d'atténuer l'ampleur du chômage, la situation de l'emploi reste préoccupante, car inférieure à l'offre de travail disponible sur le marché (PNUD, 2015), ce qui a pour conséquences directes la rareté des emplois et l'imperfection de l'information sur les emplois disponibles. Dans ce contexte de rareté des emplois et de l'imperfection de l'information, le recours aux membres de la famille et/ou à un réseau de relations (professionnelles ou non) peut être une solution pour l'insertion professionnelle. Les individus mobilisent alors leur capital social dans l'espoir d'accéder au marché du travail. Cependant, la question qu'il convient de se poser est celle de savoir quel rôle joue le capital social sur l'accès à l'emploi par rapport au capital humain?

Partant des controverses théoriques et empiriques précédemment présentées, cette recherche tente de comprendre si le capital social est un facteur déterminant de l'accès à l'emploi au même titre que le capital humain. La réflexion menée à travers cette recherche intègre à la fois le choix et la justification de notre champ d'étude en ce sens que, au Congo, le marché du travail est caractérisé par l'imperfection de l'information et la présence des structures en charge des questions de l'emploi peu efficaces (Ngassa, 2018). L'objectif de ce travail est d'analyser les effets du capital social sur l'accès à l'emploi aussi bien pour le secteur formel qu'informel. L'hypothèse soutenue, dans cette recherche, est celle de montrer que le capital social influence significativement et positivement l'accès à l'emploi au Congo. En plus de l'introduction et de la conclusion, la présente recherche comporte trois points, à savoir : capital social et accès à l'emploi dans la littérature, aspects méthodologiques, et résultats.

Capital social et accès à l'emploi dans la littérature

La relation entre le capital social et l'accès à l'emploi s'analyse dans le cadre des questions liées au marché du travail, en général, et à celui de l'emploi, en particulier. Selon Mc. Call (1970), les individus en quête d'emploi ne disposent pas des informations disponibles sur le marché du travail. Ce manque d'informations sur les emplois disponibles peut signifier que la théorie du capital humain n'est plus appropriée pour expliquer la recherche de l'emploi parce que cette théorie porte non seulement sur les caractéristiques individuelles, mais aussi modélise les comportements des individus dans un contexte où l'information sur le marché du travail est parfaite.

Calvo-Armengol et Jackson (2004) mettent en évidence l'importance des liens avec d'autres individus sur le marché de l'emploi, contrairement à Mc. Call (1970) qui privilégie la dimension individuelle. Pour Calvo-Armengol et Jackson (2004), les ressources sociales qui constituent la composante essentielle du capital social permettent aux individus de gérer un flux important d'informations sur l'emploi. Cet argument corrobore ceux de Lecoutre (2003), Granovetter (1995) et/ou de Lin (1995). En effet, pour Lecoutre (2003), les actions de l'homme (de nature économique ou non) se produisent, généralement, au sein des réseaux sociaux ou de relations. Ces réseaux sont considérés comme les supports dans lesquels les normes et les valeurs sont encastrées (Granovetter, 1995), ce qui veut dire qu'en faisant appel à des ressources sociales, des individus peuvent avoir plus de chances d'accéder à un emploi sur le marché du travail (Ghrairi, 2016).

Le recours au capital social peut, donc, être plus efficace et plus rapide dans le processus de l'obtention d'un emploi que les autres moyens de recherche d'emploi (Ghrairi, 2016). La mobilisation du capital social garantirait ou favoriserait, également, dans certains contextes, l'accès rapide à un emploi dans la mesure où le capital social permet d'avoir plus d'informations sur le marché du travail que les autres canaux considérés comme formels (agences, journaux, etc.). Le recours au capital social pour accéder à l'emploi pourrait être aussi lié au fait que le capital social favorise la confiance. En effet, les amis, les familles, etc., qui reçoivent, souvent, en premier, l'information sur les emplois, favorisent la transmission de celle.-ci à un nombre plus grand d'individus (Ghrairi, 2016).

Le capital social, bien que favorisant l'accès à l'emploi, peut également avoir des effets pervers (Hyun-Soon Kim, 2016). Pour Hyun-Soon Kim (2016), le fait de privilégier une relation ou un groupe social limiterait ou conduirait à la perte des opportunités potentielles intéressantes. A cet effet, Mankin et al. (2014) montrent, par exemple, que l'appartenance ethnique est une caractéristique de la discrimination sur le marché du travail. Si, conformément à la littérature théorique, les effets du capital social sur l'accès à l'emploi sont contrastés, cette littérature semble, cependant, converger vers une prédominance des effets positifs. Ce qui n'est pas le cas pour la littérature empirique où les résultats de plusieurs travaux semblent controversés. Pour certains auteurs, les résultats montrent que le capital social a des effets positifs sur l'accès à l'emploi. C'est le cas de Pena-Lopez et Sanchez-Santos (2017) ou Ghrairie (2016), à partir des modèles probit sur les données respectivement de la Suisse et de la France. D'autres auteurs, par contre, obtiennent des résultats pour lesquels le capital social a des effets négatifs sur l'accès à l'emploi. C'est le cas de Hyun-Soon Kim (2016) à partir d'un modèle multi-niveau.

Aspects méthodologiques

Les données utilisées pour les régressions économétriques dans le cadre de cette recherche sont celles issues de l'Enquête de transition vers la vie active (ETVA), menée auprès des jeunes de 15 – 29 ans, en 2015. Le choix de cette source de données se justifie par le fait qu'elle soit liée directement aux questions de l'emploi. On retrouve, également, des questions permettant d'approcher le capital social. Par ailleurs, la base de données de l'ETVA offre, par rapport aux autres enquêtes, l'avantage de disposer des données récentes. Cette base compte 417720 jeunes actifs occupés et 182939 chômeurs. Les inactifs représentent l'effectif le plus grand de cet échantillon, soit 707259. Pour plus d'information sur cette enquête, les informations détaillées sont disponibles sur le site Web: www.ilo.org/w4y.

Avant d'estimer les paramètres, les variables suivantes sont retenues sur la base de la littérature et de l'objectif de cette recherche. *L'Accès à l'emploi* est la variable expliquée de notre régression, elle prend la valeur 1, si l'individu est en emploi et 0 si non ; *Capital social* : contrairement aux travaux de Forsé (2001) et de Kamanzi et al. (2010) qui n'utilisent qu'une dimension du capital social dans leurs analyses, cette recherche utilise un indice composite du capital social construit à partir d'un ACP en prenant en compte les six dimensions proposées par Woolcock et al. (2006) et par bien d'autres auteurs comme Grootaert et al (2003) ou encore Kalfa et Piracha (2015). Les six dimensions (groupes et réseaux, confiance et solidarité, action et coopération collectives, informations et communication, cohésion et inclusion sociales, et habilitation et action politique) ont été approchées en utilisant plusieurs questions disponibles dans les questionnaires de Grootaert et al. (2003) et de l'ETVA (BIT, 2015).

Groupes et réseaux : dans le questionnaire intégré proposé par Grootaert et al. (2003), on demande à l'individu à quel groupe (voisinage : amis, parent, etc.) ou type d'organisation (communauté religieuse, mutuelle de crédit ou d'épargne, etc.) il appartient. De plus, il lui est demandé quel est le bénéfice qu'il tire de ce groupe en termes d'amélioration des conditions de vie courante, d'accès aux services, de résolution des problèmes d'urgence, etc. Pour saisir cette dimension, on a construit une variable dichotomique, dans le questionnaire de l'ETVA, à partir de la question : quelles sont vos principales sources de services financiers ? Cette variable dichotomique prend la valeur 1 si le statut actuel de l'individu sur le marché du travail est chômeur et s'il répond amis et parents et 0 pour les autres réponses.

Confiance et solidarité : dans le même questionnaire, proposé par Grootaert et al. (2003), on demande aux individus si le niveau de confiance dans le milieu de résidence/voisinage s'est amélioré ou pas il y a 5 ans. Cette question est similaire à celle relative aux migrations. On considère que les individus dont le statut d'avant sur le marché du travail est "chômeur" et changeant de milieu de résidence pour les raisons liées à l'emploi sont ceux pensant que le niveau de confiance ne s'améliore pas (égale 1) c'est-à-dire qu'ils font de moins en moins confiance aux individus de leur environnement, au moyen de la facilitation à l'accès à l'emploi, alors que d'autres pensent le contraire.

Action et coopération collectives : pour cette rubrique, la question retenue est la suivante : au cours des 12 derniers mois, avez-vous travaillé avec d'autres personnes dans votre voisinage/village en faisant quelque chose au profit de votre voisinage ou de la communauté ? Pour capter cette dimension, les questions sur le critère du travail et sur les aspirations de la vie ont été retenues. On considère que les individus dont le statut d'avant sur le marché du travail est "employé" et ayant contribué volontairement, sans être payés, à une entreprise/activité appartenant au voisin et dont l'objectif principal est d'aider le voisinage/la communauté (égale 1), comme ceux ayant fait quelque chose au profit du voisinage ou de la communauté et les autres le contraire (égale 0).

Informations et communication : la dimension informations et communication est captée par la question portant sur le mode de recherche de l'emploi. En effet, la question posée dans le questionnaire est la suivante : quelles sont les trois sources les plus importantes d'information ? En s'appuyant sur le questionnaire de l'ETVA, pour cette recherche, on a 1, pour ceux qui ont recours aux amis, familles, etc. et 0, pour les autres.

Cohésion et inclusion sociales : dans le questionnaire de Grootaert et al. (2003), la question suivante a été retenue : y a-t-il des groupes de personnes dans le voisinage, empêchés, n'ayant pas accès à l'éducation, aux services de santé, à l'eau, etc. ? Dans le questionnaire de l'ETVA, on a retenu la question suivante pour capter l'information : pour quelle raison principale n'avez-vous jamais commencé votre éducation/formation ? Cette question a pour code 1 lorsqu'il s'agit des individus n'ayant pas été scolarisés à cause du manque d'infrastructures scolaires à proximité et 0 pour les autres.

Habilitation et action politique : on a construit la variable binaire à partir de la question : pensez-vous ou estimez-vous que vous avez la « capacité » de prendre les décisions importantes pouvant changer le cours de votre vie ? Dans le questionnaire ETVA, à partir de la question : idéalement, pour qui aimeriez-vous travailler ? On a codé 1 pour les individus répondant pour moi-même ou créer ma propre entreprise dont le statut actuel sur le marché du travail est chômeur ou employé et 0 pour les autres. Cette construction, à notre avis, a l'avantage de prendre en compte aussi bien la dimension individuelle que collective dans la mesure où la variable capital social créée permet de capter ces six dimensions. Nous estimons, qu'à partir des données disponibles, notre variable « proxy » constitue une approximation valable de la variable capital social.

Les autres variables explicatives sont : Niveau d'instruction de l'individu (Becker, 1994), situation matrimoniale (Kamanzi et al, 2010), sexe (Ghrairi, 2016), niveau de vie (Lin, 1995), domaine d'étude (Ghrairi, 2016), lien avec le chef de ménage (Mouko, 2015), avoir un enfant (Mouko, 2015), département (Moundir et Muller, 2013), âges (Lin, 1995).

Les hypothèses retenues des effets des différentes variables explicatives sur l'accès à l'emploi dans le cadre de cette recherche sont celles représentées par les différents signes consignés dans le tableau n^0 1 ci-après :

Tableau 1: Signes attendus des variables de base

Variables	Codage des modalités	Signes attendus pour le secteur formel	Signes attendus pour le secteur informel
Niveau d'instruction	Aucun/primaire= 1 Secondaire1=2 Secondaire2=3 Supérieur=4	+	+ / -
Capital social		+	+
Situation matrimoniale	Non marié (e)=1 Marié(e)=2	+	+
Sexe	Masculin=1 Féminin=2	-	-
Âges	15-19 ans=1 20-24 ans=2 25-29 ans=3	+	+
Département	Autres=1 Brazzaville=2 Pointe-Noire=3	+	+
Niveau de vie	Difficile=1 Moyen=2 Aisée=3	+	
Domaine d'étude	Technique=1 Général=2	+	
Lien avec le chef de ménage	Parenté=1 Pas de lien de parenté=2		+
Avoir un enfant	Oui=1 Non=2		+

***Source** : auteurs à partir des données de l'ETVA, 2015*

Le modèle théorique retenu comme celui d'appui est développé par Calvó-Armengol et Jackson (2004). Pour ce modèle, lorsque l'information n'est pas équitablement répartie sur le marché du travail, le capital social, peu importe la forme, donne la possibilité aux individus d'entrer en possession des informations sur le marché du travail. Ces informations influencent, par conséquent, la situation de l'individu, car le contact obtenu avec l'employeur déboucherait ou non sur un emploi. Cette situation de l'individu sur le marché du travail peut être modélisée, à partir d'une équation binaire prenant deux modalités que sont : 1 si l'individu trouve l'emploi et 0 s'il n'en trouve pas. Pour cet individu, on a une variable y qui équivaut à 1 s'il accède à l'emploi et 0 s'il n'y accède pas. En fait, Y prend la modalité 1 si l'utilité que l'individu associe à l'accès à l'emploi est supérieure à celle actuelle qui peut ne pas le satisfaire.

En effet, la décision d'accéder à l'emploi est fondée sur la différence entre le bénéfice espéré de l'information et son coût. Cette différence non observée renvoie à une variable latente I* telle que : $\mathbf{I}^*_i = ß_i\mathbf{Z}_i + \boldsymbol{\varepsilon}_i$; où Z représente le vecteur de variables explicatives, ß le vecteur des paramètres à estimer et ε le terme d'erreur de loi N (0,1). Si I*>0, alors l'individu a tiré profit de l'information apportée par le capital social, c'est-à-dire qu'il a trouvé l'emploi. On note I la variable observée indiquant si l'individu a trouvé l'emploi. Plus précisément, I vaut 1 si l'individu a trouvé l'emploi.

$$soit\ I = \begin{cases} 1 \text{ si } \mathrm{I}_i^* > 0 \\ 0 \text{ si } \mathrm{I}_i^* < 0 \end{cases}$$

L'estimation de ce modèle est faite à partir du modèle suivant :

$$soit\ P_i = \begin{cases} 1 \text{ si } \mathrm{P}_i^* > 0 & \text{l'enquêté est en emploi (travailleur)} \\ 0 \text{ si } \mathrm{P}_i^* \leq 0 & \text{l'enquêté n'est pas en emploi (chômeur)} \end{cases}$$

Avec $$\mathrm{P}_i^* = \boldsymbol{\alpha}\mathbf{X}_i + \boldsymbol{\varepsilon}_i \quad , \qquad \mathbf{(1)}$$

où X_i représente le vecteur des variables explicatives (niveau d'instruction, capital social, sexe, groupe d'âges, etc.), α celui des paramètres à estimer, $\boldsymbol{\varepsilon}_i$ les termes d'erreurs et P_i^* la variable latente qui modélise la probabilité pour un individu i d'être en emploi. En s'appuyant sur les travaux de Ngassa (2018), notre modèle à des fins d'estimation est le suivant :

$$\mathbf{A\_emp} = \boldsymbol{\beta_1}\mathbf{X_1} + \boldsymbol{\beta_2 X_2} + \boldsymbol{\beta_3 X_1 X_2} + \boldsymbol{\beta_4 X_3} + \boldsymbol{\beta_5 X_4} + \boldsymbol{\beta_6 X_5} + \boldsymbol{\beta_7 X_6} + \boldsymbol{\beta_8 X_7} + \boldsymbol{\beta_9 X_8} + \boldsymbol{\varepsilon}_i \quad \mathbf{(2)}$$

Où $\mathbf{X_1}$, $\boldsymbol{X_2}$, $\boldsymbol{X_3}$, … …, $\boldsymbol{X_8}$ représentent respectivement les variables niveau d'instruction de l'individu, capital social, âge, situation matrimoniale, niveau de vie du ménage / avoir un enfant, sexe, domaine d'études / lien avec le chef de ménage et département et **A_emp** représente l'accès à l'emploi. Cette équation de régression contient les deux variables indépendantes et mais aussi une nouvelle variable, définie comme le produit de X_1 et X_2(effets d'interaction). Les estimations des paramètres des modèles Probit retenus sont effectuées à l'aide des algorithmes de maximisation d'une fonction log-vraisemblance. La vraisemblance peut s'écrire :

$$L(\alpha) = \prod_{i=n}^{N} \mathrm{F}\,(\alpha \mathrm{X_i})^{y_i}(1 - \mathrm{F}\,(\alpha \mathrm{X_i})^{1-y_i}$$

Et, donc, la log-vraisemblance vaut :

$$logL(\alpha) = \sum_{i=n}^{N} Y_i\, log\mathrm{F}\,(\alpha \mathrm{X_i}) + \sum_{i=n}^{N}(1 - Y_i) log\mathrm{F}\,(1 - \mathrm{F}(\alpha \mathrm{X_i}))$$

$$= \sum_{i:\,Y_i=1} log\mathrm{F}\,(\alpha \mathrm{X_i}) + \sum_{i:\,Y_i=0} log\mathrm{F}\,(1 - \mathrm{F}(\alpha \mathrm{X_i}))$$

Résultats

Avant de faire l'analyse économétrique, nous procéderont d'abord à la description des variables de base de l'ETVA utilisée pour cette recherche. La description des données indique que l'échantillon est dominé par les jeunes de niveau secondaire1 (45,61%). Quant au niveau de vie, les jeunes dont le niveau de vie du ménage est moyen sont les plus nombreux (52,20%). Les jeunes interrogés suivent, en majorité, les classes d'enseignement général (96,83%). L'échantillon étudié a plus de femmes (51,66%) que d'hommes (48,44%). La classe 15-20 ans est la plus représentée (38,52%). Les jeunes ayant un lien de parenté avec le chef de ménage sont majoritaires (82,94%). La base de l'ETVA compte plus de célibataires (79,03%) que de mariés (20,97%). On note, aussi, que 36,42% des jeunes déclarent avoir un enfant. Concernant les départements, Brazzaville est celui qui semble avoir le plus de jeunes (45,27%). Si l'on s'intéresse au capital social, les paramètres calculés montrent que les valeurs de la variable capital social sont fortement dispersées autour de la moyenne. En effet, l'écart-type par rapport à la moyenne est égal à 1,515 alors que la valeur de la moyenne est de 0,999. Les paramètres calculés dénotent des écarts importants, entre individus concernant le recours au capital social, ceci quel que soit le statut sur le marché du travail.

Après la description de la base de données, les lignes suivantes s'attèlent à l'analyse économétrique. Au regard des résultats présentés dans le tableau, on constate que les R^2 de Mc Fadden (Pseudo R^2) varient entre 16,8% et 17,3% pour le secteur formel et entre 14,7% et 15,5% pour le secteur informel. Quant aux chi2 de Wald, les probabilités, qui y sont associées, sont inférieures à 0,05, ce qui signifie que les variables indépendantes dans l'ensemble sont reliées à la variable dépendante. Enfin, pour chaque variable, les tests de Wald associés montrent jusqu'à quel point chaque variable indépendante est liée significativement à la variable dépendante. Toutes les conditions réunies permettent de conclure que les modèles retenus sont valables et il est possible de passer à l'interprétation et à la discussion des résultats. Les lignes, qui suivent, s'attèlent à la fois à l'interprétation et à la discussion des résultats.

Tableau 2 (ci-contre) : Accès à l'emploi dans le secteur formel (sans et avec interactions)

VARIABLES	modèle 1 Dy/Dx	z-stats	modèle 2 Dy/Dx	z-stats
Niveau d'instruction				
sans niveau/primaire	Réf.		Réf.	
secondaire 1	0,007	0,290	-0,005	-0,180
secondaire 2	0,148***	4,400	0,171***	4,510
supérieur	0,089***	2,590	0,103***	2,790
capital social*secondaire 1	-/-	-/-	0,033	1,400
capital social*secondaire 2	-/-	-/-	0,048**	1,970
capital social*supérieur	-/-	-/-	0,003	0,120
Capital social	0,015**	1,970	-0,011	-0,550
Situation matrimoniale				
non marié (e)	Réf.		Réf.	
narié(e)	-0,003	-0,130	-0,005	-0,210
Sexe				
homme	Réf.		Réf.	
femme	-0,146***	-7,650	- 0,147***	-7,680
Groupe d'âges				
15-20 ans	Réf.		Réf.	
20-25 ans	-0,028	-1,030	-0,025	-0,920
25-30 ans	0,123***	4,240	0,122***	4,200
Niveau de vie				
difficile	Réf.		Réf.	
moyen	0,064***	3,070	0,064***	3,060
aisé	0,142***	4,460	0,139***	4,390
Domaine d'étude				
général	Réf.		Réf.	
technique	0,001	0,030	-0,005	-0,140
Département				
autres	Réf.		Réf.	
brazzaville	0,086***	3,710	0,087***	3,720
pointe-Noire	0,079***	3,020	0,078***	2,990
N	**1,425**		**1,425**	
Vraisemblance	**-576,722**		**-573,587**	
LR chi2(12 ;16)	**233,020**		**239,290**	
Prob> chi2	**0,000**		**0,000**	
Pseudo R2	**0,168**		**0,173**	

Source : auteur à partir des données de l'ETVA, 2015
*** p<0.01, ** p<0.05, * p<0.1

Capital social, facteur complémentaire du capital humain dans le secteur formel

En observant les résultats du modèle 1 consignés dans le tableau 2, le niveau d'instruction, le niveau de vie, le capital social, le département, le sexe et le groupe d'âges sont significatifs et ont des signes attendus. Toutes choses égales par ailleurs, les résultats de cette recherche soulignent qu'avoir un niveau d'instruction secondaire 2 accroît de 14,8% la probabilité d'accéder à un emploi dans le secteur formel, par rapport à ceux qui sont sans niveau/primaire. Cette augmentation est de 8,9%, lorsqu'il s'agit des individus de niveau supérieur. Le capital social a, également, un effet positif sur la probabilité d'accéder à un emploi dans le secteur formel. En effet, les résultats du modèle 1 montrent que recourir au capital social augmente de 1,53% la probabilité d'accéder à un emploi dans le secteur formel. Les variables niveau de vie, âge et département augmentent, également, la probabilité d'accéder à l'emploi dans le secteur formel. Quant à la variable sexe, selon les résultats, être une femme diminue de 14,6%, par rapport aux hommes, la probabilité d'obtenir un emploi dans le secteur formel.

Lorsque l'on ajoute les termes d'interaction entre l'éducation et le capital social dans le modèle 1, on obtient le modèle 2 (tableau 2). Les résultats du modèle 2 affirment à leur tour que le capital social perd sa significativité, mais ne présentent pas, par contre, un effet plus important lorsqu'il est associé au niveau d'instruction notamment secondaire 2. L'effet du capital social devient 3,2 fois (4,8%) supérieur lorsqu'il est associé au niveau d'instruction. Ainsi, selon les résultats de cette recherche, le capital social est un facteur complémentaire du capital humain dans l'accès à l'emploi dans le secteur formel à partir du moment où les effets du capital humain sont passés respectivement de 14,8% à 17,1% pour le secondaire 2 et de 8,9% à 10,3% pour le supérieur.

Ces résultats obtenus sont soutenus par les travaux de (Mankiw et al., 2014) qui postulent que les individus de niveau secondaire 2 ou supérieur ont une probabilité plus élevée d'accéder à l'emploi que ceux du niveau secondaire 1 ou primaire. Les résultats de cette recherche confortent, également, ceux de Pena-Lopez et Sanchez-Santos (2017), affirmant que le capital social a un effet significatif et positif sur l'accès à l'emploi, mais un effet moindre, par rapport à l'effet du capital humain. Les résultats obtenus montrent que les approches théoriques du capital humain et du capital social expliquent l'accès à l'emploi dans le secteur formel lorsqu'on ne prend pas en compte les effets d'interaction entre le capital social et le capital humain. En prenant en compte les effets d'interaction entre ces deux variables, l'approche théorique explicative est celle de la complémentarité entre les deux variables concernées (capital social et le capital humain).

Tableau 3: Accès à l'emploi dans le secteur informel (sans et avec interactions)

	modèle 1		modèle 2	
VARIABLES	Dy/Dx	z-stats	Dy/Dx	z-stats
Niveau d'instruction				
sans niveau/primaire	Réf.		Réf.	
secondaire 1	-0,010	-0,600	0,013	0,500
secondaire 2	-0,009	-0,440	-0,045	-1,580
supérieur	-0,057***	-3,300	-0,053**	-2,220
capital social*secondaire 1	-/-	-/-	0,003	0,140
capital social*secondaire 2	-/-	-/-	-0,012	-0,560
capital social*supérieur	-/-	-/-	0,034	1,240
Capital social	0,044***	7,160	0,042**	2,110
Situation matrimoniale				
non marié (e)	Réf.		Réf.	
marié(e)	0,019	1,060	0,022	1,200
Sexe				
homme				
femme	-0,042***	-3,100	-0,041***	-3,040
Groupe d'âges				
15-20 ans	Réf.		Réf.	
20-25 ans	-0,020	-0,930	-0,022	-1,060
25-30 ans	-0,017	-0,800	-0,018	-0,830
Lien avec le chef de ménage				
pas de lien de parenté	Réf.		Réf.	
parent	-0,036	-1,560	-0,036	-1,560
Avoir un enfant				
oui	Réf.		Réf.	
non	0,006	0,390	0,007	0,440
Département				
autres	Réf.		Réf.	
brazzaville	0,059***	3,690	0,059***	3,690
pointe-Noire	0,053***	2,930	0,053***	2,930
N	**1,425**		**1,425**	
Vraisemblance	**-308,839**		**-305,775**	
LR chi2(12 ;15)	**106,480**		**112,61**	
Prob> chi2	**0,000**		**0,000**	
Pseudo R2	**0,147**		**0,155**	

Source : auteur à partir des données de l'ETVA, 2015

*** p<0.01, ** p<0.05, * p<0.1

Les résultats de la régression présentés dans le tableau 3 indiquent que les variables niveau d'instruction, capital social, sexe et département ont des effets significatifs sur la probabilité d'accéder à un emploi dans le secteur informel. Toutes ces variables ont les signes théoriques attendus. En ne prenant pas en compte l'interaction entre le capital social et le niveau d'instruction (Modèle 1), ces résultats disent, toutes choses égales, par ailleurs, que le fait d'avoir fait les études supérieures diminue de 5,7%, par rapport aux sans-niveau/primaire la probabilité d'accéder à un emploi dans le secteur informel. Le capital social augmente de 4,40% la probabilité d'accéder à un emploi dans le secteur informel. Il sied de noter que l'effet du capital social dans le secteur informel est environ 3 fois supérieur à celui obtenu dans le secteur formel, lorsqu'on ne prend pas en compte les effets d'interaction entre le capital social et le niveau d'instruction. En prenant en compte les effets d'interaction, les résultats présentés dans le tableau 3 (Modèle 2) montrent, d'une part, que, dans le secteur informel, le capital social n'a pas de lien avec le capital humain. D'autre part, le capital social semble être plus bénéfique que le capital humain parce que le capital humain diminue de 5,3% la probabilité d'accéder à l'emploi alors que le capital social augmente de 4,2% cette probabilité. La variable département a un effet positif sur l'accès à l'emploi dans l'informel tandis que l'effet de la variable sexe est négatif. Les résultats, ci-dessus, obtenus sont cohérents avec certains résultats de la littérature, en l'occurrence ceux de Assaad (1993) pour qui le choix des individus, dans les segments du marché, notamment, dans le secteur informel, est non aléatoire. Selon Assaad (1993), ce choix est guidé par les avantages que le capital social offre sur l'accès à l'emploi.

Conclusion

L'objectif de la présente recherche est d'analyser les effets du capital social sur l'accès à l'emploi au Congo, aussi bien pour la composante formelle qu'informelle. A l'issue des analyses faites, plusieurs résultats sont obtenus. Aussi l'hypothèse de recherche est-elle vérifiée. Cette étude a obtenu les résultats sur les secteurs formels et informels. Pour les résultats du secteur formel, deux enseignements sont tirés. Premièrement, la théorie du capital social explique l'accès à l'emploi. Ainsi, les estimations obtenues indiquent que le recours au capital social permet aux individus d'accéder aux emplois dans le secteur formel. Deuxièmement, les résultats obtenus montrent que le capital social est un facteur complémentaire du capital humain sur l'accès à l'emploi dans le secteur formel.

Pour les résultats du secteur informel, deux enseignements sont, également, tirés. Primo, le caractère positif du capital social, notamment, dans l'explication de l'accès à l'emploi informel. Tout comme pour le secteur formel, le capital social a toujours un effet positif sur l'accès à l'emploi dans le secteur informel, comparativement au capital humain pour qui l'effet devient négatif. Secundo, le capital social n'est pas un facteur complémentaire du capital humain concernant l'accès à l'emploi dans le secteur informel. Les résultats obtenus impliquent que pour augmenter les chances des individus d'accéder à un emploi dans le secteur formel considéré comme le secteur prioritaire, il convient d'agir, premièrement, sur l'éducation en mettant en place des conditions susceptibles de favoriser l'accès à l'éducation de qualité, notamment, pour l'enseignement supérieur. Deuxièmement, il s'impose la nécessité de conseiller aux individus de se mettre en réseaux afin de bénéficier des ressources potentielles qu'offre le capital social.

Références bibliographiques

Assaad, R. (1993), « Formal and informal institutions in the labor market, with applications to the construction sector in Egypt », *World Development* 21, 925– 939 ;

Becker G. (1994), « Human Capital: A Theoretical and Empirical Analysis with Special Reference to Education », NBER, The University of Chicago Press (3rd Edition). Chapter II: Human Capital revisited. pp. 15-28. ;

Bit (2015), « *Transition vers le marché du travail des jeunes femmes et hommes en République du Congo (ETVA)* », Work4Youth, série de publication n^0 9, juillet 2015, Genève, 54p. ;

Calvó-Armengol A. et Jackson O(2004), « The effects of social networks on employment and inequality», *American Economic Review*, 94 :426-454, 2004;

Coleman J. S. (1988), « Social capital in the Creation of Human Capital », *American Journal of Sociology*, vol. 94, 95-12 ;

Diata H. (1989), « Ajustement structurel au Congo. In: Tiers-Monde», tome 30, n°117,*Politiques d'ajustement et recompositions sociales en Amérique latine*. pp. 187-202;

Forsé M. (2001), «Rôle spécifique et croissance du capital social »,*Revue de l'OFCE n° 76 / janvier 2001* ;

Ghrairi J. B. (2016), « *Employabilité des Jeunes en France : Influence des réseaux et des canaux formels de recherche d'emploi* », thèse de doctorat, École doctorale en Sciences Économiques et Gestion, Université Panthéon – Assas, France ;

Granovetter (1995), «*Getting a job : a study of contact and Careers*», 2nd Edition, Harvard University,Press, Cambridge, 1995 ;

Grootaert C., Narayan D., Nyhan Jones V., et Woolcock M. (2003), «measuring social capital: an integrated questionnaire», *the world bank*, waking paper N^0 18, november 2003;

Hällsten, M., Edling C. and Rydgren, J. (2017), « Social capital, friendship networks, and youth unemployment », *Social Science Research*, Vol. 61, pp. 234 250.

Holzer H. (1987), «Informal Job Search and Black Youth Unemployment», *American Economic Review*, 1987, vol. 77, issue 3, 446-52

Hyun-Soon Kim H. (2016), «A liability of embeddedness? Ethnic social capital, job search, and earnings penalty among female immigrants», *Ethnicities journal*, December 2016;

Institut national des statistiques (INS) (2011), « Enquête de Consommation auprès de Ménages (EC0M-II) », Brazzaville, République du Congo, 452p. ;

Institut national des statistiques (INS, 2009), « *Enquête sur l'emploi et le secteur informel, Phase 1,* » INS Brazzaville, République du Congo, 65p ;

Kalfa E. et Piracha M. (2015), « Social Networks and the Labour Market Mismatch», *Institute for the Study of Labor (IZA),* Discussion Paper No. 9493 November 2015 ;

Kamanzi P.C ; Deniger M.A et Trottier C (2010) « L'accès à un emploi permanent après l'obtention d'un diplôme d'études postsecondaires au Canada : le capital social importe-t-il? », *Mcgill Journal of Education* , Vol. 45, N° 1 Winter 2010 ;

Lecoutre M. (2003), *Capital social, école et entreprises sur le marché du travail*, Sociologie. Université René Descartes - Paris V, 2003. Français. <tel-00719714> ;

Lin N.(1995), « Les ressources sociales : une théorie du capital social », *Revue française de sociologie*, vol. 36, n° 4, pp. 685-704 ;

Loury, L. (2003), «Job Tenure and Personal Contacts: Good Matches or Limited Choices», *Tufts University Economics Department*, Working Paper.

Mankiw G. N., Belzile G. et Pépin B. (2014), *Principes de Microéconomie,* 2ième édition, Traduction et adaptation de *Principles of microeconomics*, 6th Canadian edition, de N. Gregory Mankiw, Ronald D. Kneebone et Kenneth J., Groupe Modulo Inc, 1er trimestre 2014.

Marsden P. and Hurlbert J. (1988), « Social Resources and Mobility Outcomes: A Replication and Extension », *Social Forces* 66 (4) : 1038-1059.

Mc. Call J. (1970): « Economics of information and Job search » in Zerbo A. (2006), *Marché du travail urbain et pauvreté en Afrique subsaharienne: un modèle d'analyse*, Document de travail DT/129/2006, Centre d'Economie du Développement, Université Bordeaux IV. 33 p. ;

Montgomery, J. (1991), « Social Networks and Labor-Market Outcomes: Toward an Economic Analysis», *The American Economic Review*, 81(5), 1408-1418;

Mortensen D. and Vishwanath T. (1994), « Personal contacts and earnings: It is who you know! », *Labour Economics*, 1994, vol. 1, issue 2, 187-201;

Moundir, L. et Muller C. (2013), « Réseaux sociaux et insertion sur le marché du travail en Algérie », *The Economic Research Forum (ERF)*, workingpaper N°. 756.

Mouw T. (2003),«Social capital and finding a job: do contacts matter? », *American Sociological* 84, Review 68;

Ngassa T. C. (2018), *Effets du capital social sur l'accès à l'emploi au Congo*, thèse de doctorat, Faculté des Sciences Économiques, Université Marien NGOUABI, 187p ;

Oit (2017) : « *Emploi et questions sociales dans le monde* », Résumé analytique, Tendance pour 2017, Genève, 4p.

Pena-López, A. and Sánchez-Santos, M. (2017), « Individual social capital: Accessibility and mobilization of resources embedded in social networks », *Social Networks*, Vol. 49, pp. 1-11.

Pnud (2015), *Rapport National sur le Développement Humain (RNDH)*, Direction générale du plan, République du Congo, 140p.

Shen J. et Bian Y. (2018), « The causal effect of social capital on income: A new analytic strategy», *Original research article*, pages 82-90;

Woolcock M., Kuehnast K. and Nyhan J. V., (2006), « *Analyzing Social Capital in Context: A Guide to Using Qualitative Methods and Data Nora Dudwick*», World Bank Institute Washington, D.C. 46 pages. Stock N°. 37260.

Annexe

Tableau 4: Accès à l'emploi dans le secteur formel (sans et avec interactions)

	Modèle1		Modèle2	
accès à l'emploi	Coef.	P>z	Coef.	P>z
Niveau d'instruction				
sans niveau/primaire	Réf.		Réf.	
secondaire 1	0,033	0,769	-0,024	0,861
secondaire 2	0,589	0,000	0,668	0,000
supérieur	0,381	0,006	0,435	0,004
Capital social*secondaire 1	-/-	-/-	0,149	0,162
Capital social*secondaire 2	-/-	-/-	0,213	0,049
Capital social*supérieur	-/-	-/-	0,014	0,904
Capital social	0,068	0,050	-0,048	0,586
Situation matrimoniale				
Non marié (e)	Réf.		Réf.	
Marié(e)	-0,012	0,900	-0,021	0,831
Sexe				
homme	Réf.		Réf.	
femme	-0,654	0,000	-0,658	0,000
Groupe d'âges				
15-20 ans	Réf.		Réf.	
20-25 ans	-0,160	0,288	-0,143	0,342
25-30 ans	0,524	0,000	0,521	0,000
Niveau de vie				
difficile	Réf.		Réf.	
moyen	0,300	0,003	0,299	0,003
aisé	0,595	0,000	0,588	0,000
Domaine d'étude				
général	Réf.		Réf.	
technique	0,004	0,979	-0,022	0,892
Département				
Autres	Réf.		Réf.	
Brazzaville	0,392	0,000	0,395	0,000
Pointe-Noire	0,364	0,002	0,361	0,002
cons	-1,617	0,000	-1,643	0,000
N	**1425**		**1,425**	
Vraisemblance	**-576,722**		**-573,587**	
LR chi2(13)	**233,02**		**239,29**	
Prob> chi2	**0,000**		**0,000**	
Pseudo R2	**0,1681**		**0,173**	

Roccomp emploi formel p1, p2

	Obs	ROC Area	Std. Err.	[95% Interval de Conf]	
p1	1425	0,779	0,015	0,750	0,808
p2	1425	0,783	0,015	0,753	0,813

Ho : area (p1) = area (p2)
chi2(1) = 2,12 Prob>chi2 = 0,145

Source : auteurs à partir des données de l'ETVA, 2015

Tableau 5: Accès à l'emploi dans le secteur informel (sans et avec interactions)

accès à l'emploi	Modèle1 Coef.	P>z	Modèle2 Coef.	P>z
Niveau d'instruction				
sans niveau/primaire	Réf.		Réf.	
secondaire 1	-0,078	0,551	0,097	0,616
secondaire 2	-0,073	0,667	-0,460	0,178
supérieur	-0,629	0,008	-0,591	0,064
Capital social*secondaire 1	-/-	-/-	0,027	0,887
Capital social*secondaire 2	-/-	-/-	-0,107	0,572
Capital social*supérieur	-/-	-/-	0,296	0,213
Capital social	0,377	0,000	0,366	0,033
Situation matrimoniale				
Non marié (e)	Réf.		Réf.	
Marié(e)	0,157	0,271	0,180	0,212
Sexe				
homme	Réf.		Réf.	
femme	-0,364	0,002	-0,360	0,003
Groupe d'âges				
15-20 ans	Réf.		Réf.	
20-25 ans	-0,162	0,334	-0,184	0,272
25-30 ans	-0,139	0,405	-0,144	0,390
Lien avec le chef de ménage				
Pas de lien de parenté	Réf.		Réf.	
parent	-0,273	0,079	-0,273	0,082
Avoir un enfant				
oui	Réf.		Réf.	
non	0,053	0,693	0,06	0,661
Département				
Autres	Réf.		Réf.	
Brazzaville	0,532	0,000	0,538	0,000
Pointe-Noire	0,490	0,001	0,494	0,001
cons	-1,681	0,000	-1,013	0,000
N	**1,425**		**1,425**	
Vraisemblance	**-308,839**		**-305,775**	
LR chi2 (12 ;15)	**106,48**		**112,61**	
Prob> chi2	**0,000**		**0,000**	
Pseudo R2	**0,147**		**0,155**	

Roccomp emploi informel p1, p2

	Obs	ROC Area	Std. Err.	[95% Intervalde Conf.]	
p1	1425	0,545	0,021	0,503	0,586
p2	1425	0,514	0,023	0,470	0,559

Ho: area (p1) = area (p2)

chi2(1) = 16,940 Prob>chi2 = 0,000

Source : auteurs à partir des données de l'ETVA, 2015.

Effets des migrations internes sur l'accès à l'emploi dans le secteur informel au Congo

Arsène Fabrice AKOUELE[12]
Pierre Ghislain BATILA NGOUALA KOMBO[13]
Maman Nafiou MALAM MAMAN[14]

Résumé

Le but principal de ce travail est d'analyser les effets de la migration interne sur l'accès à l'emploi dans le secteur informel au Congo sur la base de la deuxième enquête sur l'emploi et le secteur informel au Congo (EESIC 2) réalisée en 2012. Pour atteindre cet objectif, un modèle probit bi-varié avec sélection a été utilisé. L'effet de sélection, dans les équations de salaires, a été corrigé en recourant à la procédure en deux étapes de Heckman (1979). Les résultats des estimations économétriques ont permis de montrer que la migration a un effet négatif sur l'accès à l'emploi, alors que l'effet est positif et significatif sur le revenu. Ces résultats ont donné lieu à des implications de politique économique.

Mots-clés : Migration interne, emploi, secteur informel, Congo.
Classification JEL : 015, O17, R23, E24, J61.

Introduction

Plusieurs auteurs ont soulevé, durant ces dernières années, un débat sur le lien migration et accès à l'emploi (Boutin, 2016). Au cœur de ce débat se situait le rôle de la migration interne sur le processus d'accès à l'emploi dans le secteur informel (Akouélé, 2018). En effet, l'accès à l'emploi est devenu un problème très préoccupant au Congo. En effet, selon la première

[12] Docteur, enseignant-chercheur, Laboratoire de recherche et d'études économiques et sociales - Faculté des sciences économiques de l'Université Marien Ngouabi, Brazzaville (Congo)
[13] Docteur, enseignant-chercheur, Laboratoire de recherche et d'études économiques et sociales - Faculté des sciences économiques de l'Université Marien Ngouabi, Brazzaville (Congo)
[14] Maître de conférences, agrégé, enseignant-chercheur, Laboratoire d'études et de recherches sur l'émergence économiques et de gestion-Université Abdou Moumouni, Niamey (Niger).

enquête congolaise auprès des ménages de 2005 (ECOM1), le taux de chômage est de 5,8%, en milieu rural, et 19%, en milieu urbain. Cette tendance s'est maintenue en 2011 (ECOM2) avec un taux de chômage de 1,7%, en milieu rural, et 6,9%, en milieu urbain. Toutefois, les résultats de l'ECOM2 montrent que, malgré la tendance baissière d'ensemble et avec la prise en compte des chercheurs d'emploi découragés, on estime que le taux de chômage pour les jeunes serait encore plus élevé. Cette tendance conforte l'idée selon laquelle plusieurs Congolais actifs, en particulier, les jeunes quittent les zones pauvres (rurales et autres villes) pour avoir un accès aux opportunités d'emplois dans les centres urbains (Potts, 2000). Leur affluence, dans un milieu caractérisé par une pénurie d'emplois du secteur formel, a pour conséquence de les maintenir pendant longtemps au chômage, ce qui les pousse à s'investir dans des activités précaires du secteur informel.

Sur le plan théorique et empirique, plusieurs auteurs (Boutin, 2016 ; Florez, 2003 ; Banerjee, 1983) ont montré que les migrations ont des effets positifs ou négatifs sur l'accès à l'emploi. Dans le même temps, le secteur informel pose d'énormes défis, en termes de connaissances puisque, par définition, quelques-uns, si non la plupart des aspects de l'informel ne sont pas ou peu documentés.

Toutes ces préoccupations nous conduisent à formuler la question centrale de ce travail en des termes suivants : quels sont les effets des migrations internes sur l'accès à l'emploi dans le secteur informel au Congo?

Le présent travail se fixe l'objectif d'analyser les effets de la migration interne sur l'accès à l'emploi dans le secteur informel au Congo. En effet, la structure du marché du travail congolais est largement dominée par le secteur informel (70,1%) dans lequel la proportion des actifs pauvres est la plus importante (75,2 %). De même, ce secteur informel est le plus important pourvoyeur d'emplois et la première source de revenus des populations congolaises, ce qui en fait un champ particulièrement intéressant pour analyser la relation entre migrations internes et accès à l'emploi dans le secteur informel.

Notre travail se structure en cinq (05) sections. Après l'introduction (i) et l'aperçu de la situation de l'emploi au Congo (ii), nous passons en revue les travaux théoriques et empiriques sur le sujet (iii). La section (iv) fournit les détails sur la méthodologie utilisée. Les résultats et leurs interprétations sont présentés dans la section (v). Enfin nous présenterons (vi) la conclusion et les implications de politique.

Brève description de la situation de l'emploi au Congo

La situation de l'emploi au Congo peut être analysée à travers trois périodes. Pendant les deux premières décennies de son indépendance, caractérisant la première période, le Congo a enregistré une expansion économique remarquable.

De 1960 à 1970, les autorités congolaises, mues par des objectifs de socialisation des facteurs de production et de rentabilisation de l'activité agricole, se sont attaquées à l'épineux problème des transformations agraires jugées alors nécessaires[15]. L'échec des transformations agraires a contribué au développement de l'exode rural aggravant, en conséquence, le déséquilibre du marché du travail.

La seconde décennie de 1970 à 1980 vise le renforcement de la politique de nationalisation des entreprises en vue du développement du secteur productif de l'Etat, comme moteur et levier de l'économie. Si l'on peut affirmer qu'au départ, la politique de nationalisation des entreprises a engendré les espoirs des populations, dès lors qu'elle a contribué à assurer un quasi-plein-emploi, il faut reconnaître que, au fil du temps, la mauvaise gestion, l'incompétence et le manque d'autorité des cadres, le recrutement anarchique ont fini par compromettre les chances de réussite de ce choix stratégique.

La deuxième période comprise entre 1980 à 2000 est marquée par une stagnation de l'économie nationale[16]. Pour y faire face, les autorités congolaises mirent successivement en œuvre trois Programmes d'ajustements structurels (P.A.S.) ayant conduit à la dévaluation du FCFA. Sur le marché du travail, les échecs des différents P.A.S. justifièrent les mesures prises dans le domaine de l'emploi caractérisées par le gel des recrutements dans la fonction publique, le processus de privatisation et de fermeture des entreprises publiques, avec à la clé la compression du personnel, l'expansion du chômage et du secteur informel (Diata, 1994 ; Ndinga 2010). Au cours de cette période, la situation s'est dégradée davantage avec les conflits armés que le pays a connus en 1993, 1997 et 1998.

Enfin, la troisième période, qui va de l'année 2000 à nos jours, est marquée par la fin des P.A.S. et un regain des actions gouvernementales en

---

[15] Il s'agit des Centres de développement rural (CDR), du Projet de développement rural (PDR), des villages-centres et de l'Action de rénovation rurale (ARR).

[16] Cette stagnation fut suivie par un ralentissement économique dû à la réduction brutale des recettes pétrolières qui a entraîné des conséquences économiques et financières catastrophiques.

faveur de l'emploi au Congo. Le gouvernement a procédé au déblocage des recrutements dans la fonction publique, après plus d'une décennie d'ajustement structurel. Malgré les progrès réalisés dans divers secteurs de l'économie, le problème du chômage persiste[17].

En dépit de cette tendance positive, la situation du marché de l'emploi reste préoccupante au Congo dans la mesure où trois Congolais sur quatre sont dans une forme de travail vulnérable (2018). Ces travailleurs n'ont pas un contrat de travail, ils sont privés de sécurité sociale. De ce fait, ils ne bénéficient pas de soins de santé. Et, ils ne touchent pas régulièrement leurs salaires. Ils sont pris au piège du cercle vicieux des emplois à faible productivité, faible revenu et ne disposent pas de ressources pour réaliser des investissements dans la santé et l'éducation de leur famille qui ont des effets positifs pour la croissance et le développement (ILO, 2014).

Revue de la littérature

L'analyse de l'incidence de la migration sur l'accès à l'emploi a fait l'objet de plusieurs controverses. Sur le plan théorique, deux grandes catégories structurent le débat. La première catégorie met en lumière le débat sur le lien migration et accès à l'emploi. La deuxième catégorie porte sur la situation défavorable des migrants sur le marché du travail.

La première catégorie repose sur deux hypothèses. La première, dans cette catégorie, est que les migrations, de la campagne à la ville, seraient la résultante de l'écart entre les salaires des deux secteurs (Lewis, 1954). Selon Lewis, les migrants ne trouvent guère de difficultés d'accès à l'emploi, alors que chez Todaro (1969), Haris et Todaro (1970), les migrants affrontent d'importantes difficultés. Pour ces derniers auteurs, le facteur à prendre en compte dans l'explication de la migration est l'écart de revenus pondéré par la probabilité de trouver un emploi à destination. Cependant, cette probabilité peut s'avérer assez faible pour les migrants, si le taux de sous-emploi est élevé dans les secteurs où ils se présentent. Puisqu'en prenant leur décision, les migrants tiennent compte de la dynamique de la création d'emplois à destination. Une croissance des emplois, dans cette zone entraînera aussi une attraction des migrants. La croissance du chômage, qui en découle, renforcera les difficultés du migrant à accéder à l'emploi sur le marché du travail (paradoxe de Todaro). Dans un tel contexte, les exigences du migrant, en termes de salaire de réserve, seront faibles, par rapport, à

[17] Fautes de données nationales fiables permettant de quantifier avec précision l'ampleur du chômage, l'estimation du taux de chômage en 1994 (30.6%) et en 2005 (36.6% selon ECOM1) donne des indications suffisamment claires sur l'étendue de la crise de l'emploi au Congo.

celles du non migrant. En outre, si un emploi ne lui est pas proposé dans le secteur moderne, le migrant n'hésitera pas à travailler dans le secteur informel, en attendant de trouver un emploi dans le formel (Lucas, 1998, Fields, 1990 ; Frölich et Haile, 2011).

La deuxième hypothèse fait référence à la migration comme un moyen de réduire les difficultés vécues. En effet, elle met l'accent sur les explications d'ordre économique ; celles-ci se penchent davantage sur les raisons maintenant les flux migratoires pour motif de travail (Stark, 1984 ; Hugo, 1981). C'est ainsi que la question de la perpétuation de la migration se pose, malgré des contextes parfois défavorables. L'intérêt de cette hypothèse est qu'elle permet de comprendre pourquoi les mouvements migratoires internes et internationaux persistent, malgré la difficulté d'intégration des migrants dans les régions d'accueil.

La deuxième catégorie porte sur les effets des migrations dans le marché du travail. La première hypothèse de cette catégorie est de souligner que les migrants seraient victimes de la dévaluation des qualifications acquises dans les localités (Becker, 1964). Ce désavantage est dû à une incapacité des employeurs à filtrer la productivité des migrants à partir des signaux envoyés par les qualifications acquises dans les localités (Spence, 1973). En plus, compte tenu du manque d'information sur le marché du travail, la mobilisation de mauvaises stratégies de prospection de la part des migrants peut entraîner des difficultés d'insertion en emploi, particulièrement en début d'établissement (Chiswick et Miller, 2007). La deuxième hypothèse est la mise en contribution pour expliquer l'effet des caractéristiques démographiques et des facteurs contextuels sur la situation des migrants sur le marché du travail. Elle place, au centre de l'analyse, les règles de détermination des salaires, les règles d'embauche et de promotion dans chacun des segments du marché du travail. A cet effet, les migrants seraient victimes des anticipations négatives (Doeringer et Piore, 1971; Piore, 1979; Altonji et Blank, 1999).

Sur le plan empirique, les travaux recensés relèvent des controverses. Florez (2003) utilise un modèle logit multinomial pour analyser l'influence de la migration sur le secteur informel en Colombie. Les résultats obtenus confirment une grande participation des flux ruraux, en particulier de 1992 à 2000, et une grande participation des hommes, à la suite de l'intensification des conflits armés. Ils indiquent, également, que les conditions de migration ont un effet important sur la probabilité d'être employé dans le secteur informel (quelle que soit sa définition) ou au chômage, en particulier pour les femmes. Fomekong (2008) et Kikandi (2016) parviennent aux mêmes résultats que Florez (2003). En effet, en analysant la situation et les conditions d'activités des migrants camerounais sur le marché du travail dans le secteur informel, Fomekong (2008) utilise la méthode classique de la régression logistique. Il parvient à la conclusion selon laquelle la migration influence significativement et positivement l'accès à l'emploi dans le secteur informel.

De même, Kikandi (2016), s'intéressant au lien migration interne et participation au marché du travail en RDC, arrive à la conclusion selon laquelle l'influence de la décision de migration est beaucoup plus grande sur les emplois du secteur informel d'une part. D'autre part, les revenus des migrants sont supérieurs aux revenus des natifs. Mais, c'est dans le secteur informel que les migrants sont plus performants. Lorsqu'ils sont initialement défavorisés, leur performance s'améliore lorsque leur séjour se prolonge. Ils s'adaptent, avec le temps, à leur nouvel environnement. La mobilité favorise la croissance du revenu.

Plus récemment, Gang et al. (2017) ont étudié le lien entre la migration et l'activité économique informelle via les données de panel au niveau des ménages du Tadjikistan. Les résultats des estimations montrent que les ménages avec les migrants ont une activité informelle nettement moins importante que les ménages non migrants.

Par contre, il convient de souligner que Banerjee (1983), en examinant le rôle du secteur informel sur le processus de migration en Inde, utilise les modèles probabilistes de migration. Les résultats montrent que le processus de migration n'a pas d'effet sur l'accès à l'emploi dans le secteur informel dans le cas de New Delhi (Inde) et que la segmentation de marché n'est que partiellement valide.

Il ressort des travaux théoriques et empiriques deux principaux enseignements. Le premier tient du fait que les travaux théoriques relèvent que la migration joue un rôle important dans le processus d'accès à l'emploi. Le second enseignement porte sur les résultats des travaux empiriques. Ceux-ci ne sont pas linéaires. Les études empiriques ont validé la conclusion selon laquelle les migrations internes ont un effet significatif sur l'accès à l'emploi dans le secteur informel.

Modélisation des effets des migrations internes sur l'accès à l'emploi dans le secteur informel

La méthodologie retenue, dans le cadre de cette étude, se décline en deux points, à savoir : la spécification du modèle et l'analyse des résultats des estimations. Pour mener cette étude, nous nous sommes référés aux travaux de Kikandi (2014). Cette analyse, en coupe transversale, constitue une extension de l'étude de Lollivier (2001).

A cet effet, nous analyserons les effets de la migration interne sur l'accès à l'emploi par un modèle probit bi-varié avec sélection, ensuite nous évaluerons l'impact de la migration interne sur le revenu des travailleurs du secteur informel.

Spécification du modèle probit bi-varié avec sélection

Préalablement, à l'estimation des équations de salaire, nous estimons un modèle probit bivarié avec sélection (Tunali, 1986 ; Sorensen, 1989). Dans un premier temps, les personnes choisissent ou non de migrer et, dans un second temps, celles qui ont choisi de migrer le font pour des raisons d'emploi ou non. Ces deux équations de sélection se modélisent de la manière suivante :

$$Y_{1,i}^{*} = \gamma_1 X_{1,i} + \varepsilon_{1,i} \quad (1)$$

$$Y_{2,i}^{*} = \gamma_2 X_{2,i} + \varepsilon_{2,i} \quad (2)$$

- l'équation (1) modélise, pour une personne *i*, le fait de migrer ou non et
- l'équation (2) modélise le fait de migrer pour des raisons d'emploi (affectation, recherche d'emploi) ou non.

Les vecteurs $X_{1,i}$ et $X_{2,i}$ contiennent un ensemble de caractéristiques sociodémographiques supposées influencer la probabilité de migrer pour des raisons d'emploi ou non (sexe, âge, niveau d'instruction, situation matrimoniale, religion…). Les termes d'erreur $\varepsilon_{1,i}$ et $\varepsilon_{2,i}$ sont supposés être normalement distribués, de moyennes nulles et de matrice de variance-covariance :

$$\sum = \begin{pmatrix} \sigma_1^2 & \rho\sigma_1\sigma_2 \\ \rho\sigma_1\sigma_2 & \sigma_2^2 \end{pmatrix}$$

Dès lors que $\rho \neq 0$, on voit que $E(\varepsilon_2/X_2, Y_1) \neq 0$. L'estimation autonome de la deuxième équation du système initial peut comporter un biais d'endogénéïté. Dans ce type de problème, on sait, en outre, que les paramètres ne peuvent être déterminés qu'à une constante multiplicative près. Afin de restaurer l'identifiabilité, on contraint fréquemment les termes d'erreur à avoir une variance unitaire ($\sigma_1 = 1$ et $\sigma_2 = 1$).

Par conséquent, on dit que les termes d'erreur $\varepsilon_{1,i}$ et $\varepsilon_{2,i}$ sont supposés être normalement distribués, de moyennes nulles et de matrice de variance-covariance :

$$\sum = \begin{pmatrix} 1 & \rho \\ \rho & 1 \end{pmatrix}$$

$Y_{1,i}^*$ et $Y_{2,i}^*$ représentent les suppléments d'utilité résultant respectivement du fait de migrer et du fait de migrer pour une cause d'emploi ou non. Ces variables sont des variables latentes, donc ne peuvent être observées. Seules les deux variables dichotomiques suivantes peuvent être observées :

$$Y_{1,i} = \begin{cases} 1 \; si \; Y_{1,i}^* > 0 \\ 0 \; si \; Y_{1,i}^* \leq 0 \end{cases} \qquad (3)$$

$$Y_{2,i} = \begin{cases} 1 \; si \; Y_{2,i}^* > 0 \\ 0 \; si \; Y_{2,i}^* \leq 0 \end{cases} \qquad (4)$$

L'expression (3) indique si la personne i a migré ($Y_{1,i}$=1) ou non ($Y_{1,i}$=0). Sachant que cette personne i migre, l'expression (4) indique si elle a migré pour des raisons d'emploi ($Y_{2,i}$=1) ou pour d'autres raisons ($Y_{2,i}$=0). Par conséquent, dans ce modèle, la variable est observée pour toutes les personnes travaillant dans l'informel alors que la variable n'est observée que pour celles qui ont migré, c'est-à-dire pour lesquelles $Y_{1,i}$=1. Ce modèle concerne, ainsi, trois sous-échantillons mutuellement exclusifs notés S_1, S_2, S_3. S_1 regroupe toutes les personnes ayant migré pour des raisons d'emploi, ($Y_{1,i}$=1 et $Y_{2,i}$=1). Les personnes ayant migré pour d'autres motifs ($Y_{1,i}$=1 et $Y_{2,i}$=0) appartiennent à S_2, alors que celles qui n'ont pas migré appartiennent à S_3 ($Y_{1,i}$=0).

Tunali (1986) propose une méthode en deux étapes pour estimer ce type de modèle. Dans une première étape, les équations de sélection (1) et (2) sont estimées par la méthode du maximum de vraisemblance d'un modèle probit bi-varié avec sélection. L'estimation de ce modèle permet d'obtenir des estimations non biaisées de γ_1, $\gamma_2$et ρ.

Spécification du modèle d'analyse de l'influence de la migration sur le revenu

Dans une seconde étape, les équations du salaire sont estimées par les MCO (Moindres carrés ordinaires) de la manière suivante :

$$ln(R_i) = X_i\beta + \gamma M_i + \mu_i \qquad (5)$$

$ln(R_i)$ représente le logarithme du revenu mensuel perçu par un travailleur du secteur informel. X_i et M_i sont respectivement des vecteurs de caractéristiques individuelles et de migration influençant le logarithme du salaire mensuel. μ_i correspond aux termes d'erreur avec $\mu_i \approx N(0; \sigma_i^2)$. Ces termes d'erreur sont supposés être corrélés avec chaque terme d'erreur $\varepsilon_{k,i}$ $(k = 1; 2)$ des équations de sélection (1) et (2).

Dans l'équation (5), l'effet de la migration sur le revenu est capté par le paramètre γ.

Cette formulation pose quelques problèmes. Premièrement, la décision de migration n'est pas le résultat d'une expérimentation contrôlée dans laquelle un groupe d'individus aléatoirement sélectionnés est autorisé à migrer et un autre groupe de contrôle autorisé à rester. Au contraire, elle est la conséquence d'un comportement rationnel des personnes qui visent à maximiser l'utilité (Ahmed, 1993). Elle constitue un processus auto-sélectionné dont la relation avec le revenu peut générer un problème de biais de sélection (Nakosteen et Zimmer, 1980). En deuxième lieu, dans la fonction de gains, Heckman (1976, 1979) a identifié un problème de biais de sélection dû à la préférence individuelle de participer au marché du travail. Bien plus, cette formulation ignore le fait que β peut varier en fonction du statut migratoire (Wilson et Tienda, 1992). Pour corriger ces potentiels problèmes de sélection, nous adoptons la procédure de Heckman adaptée par Tunali (1986) à une situation impliquant une double sélection. En suivant ce dernier, on suppose que la décision de migration et de participation au marché du travail ou non sont liées. Sous cette hypothèse, Heckman (1979) et Tunali (1986) ont introduit, dans l'équation (5), les termes de correction du biais de sélection λ_m et λ_r (analogues à l'inverse de ratio de Mills) pour obtenir l'équation suivante :

$$ln(R_i) = \beta X_i + \gamma M_i + \delta\lambda_m + \varphi\lambda_r + \varepsilon_i \qquad (6)$$

Où λ_m et λ_r contrôlent respectivement le biais de sélection dû à la décision de migration et à la raison de migrer obtenu dans les équations (1) et (2).

Les équations (5) et (6) ne permettent pas d'analyser l'influence sur les revenus des différentes caractéristiques (variables explicatives) dans chaque catégorie. Pour s'en apercevoir, il est judicieux, pour chaque catégorie, d'avoir une fonction de gains et des rendements des différentes caractéristiques entre migrants et non migrants. Pour cette fin, on réécrit le modèle à estimer de la manière suivante :

$$ln(R_{im}) = \beta_m X_{im} + \delta_m \lambda_m + \varphi_m \lambda_r + \varepsilon_{im} \quad (7)$$

$$ln(R_{inm}) = \beta_{nm} X_{inm} + \delta_{nm} \lambda_{nm} + \varphi_{nm} \lambda_r + \varepsilon_{inm} \quad (8)$$

Sources de données

Pour la présente étude, les données utilisées sont celles de la deuxième Enquête sur l'emploi et le secteur informel au Congo (EESIC 2) réalisée en 2012 par l'Institut national de la statistique (INS) de la République du Congo. Ce travail se base, essentiellement, sur les données de cette enquête, parce qu'elle a été menée d'une part, pour étudier le marché du travail, notamment, en termes d'offre de main-d'œuvre de la part des ménages. D'autre part, pour analyser les déterminants de la mobilité interne (migration interne) des populations des six communes au Congo, à savoir : Brazzaville, Pointe-Noire, Dolisie, Nkayi, Mossendjo et Ouesso. Elle porte sur un échantillon de 5 070 ménages dont 1 536 à Brazzaville, 1 536 à Pointe-Noire, 828 à Dolisie, 552 à Nkayi, 168 à Mossendjo et 450 à Ouesso.

Présentation et interprétation des résultats

Il est présenté, avant de faire l'analyse économétrique proprement dite, la description des variables retenues dans le cadre de ce travail.

Description des variables

Les statistiques descriptives des variables retenues dans le cadre de notre travail se présentent comme suit :

Tableau 1 : description des variables

Variables qualitatives		Non migrant	Migrant
Sexe			
-	Masculin	45,44	49,00
-	Féminin	54,56	51,00
Tranche d'âges			
-	[15-30[	63,83	33,31
-	[30-50[	27,72	37,93
-	50 ans et plus	8,44	28,75
Situation matrimoniale			
-	Célibataire	64,21	33,89
-	Marié	31,33	55,66
-	Veuf/divorcé	4,47	10,46
Niveau d'instruction			
-	Sans niveau/ niveau Primaire	26,26	20,20
-	Secondaire	64,96	65,99
-	Supérieur	8,78	13,82
Religion			
-	Chrétiens	86,72	86,25
-	Musulmans	1,28	1,96
-	Autres religions	10,79	11,17
-	Sans religion	1,21	0,62
Statut du ménage			
-	Chef de ménage	18,55	41,98
-	Autres	81,45	58,02

Source : auteurs à partir des données de l'ESSIC, 2012

La répartition des migrants, selon le sexe, révèle que les femmes (51,00%) sont plus représentatives que les hommes (49,00%). Cette forte proportion des migrantes traduit une féminisation de la migration, car il a été longtemps soutenu que la migration était un phénomène purement masculin. Toutefois, certaines études ont fait état de l'absence de discrimination des femmes sur le marché migratoire (Comoe, 2005). On constate, par ailleurs, que les migrants sont majoritairement mariés 55,66% contre 33,89% célibataires. Pour ce qui est de la religion, on note une prédominance des adeptes de la confession chrétienne (86,25%). Concernant le niveau d'instruction, on constate que les migrants ont, pour la plupart, le niveau secondaire (65,99%). Par ailleurs, la proportion de ceux de niveau supérieur n'est que de 13,82% et non négligeable.

Résultats de l'estimation du modèle probit bi-varié

Dans le cadre de cette étude, il est nécessaire de disposer de variables supposées influencer la probabilité de migrer, mais pas les salaires. Ces variables sont incluses dans le vecteur de l'équation (2) mais pas dans le vecteur X de l'équation de salaire (5).

Les résultats des estimations et des effets marginaux du modèle probit bi-varié sont consignés, respectivement, dans les tableaux 2 et 3.

Globalement, le modèle est bon. La valeur du maximum de vraisemblance en valeur absolue (-5896,9529) étant grande, cela suppose une simultanéité entre les déterminants de la décision de migration et de l'accès à l'emploi. Quant aux chi2 de Wald, la probabilité qui y est associée est de 0,0000 ; ce qui signifie que l'ensemble des variables est relié à la variable dépendante. Cela implique que ce modèle peut être utilisé pour l'estimation du modèle (voir annexe 1).

Le recours au modèle étant justifié, nous nous intéressons à l'interprétation et à la discussion des estimations.

Effets de la migration sur l'accès à l'emploi informel

L'interprétation incidente de la décision de migrer sur l'accès à l'emploi dans le secteur informel se focalise sur les effets marginaux consignés dans le tableau 2. En effet, avec les variables expliquant la probabilité d'être en emploi, nous retrouvons les résultats assez classiques et attendus. On peut observer que les femmes ont plus de chances d'être en emploi informel, comparativement aux hommes. En d'autres termes, être migrante augmente la probabilité d'accéder à l'emploi informel (Moreno et al. 2012).

Au niveau du statut matrimonial, les résultats obtenus montrent que le fait d'être marié, veuf ou divorcé accroît les chances d'accéder à un emploi informel. Selon la littérature théorique sur la migration, les migrants devraient être, en majorité, des jeunes célibataires (Fertig et Schmidt 2000 ; Dustmann et al. 2003). Cependant, comme nous pouvons le constater, la plupart des migrants sont plus âgés d'autant plus qu'ils sont majoritairement mariés ou ne le sont plus.

Tableau 2 : Effets marginaux pour migration=1, accès au secteur informel=1

	Effets marginaux	Ecarts-type	P-valeur
Sexe: Masculin (Référence)			
Féminin	0,040***	0,014	0,003
Groupe d'âge:[15-30[(Référence)			
[30-50[	0,001	0,014	0,933
50 ans et plus	0,077***	0,018	0,000
Situation matrimoniale: Célibataire (Référence)			
Marié	0,078***	0,013	0,000
Veuf/divorcé	0,068***	0,023	0,003
Niveau d'instruction: Aucun/Primaire (Référence)			
Secondaire	-0,078***	0,015	0,000
Supérieur	-0,252***	0,021	0,000
Religion: Chrétiens (Référence)			
Musulmans	-0,061*	0,035	0,079
Autres religions	-0,018	0,016	0,262
Sans religion	-0,007	0,053	0,894
Branche d'activité: Primaire (Référence)			
Industrie	-0,050*	0,020	0,010
Commerce	0,084***	0,019	0,000
Service	-0,169***	0,017	0,000
Structure du ménage: Pas de chef de ménage (Référence)			
Chef de ménage	0,064***	0,008	0,000
Taille de ménage	0,104***	0,016	0,000

Source : Calculs des auteurs sur les données de l'EESIC-2012

Note : (***) (**) (*) représentent respectivement les coefficients significatifs aux seuils de 1%, 5% et 10%.

S'agissant du groupe d'âge, il apparaît que les migrants âgés (50 ans et plus) ont une propension plus élevée d'accès au secteur informel. Toutefois, cette situation s'explique par les problèmes auxquels sont confrontées ces personnes dans un contexte de quasi absence de sécurité sociale et de défaillance constatée dans la gestion de la retraite Congo.

Les caractéristiques individuelles sur l'appartenance religieuse montrent que les musulmans et les autres confessions comparativement aux chrétiens ont une propension moins élevée d'accéder au secteur informel.

En ce qui concerne la variable niveau d'instruction, les effets marginaux calculés révèlent que les personnes ayant atteint un niveau d'instruction élevé voient leur probabilité d'accéder à un emploi informel diminuée respectivement de 7,5 % pour le niveau secondaire et 22,27% pour le supérieur.

Selon les tableaux 2 et 3 en général, il ressort que les femmes migrent moins, mais qu'elles ont une propension plus élevée à l'accès à l'emploi dans le secteur informel, comparativement aux hommes. De même, les personnes vivant en milieu rural et ayant un niveau d'instruction faible s'insèrent plus facilement dans le secteur informel à l'opposé des personnes ayant un niveau d'instruction élevé.

Résultats des estimations des équations de salaire

L'estimation des modèles linéaires par la méthode des moindres carrés ordinaires fournit aussi des estimations non biaisées et convergentes. Pour ce qui est de l'influence de la migration sur le revenu, nous présentons, dans le tableau 3, ci-dessous, les résultats des estimations des équations de salaires corrigées des effets de sélection et de l'hétérogénéité inobservée consignés. Les deux premières estimations de modèle (5) et modèle (6) permettent de capter l'influence de la décision de migration sur le revenu, mais ne permettent pas aux variables explicatives d'exercer des effets différenciés selon le groupe auquel appartient l'individu (modèle 7 et 8).

Dans la première régression (modèle 5) sans correction de biais, le sexe et le niveau d'instruction ainsi que le contrat exercent une influence significative sur le revenu et ont les signes attendus. Dans la deuxième régression du modèle (6) dans laquelle le problème de biais est corrigé, il y a lieu de remarquer que l'effet de la migration sur le revenu est positif et significatif. Cela suppose que les migrants perçoivent un revenu supérieur à celui des non migrants.

Tableau 3 : Résultats de l'estimation des équations de salaires corrigées par des effets de sélection et de l'hétérogénéité inobservée

	Modèle rassemblé				Modèle séparé			
					Migrant		Non migrant	
	Modèle (5)		Modèle (6)		Modèle (7)		Modèle (8)	
	Coef.	P>t	Coef.	P>t	Coef.	P>t	Coef.	P>t
Migrant (Réf. Non migrant)	0,057**	0,039	0.162***	0,006				
Féminin (Réf. Masculin)	-0,249***	0,002	-0,212**	0,017	- 0,325**	0,012	-0,144	0,222
Secondaire (Réf. Sans niveau/Primaire)	0,423***	0,000	0,419***	0,000	0,457***	0,002	0,371***	0,004
Supérieur (Réf. Sans niveau/Primaire)	1,381***	0,000	1,379***	0,000	1,359***	0,000	1,365***	0,000
Sans contrat (Réf. Avoir un contrat)	-0,279***	0,000	-0,311***	0,000	-0,234**	0,019	-0,367***	0,000
Industrie (Réf. Primaire)	0,222	0,194	0,410***	0,021	0,321	0,108	0,550*	0,082
Commerce (Réf. Primaire)	0,011	0,953	0,219	0,255	0,000	1,000	0,451	0,167
Service (Réf. Primaire)	0,296*	0,068	0,482***	0,004	0,402**	0,019	0,622***	0,000
Groupe d'âges] 29-65 ans] (Réf.] 15-29ans])	0,082	0,223	-0,087	0,367	0,068	0,686	-0,188	0,115
Expérience] 10-20] (Réf. Durée] 1-10])	0,067	0,438	0,019	0,849	-0,014	0,909	0,049	0,744
Expérience] 20-50] (Réf. Durée] 1-10])	0,534***	0,000	0,633***	0,000	0,579***	0,008	0,689***	0,003
Lamda_M			4,525***	0,003	4,638**	0,025	4,485*	0,061
Lamda_R			-0,976***	0,009	-0,771	0,191	-1,147**	0,021
Constante	10,605***	0,000	7,277***	0,000	8,587***	0,000	7,151***	0,000
	Nbre obs.=739		Nbre obs.=630		Nbre obs.=264		Nbre obs.=366	
	F(11,727)=19,88		F(11,727)=15,83		F(11,727)=7,89		F(11,727)=10,65	
	Prob>F=0,0000		Prob>F=0,0000		Prob>F=0,0000		Prob>F=0,0000	
	R-squard=0,2173		R-squard=0,2345		R-squard=0,3023		R-squard=0,1993	
	Root MSE=0,78648		Root		Root MSE=0,74927		Root MSE=0,85649	

<u>Source</u> : Calculs des auteurs sur les données de l'EESIC-2012

Note : (***) (**) (*) représentent respectivement les coefficients significatifs aux seuils de 1%, 5% et 10%.

Au sujet d'autres variables, il apparaît que le revenu des femmes qui travaillent est inférieur au revenu des autres femmes. La différence, à cet effet, est de 23,61%. En effet, les individus travaillant sans contrat perçoivent un revenu inferieur que ceux ayant un contrat. S'agissant de l'effet du niveau d'instruction sur le revenu, lorsque le biais de sélection est pris en compte, le coefficient de la variable niveau d'instruction est toujours positif, mais baisse légèrement. Il apparaît que, dans le modèle (5), l'influence du niveau d'instruction est surestimée.

Le modèle séparé de la deuxième colonne du tableau 3 qui présente, respectivement, le modèle (7) et le modèle (8) permet de comparer l'influence des variables sur le revenu dans chaque groupe (migrants et non migrants). Comme on peut le remarquer, le différentiel des revenus entre les hommes et les femmes est de 38,40% chez les migrants et 24,85% dans le groupe des non migrants. La différence de revenu entre les personnes ayant l'expérience professionnelle supérieure à 20 ans est plus grande chez les non migrants 99,17% que chez les migrants 78,42%. Le rendement de l'éducation des individus ayant un niveau secondaire est plus prononcé chez les migrants (57,93%) que chez les non migrants (44,92%). S'agissant du niveau supérieur, l'écart de revenu est plus prononcé chez les non migrants (291,57%) que chez les migrants (289,22%).

Les résultats obtenus, dans le tableau ci-dessus, lesquels font référence aux coefficients de correction du biais de sélection dans les modèles (6), (7) et (8), montrent que les coefficients de la variable lambda M corrigeant le biais de sélection dû au caractère non aléatoire de la décision de migration sont positifs et significatifs dans les trois modèles. La significativité de cette variable chez les migrants nous renseigne sur le fait que ces derniers disposent des caractéristiques non observables. Celles-ci influencent positivement sur le revenu. L'autre terme de correction Lamda_R présente un coefficient négatif dans le modèle (6) et (8). Son interprétation est que les individus ne participant pas au marché du travail ont très peu de caractéristiques qui sont positivement corrélées avec le revenu.

Conclusion et implications de politique économique

Ce travail a eu pour objectif d'analyser les effets des migrations internes et de l'accès à l'emploi dans le secteur informel au Congo. Pour atteindre cet objectif, nous avons utilisé un modèle probit bi-varié avec sélection. L'effet de sélection dans les équations de salaires a été corrigé en recourant à la procédure en deux étapes de Heckman (1979). Les résultats des estimations économétriques ont permis, d'une part, de montrer que la migration a un effet négatif sur l'accès à l'emploi alors que l'effet est positif et significatif sur le revenu.

Ces résultats ont donné lieu à des implications de politique économique. En effet, les décisions politiques impliquent le fait que la création d'emplois dans le secteur urbain peut jouer un rôle dans la solution au problème de l'emploi urbain. L'importance de prévoir des emplois et de suivre la suggestion de contacts suggère que la migration en réponse à la création d'emplois dans le secteur formel ne dépassera, probablement, pas de loin le nombre. Seuls ceux qui ont des contacts dans le secteur formel et possèdent également les qualifications nécessaires recevront des informations sur les nouvelles opportunités et auront quelques chances d'obtenir un emploi. Si des emplois sont créés dans des établissements et des professions dominés par les non migrants, la migration induite sera particulièrement faible. Les résultats suggèrent, également, que, pour les migrants attirés vers la ville par les opportunités du secteur informel, la segmentation du marché du travail ne constitue pas une contrainte pour la réalisation des objectifs qu'ils ont formés au moment de la migration. L'augmentation perçue du bien-être par la migration ne découle pas de la segmentation du marché. Les individus du secteur informel travaillent mieux en ville qu'ils ne l'étaient en zone rurale, même si leur position pourrait être encore meilleure s'il n'y avait pas de segmentation. Le secteur informel suggère que ces faibles revenus peuvent être éliminés grâce à la formation de capital humain.

Références bibliographiques

Altonji, J. G., Card, D. 1991. The Effects of Immigration on the Labor Market Outcomes of Less-Skilled Natives, in J. M. Abowd and R. B. Freeman (eds.), *Immigration, Trade and the Labor Market*, University of Chicago Press, Chicago.

Banerjee B. (1983), *The Role of the informal sector in the migration process: A test of probabilistic migration models and labour market segmentation for India*, Oxford Economic Papers, New Series, Vol. 35, N°. 3, pp. 399-422.

Becker G. (1962), « Investment in Human Capital: A Theoretical Analysis », *Journal of Political Economy*, Vol. 70, No. 5, pp. 9-49.

Chiswick R. and Miller W. (2007), *The International Transferability of Immigrants' Human Capital Skills,* Institute for the Study of Labor, IZA, Discussion Paper Series No. 2670, 27p.

Fields G.S (1990), « La modélisation du marché du travail et le secteur informel urbain : le théorique et l'empirique », in Turnhan D., Salomé B. et A. Schwarz (eds), *Nouvelles approches du secteur informel*, OCDE, Paris,5379.

Fields, G.S. (2011), "Labor market analysis for developing countries", *Labour Economics,* N°. 18, pp. 16-22.

Heckman, J. (1979), Sample bias as a specification error, Econometrica, Vol. 47, pp. 153-161.

Hugo G. (2008), *Migration, Development and Environment*, Geneva, IOM International Organization for Migration.

Institut National de la Statistique (2009), *Enquête sur l'emploi et le secteur Informel au Congo*, Phase I, Rapport principal.

Institut National de la Statistique (2012), *Enquête sur l'emploi et le secteur Informel au Congo*, phase I, Rapport principal.

Harris, J.R., Todaro, M., (1970), « Migration, unemployment, and development : a two sector analysis», *American Economic Review*, 60 (1), pp. 126-142.

Kikandi K.A, Kamala K.C, Mukenyi K .J et Kabamba M.A (2014), *Mobilité interne et entrepreneuriat des jeunes en République du Congo, Partnership for economic policy*, Rapport final, RDC.

Kikandi K. (2016), « Migration interne et participation au marché du travail en République Démocratique du Congo », *Thèse de doctorat, Université de Dschang -Cameroun.*

Lewis W. (1954), « Economic development with unlimited supplies of labor », *The Manchester School of Economic and Social Studies*, Vol. 22, pp. 139-191.

Lollivier S. (2001),« Endogénéïté d'une variable explicative dichotomique dans le cadre d'un modèle probit bi-varié : Une application au lien entre fécondité et activité féminin », *Annales d'économie et de statistique,* No. 62, pp. 251-269.

Ministère du Plan, de l'Aménagement du Territoire et de l'Intégration Economique (2006), *Enquête congolaise auprès des ménages pour l'évaluation de la pauvreté(ECOM). Profil de la pauvreté au Congo en 2005*, Rapport final, Brazzaville.

Ministère du Plan, de l'Aménagement du Territoire et de l'Intégration Economique (2012), *Enquête congolaise auprès des ménages pour l'évaluation de la pauvreté (ECOM). Profil de la pauvreté au Congo en 2011*, Rapport final, *Brazzaville.*

Ndinga M. (2010), « Déterminants macroéconomiques de l'emploi au Congo Brazzaville : analyse a partir d'un modèle dynamique entre 1960 et 2009 », *Annales de l'Université Marien Ngouabi*, vol. 11, N°2, pp. 93-109.

Ndinga M. (2018), *L'industrialisation peut-elle constituer une solution au problème d'emplois dans les pays d'Afrique subsaharienne ?* en cours de publication.

Ndinga M. (2006), *Salaires et comportements d'offre de travail à Brazzaville (Congo)*, Thèse de doctorat unique, Université de Yaoundé II Sao, Cameroun.

Schultz T. (1963), *The Economic Value of Education*, Columbia University Press, New York.

Tunali I. (1986), A General Structure for Models of Double-Selection and an Application of a Joint Migration/Earnings Process with Re-migration, *Research in Labor Economics 8B*, 235-282.

Annexe

Tableau 4 : Modèle probit dichotomisé bi-varié avec sélection

	Proba de migrer			Proba d'accès au secteur informel		
	Coef.	□	P-valeur	Coef.	□	P-valeur
Sexe : Masculin (Référence)						
Féminin	-0,100**	0,046	0,032	0,419***	0,055	0,000
Groupe d'âge : [15-30[(Référence)						
[30-50[	0,227***	0,047	0,000	-0,363***	0,056	0,000
50 ans et plus	0,740***	0,067	0,000	-0,648***	0,073	0,000
Situation matrimoniale : Célibataire (Référence)						
Marié	0,184***	0,045	0,000	0,226***	0,052	0,000
Veuf/divorcé	0,153*	0,082	0,061	0,212**	0,089	0,017
Niveau d'instruction : Aucun/Primaire (Référence)						
Secondaire	0,143***	0,052	0,005	-0,290***	0,059	0,000
Supérieur	0,232***	0,072	0,001	-1,299***	0,082	0,000
Religion : Chrétiens (Référence)						
Musulmans	0,022	0,135	0,872	-0,439***	0,141	0,002
Autres religions	-0,098*	0,057	0,088	0,032	0,064	0,622
Sans religion	-0,178	0,164	0,278	0,232	0,207	0,262
Branche d'activité : Primaire (Référence)						
Industrie	-0,006	0,067	0,927	-0,322***	0,081	0,000
Commerce	-0,082	0,066	0,213	-0,428***	0,079	0,000
Service	-0,092	0,060	0,128	-0,973***	0,074	0,000
Structure du ménage : Pas de chef de ménage (Référence)						
Chef de ménage	0,082***	0,022	0,000	0,552***	0,046	0,000
Taille de ménage	-0,060	0,054	0,263	0,782***	0,065	0,000
Nombre d'observations=4.935						
Wald chi2(30)=1400,54						
Prob > chi2=0,0000						
Logpseudolikelihood= -5896,9529						
Wald test of rho=0:	Chi2(1) =6,1728					

Source : Calculs des auteurs sur les données de l'EESIC-2012.

Analyse multi-niveau du retard scolaire dans l'enseignement secondaire au Congo

Steve Bertrand MBOKO IBARA[18]
François NGANGOUE[19]
Maman Nafiou MALAM MAMAN[20]

Résumé

La présente étude vise à mettre en évidence les déterminants du retard scolaire au secondaire au Congo. Elle a utilisé les données de la 2ème enquête congolaise auprès des ménages (ECOM 2), réalisée par l'Institut national de la statistique (INS) du Congo (Brazzaville) en 2011. L'étude a porté sur un échantillon de 3170 élèves âgés de 12-23 ans au moment de l'enquête. Une modélisation multi-niveau de type poisson a été utilisée. Du fait de la décomposition des termes d'erreurs par niveau hiérarchique, cette méthode offre l'avantage de corriger les problèmes de sur-dispersion souvent posés par la régression standard de Poisson (Rabe-Hesketh and Skrondal 2012). Il ressort que la taille du ménage, le type d'établissement (public ou privé) et le niveau d'instruction du chef de ménage sont les principaux déterminants du retard de scolarité. Au demeurant, cette étude a montré la force du type d'établissement dans la prédiction du retard scolaire au Congo. Ceci pose, en dernière analyse, la question de la qualité de l'éducation proposée dans les écoles publiques qui, du reste, concerne trois élèves sur quatre (3/4) au Congo.

***Mots-clés** : Retard scolaire, analyse multi-niveau, effets marginaux, enseignement secondaire, Congo*
***JEL** : A20, C25, D02, I21,*

Introduction

L'éducation est, incontestablement, un levier indispensable au développement d'une nation. Elle est un des principaux facteurs de croissance économique et de redistribution des revenus. Ces bénéfices s'étendent nettement, au-delà, de leur apport au capital humain dans la

[18] Enseignant-chercheur, LARES, Université Marien Ngouabi, Email : stevemboko@yahoo.fr.
[19] Enseignant-chercheur, Université Marien Ngouabi.
[20] Enseignant-chercheur, Université Abdou Moumouni de Niamey, Email : mnafiou@yahoo.fr.

production de biens (Sen, 2003). A ce titre, l'éducation accroît les capacités de l'individu d'accéder aux marchés autres que celui du travail, notamment ceux du logement et de la santé (Fraisse-D'Olimpio, 2009). Conscients de ces faits, les dirigeants africains, au lendemain des indépendances, ont manifesté la volonté de développer l'éducation.

Cet engagement politique s'est concrétisé, au Congo, en 1995, au moyen de la loi 25/95 du 17 novembre 1995 portant modification de la loi scolaire n°008/90 du 6 septembre 1990, laquelle apporte une réorganisation du système, définit la structure, les objectifs, et surtout l'administration et la planification du système éducatif congolais. En termes financiers, les dépenses publiques en éducation, en valeur, sont en nette augmentation, depuis 1995. Cependant, en termes d'efficacité, les résultats n'ont quasiment pas changé, depuis 1993 (CONFEMEN 2009). Les politiques éducatives semblent avoir réussi seulement au niveau de l'éducation primaire[21]. A partir du secondaire premier degré, les indicateurs (taux d'abandon, taux d'achèvement, taux de redoublement) de mesure de l'efficacité interne du système deviennent faibles et décroissants (MEPSA 2012, CNSEE 2012). L'analyse des résultats du baccalauréat au Congo montre des taux d'échec très importants et toujours, au-dessus de 60%, au cours des cinq dernières années. Environ 82% des élèves ont échoué au baccalauréat en 2012, 72% en 2013, 70% en 2014, 78% en 2015, 79% en 2016 et 72% en 2017.

Ces statistiques témoignent d'un niveau élevé de déperdition scolaire à partir du collège en République du Congo et suscitent, de facto, un intérêt scientifique pour en comprendre les tenants et les aboutissants de ces faits. Dès lors, quels sont les déterminants du retard scolaire dans l'enseignement secondaire au Congo ? Telle est la question fondamentale à laquelle nous sommes amenés à répondre dans ce travail. De façon spécifique, il s'agit d'apporter des éléments de réponse aux questions suivantes : quel est l'impact des caractéristiques de l'établissement sur le retard scolaire ? L'environnement (famille, paires, résidence) exerce-t-il un effet sur le retard scolaire des élèves ?

L'objectif général de ce travail est de mettre en évidence les déterminants du retard scolaire au secondaire au Congo. Plus spécifiquement, il s'agira de mesurer l'impact des caractéristiques de l'établissement sur le retard scolaire des élèves et d'étudier l'effet de l'environnement de l'élève (famille, paires, résidence) sur le retard scolaire.

[21] Voir les taux de scolarisation, d'abandon et d'achèvement du primaire (MEPSA, INS).

L'hypothèse générale de ce travail est que les caractéristiques des établissements et celles de l'environnement des élèves exerceraient une influence sur le retard scolaire. Pour vérifier cette hypothèse générale, nous formulons les hypothèses spécifiques suivantes : les caractéristiques de la famille (revenu du ménage, niveau d'instruction des parents, etc.), influenceraient plus le retard scolaire que les caractéristiques des établissements et des enseignants.

Les caractéristiques de l'enfant (âge, sexe, état sanitaire, etc.) influenceraient plus le retard scolaire que les caractéristiques des établissements et des enseignants.

Ce travail est structuré en trois sections. La section 1 est consacrée à la revue de la littérature. Les sections 2 et 3 présentent respectivement la méthodologie et les résultats obtenus.

Revue de la littérature

Dans cette section nous présentons, dans un premier temps, les travaux théoriques et, dans un deuxième temps, les travaux empiriques sur le retard scolaire.

Retard scolaire dans la littérature théorique

La question du retard scolaire bénéficie d'une littérature abondante, aussi bien dans les pays développés (Woessmann, 2007 ; Murat, 2009 ; Hanushek & Woessmann, 2017) que dans les pays en voie de développement (Sang et al., 2013). L'intérêt des économistes sur la question de l'éducation s'est beaucoup plus manifesté, dès la fin des années 1950, avec la naissance de la théorie du capital humain (Mincer, 1958 ; Schultz, 1961 ; et Becker, 1964). Cette théorie considère l'éducation comme un projet d'investissement qui n'est finançable que lorsque les gains espérés sont jugés rentables. Plusieurs tendances socio-économiques, à la fin des années 70 et 80, ont invalidé les revendications de la théorie du capital humain. C'est le cas de la théorie du signal (Spence, 1973) selon laquelle l'éducation a pour effet d'envoyer un signal aux employeurs sur les compétences des potentiels agents candidats à un poste vacant.

Si les travaux de Coleman (1966) remettaient en cause l'impact de l'investissement en éducation dans l'acquisition du capital humain, Bowles (1970) proposa d'étudier les questions de l'éducation à l'image du processus de production d'une entreprise incluant à la fois les facteurs d'offre (variables mesurant l'environnement scolaire) et de demande (variables mesurant les influences environnementales sur l'apprentissage en dehors de l'école). Depuis lors, plusieurs recherches sur les déterminants des acquis scolaires ont préconisé le cadre théorique de Bowles (Hanushek, 1979). Cependant, les limites de cette théorie[22]ont poussé certains auteurs (Levin, 1997 ; Filmer et Pritchett, 1999 ; Akerlof et Kranton, 2002) à se tourner vers les dimensions comportementales à travers la théorie du leadership (Likert, 1961), la théorie des choix publics (Buchanan 1962, Niskanen, 1971) et la théorie de l'agence (Jensen et Meckling, 1976).

Retard scolaire dans la littérature empirique

Sur le plan empirique, les résultats des recherches sont partagés entre l'importance du rôle joué, d'une part, par les facteurs scolaires (Santibañez et al. 2014 ; Lichtman-Sadot, 2016 ; Cáceres-Delpiano, 2018) et les facteurs de l'environnement socioculturel et socioéconomique de l'élève (Baccaïni et al. 2014 ; Mboko, 2015 ; Mourji et Abbaia, 2013) d'autre part. Pour Rowe (2003), les intrants scolaires mesurés par la qualité de l'enseignement et des fournitures scolaires sont, de loin, les facteurs les plus influents des résultats cognitifs, affectifs et comportementaux des élèves. Tavares (2015), García-Pérez et Hidalgo-Hidalgo (2017) et Cáceres-Delpiano (2018) ont montré que les pratiques de gestion des écoles telles que la surveillance de la performance, la définition d'objectifs et les programmes d'incitation des élèves ont des impacts positifs significatifs sur les résultats des élèves en mathématiques, en particulier, les élèves à faible rendement scolaire. Comme l'ont souligné Bietenbeck et al. (2015), le niveau de qualification des enseignants détermine leur pratique du métier d'enseignant. D'autres études (Dolton et Marcenaro-Gutierrez, 2011) tendent, par ailleurs, à montrer que le salaire des enseignants reste positivement corrélé aux performances scolaires des élèves, même après le contrôle des effets fixes spécifiques à chaque pays. Analysant les différences internationales des systèmes éducatifs, Woessmann (2016) arrive à la conclusion selon laquelle la taille de la classe joue un rôle très limité dans les performances scolaires des élèves.

A propos des déterminants extrascolaires du retard scolaire, les facteurs identifiés sont d'ordre culturel, économique et démographique (Murat, 2009). Baccaïni et al. (2014) ont mis en évidence, qu'en France, dans l'unité urbaine de Lyon, par exemple, la difficulté scolaire se concentre très fortement dans quelques quartiers de certaines communes, comme Vaulx-en-Velin ou Vénissieux. Cette étude a, également, montré l'existence

[22]Les détracteurs de ce cadre théorique (Glennerster, 1991 ; Hoxby, 2000) s'appuient sur les problèmes entourant le produit éducatif, notamment sa multiplicité, sa spécificité et surtout sa mesure, pour remettre en cause l'usage de la fonction de production dans le domaine éducatif.

des disparités au sein des communes où les quartiers en difficulté scolaire côtoient ceux à très faibles taux de retard.

Plusieurs études font ressortir l'existence d'une association positive entre le niveau d'instruction des parents et le retard scolaire des enfants. Olanrewaju (2011) soutient que le niveau d'instruction des parents est le plus important déterminant de la réussite scolaire des enfants, après les facteurs socioéconomiques de la famille.

Concernant les conditions de vie, les études reviennent essentiellement sur le niveau de pauvreté et les conditions d'apprentissage du ménage (Mboko, 2015 ; Mourji et Abbaia, 2013 ; Maldonado, 2005). Pour Marcoux (1994), le niveau de pauvreté du ménage serait la variable la plus discriminante dans le retard scolaire des enfants. Un autre facteur important concourant au retard scolaire est l'exercice d'une activité économique concomitamment avec la poursuite des études (Yaro, 1995).

Malgré les critiques formulées sur la fonction de production éducative, les économistes ne sont pas parvenus à un consensus sur un cadre théorique de remplacement. Dans le cadre de ce travail, la fonction de production éducative se révèle utile au décryptage du système éducatif. Elle permet, dans sa version proposée par Bowles (1970), d'analyser la relation entre le retard scolaire, les caractéristiques des enseignants et les caractéristiques extrascolaires.

Méthodologie d'analyse des déterminants du retard scolaire

Source des données et variables utilisées

Les données que nous utilisons dans ce travail sont celles de la deuxième enquête congolaise auprès des ménages (ECOM) réalisée au Congo, en 2011, par l'Institut national de la statistique (INS). Nous avons extrait de la base de l'ECOM 2, la population de niveau secondaire au moment de l'enquête et dont l'âge varie entre 12-23 ans.

Concernant les variables, la variable endogène utilisée dans ce travail est le nombre d'années de retard scolaire (gap d'éducation). Elle est le résultat de la différence de l'âge et de la classe fréquentée (exprimée en nombre d'années). Pour les élèves encore dans le système éducatif, le retard scolaire est la comparaison entre l'âge et la classe fréquentée l'année en cours. La base de calcul de cette différence est l'âge officiel retenu par niveau d'étude. L'âge officiel d'entrée en 6ème est 12 ans et celui d'entrée en seconde est 16 ans. La même démarche de calcul est faite pour les individus de 12-23 ans, hors du système éducatif. Pour cette dernière population, la différence est faite entre l'âge, en 2010, et la dernière classe fréquentée en 2009-2010.

La variable qui y ressort est non seulement une combinaison de phénomènes de redoublement et d'abandon scolaire, mais également une prise en compte de la dynamique du processus de formation à travers le jeu de succès, d'échec, d'abandon, de réinscription (Baccaïni et al. 2014). Si l'élève n'a connu aucun redoublement ou abandon jusqu'en fin de cycle secondaire ou est en avance de scolarité, le gap est nul (zéro). Si, par contre, l'élève a connu des problèmes (tels que des entrées tardives ou des échecs de classe), le gap d'éducation est un entier positif correspondant exactement au nombre de fois (années) qu'un élève aura connu d'échecs ou de retards dans son cursus scolaire.

Le graphique 1 illustre la distribution du gap d'éducation dans le secondaire général au Congo. Il ressort que, dans l'ensemble, en 2011, seulement 22% d'élèves de 12-23 ans n'ont jamais connu d'échec scolaire. À l'opposé, 78% d'élèves présentent un gap d'éducation. Il s'agit, essentiellement, des élèves présentant une année de retard de scolarité (15%), deux et trois années de retard (14% chacune).

Graphique 1 : Courbe d'évolution du nombre d'années de retard scolaire (Gap d'éducation) (ECOM 2011)

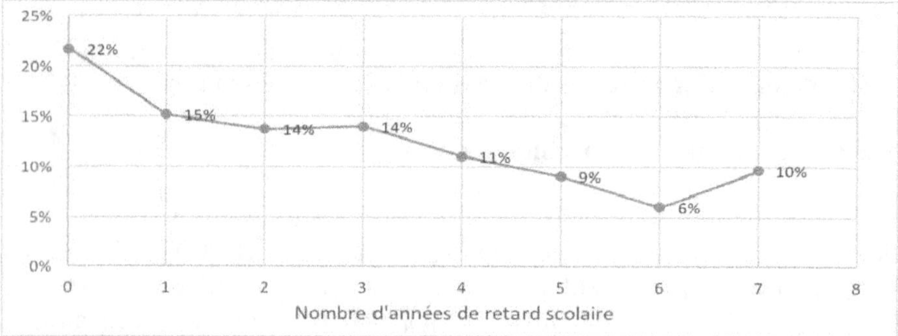

<u>Source</u> *: Construction des auteurs à partir de données de l'ECOM 2.*

La variable nombre d'années de retard scolaire ou retard scolaire (gap d'éducation) présente un certain avantage par rapport aux indicateurs instantanés de l'éducation. L'une des limites du taux net de scolarisation est qu'il ne prend pas en compte les échecs scolaires à l'intérieur d'un cycle. Par exemple, un élève qui arrive en 6ème (1ère année du secondaire) à l'âge de 12 ans et qui se retrouve, dans la même classe, à 15 ans, après trois échecs consécutifs, est considéré comme ayant une bonne scolarité d'après le taux net. Aussi, les performances scolaires devraient-elles être mesurées pour chaque individu pendant toute la durée de son parcours scolaire, plutôt que pour un cycle scolaire au cours d'une année et pour toute la population cible. Or, si nous considérons le fait que l'élève soit scolarisé présentement, nous ne disposons, cependant, pas d'informations pour savoir s'il l'a été l'an passé ou plus, généralement, s'il a connu des années de break dans son parcours scolaire. La construction d'une variable dynamique, en l'occurrence, le nombre d'années de retard scolaire (gap d'éducation), s'avère, en définitive, nécessaire pour capturer les performances accumulées de chaque élève (Maldonado 2005). Cette variable s'apparente mieux au coefficient d'efficacité interne du système éducatif cher à l'UNESCO.

Par ailleurs, les variables explicatives sont de deux ordres : les variables de l'environnement scolaire (*Type d'établissement, classe fréquentée, appréciation de l'élève de la qualité de l'enseignement, appréciation de l'élève de la taille de la classe)* et les variables liées à l'élève et à sa famille (*le sexe, le statut d'orphelin de mère, le statut de mobilité par rapport à une résidence antérieure, l'exercice d'une activité économique par l'élève, l'âge du chef de ménage, la taille du ménage, le niveau d'éducation du chef de ménage, l'emploi du chef de ménage, le type d'éclairage du ménage, le niveau de pauvreté économique du ménage*).

Méthode d'analyse des déterminants

Plusieurs auteurs soulignent la pertinence de réaliser les analyses sur les systèmes éducatifs, en fonction des niveaux hiérarchiques (Bressoux, 2008 ; Rabe-Hesketh et Skrondal, 2008 ; Leckie et Goldstein, 2009).

Soit le modèle suivant :

$$R_{ij} = \beta_j + \beta_j X_{ij} + \varepsilon_{ij} \quad (1)$$

Où R_{ij} *et* X_{ij} correspondent respectivement au résultat scolaire à l'issue d'une année scolaire et un vecteur de variables caractérisant l'élève *i* qui étudie dans une école située dans un département *j*. β_0. correspond à la constante, β_1, au vecteur des coefficients des diverses variables exogènes. ε_{ij} représente une erreur aléatoire associée à chaque élève *i* du département *j*, supposée de moyenne nulle et une variance σ_ε^2 (constante). Mourji et Abbaia (2013) remarquent que les R_{ij} et X_{ij} sont mesurés au niveau 1 et pour tenir compte de la différence des variables individuelles entre les départements, il suffit d'attribuer un indice j à β_0 et à. β_1.Le modèle devient, alors :

$$R_{ij} = \beta_{0j} + \beta_{1j} X_{ij} + \varepsilon_{ij} \quad (2)$$

Étant donné que β_{0j} et β_{1j} sont aléatoires, ils sont supposés être distribués selon une fonction de probabilité (Kreft et De Leeuw, 1998). On peut, dès lors, écrire :

$$\beta_{0j} = \Upsilon_{00} + \mu_{0J}$$
$$\beta_{1j} = \Upsilon_{10} + \mu_{1J}$$

Où Υ_{00} représente la constante moyenne pour tous les départements ; Υ_{10} la pente moyenne pour tous les départements ; μ_{0J} représente l'écart de chaque département à la constante (c'est une variable aléatoire de moyenne nulle et de variance $\sigma^2_{\mu 1}$) ; μ_{0J} représente l'écart de chaque département à la relation moyenne (c'est une variable aléatoire de moyenne nulle et de variance $\sigma^2_{\mu 2}$).

Pour avoir les équations du niveau 2 (niveau département), il suffit d'ajouter, au système d'équation précédente, les caractéristiques des écoles de chaque département (vecteur *W*). On obtient, alors :

$$\beta_{0j} = \Upsilon_{00} + \Upsilon_{01} W_j + \mu_{0J}$$
$$\beta_{1j} = \Upsilon_{10} + \Upsilon_{11} W_j + \mu_{1J}$$

En remplaçant les coefficients β_{0j} et β_{1j} par leurs expressions dans l'équation de R_{ij}, on obtient :

$$R_{ij} = \Upsilon_{00} + \Upsilon_{01} W_j + \Upsilon_{10} X_{ij} + \Upsilon_{11} W_j X_{ij} + (\mu_{0J} + \mu_{1j} X_{ij} + \varepsilon_{ij}) \quad (3)$$

Du fait qu'il y ait maintenant deux termes d'erreurs au niveau 2, on peut estimer un paramètre supplémentaire : la covariance entre les constantes et les pentes, notée $\sigma_{\mu 01}$. L'écriture suivante montre, de manière condensée, la conception de la structure des paramètres aléatoires à estimer au niveau 2 :

$$\begin{pmatrix} \mu_{0j} \\ \mu_{1j} \end{pmatrix} \sim N \left[\begin{pmatrix} 0 \\ 0 \end{pmatrix}, \begin{pmatrix} \sigma^2_{u0} & \sigma_{u01} \\ \sigma_{u10} & \sigma^2_{u1} \end{pmatrix} \right]$$

Au niveau 1, $\varepsilon_{ij} \sim N(0, \sigma^2_{\varepsilon})$ et au niveau 2, les erreurs μ_{0j} et μ_{1j}, suivent une loi normale, de moyenne nulle, de variances σ^2_{u0} et σ^2_{u1} et de covariance σ_{u01}. On voit bien, ici, que la structure des erreurs du modèle implique l'estimation de quatre paramètres aléatoires, dont trois au niveau 2 et un au niveau 1.

Estimation du modèle

Admettons le modèle de régression de poisson standard, amendé de sorte qu'il y ait des effets aléatoires pour chaque département. Nous pouvons écrire le modèle suivant :

$$\text{Log}\ (\mu_{ij}) = a_0 + Fij + u_i + v_j \qquad (4)$$

Où Fij représente les variables explicatives.

Les paramètres du modèle (4) sont obtenus par la méthode du maximum de vraisemblance. En effet, dans un modèle de Poisson à deux niveaux, pour le groupe j, j = 1; …; M, la distribution conditionnelle de Yj $= y_{j1}, \dots \dots \dots, y_{jn_j})'$ (étant donné un ensemble d'effets aléatoires de groupe (niveau 2) u_j, est

$$f(Y_j|u_j) = \prod_{i=1}^{n_j} [\{\exp(x_{ij}\beta + z_{ij}u_j)\}^{y_{ij}}\ exp\{-\exp(x_{ij} + z_{ij}u_j)\}/y_{ij}!\,]$$
$$= = \exp[\textstyle\sum_{i=1}^{n_j}\{y_{ij}(x_{ij}\beta + z_{ij}u_j) - \exp(x_{ij}\beta + z_{ij}u_j) - \log(y_{ij}!)\}] \quad (5)$$

En posant $c(Y_j) = \sum_{i=1}^{n_j} \log(y_{ij}!)$, où $c(Y_j)$ ne dépend pas des paramètres du modèle, nous pouvons exprimer l'équation (5) de manière compacte en notation matricielle telle que :

$$f(Y_j|u_j) = \exp\{Y_j'(X_j\beta + Z_ju_j) - 1'\exp(X_j\beta + Z_ju_j) - c(Y_j)\}$$

où X_j est formé en empilant les vecteurs lignes x_{ij} et Z_j est formé en empilant les vecteurs lignes z_{ij}.

Du fait que la distribution, a priori, $u_j$est normale multi-variée de moyenne 0 et de variance matricielle $\sum$ (Rabe-Hesketh and Skrondal, 2012) , la contribution de la vraisemblance pour le j[ième] groupe est obtenue en intégrant à partir de la densité conjointe $f(Y_j|u_j)$,

$$\mathcal{L}_j(\beta, \Sigma) = (2\pi)^{-q/2}|\Sigma|^{-1/2} \int f(Y_j|u_j) \exp(-u_j' \Sigma^{-1}u_j/2) d\,u_j \qquad (6)$$
$$= \exp\{-c(Y_j)\}(2\pi)^{-q/2}|\Sigma|^{-1/2} \int \exp\{g(\beta, \Sigma, u_j)\}\, du_j$$

Où

$$g(\beta, \Sigma, u_j) = Y_j'(X_j\beta + Z_ju_j) - 1'\exp(X_j\beta + Z_ju_j) - u_j' \Sigma^{-1}u_j/2$$

Cette intégration de (6) a rarement de formes analytiques explicites pour les vraisemblances marginales (Marque 2003). Dans le cas où la log-vraisemblance n'a pas de forme analytique, les paramètres sont estimés en utilisant des approximations telles que la méthode du 1er ou 2nd ordre basé sur les séries de Taylor ou des intégrations numériques, notamment par quadrature de Gauss. Pour estimer les paramètres du modèle multi-niveau de poisson, Stata Corp (2013) propose quatre méthodes d'approximation : quadrature adaptative moyenne-variance de Gauss-Hermite ; quadrature adaptative Gauss-Hermite en mode-courbure ; quadrature Gauss-Hermite non adaptative et l'approximation de Laplace.

Dans le cas de cette étude, le log de vraisemblance du modèle a été approximé en utilisant la quadrature adaptative moyenne-variance de Gauss-Hermite. Celle-ci repose sur la transformation de l'intégrale multi-variée de (6) en un ensemble d'intégrales uni-variées imbriquées. Chaque intégrale uni-variée peut, alors, être évaluée en utilisant une forme de quadrature gaussienne définie de manière suivante :

$$\mathcal{L}_j^{MVAGH}(\beta,\Sigma) = \sum_{k_1=1}^{r} \cdots \sum_{k_q=1}^{r}\left[\exp\{\log f(Y_j|\eta_{jk})\}\prod_{p=1}^{q}\omega_{jkp}^{*}\right] \quad (7)$$

Où

$$\eta_{jk} = X_j\beta + Z_jLa_k$$

Avec $La_k = u_j$

a_k désigne un vecteur aléatoire qx1 et L, une décomposition de Cholesky de la variance matricielle $\sum$.

La vraisemblance logarithmique pour l'ensemble des données est simplement la somme des contributions des M groupes individuels, à savoir :

$$\mathcal{L}(\beta,\Sigma) = \sum_{j=1}^{M}\mathcal{L}_j(\beta,\Sigma) \quad (8)$$

Présentation et interprétation des résultats

Le tableau 1 présente les résultats du modèle multi-niveau du retard scolaire sur les caractéristiques des élèves et de leurs familles et les caractéristiques des établissements (écoles) incluant le milieu de résidence. Le retard scolaire étant une variable discrète, le modèle à effet mixte de type poisson a été préféré aux modèles types de régression linéaire. Deux niveaux ont été constitués : niveau élèves (niveau 1) et le niveau 2. La variable identifiant le niveau 2 est « le département de localisation des établissements scolaires ». Quatre modèles ont été estimés pour examiner la contribution marginale des variables explicatives.

Du modèle standard de poisson au modèle de niveau 1

Le premier modèle estimé (Tableau 1) est un modèle standard de poisson. L'idée de passer par ce modèle est de procéder à une comparaison des estimations entre le modèle standard de poisson et le modèle à erreurs composées. La comparaison entre le modèle standard de poisson et le modèle de poisson multi-niveau de niveau 2 à partir des statistiques de la déviance, de l'AIC et du BIC montre que le modèle multi-niveau est meilleur que le modèle de poisson standard. Si l'on considère, par contre, les statistiques de khi2 (Wald ou ratio de vraisemblance), le modèle de poisson standard devrait être choisi. Dans tous les cas, le niveau département, ici, explique 2%, seulement, de différences en matière de retard scolaire constatées au secondaire au Congo. Ce modèle multi-niveau a été choisi afin de ne pas ignorer la décomposition de la variance, même si le département ne représente que 2% de la variance totale du phénomène. Si l'on regarde la significativité des coefficients, on constate des différences assez importantes entre les deux modèles. Par exemple, les variables « Statut d'orphelin de mère » et « Emploi du chef de ménage » sont non significatives dans le modèle standard, alors qu'elles le sont lorsque l'on prend en compte la décomposition des erreurs par département.

Le second modèle est le modèle vide, c'est-à-dire sans variables explicatives. Le but de ce modèle est de déterminer la contribution respective de chaque niveau de la hiérarchie à la variance totale observée (Snijders et Bosker, 1999 ; Raudenbush et Bryk, 2002). Le 3ème modèle (modèle de niveau 1) est celui qui estime les caractéristiques des élèves et de son ménage. Le modèle complet ou final est celui où l'on a ajouté, au modèle de niveau 1, les variables explicatives. Ce modèle permet d'identifier les déterminants du retard scolaire dans le secondaire au Congo.

Il ressort, également, du tableau 1 que la variance entre classes pour le modèle vide est différente de zéro (avec un écart-type de 0,14). Le coefficient de corrélation intra classe (ICC) qui mesure cette contribution en termes de « la part de la variance résiduelle due à la variation entre les groupes » est mesuré par la quantité suivante : $ICC = \frac{\sigma_u^2}{\sigma_u^2+\sigma_e^2}$

Pour le niveau classe, l'ICC du modèle vide est $\frac{(0,14)^2}{(0,14)^2+1} = 0,0190$. Ainsi, la variance résiduelle entre deux élèves d'un même département explique 1,9% de la variance totale entre les groupes. En d'autres termes, 1,9% de différence dans le retard de scolarité entre les élèves ne provient pas des familles ou des élèves eux-mêmes mais est plutôt imputable au département où ils résident. Ces résultats montrent l'opportunité de recourir à une modélisation par niveaux dans l'étude du retard scolaire au Congo. L'étape suivante consiste à introduire les variables explicatives pour pouvoir raisonner « toutes choses égales par ailleurs », tout en tenant compte des effets fixes, dans l'interprétation.

Le modèle complet

Après l'intégration des variables explicatives de niveau 1 et de niveau 2, la part de la variance interclasse a légèrement augmenté (avec un écart-type de la constante de 0,142 pour le modèle vide, et de 0,145 pour le modèle final). Le coefficient de corrélation interclasse (ICC) du niveau classe fréquentée est passé de 1,9% (modèle vide) à 2,1% (modèle complet). Cette légère hausse tient au fait que les variables introduites expliquent aussi bien les différences interclasses que celles interindividuelles, en matière de retard de scolarité au secondaire au Congo. De même, la décroissance de la déviance permet de juger de l'intérêt du passage du modèle vide au modèle complet. Par ailleurs, les statistiques définissant les critères d'information (Bayésienne et Akaike) diminuent du modèle vide au modèle complet. Ceci confirme que les données sont mieux ajustées avec le modèle complet qu'avec le modèle vide. Ainsi, l'ensemble des résultats présentés, ci-dessus, montre combien il serait erroné de procéder aux estimations d'une régression de poisson standard dans l'identification des déterminants du retard scolaire dans l'enseignement secondaire au Congo.

Concernant les effets fixes, seules les variables présentant une significativité aux seuils de 1% et 5% sont retenues pour interprétation. Des résultats de cette estimation (modèle complet), il ressort les faits suivants : sur seize (16) variables introduites dans le modèle, huit (08) ont des coefficients statistiquement significatifs à un seuil inférieur ou égal à 5%. L'interprétation de ces résultats va s'appuyer essentiellement sur les effets marginaux des différentes variables.

Des variables liées à l'élève ou à sa famille, six (6) présentent des probabilités inférieures ou égales à 5%. Il s'agit des variables « Statut de mobilité », « Exercice d'une activité économique » (variable Travail), « Education du chef de ménage », « Taille du ménage » et « Mode d'éclairage du ménage ».

Le coefficient de la variable statut de mobilité est positif signifiant que le changement de résidence entre deux années scolaires augmente de 21,2% la probabilité de connaître des retards de scolarité pour un élève. Ce résultat cadre bien avec la supposition selon laquelle les élèves ayant changé de résidence sont plus enclins à connaître des retards scolaires que ceux n'ayant pas changé de résidence. Mais, ce résultat n'est pas un cas isolé. En effet, bien que certaines différences dans la performance éducative entre les élèves mobiles et non mobiles soient fonction de différences préexistantes telles que le statut socioéconomique de la famille et la structure familiale (Alexander et al., 1996, Pettit et Mc Lanahan, 2003), de plus en plus, les recherches révèlent des effets négatifs importants de la mobilité des élèves sur divers résultats scolaires compromis.

Concernant l'exercice d'une activité économique, il ressort que, comparativement aux élèves n'exerçant pas une activité économique, les élèves qui travaillent en même temps qu'ils vont à l'école ont 36,4% plus de risques de connaître des années de retard dans leurs parcours scolaires. Ainsi dit, le travail constitue un important facteur concourant au retard de scolarité des élèves dans le secondaire au Congo. Ces résultats s'expliquent, en partie, par la pauvreté des parents. En effet, dans les ménages pauvres, les enfants contribuent à la subsistance de leur ménage à un niveau tel que les envoyer à l'école entraîne des coûts d'opportunité importants pour les familles (Marcoux, 1995, Gastineau, 2003).

Comme on pouvait s'y attendre, le niveau d'éducation du chef de ménage a un effet positif sur l'éducation des élèves. Ceux dont les chefs de ménage sont de niveau secondaire ou supérieur sont susceptibles de présenter moins de retard scolaire. En effet, une année supplémentaire d'éducation du chef de ménage à partir du supérieur, prédit à la baisse, à hauteur de 35%, le nombre d'années de retard scolaire des élèves du ménage.

La position sociale du chef de ménage dans la catégorie socioprofessionnelle du secteur public formel, prédit à la baisse, de l'ordre de 19%, le nombre d'années de retard scolaire. Ainsi, les différences, dans les retards scolaires accumulés par les élèves dont les parents sont au chômage, par rapport à ceux des ménages dont les parents sont dans la fonction publique, sont dues essentiellement aux différences dans la classe sociale des parents.

Le coefficient de la variable taille du ménage est de signe positif et traduit une augmentation statistiquement significative du nombre d'années de retard scolaire lorsque la taille du ménage augmente. Même si les prédictions restent faibles (7%), elles sont statistiquement très significatives.

Par ailleurs, les élèves résidant dans les ménages éclairés à la lampe à pétrole sont associés à des prédictions à la hausse, de 0,24 point, du nombre d'années de retard de scolarité. Lorsque le ménage est éclairé au groupe électrogène, les prédictions concourent vers la réduction du nombre d'années de retard de scolarité. Ceci voudrait dire que l'amélioration des conditions d'apprentissage dans les ménages tend à améliorer les performances scolaires des élèves du secondaire au Congo.

Des quatre variables représentant le deuxième niveau, deux variables sont statistiquement significatives au seuil de 1%. Il s'agit des variables type d'établissement et appréciation de la taille de la classe. Le coefficient de la variable type d'établissement est négatif et statistiquement significatif au seuil de 1%. Toutes choses égales par ailleurs, les élèves fréquentant des écoles privées sont moins enclins à connaître des retards de scolarité que ceux fréquentant des écoles publiques. Ces élèves du privé ont, en moyenne, une prédiction à la baisse du nombre d'années de retard scolaire de 0,38 point, par rapport aux élèves des écoles publiques.

Le coefficient de la variable appréciation de la qualité de l'enseignement est négatif et statistiquement significatif au seuil de 1%. Ceci voudrait dire que les élèves fréquentant des écoles prodiguant des enseignements de qualité sont moins enclins à connaître des retards de scolarité que ceux fréquentant des écoles donnant un enseignement de moindre qualité. Ces derniers ont, en moyenne, une prédiction à la baisse du nombre d'années de retard scolaire de 0,20 point, par rapport aux élèves fréquentant des écoles ou des classes dont l'enseignement est jugé médiocre.

Graphique 2. Effets marginaux moyens du nombre d'années de retard scolaire

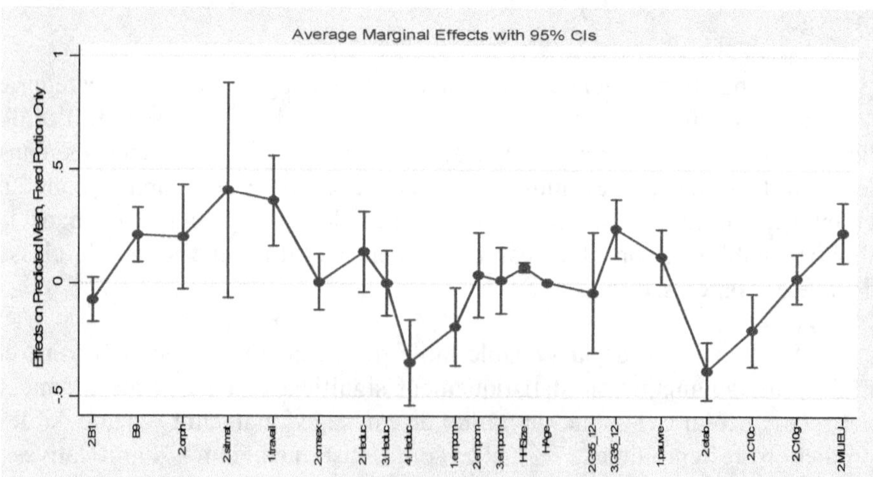

<u>Source</u> : Construction des auteurs à partir de données de l'ECOM 2.

Tableau 1 : Résultats de l'estimation du modèle multi-niveau du retard scolaire sur les caractéristiques des établissements, des élèves et des ménages

	Poisson standard	Modèle vide	Analyse multi-niveau		
			Variable de niveau 1	Variable de niveau 2	
	Coef./Std.Err	Coef./Std.Err	Coef./Std.Err	Coef./Std.Err	Effets marginaux
EFFETS FIXES					
Constante	0,129(0,108)	1,054(0,042)***	0,246(0,09)**	0,216(0,119)*	
Sexe					
Garçon	(R)		(R)	(R)	
Fille	-0,041(0,027)		-0,040(0,024)*	-0,039(0,027)	-0,072(0,049)
Statut de mobilité					
A pas changé de résidence	(R)		(R)	(R)	
A changé de résidence	0,146(0,031)***		0,09(0,03)***	0,114(0,032)***	0,212(0,061)***
Statut d'orphelin de mère					
Non orphelin	(R)		(R)	(R)	
Orphelin	0,097(0,058)		0,106(0,05)**	0,106(0,058)*	0,203(0,117)*
Statut matrimonial					
Célibataire	(R)		(R)	(R)	
En union	0,267(0,108)**		0,23(0,06)***	0,204(0,108)*	0,409(0,241)*
Exercice d'une activité économique					
Ne travaille pas	(R)		(R)	(R)	
Travaille	0,214(0,046)***		0,15(0,04)***	0,185(0,047)***	0,364(0,102)***
Sexe du chef de ménage					
Homme	(R)		(R)	(R)	
Femme	0,010(0,034)		-0,032(0,031)	0,003(0,034)	0,005(0,062)

<u>Source</u> : Construction des auteurs à partir de données de l'ECOM 2.

NB : ***, p<=1% ; **, p<=5%   *, p<=1

Tableau 1 (suite) : *Estimation du modèle multi-niveau du retard scolaire sur les caractéristiques des établissements, des élèves et des ménages*

	Poisson standard	Modèle vide	Analyse multi-niveau Variable de niveau 1	Variable de niveau 2	
	Coef./Std.Err	Coef./Std.Err	Coef./Std.Err	Coef./Std.Err	Effets marginaux
EFFETS FIXES					
Education du chef de ménage					
Aucun	(R)		(R)	(R)	
Primaire	0,056(0,046)		0,058(0,041)	0,072(0,047)	0,139(0,090)
Secondaire	-0,041(0,039)		-0,015(0,036)	0,001(0,039)	0,002(0,073)
Supérieur	-0,26(0,057)***		-0,23(0,05)***	-0,209(0,058)***	-0,349(0,096)***
Emploi du chef de ménage					
Chômeur	(R)		(R)	(R)	
Formel public	-0,057(0,049)		-0,15(0,05)***	-0,109(0,050)**	-0,191(0,088)**
Formel prive	0,026(0,051)		-0,027(0,045)	0,020(0,051)	0,036(0,095)
Informel	0,014(0,039)		0,00(0,035)	0,007(0,040)	0,014(0,074)
Taille du ménage	0,042(0,006)***		0,04(0,01)***	0,039(0,006)***	0,071(0,011)***
Age du chef de ménage	0,00(0,001)		0,001(0,001)	0,001(0,001)	0,002(0,002)
Mode d'éclairage du ménage					
SNE	(R)		(R)	(R)	
Groupe électrogène	0,055(0,081)		-0,019(0,075)	-0,023(0,083)	-0,041(0,135)
Lampe pétrole	0,220(0,035)***		0,13(0,03)***	0,136(0,038)***	0,241(0,066)***
Statut de pauvreté					
Non pauvre	(R)		(R)	(R)	
Pauvre	0,098(0,033)***		0,08(0,03)***	0,065(0,034)*	0,117(0,061)*
Type d'établissement					
Public	(R)			(R)	
Privé	-0,24(0,039)***			-0,227(0,039)***	-0,385(0,065)***
Appréciation de la qualité de l'enseignement					
Médiocre	(R)			(R)	
Non médiocre	-0,11(0,041)***			-0,108(0,041)***	-0,205(0,082)***
Appréciation de la taille de la classe					
Pléthorique	(R)			(R)	
Non pléthorique	0,016(0,03)			0,0125(0,030)	0,023(0,055)
Distance école/domicile	0,002(0,006)			0,008(0,006)	0,225(0,067)***
EFFETS ALEATOIRES					
Région: sd_constante		0,142(0,029)	0,146(0,032)	0,145(0,33)	
ICC Région		1,9	2,1	2,1	
ICC élève		98,0	97,9	98,0	
STATISTIQUES D'AJUSTEMENT DU MODELE					
Ratio de vraisemblance (Khi-2)	660***				
Pseudo R carré	0,056				
Statistique de Wald(Khi-2)			266***	329***	
Déviance (-2*LL)	11018	24572	13540	10948	
Akaike's Information Criterion (AIC)		24576	13579	10997	
Bayesian Information Criterion (BIC)		24589	13697	11142	
LR test vs probit model (Khi-2)		381***	117***	69,3***	
Nombre d'observations	3170	5447	3775	3170	

Source : Construction des auteurs à partir de données de l'ECOM 2.

NB : ***, p<=1% ; **, p<=5% *, p<=10%

- **Différences entre les milieux urbain et rural**

L'analyse du nombre d'années de retard scolaire par milieu de résidence (Tableau 2) fait apparaître des contrastes importants. Le statut de mobilité n'est, en réalité, un déterminant du retard scolaire que lorsque l'on se trouve en milieu urbain. Dans ce milieu, les élèves qui ont changé de résidence sont associés à une prédiction à la hausse du nombre d'années de retard scolaire de 0,26%, comparativement aux élèves qui n'ont pas changé de résidence. A l'instar du statut de mobilité, le statut d'orphelin de mère n'est significatif qu'en milieu urbain. Dans ce milieu, les orphelins sont associés à une prédiction à la hausse du nombre d'années de retard scolaire de 30%, comparativement aux non orphelins de mère. Le même constat est fait pour l'exercice d'une activité économique. On observe un mouvement contraire entre urbain et rural sur l'éducation du chef de ménage. En milieu urbain, l'éducation supérieure du chef de ménage prédit à la baisse le nombre d'années de retard scolaire, tandis qu'en milieu rural, les prédictions sont à la hausse. Les résultats concernant le statut de pauvreté montrent que, en milieu urbain, les prédictions du nombre d'années de retard scolaire augmentent de 13% chez les pauvres, comparativement aux non pauvres. En milieu rurale, par contre, la condition de pauvreté du ménage est associée à une tendance à la baisse des probabilités prédites. Le type d'établissement et la qualité de l'enseignement ne sont significatifs qu'en milieu urbain où ces variables prédisent, à la baisse, le nombre d'années de retard scolaire.

Tableau 2 : Coefficients et effets marginaux du retard scolaire selon le milieu de résidence

	Urbain		Rural	
	Coef/Std.Err	**Effets marginaux**	**Coef/Std.Err**	**Effets marginaux**
EFFETS FIXES				
Constante	0,158(0,162)		0,46(0,187)**	
Sexe				
Garçon	(R)		(R)	
Fille	-0,046(0,036)	-0,072(0,057)	-0,04(0,042)	-0,084(0,098)
Statut de mobilité				
A pas changé de résidence	(R)		(R)	
A changé de résidence	0,16(0,039)***	0,263(0,066)***	0,002(0,055)	0,005(0,131)
Statut d'orphelin de mère				
Non orphelin				
Orphelin	0,178(0,074)**	0,305(0,137)**	0,044(0,097)	0,106(0,239)
Statut matrimonial				
Célibataire	(R)		(R)	
En union	0,316(0,168)*	0,584(0,361)	0,048(0,145)	0,116(0,357)
Exercice d'une activité économique				
Ne travaille pas	(R)		(R)	
Travaille	0,31(0,096)***	0,576(0,204)***	0,187(0,056)	0,47(0,152)***
Sexe du chef de ménage				
Homme	(R)		(R)	
Femme	0,045(0,044)	0,073(0,071)	-0,018(0,06)	-0,044(0,131)
Education du chef de ménage				
Aucun	(R)		(R)	
Primaire	0,126(0,067)*	0,224(0,121)*	0,048(0,066)	0,110(0,152)
Secondaire	-0,022(0,056)	-0,037(0,093)	0,046(0,057)	0,105(0,132)
Supérieur	-0,32(0,074)***	-0,45(0,108)***	0,227(0,10)**	0,575(0,277)**
Emploi du chef de ménage				
Chômeur	(R)		(R)	
Formel public	-0,009(0,062)	-0,014(0,093)	-0,28(0,09)***	-0,64(0,21)***
Formel prive	0,133(0,064)**	0,214(0,104)**	-0,222(0,09)**	-0,527(0,219)**
Informel	0,065(0,055)	0,101(0,084)	-0,099(0,06)	-0,251(0,162)
Taille du ménage	0,03(0,008)***	0,047(0,012)***	0,04(0,01)***	0,10(0,021)***
Age du chef de ménage	0,004(0,002)**	0,006(0,003)**	-0,00(0,002)	-0,001(0,004)
Mode d'éclairage du ménage				
SNE	(R)		(R)	
Groupe électrogène	-0,043(0,123)	-0,063(0,177)	0,059(0,136)	0,119(0,279)
Lampe pétrole	0,106(0,043)**	0,167(0,067)**	0,196(0,09)**	0,429(0,183)**
Statut de pauvreté				
Non pauvre				
Pauvre	0,083(0,042)**	0,131(0,065)**	-0,01(0,061)	-0,020(0,144)
Type d'établissement				
Public				
Privé	-0,26(0,046)***	-0,38(0,067)***	-0,059(0,082)	-0,137(0,184)
Appréciation de la qualité de l'enseignement				
Médiocre				
Non médiocre	-0,139(0,06)**	-0,233(0,116)**	-0,097(0,06)*	-0,236(0,138)*
Appréciation de la taille de la classe				
Pléthorique				
Non pléthorique	-0,013(0,041)	-0,020(0,065)	0,061(0,049)	0,141(0,113)
Distance école/domicile	-0,013(0,011)	-0,021(0,018)	0,013(0,007)*	0,0312(0,016)*
EFFETS ALEATOIRES				
Région: sd_constante	0,138(0,036)		0,118(0,035)	
ICC Région	1,9		1,4	
ICC élève	98,1		98,6	
STATISTIQUES D'AJUSTEMENT DU MODELE				
Statistique de Wald(Khi-2)	235***		70***	
Déviance (-2*LL)	6832		4054	
Akaike's Information Criterion (AIC)	6878		4100	
Bayesian Information Criterion (BIC)	7008		4214	
LR test vs probit model (Khi-2)	36,6***		18***	
Nombre d'observations	2125		1045	

*<u>Source</u> : Construction des auteurs à partir de données de l'ECOM 2. //**NB** : ***, p<=1% ; **, p<=5% *, p<=10%*

Discussion

La présente étude s'est intéressée aux déterminants du retard scolaire dans l'enseignement secondaire au Congo, en procédant par une modélisation multi-niveau de type poisson. L'hypothèse centrale retenue était que les caractéristiques des établissements contribuent moins au retard scolaire que celles de l'environnement familial des enfants. Le tableau ccl, 1 en annexe, fait un classement des déterminants en fonction de leur contribution au pouvoir explicatif du modèle complet. La taille du ménage (12,5%) et le type d'établissement (10,5%) sont deux déterminants clés du retard scolaire dans le secondaire au Congo. Ils sont suivis par l'éducation du chef de ménage (6,7%). Il s'agit, là, des trois déterminants clés sur lesquels l'on devrait s'appuyer pour lutter contre les retards scolaires dans l'enseignement secondaire au Congo.

Nos résultats tendent à confirmer l'hypothèse centrale, car les contributions des déterminants représentant le niveau élèves/famille sont supérieures aux contributions des déterminants de l'environnement scolaire (type d'établissement et appréciation de la qualité de l'enseignement). Cependant, le pouvoir explicatif des caractéristiques des établissements demeure considérable. Ces résultats rejoignent ceux de nos prédécesseurs. En effet, comme le souligne Ngonga (2010), toutes les recherches effectuées dans le cadre « input-output » ont surtout souligné l'inexistence de relation entre l'école et les acquis des élèves, mais ont relevé, tout de même, des différences d'acquisition au sein d'une même école. Dans toutes ces études, les variables extérieures à l'école expliquent, en grande partie, les différences de performances des élèves (Ngonga, 2010).

Selon la contribution de la variable type d'établissement, nos résultats tendent vers les travaux de Creemers (1992), Creemers et Knuver (1989), Sheerens (1990), Sheerens (2013). Ces auteurs ont abouti aux conclusions selon lesquelles l'école différencie les élèves grâce au contexte dans lequel les apprentissages se déroulent. Pour Bressoux (1994), si la plupart des études de type input-output n'ont pas abouti à des résultats concluants sur l'effet des intrants scolaires elles se sont contentées d'exploiter des données dont l'unité d'observation ne correspondait pas à celle d'analyse. Non seulement, elles disposent rarement de données individuelles, mais le nombre de variables était, souvent, agrégé au niveau du district.

Toutefois, les résultats sur le type d'établissement restent à nuancer au vu du contexte congolais où se déroule l'enseignement secondaire. En effet, il est très courant de trouver des promoteurs d'écoles privées qui marchandent les résultats scolaires pour engranger du profit. Ces promoteurs achètent des épreuves d'examens d'Etat dans le but d'augmenter le taux global de réussite aux examens pour leurs écoles et s'assurer ainsi une bonne publicité. Une illustration assez récente de ce phénomène est l'annulation de la session de juin du baccalauréat de l'enseignement général de 2015, suite à des fruites massives des sujets examen.

Annexes

Tableau ccl.1 : Hiérarchisation des déterminants du retard scolaire

Variables	χ_f^2	χ_s^2	**C_x (%)**	**Rang**
Statut de mobilité	329	314,3	4,5	5
Exercice d'une activité économique	329	313,8	4,6	4
Education du chef de ménage	329	307	6,7	3
Emploi du chef de ménage	329	321	2,4	7
Taille du ménage	329	288	12,5	1
Mode d'éclairage du ménage	329	314,3	4,5	6
Type d'établissement	329	294,3	10,5	2
Appréciation de la qualité de l'enseignement	329	325,9	0,9	8

χ_s^2 = Khi-deux du modèle saturé (final) ; χ_f^2 = Khi-deux du modèle sans la variable explicative considérée (celle en ligne) ; Cx(%) =(χ_f^2 - χ_s^2)/ χ_f^2 est la contribution des facteurs au pouvoir explicatif du modèle

<u>Source</u> : Construction de l'auteur à partir de données de l'ECOM 2.

Tableau ccl 2 : Test de vérification du biais de sélection dans l'échantillon

Heckman selection model				Number of obs	=	3014
(regression model with sample selection)				Censored obs	=	2627
				Uncensored obs	=	387
				Wald chi2(13)	=	244
Log likelihood = -1708				Prob > chi2	=	0

	Coef.	Std. Err.	z	P>z	[95% Conf.	Interval]
GAPP						
B5	0,6240904	0,0534941	11,67	0	0,5192439	0,7289369
B1	-0,0082067	0,1386301	-0,06	0,953	-0,2799168	0,2635033
B9	0,1845331	0,1509304	1,22	0,221	-0,111285	0,4803511
Orph	0,0804883	0,2766033	0,29	0,771	-0,4616442	0,6226208
Sitmat	0,2562025	0,5757105	0,45	0,656	-0,8721693	1,384574
Travail	0,0699883	0,2289974	0,31	0,76	-0,3788385	0,518815
Cmsex	0,1052463	0,1608399	0,65	0,513	-0,2099941	0,4204866
Heduc	-0,0151322	0,0890379	-0,17	0,865	-0,1896434	0,1593789
Empcm	-0,0043423	0,0639236	-0,07	0,946	-0,1296303	0,1209457
HHSize	0,0210032	0,0250922	0,84	0,403	-0,0281767	0,0701831
HAge	0,0014924	0,005805	0,26	0,797	-0,0098851	0,0128699
G35_12	0,1117173	0,090473	1,23	0,217	-0,0656065	0,2890411
Pauvre	0,2310247	0,1545743	1,49	0,135	-0,0719354	0,5339847
Etab	0,1655767	0,2364392	0,7	0,484	-0,2978357	0,6289891
C10c	-0,1752729	0,2084159	-0,84	0,4	-0,5837605	0,2332147
C10g	-0,2387135	0,139244	-1,71	0,086	-0,5116266	0,0341997
MILIEU	0,8524279	0,26147	3,26	0,001	0,339956	1,3649
_cons	-10,23845	2,530499	-4,05	0	-15,19814	-5,278765
REDOUBLE						
B5	0,0804499	0,0155992	5,16	0	0,0498761	0,1110238
B1	0,0866376	0,0608234	1,42	0,154	-0,0325741	0,2058493
B9	0,1182632	0,0673304	1,76	0,079	-0,013702	0,2502285
Orph	0,0827055	0,1338994	0,62	0,537	-0,1797325	0,3451435
Sitmat	-0,0599705	0,259932	-0,23	0,818	-0,5694277	0,4494868
Travail	0,1882789	0,1097423	1,72	0,086	-0,0268121	0,4033698
Cmsex	0,1028796	0,0742106	1,39	0,166	-0,0425705	0,2483296
Heduc	0,0577905	0,0373583	1,55	0,122	-0,0154305	0,1310114
Empcm	0,0283351	0,0282699	1	0,316	-0,0270729	0,0837432
HHSize	-0,0034353	0,013087	-0,26	0,793	-0,0290854	0,0222148
HAge	0,0013553	0,0026883	0,5	0,614	-0,0039136	0,0066243
G35_12	0,0584138	0,0382209	1,53	0,126	-0,0164978	0,1333253
Pauvre	-0,0563621	0,0737001	-0,76	0,444	-0,2008117	0,0880874
Etab	-0,2215622	0,0859635	-2,58	0,01	-0,3900476	-0,0530768
C10c	-0,1911915	0,0939071	-2,04	0,042	-0,375246	-0,0071369
C10g	-0,0036298	0,0675192	-0,05	0,957	-0,135965	0,1287054
MILIEU	0,3719316	0,0734332	5,06	0	0,2280052	0,515858
/athrho	0,3505452	0,5818608	0,6	0,547	-0,7898811	1,490971
/lnsigma	0,2137386	0,1577149	1,36	0,175	-0,095377	0,5228542
Rho	0,3368589	0,5158348			-0,6583417	0,9035033
Sigma	1,238299	0,1952982			0,9090301	1,686835
Lambda	0,4171321	0,7029738			-0,9606713	1,794935

Source : Construction de l'auteur à partir de données de l'ECOM 2.

Références bibliographiques

Akerlof, G. A., & Kranton, R. E. (2002). *Identity and Schooling: Some Lessons for the Economics of Education.* Journal of Economic Literature, 40, 1167-1201.

Baccaïni, B., De Lapasse, B., Lebeaupin, F. et Monso, O. (2014). *Le retard scolaire à l'entrée en 6e : plus fréquent dans les territoires les plus défavorisés*, Insee Première, N°1512, paru le 02/09/2014

Becker, S. G. (1964). *Human capital: a theoretical and empirical analysis, with special reference to education*, Chicago, University of Chicago Press.

Bietenbeck, J., Piopiunik, M. and Wiederhold. S. (2015). « Africa's Skill Tragedy: Does Teachers' Lack of Knowledge Lead to Low Student Performance? », CESifo Working Paper N° 5470.

Bressoux, P. (2007). *L'apport des modèles multi-niveaux à la recherche en éducation*, Éducation et didactique [En ligne], vol 1 - n°2 | septembre 2007, consulté le 30 septembre 2016. URL : http://educationdidactique.revues.org/

Bowles, S. (1970). Towards an Educational Production Function, In *Education, Income, and Human Capital, Lee Hansen (ed),* NBER, ISBN: 0-870-14218-6, pp. 11-70.

Cáceres-Delpiano J., Giolito E. and Castillo S. (2018). Early impacts of college aid, *Economics of Education Review,* Volume 63, Pages 154-166

CNSEE (2011). Enquête congolaise auprès des ménages pour l'évaluation de la pauvreté. Profil de pauvreté au Congo. Rapport d'analyse QUIBB, CNSEE, Brazzaville, Congo.

COFEMEN (2009). Rapport PASEC Congo-Brazzaville 2009, *L'enseignement primaire au Congo : à la recherche de la qualité et de l'équité,* www.confemen.org/

Coleman, J.S., & al. (1966). *Equality of Educational Opportunity*. Washington : U.S. Government Printing Office.

Creemers, B. P. M. (1992). School effectiveness, effective instruction and school improvement in the Netherlands. In D. Reynolds & P. Cuttance (Eds.), School effectiveness, research, policy and practice (pp. 48-70). London: Cassell.

Creemers, B. P. M., & Knuver, A. W. M. (1989). The Netherlands. *In* B. P. M. Creemers, T. Peters, & D. Reynolds (Eds.), School effectiveness and school improvement, pp. 79-82.

Dolton, P., & Marcenaro-Gutierrez, O. D. (2011). If you pay peanuts do you get monkeys? A cross-country analysis of teacher pay and pupil performance. *Economic Policy, 26(65), 5–55.*

García-Pérez J.I. and Hidalgo-Hidalgo, M. (2017). « No student left behind? Evidence from the Programme for School Guidance in Spain», *Economics of Education Review,* Volume 60, Pages 97-111.

Hanushek, E. A. (1979). « Conceptual and empirical issues in the estimation of educational production functions». *Journal of Human Resources, 14(3), 351–388.*

Hanushek, E.A. (1986). « The Economics of Schooling: Production and Efficiency in Public Schools», *Journal of Economic Literature*, 24(3), pp.1141-1177.

Hanushek, E. A. & Woessmann, L. (2017). « School Resources and Student Achievement: A Review of Cross-Country Economic Research»,in, *Cognitive Abilities and Educational Outcomes, Methodology of*

Educational Measurement and Assessment, M. Rosén et al. (eds.), Springer International Publishing AG 2017, DOI 10.1007/978-3-319-43473-5_8

Hoxby C. M. (2000). « The Effects of Class Size on Student Achievement: New Evidence from Population Variation »,*Quarterly Journal of Economics, 115*, 4, 1239-1285.

Jencks, C. (1973). Inegality in retrospect. *Havard educational review,* 43(1), 138-164.

Lange, M.-F. et Yaro, Y. (2003). *L'évolution de l'offre et de la demande d'éducation en Afrique Subsaharienne*, Quatrième Conférence africaine sur la population, UAPS/ UEPA, Tunisie, 8 - 12 décembre 2003, pp. 1-19.

Lange M.-F. et Martin J.-Y. (éds), 1995, « Les stratégies éducatives en Afrique subsaharienne », *Cahiers des Sciences Humaines*, Éditions de L'Orstom, Vol.31, N°3, pp. 719-737.

Lichtman-Sadot, L. (2016). Improving academic performance through conditional benefits: Open/closed campus policies in high school and student outcomes, *Economics of Education Review,* Volume 54, pp. 95-112.

Maldonado, J. (2005). « The influence of Microfinance on Education Decision of rural Households: Evidence from Bolivia», *Documento CEDE 2005-46, Universidad de Los Andes*

Mamun, A. A., Mahbub, H. & Amin, R. (2012). *Investigating The Causes of Students' Dropouts from Diploma Engineering Programs in the Polytechnic institutes Of Bangladesh.* Academic Research International 3: 231-238.

Mani, S., Hoddinott, J., & Strauss, J. (2013). « Determinants of schooling outcomes – Empirical evidence from rural Ethiopia». *Journal of African Economies,* 22(5), pp. 693-731.

Marcoux, R. (1994). *Le travail ou l'école. L'activité des enfants et les caractéristiques des ménages en milieu urbain au Mali*, Etudes et travaux du CERPOD, N°12, 200 p.

Mboko I., S. B. (2015). *Pauvreté des ménages et éducation au Congo :application d'un modèle de comptage à partir des données du RGPH 2007*. Québec : Observatoire démographique et statistique de l'espace francophone / Université Laval, 56 p. (collection Rapport de recherche de l'ODSEF)

McLachlan, G. J., and Basford, K. E. (1988),*Mixture Models*, New York: Dekker.

MEPSA. (2012). *Annuaire statistique 2011-2012*, Ministère de l'Enseignement primaire et secondaire chargé de l'Alphabétisation, direction des Etudes et de la Planification, Brazzaville, Congo.

Mourji, F. et Abbaia, A. (2013). « Les déterminants du rendement scolaire en mathématiques chez les élèves de l'enseignement secondaire collégial au Maroc : une analyse multi-niveaux », *Revue d'économie du développement* 2013/1 (Vol. 21), p. 127-158. DOI 10.3917/edd.271.0127.

Murat, F. (2009). « Le retard scolaire en fonction du milieu parental : l'influence des compétences des parents », *Économie et Statistique*, n° 424-425.

Ngonga, H. (2010). Efficacité comparée de l'enseignement public et prive au Cameroun, Thèse de doctorat en Sciences de l'Education, Université de Bourgogne, IREDU UMR CNRS 5225, p. 347.

Niskanen W.A. (1971). *Bureaucracy and Representative Government.* Chicago : Aldine.

Olanrewaju O. (2011). The determinants of Child Schooling in Nigeria, *AERC Research Paper 217, African Economic Research Consortium, Nairobi*

Rabe-Hesketh, S., and Skrondal, A. (2012). Multilevel and Longitudinal Modeling Using Stata. 3rd éd. College Station, TX: Stata Press.

Rabe-Hesketh, S. and A. Skrondal, 2008. Multilevel and Longitudinal Modeling Using Stata, A Stata Press Publication, StataCorp LP, Collegue Station, Texas.

Rivkin, S. G. and Schiman J. C. (2015). « Instruction time, classroom quality, and academic achievement»,*Economic Journal 125 (588): F425-F448.*

Raudenbush, S.W. & Bryk, A. S. (2002). Hierarchical Linear Models: Applications and Data Analysis Methods, Second Edition. Newbury Park, CA: Sage.

Sang, A. K. A., Koros, P. K. A. & Bosire, J. N. (2013). *An Analysis on Dropout Levels of Public Secondary Schools in Kericho District in Relation to Selected School Characteristics*, International Education Studies; Vol. 6, No. 7.

Santibañez, L., Abreu-Lastra, R. and O'DonoghueJ. L. (2014). « School based management effects: Resources or governance change? Evidence from Mexico», *Economics of Education Review*, Volume 39, Pages 97-109.

Scheerens, J. (2013). *The use of theory in school effectiveness research revisited*, School Effectiveness and School Improvement, 24:1, 1-38, DOI: 10.1080/09243453.2012.691100.

Sen, A. (2000). *Un nouveau modèle économique. Développement, Justice, Liberté*, Paris, Odile Jacob, p.292).

Snijders, T., Bosker, R. (1999), *Multilevel Analysis: An Introduction to Basic and Advanced Multilevel Modeling*, Thousand Oaks, CA: Sage.

Spence, M. (1973). Job Market Signaling, *The Quarterly Journal of Economics,* Vol. 87, No. 3. (Aug., 1973), pp. 355-374.

Tavares, A. P (2015). The impact of school management practices on educational performance: Evidence from public schools in São Paulo, *Economics of Education Review*, Volume 48, Pages 1-15.

UNESCO (2015). *Rapport mondial de suivi sur l'éducation pour tous, aperçu général Afrique subsaharienne.*

Woesmann, L. (2007). « Fundamental Determinants of School Efficiency and Equity: German States as a Microcosm for OECD Countries», *IZA Discussion Paper* No. 2880, June 2007

Woessmann, L. (2016). « The importance of school systems: Evidence from international differences in student achievement», *IZA Discussion Paper N°. 10001,* June 2016

Yaro. K. Y., (1995). « Les stratégies scolaires des ménages au Burkina Faso», in

Risque d'inflation et comportement de consommation des ménages dans les pays de la CEEAC

Denis Billhickok LOUBELO[23]
Marie Alphonse ITOUA[24]
Damien Ega AGBODJI AKOUETE[25]

Résumé

Le présent article analyse le comportement de consommation des ménages, face au risque d'inflation dans les pays de la Communauté économique des Etats de l'Afrique centrale (CEEAC), entre 1991 et 2015. Il montre que le risque d'inflation est une application de la théorie du risque sur les anticipations d'inflation des consommateurs. Il entend expliquer que la quantification du risque d'inflation se mesure par l'écart type qui est une mesure standard du risque ou de la volatilité. Cela démontre que la modélisation de la volatilité est faite à l'aide d'un processus GARCH appliqué aux données des indices des prix à la consommation. Ainsi, l'utilisation de l'estimateur Pooled Mean Group (PMG) proposé par Pesaran et al. (1999), qui supposent une homogénéité des coefficients, à long terme, contre une hétérogénéité, à court terme, révèle l'existence d'une différence au niveau de la spécification de la dynamique dans chaque pays. Il ressort que le risque d'inflation tend à avoir, pour conséquence, une plus grande dépense courante des ménages. Ce comportement s'explique par l'effet de cliquet, puisque les ménages ont tendance à vouloir maintenir leur niveau de consommation par rapport à celui des périodes précédentes, et du fait qu'à des niveaux de revenus faibles, le revenu est presqu'entièrement destiné à la consommation. Cependant, à court terme, le risque d'inflation n'influence pas les ménages de la même manière.

Mots clés : risque d'inflation, consommation, modèle GARCH, CEEAC
Classification JEL : E31, O55

Introduction

L'analyse des choix en situation de risque ou d'incertitude a été, depuis longtemps, un élément central dans les décisions économiques. Le risque et l'incertitude sont définis comme une insuffisance ou une absence d'information sur les états de la nature. Il est, ainsi, admis, dans les théories

[23] Université Marien NGOUABI, FSE / LARES
[24] Université Marien NGOUABI, FSE / LARES
[25] Université de Lomé, FSEG

économiques, que l'existence de risques importants peut être source de sérieuses perturbations du bien-être des ménages et de l'équilibre budgétaire de l'État, car les risques ne permettent pas l'optimisation des ressources et sont souvent source d'une asymétrie d'informations.

La notion de risque est, actuellement, examinée par les économistes. Elle remonte aux travaux de Knight (1921). Cet auteur fait une distinction devenue historique entre risque et incertitude. Les économistes ont, depuis toujours, utilisé la notion de risque avant Knight (1921). Stitkin et Pablo (1992) définissent le risque comme une caractéristique de la décision mesurant à quel point il existe une incertitude sur les résultats potentiellement signifiants et /ou décevants pouvant découler d'une décision. Des auteurs comme Cantillon (1755), Say (1803) et Schumpeter (1911) ont considéré le risque comme étant le fait de l'entrepreneur. Les auteurs contemporains, pour leur part, précisent que le risque est partout dans l'économie lié à chacune de nos activités (Petit et Sauze, 2005). Tous les agents économiques sont soumis à des risques, y compris le consommateur. Même l'inaction fait courir des risques : celui d'être dépassé par les concurrents, de voir s'éroder la valeur des actifs qu'on détient, puisque la monnaie même est soumise à l'inflation (Pradier, 2006). Ainsi, le risque d'inflation est le risque de voir apparaître, de manière plus ou moins durable et contrôlable, une hausse continue des prix.

La lutte contre l''inflation fait partie des préoccupations de la politique économique de tous les États, parce que ses répercussions sont non seulement économiques, mais sociales et politiques : elle touche aux fondements mêmes de la société. L'inflation est, essentiellement, un mal en ce qu'elle affaiblit l'économie, et devient par conséquent la racine de toutes les difficultés (Hicks, 1989). Pour les consommateurs, le risque d'inflation influence l'arbitrage entre la dépense immédiate et l'épargne pour une utilisation future (Bloom, 2009 ; Taylor, 2013 ; et Pastor et Veronesi, 2013). L'évolution des prix des biens affecte, plus ou moins, leur bien-être à un niveau micro-économique (Allen, 1958 ; Sen, 1977 ; Williamson, 1977 ; Deaton et Muellbauer, 1980).

Selon des estimations de la BAD (2018), l'inflation, dans la région de l'Afrique centrale, était estimée à 10,1% en 2017, et devrait atteindre 10,4%, en 2018, puis chuter légèrement à 9,1% en 2019. Même si l'on n'est pas dans une situation d'hyperinflation, ces taux suscitent tout de même une réflexion, quand on constate que les revenus des ménages augmentent à des taux plus faibles. En principe, les ménages sont amenés à modifier leur comportement face au risque d'inflation. La CEEAC compte actuellement dix États membres, dont six[26] sont aussi membres de la Communauté économique et monétaire de l'Afrique centrale (CEMAC). En moyenne annuelle, l'indice des prix à la consommation des ménages dans la zone CEMAC est, parfois, au-dessus de la norme communautaire qui est de 3,0 % (Banque France, 2014). Les quatre[27] autres pays de la CEEAC sont dans une configuration institutionnelle différente de celle de la CEMAC et connaissent une volatilité d'inflation plus élevée que ceux de la CEMAC (Banque mondiale, 2015).

Quels sont les effets du risque d'inflation sur le comportement des ménages dans les pays membres de la CEEAC ? L'objectif de cette étude est d'analyser les effets du risque d'inflation sur le comportement des ménages dans les pays membres de la CEEAC. Dans le cadre de cette étude, nous défendons l'hypothèse selon laquelle le risque d'inflation influencerait négativement le comportement de consommation des ménages. La suite de l'article se développe comme suit : la section (2) présente une revue de littérature, la section (3) la méthodologie et enfin la conclusion (4).

Relation entre risque d'inflation et comportement de consommation

Revue de littérature théorique

Selon la théorie d'espérance d'utilité (Von Neuman et Morgentern, 1944 & 1947 ; Savage, 1954), le risque est un critère de décision. Celui-ci reflète les préférences de l'agent économique et l'on assume habituellement que les décideurs sont averses au risque. Cependant, cette théorie a montré ses limites qualifiées de paradoxe (Friedman et Savage, 1948 ; Allais, 1953 ; Ellsberg, 1961) du fait des comportements déviants du cadre normatif. Cela a conduit à chercher d'autres théories (Kahneman et Tversky, 1979 et 1992 ; Bell, 1982 ; Loomes et Sugden, 1982 ; Bauer, 1960) alternatives ayant pour but de décrire et de prédire le comportement effectivement observé dans des situations de choix face au risque.

Kahneman et Tversky (1979 et 1992) développent la théorie de perspective. Cette dernière suppose que les décisions des agents, dans un environnement risqué, sont influencées par la façon dont les choix sont présentés ainsi que par la situation dans laquelle se trouve le décideur. Cette théorie introduit, d'une part, la notion de point de référence et, d'autre part, la notion d'aversion aux pertes. Ceci implique qu'un certain taux d'inflation est

[26] Cameroun, République centrafricaine (RCA), République du Congo, Gabon, Guinée Equatoriale et Tchad.

[27] Sao Tomé-et-Principe, la République démocratique du Congo (RDC), le Burundi et l'Angola

considéré « normal » (taux de référence), tandis que des taux d'inflation au-dessus du taux « normal » sont perçus comme une perte.

Par suite, le risque devient la perception d'une situation (Bauer, 1960 ; Cox et Rich, 1964), il est celui qu'un consommateur croit exister face à une situation donnée, si un risque réel existe ; face au risque d'inflation, deux individus auront deux perceptions différentes du risque d'inflation.

Ces perceptions influencent la formation des espérances d'inflation, qui sont au centre de la théorie macro-économique moderne (Woodford, 2005 ; Gali, 2008 ; Sims 2009). Depuis Muth (1961) et Lucas (1972), les espérances d'inflation ont été, la plupart du temps, supposées homogènes et formées rationnellement. Au cours des trente dernières années avec l'évidence empirique, Sargent (1999), Evans et Honkapohja (2001) rejettent la théorie d'espérances rationnelles. Plusieurs théories montrent que les espérances d'inflation sont hétérogènes et non rationnelles (Carroll, 2003 ; Sims 2003 ; Mackowiak et Wiederholt 2009 ; Capistran et Timmermann, 2009). Indépendamment de la façon dont la formation d'espérance est modelée, ces modèles supposent toujours que les agents agissent sur leur croyance d'inflation.

Dans la théorie classique, l'arbitrage entre consommation et épargne est fonction du taux d'intérêt réel (Mill, 1848). Le sens et l'ampleur de l'impact du taux d'intérêt réel sur la consommation dépendent, sur le plan théorique, de l'effet de substitution, de l'effet de revenu. La théorie micro économique permet, également, d'expliquer le lien entre variation de la consommation et du revenu d'une part (Engels, 1857), et variation de la consommation et des prix, d'autre part.

Contrairement à la théorie classique, Keynes (1936) suppose que le revenu est le principal déterminant de la consommation. Les choix de consommation sont gouvernés par la nécessité du moment ou par la loi psychologique[28], et le consommateur n'épargne[29] essentiellement pas pour la transaction ou la précaution pour faire face à des circonstances imprévues. Friedman (1957) souligne une relation positive entre le fait de subir un risque important et l'accumulation patrimoniale.

Les récents développements théoriques et empiriques (Leland, 1968 ; Sandmo, 1970 et Drèze et Modigliani, 1972 ; Cantor, 1985) basés sur

---

[28] En moyenne et la plupart du temps, les hommes tendent à accroître leur consommation à mesure que le revenu croît, mais non d'une quantité aussi grande que l'accroissement du revenu

[29] Pour Keynes (1936), l'épargne est un résidu dans l'affectation du revenu.

l'hypothèse du revenu permanant et des modèles de cycle de vie du comportement du consommateur dans l'arbitrage consommation-épargne face un risque (ou en situation d'incertitude accru), soulignent que le consommateur augmentera l'épargne de précaution en abaissant la consommation courante. Cette épargne de précaution dépend de l'aversion absolue au risque et engendre une motivation d'épargne, étant conceptuellement distincte de l'allocation inter-temporelle de la consommation.

Cette augmentation de l'épargne dépend du troisième dérivé de la fonction d'utilité et du coefficient associé de la prudence (Kimball, 1990) qui, dans le cas de l'utilité iso-élastique, est proportionnelle à l'aversion relative de risque. Ceci réduit la consommation courante en moyenne et augmente la future consommation. Ainsi, en présence d'un risque d'inflation, le consommateur réduit la dépense de consommation par l'intermédiaire d'un canal d'épargne de précaution (Bloom, 2009 ; Taylor, 2013 ; et Pastor et Veronesi, 2013). Ces comportements soulignent que les consommateurs sont averses au risque d'inflation.

Le besoin des prévisions plus précises de consommation et d'épargne a révélé un comportement de la formation des habitudes de consommation de la part des ménages. Cette hypothèse de formation des habitudes suscite un intérêt croissant parmi les économistes (Deaton, 1992; Becker, 1992 et 1996; Carrol et Weil, 1994 et Campbell, 1999). Tendant à maintenir leur niveau de consommation, les ménages ne sont plus averses au risque d'inflation, puisqu'ils doivent maintenir leur niveau de consommation en exerçant un effet dépressif sur la propension à épargner.

Duesenburry (1949) suppose, d'une part, que les ménages définissent leur niveau et structure de consommation non pas uniquement par rapport à leurs revenus mais, également, en se référant aux dépenses et aux revenus de la classe sociale immédiatement supérieure. D'autre part, les ménages ont tendance à vouloir maintenir leur niveau de consommation, par rapport à celui des périodes précédentes. Par contre, Brown (1952) introduit l'effet de mémorisation. Alors la consommation passée d'un individu a un impact sur sa consommation présente. Brown (1952) suggère que la persistance des habitudes est interne à l'agent qui en tient compte, lorsqu'il prend ses décisions de consommation. Constantinides et Ferson (1991) exposent un phénomène de persistance des habitudes de consommation dans les données aux États-Unis sur la période allant de 1970 à 1989, en utilisant des données agrégées trimestrielles. d'Eichenbaum et Hansen (1988) et Heaton (1993) confirment qu'il existe soit un phénomène de durabilité, soit un phénomène de persistance des habitudes.

Revue de littérature empirique

Armantier et al. (2011) demandent si les consommateurs agissent sur leurs espérances d'inflation concernant l'investissement ou la consommation pour des usagers des États-Unis. Ils utilisent des données d'enquête expérimentales. Ces auteurs trouvent l'évidence pour un rapport systématique entre les espérances et la dépense dans une expérience d'investissement où la future inflation affecte les profits. Tandis que les espérances d'inflation d'enquête sont corrélées avec les choix des consommateurs dans l'expérience, lesdits auteurs ne trouvent aucun lien significatif entre les espérances et la promptitude pour dépenser. Il y a, cependant, une quantité substantielle d'hétérogénéité à travers des répondants. En particulier, 40% des répondants manifestent un comportement d'aversion au risque d'inflation, alors qu'un sur quatre répondants se comporte comme aimant le risque. En outre, la plupart des répondants semblent agir sur leurs espérances d'inflation, conformément à la théorie de l'utilité espérée. Les individus dont le comportement ne peut pas être rationalisé tendent à être instruits.

De même, Bachmann et al. (2012) utilisent un modèle probit pour étudier la relation entre l'inflation espérée et les attitudes de dépense. Ils analysent les données micro de l'enquête du Michigan des consommateurs. En revanche, ces auteurs rapportent des relations faibles, insignifiantes ou négatives. Cependant, pour les consommateurs qui forment des espérances plus précises d'inflation que le consommateur moyen, la relation devient positive et significative.

Burke et Ozdagli (2013) examinent le rapport entre les espérances de l'inflation d'un ménage et sa dépense courante en tenant compte d'autres facteurs tels que les espérances de croissance du salaire du ménage, de l'incertitude entourant ses espérances d'inflation, des conditions macro-économiques, et de l'hétérogénéité inaperçue au niveau des ménages. Les résultats obtenus, à cet effet, montrent que la dépense sur des biens durables ne répond pas, fortement, aux espérances d'inflation et peut répondre négativement, du fait que quelques sujets tendent à tenir des espérances plus élevées d'inflation que d'autres et tend, également, à dépenser plus sur les biens durables. En outre, les dépenses sur les biens non durables augmentent avec les espérances d'inflation.

Ichiue and Nishiguchi (2013) réexaminent la relation entre espérances d'inflation et dépense du consommateur. Ils explorent les données de l'enquête d'opinion et du comportement conduite par la banque du Japon selon le modèle probit. Leurs résultats révèlent que des espérances plus élevées d'inflation ont comme conséquence une plus grande dépense courante des ménages. Leurs résultats sont contraires à ceux de Bachmann et al. (2012). Cette relation semble être plus forte pour des détenteurs de capitaux et des personnes plus âgées.

Utilisant les données d'enquête de ménage de l'université d'Hambourg en analysant si les consommateurs agissent par rapport à leurs propres espérances d'inflation et nouvelles économiques, quand ils projettent d'ajuster leur portefeuille d'épargne pour l'année suivante, en utilisant un modèle probit. Les analyses d'Arnold et al. (2014) révèlent qu'il y a un lien entre les espérances d'inflation des consommateurs et leurs ajustements planifiés d'épargne, mais il est moins précis pour prévoir d'un point de vue théorique. En effet, les espérances de l'inflation des consommateurs augmentent la probabilité d'un ajustement de portefeuille d'épargne dû à des taux d'intérêt espérés plus élevés, plutôt que pour protéger l'épargne contre le risque d'inflation.

Méthodologie

Mesure du risque d'inflation

La littérature révèle qu'il n'existe pas un consensus dans la littérature théorique et empirique sur la meilleure façon de modéliser l'incertitude. Cependant, nous pouvons identifier les quatre approches les plus utilisées.

La première approche utilise les données d'enquêtes auprès des consommateurs, des entreprises ou des prévisionnistes professionnels interrogés sur leurs croyances subjectives, au sujet, par exemple, de la future inflation (Andrade et al., 2013 ; Garcia et Werner, 2010).

La deuxième approche consiste à calculer la variance non conditionnelle d'un prix particulier ou d'un agrégat macro-économique qui a une influence sur le rendement des actifs financiers, pour lesquels les investisseurs ont une présomption d'incertitude et à les utiliser comme proxy pour le risque (Driver et Moreton, 1991 et 1992).

La troisième approche consiste à incorporer une mesure directe du risque telle que la prime de risque, par exemple, dans la structure de terme des taux d'intérêt (Ferderer, 1993 ; Ferderer et Zalewski, 1994).

Enfin, dans la quatrième approche, on estime le modèle statistique d'un processus (ARCH ou GARCH) déterminant la variance conditionnelle du niveau des prix ou d'un agrégat macroéconomique que l'on utilise comme proxy pour l'incertitude (Huizinga, 1993 ; Episcopos, 1995 ; Price, 1995 et 1996). La disponibilité des données nous permet d'utiliser la dernière approche. De telles méthodes ARCH ou GARCH sont populaires dans la littérature de la finance et constituent un instrument très usité pour modéliser la volatilité (Mills, 1993).

En retenant l'écart type comme mesure standard du risque, nous modélisons le risque d'inflation en appliquant le modèle initié par Engle (1982). En effet, Engle (1982) est le premier à proposer un modèle permettant de décrire l'évolution de la volatilité des séries monétaires et financières. La découverte des modèles autorégressifs, conditionnellement hétéroscédastiques (ARCH), a amorcé un courant de recherche très actif en finances sur la volatilité conditionnelle. Dans cette perspective, une extension importante avec le modèle autorégressif conditionnellement hétéroscédastique généralisé (GARCH), est suggérée par Bollerslev (1986). Nous appliquons ce modèle sur les indices des prix à la consommation.

Le modèle GARCH, dans sa forme générique, propose une estimation intuitive de la volatilité, cette dernière étant la somme des rendements passés pondérés. La version généralisée GARCH (p,q), la plus exploitée, est décrite par deux équations. La première donne les rendements d'un actif ou d'un indice financier :

$$y_t = \mu + \varepsilon_t \qquad (1)$$

Où μ représente la valeur moyenne des rendements et est l'innovation, c'est-à-dire ce qui distingue le rendement journalier de sa valeur moyenne en incorporant les dernières nouvelles. Cette innovation est modélisée par une variable aléatoire gaussienne d'écart-type.

La deuxième équation fait dépendre la volatilité des rendements des volatilités passées:

$$\sigma_t^2 = \alpha_0 + \sum_{i=1}^{p} \alpha_i \varepsilon_{t\text{-}i}^2 + \sum_{j=1}^{q} \beta_j \sigma_{t\text{-}j}^2 \qquad (2)$$

Dans cette formule, p et q donnent les plages temporelles passées prises en compte pour déterminer la volatilité présente. α_0 est la variance inconditionnelle. α_i est un paramètre qui gouverne l'impact du choc passé : plus il est important, plus la volatilité augmentera après le choc. β_j est un paramètre qui s'interprète comme la vitesse du retour à la volatilité minimale α_0.

L'analyse du graphique 1 décrit l'évolution du risque d'inflation dans les pays de la CEEAC et révèle son évolution en plusieurs phases.

Graphique 1. Évolution du risque d'inflation dans les pays de la CEEAC

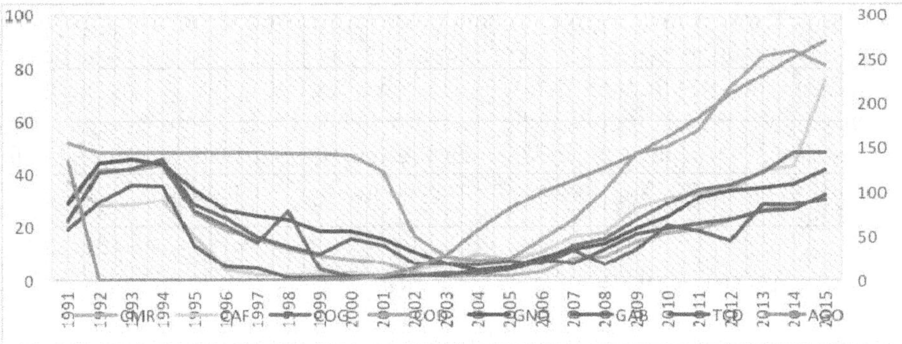

Source : auteurs après calcul du risque

Dans un premier temps, le risque est élevé dans l'ensemble des pays de la CEEAC. Ensuite, dès 1995, il y a une diminution du risque dans l'ensemble des pays. De 2001 à 2003, le risque est pratiquement faible. Enfin, dès 2004, il y a augmentation du risque qui devient, de plus en plus, important. Notons, par ailleurs, une évolution atypique du risque dans certaines phases, il en est ainsi, par exemple, pour le Congo démocratique et l'Angola.

De la modélisation à la spécification du modèle aux fins d'estimation

Les modèles théoriques de la consommation ont, traditionnellement, pour fondement, l'analyse de l'hypothèse du revenu permanent (Friedman, 1957) et du cycle de vie (Ando et Modigliani, 1963). Ces modèles éclairent l'existence d'une relation entre la consommation, le revenu (anticipé) et la richesse agrégée des ménages (Campbell et Mankiw, 1989; Lettau et Ludvigson, 2001 ; Aron et al. 2012 ; Athanassiou etTsouma, 2017). La présentation qui suit s'inspire, notamment, du modèle développé par Houizot et al. (2001) et reprend certains de ses développements.

$$C_t = k(nY_t + W_{t\text{-}1}) \qquad (3)$$

Avec C_t : consommation de la période

Y_t : Revenu anticipé moyen pour les n années de vie future

$W_{t\text{-}1}$: richesse initiale

Le coefficient k dépend du taux d'intérêt réel et de l'âge de l'individu (donc, au niveau macroéconomique, de la structure par âge de la population)

En combinant l'hypothèse du revenu permanent et celle d'anticipation rationnelle, Hall (1978) inscrit le choix du consommateur en avenir risqué. Dans ces conditions, les variations de la consommation sont imprévisibles, dans la mesure où les consommateurs ne modifient leur consommation que quand ils ont des informations. Les travaux de Flavin (1981) et Deaton (1987) montrent la nécessité de compléter la description du comportement de consommation issue de la théorie standard du cycle de vie. Si les ménages subissent des contraintes de liquidités ou d'endettement, ils ne peuvent consommer qu'en fonction de leurs revenus futurs anticipés et leur consommation dépend essentiellement de leur revenu courant et des actifs qu'ils détiennent. Au niveau macroéconomique, l'équation (1) peut se réécrire :

$$C_t = Y_t + h(W_{t\text{-}1}\text{-}\theta Y_t) = (1 - \theta h)Y_t + hW_{t\text{-}1} \qquad (4)$$

où θ est le ratio désiré entre la richesse et le revenu. Cela fait apparaître que les déterminants de la propension à consommer sont l'opposé des déterminants du ratio désiré richesse/revenu.

De façon générale, le modèle estimé pour la consommation désirée est :

$$conso_t = \alpha + \beta risk_t + \gamma rev_t + \delta treel_t + \omega cho_t + \varepsilon_t \quad (2)$$

Où $risk$, rev, $treel$, cho : sont respectivement : la consommation, le risque d'inflation, le revenu, taux de réel et le taux de chômage.

Analyse descriptives

Cette étude utilise des données annuelles de 1991 à 2015 pour 7 pays de la CEEAC. Ce sont : l'Angola, le Cameroun, la République du Congo, la République centrafricaine, la Guinée Équatoriale, le Gabon, et le Tchad. Le choix de cette période est, essentiellement, dicté par la disponibilité des données. Les statistiques descriptives des différentes variables sont résumées dans le tableau 1 ci-après :

Tableau 1 Statiques descriptives

Variables	Mean	Std. Dev.	Min	Max	Obs
Conso	60.87304	28.65325	13.97689	207.2258	175
Risk	28.71764	43.14116	0.0385396	269.6693	175
Rev	2.95e+12	2.71e+12	8.70e+10	1.18e+13	175
Treel	7.226674	22.05416	-94.21993	78.27374	175
Cho	8.577952	4.868087	4.1	21.6	175

Sources : auteurs à partir des résultats extraits sur stata.14

Comme on peut le remarquer, à l'exception de la variable revenu, la variable risque a une dispersion très importante, suivie de la variable consommation, comparativement aux autres variables. Elle possède aussi la valeur minimale la plus faible, suivie de la variable chômage dont la valeur maximale est la plus élevée, suivie de la variable consommation.

Analyses graphiques

Au sujet de la représentation graphique, nous retenons deux variables : la consommation dont l'évolution est représentée à travers le graphique 3.1 et le risque d'inflation dont l'évolution est représentée par le graphique 3.2.

Le graphique 2 révèle que la consommation est très fluctuante dans l'ensemble de ces pays. Elle est très fluctuante pour l'Angola, le Burundi, le Congo et le Gabon. Cependant pour les pays comme la Centrafrique, le Cameroun et le Tchad, elle est très importante. Toutefois, dès 2000, elle augmente pour le Cameroun et la Centrafrique ; au même moment, elle diminue pour le Gabon, la Guinée et le Tchad. Il est à noter que la consommation est importante au Burundi et en Centrafrique, tandis qu'elle est faible dans les cas du Congo et du Gabon.

Graphique 2 : Évolution de la consommation dans les pays de la CEEAC

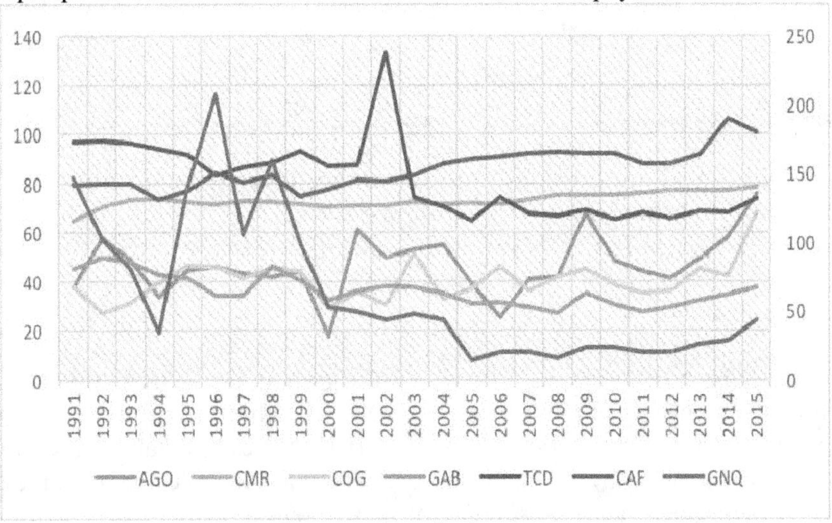

Source : auteurs à partir des résultats extraits sur stata.14

Test de stationnarité

La lecture du tableau 2 révèle que deux variables sont stationnaires en niveau si nous considérons le test llc. Lorsque nous considérons le test ips, il y a trois variables stationnaires en niveau. Les autres variables sont stationnaires en différences.

Tableau n°2 : résultat du test de stationnarité

		A niveau			
Tests	Variables	Avec tendance	Avec constante	Sans constante	Décision
	Con	-5.3240 ***	-6.1947***	-11.2933***	D (1)
	Risk	4.1737	4.5901	-2.7932 ***	D (1)
Llc	Rev	-0.7185	3.4960	4.7043	
	Cho	-2.0542 **	-2.3604***	0.0873	D (o)
	Treel	-6.2653***	-6.3951 ***	-4.2841 ***	D (o)
		A niveau			
	Con	-4.5476***	-2.7337 ***		D (o)
Ips	Risk	-7.2086 ***	-5.8352***		D (1)
	Rev	-4.9736 ***	-4.0500 ***		D (1)
	Cho	-4.8892***	-2.5798 ***		D (o)
	Treel	-6.1000 ***	-5.3356 ***		D (o)

<u>Souces</u> *: auteurs à partir des résultats extraits sur stata.14*

*Notes : nous présentons, ici, la statistique estimée de chaque variable. *** significatif au seuil d'erreur de 1%. **significatif au seuil d'erreur de 5%. *significatif au seuil d'erreur de 10%.*

Test de Pedroni

L'hypothèse nulle du test de co-intégration de Pedroni (1999) est l'absence de co-intégration. Le rejet de cette hypothèse suggère qu'il existe une relation de co-intégration entre les variables. Les résultats des tests de co-intégration de Pedroni (1999) sont présentés dans le tableau 3. Comme on peut le remarquer, deux tests, sur sept, permettent d'affirmer qu'il y a une relation de co-intégration entre les variables dont un dans le cadre d'un panel within et l'autre dans le cadre d'un panel between. Les statistiques du test de co-intégration de Pedroni permettent de conclure à l'existence ou non de la relation de long terme, entre les variables, mais ne fournissent pas une estimation à l'aide des VECM.

Tableau 3: résultat du test de Pedroni

Test	Statistiques		Test	Statistiques
Panel v-Statistic	1.166507		Group rho-Statistic	0.244433
Panel rho-Statistic	-0.704071		Group PP-Statistic	-3.58985***
Panel PP-Statistic	-2.905136***		Group ADF-Statistic	-0.787420
Panel ADF-Statistic	-1.05222			

Sources : auteurs à partir des résultats extraits sur stata.14
*Notes : nous présentons, ici, la statistique estimée de chaque variable. *** significatif au seuil d'erreur de 1%. **significatif au seuil d'erreur de 5%. *significatif au seuil d'erreur de 10%.*

Ainsi, après les tests de co-intégration de Pedroni (1999), il faut d'autres méthodes pour évaluer la relation entre les variables du modèle. Parmi les techniques, celles plus utilisées pour estimer la relation de co-intégration sur des données de panel, sont : l'estimateur du Fully Modified (FM) et l'estimateur des moindres carrés dynamiques (DOLS) développés par Kao et Chiang (1998, 2001) ; les estimateurs à correction d'erreur de Pesaran, Shin et Smith (1999), à savoir : le Pooled Mean Group (PMG), le Mean Group (MG), le Dynamic Fixed Effet (DFE) et le Static Fixed Effet (SFE). Nous retenons, dans le cadre de ce travail, un estimateur à correction d'erreur: le PMG qui est l'estimateur intermédiaire entre les estimateurs MG et DFE (Hurlin et al. 2007).

Résultat de l'estimation

Les résultats de l'estimation sont présentés dans le tableau suivant.

Tableau 4: Estimation de la relation court et long terme

Estimation de la relation de long terme					
Variable dépendante : conso					
Variables indépendante					
	Risk	Rev	treel	cho	
	0.056733**	-2.98e-12**	0.21971***	-4.059054***	
	(0.022813)	(1.18e-12)	(0.0533563)	(0.9286862)	

Estimation de la relation du cours terme					
Variable dépendante : conso					
pays	Variables indépendantes				Force de rappel
	Risk	Rev	treel	cho	
AGO	-0.1334648*	-1.53e-10 ***	-0.0639654	0.5614778	-1.219488 **
	(0.0747833)	(4.75e-11)	(0.0810319)	(16.01561)	
CMR	0.1706116***	-4.00e-13	-0.0450182	0.2582875	-0.0911117
	(0.0351907)	(2.53e-12)	(0.0550055)	(0.2786293)	
COG	-0.3799843	6.48e-11	-0.0052062*	30.18565	-0.6725662***
	(0.2467884)	(5.26e-11)	(0. 0948779)	(27.7008)	
GNQ	-3.897482***	-2.54e-11**	0.4626807**	-10.64941	-0.5172241***
	(1.075128)	(1.19e-11)	(0.1989574)	(19.1937)	
GAB	0.0675187	-8.34e-12*	-0.0035608	-0.0178222	-0.8524011***
	(0.168618)	(5.00e-12)	(0.0737189)	(1.261096)	
TCD	-0.301418	-1.50e-11	-0.011143	10.94682	-0.859513 ***
	(0.3417728)	(1.24e-11)	(0.1856935)	(21.65015)	
CAF	-0.1682272	-3.82e-12	0.219552**	5.805072	0.0909866***
	(0.163316)	(2.60e-11)	0.1022967	14.58327	

Sources : les auteurs à partir des résultats extraits de stata
*Notes : nous présentons, ici, la statistique estimée de chaque variable. *** significatif au seuil d'erreur de 1%. **significatif au seuil d'erreur de 5%. *significatif au seuil d'erreur de 10%. Les valeurs entre parenthèses représentent les écarts-types.*

La lecture de ce tableau révèle, qu'à long terme, toutes les variables sont statistiquement significatives.

Le risque d'inflation exerce un effet significatif et positif sur la consommation. A long terme, une augmentation du risque d'un point, toutes choses égales par ailleurs, entraîne respectivement une augmentation de la consommation de 0,056733 unité.

Ce résultat de long terme est identique à celui qui figure dans les travaux d'Ichiue et Nishiguchi (2013) relevant que des espérances plus élevées d'inflation tendent à avoir comme conséquence une plus grande dépense courante de ménage. En effet, face au risque d'inflation, ces consommateurs détiennent des actifs réels plutôt que des actifs ayant une valeur nominale fixe : cela se traduit par une hausse de la dépense en biens de consommation durables (Howard, 1978). Ce comportement a pour fondement la théorie du revenu relatif, à travers l'effet de cliquet dont les ménages ont tendance à vouloir maintenir leur niveau de consommation, par rapport à celui des périodes précédentes et l'effet de démonstration (Duesenberry, 1949).

Dans sa théorie de la consommation (Duesenberry, 1949), l'effet de cliquet traduit la quasi-impossibilité de réduire, de manière significative, le niveau de consommation auquel les agents économiques se sont habitués. Le consommateur « mémorise » le plus haut niveau de consommation déjà atteint et réagit à une réduction de son revenu (ici, de son pouvoir d'achat) par une augmentation de sa propension à consommer pour préserver son niveau. Par contre, l'effet de démonstration traduit le fait que le consommateur détermine sa consommation, par comparaison à un groupe social.

Cependant à court terme, les consommateurs ne réagissent pas de la même manière face au risque d'inflation. Dans le cas du Cameroun, une augmentation du risque d'un point, toutes choses égales par ailleurs, entraîne respectivement une augmentation de la consommation de 0,1687644 unité. Par contre, une augmentation du risque d'un point, toutes choses égales par ailleurs, entraîne respectivement une diminution de la consommation de la Guinée de 3,897482 et de l'Angola de 0.1334648. Sachant que ce risque est susceptible de réduire leur pouvoir d'achat des liquidités disponibles, ce qui pousse les ménages à épargner davantage. Cet effet est appelé « effet Pigou» ou d'encaisses réelles. Pour Ellsberg (1961), les agents économiques ont «une préférence pour la spécificité. Les travaux de Katona (1975) ont mis en évidence le sentiment d'incertitude et de pessimisme quant aux perspectives futures, provoqué par l'inflation qui entraîne une hausse de l'épargne et la réduction de la consommation.

Certes, le comportement d'averse au risque des individus est, généralement, admis dans la littérature (Von Neuman & Morgentern, 1944) comme en témoignent les résultats de court terme pour la Guinée. Cependant, les résultats de long terme et ceux de court terme du Cameroun révèlent que les individus ne cherchent pas toujours à éviter le risque, ces faits sont compatibles aux travaux de Guillen et Tschoegl, (2002) et ceux de Pfiffelmann et Roger (2005).

En effet, il est largement admis, dans la littérature économique que les agents, en particulier, les consommateurs, ne forment pas nécessairement des anticipations d'inflation comme le prévoit le modèle des anticipations rationnelles (Gramlich, 1983). Par conséquent, l'incertitude de l'inflation future variera au fil du temps selon les individus. Diverses raisons ont été avancées pour expliquer pourquoi la formation des anticipations d'inflation peut évoluer avec le temps : premièrement, il peut y avoir des différences entre les agents progressivement en termes d'informations disponibles et d'effort de traitement de ces informations (Sims, 2003 ; Carroll, 2003 ; Mankiw et Reis, 2002). Deuxièmement, les agents utiliseront différents "modèles" ou "croyances" pour former des anticipations sur l'inflation future (Branch, 2004).

Un autre volet de la littérature explique le comportement directement sur la base de facteurs psychologiques. Dans ce type de modèles, les agents estiment la probabilité de résultats futurs par des moyens subjectifs non statistiques. De telles « règles empiriques » simples sont connues sous le nom d'heuristiques de probabilité subjective et les agents les emploient, afin de simplifier la tâche de traitement de l'information. Ils sont, généralement, des descriptions plus explicites du comportement des consommateurs que les théories néoclassiques, mais elles sont plus difficiles à modéliser et à vérifier empiriquement (Camerer et Loewenstein, 2004 ; Chiodo et al., 2004).

Selon Leung (2009), des caractéristiques démographiques influencent des perceptions d'inflation. Des erreurs de prévision sont plus élevées pour des femmes, des ouvriers, des jeunes, des ménages ayant des faibles niveaux de revenu et ceux des secteurs ruraux. Cependant, pour Pfajfar et Santoro (2009), une partie de l'hétérogénéité, dans les prévisions, peut être expliquée sur le fait que des ménages plus désavantagés socio-économiquement prévoient l'inflation en assumant comme point de référence l'indice des prix de panier de consommation. Celui-ci se relie au groupe socio-économique respectif auquel il appartient, plutôt que d'être concerné par des changements de l'indice de prix de consommation en général.

Clark et Davig (2008) révèlent que des facteurs de la politique monétaire, de l'activité économique, et de l'augmentation des prix des denrées alimentaires influencent des espérances d'inflation. Lombardelli et Saleheen (2003) suggèrent que les individus basent leurs espérances de la future inflation sur ce qui s'est produit au cours d'un certain nombre d'années plutôt que sur l'année précédente ; tandis que, pour Georganas et al. (2014), les consommateurs perçoivent mal l'inflation. Les perceptions d'inflation globale des consommateurs sont systématiquement influencées par les taux d'inflation perçus des articles fréquemment achetés.

Conclusion

L'opinion que se font les agents économiques sur l'évolution future de l'activité économique, de l'inflation, de l'emploi et d'autres variables économiques influence, sans doute, leur comportement et l'activité économique elle-même. Le secteur ménage a la capacité d'influencer l'économie globale, en partie, en raison de sa taille et son exposition significative au secteur financier. Les ménages sont exposés à des différents risques et sont, également, une source de risques financiers en leur qualité d'emprunteurs des institutions financières. Par conséquent, il y a un besoin croissant d'une attention spécifique au risque du secteur du ménage devenu une entrée importante dans la prise de décisions de politique monétaire et financière.

Dans toutes les économies, même les plus relativement stables, les prix des biens et services changent considérablement dans différents contextes et également dans le temps, pouvant avoir pour résultat le risque d'inflation. Les enquêtes auprès des consommateurs indiquent que les perceptions et les espérances d'inflation des ménages tendent à être beaucoup plus hétérogènes (Ranyard et al. 2008). Les décisions d'épargne et de consommation des ménages sont influencées par leurs perceptions et espérances d'inflation déterminant leurs attitudes vis-à-vis du risque (Englander et Stone, 1989).

Les ménages sont sensibles à l'inflation des prix de la consommation. Celle-ci déprécie le pouvoir d'achat de leur épargne liquide. Deux comportements opposés peuvent être théoriquement justifiés. Face à une hausse des prix anticipés, soit les ménages avancent leurs achats en diminuant leur épargne, soit ils cherchent à maintenir le pouvoir d'achat de leur épargne et augmentent leur épargne. Dans ces conditions, on parle alors d'effets d'encaisses réelles.

L'objectif de ce travail était d'analyser le comportement des ménages face au risque d'inflation. Pour réaliser ces objectifs spécifiques, nous avons utilisé l'estimateur Pooled Mean Group (PMG) proposé par Pesaran, Shin et Smith (1999) qui supposent une homogénéité des coefficients, à long terme, contre une hétérogénéité, à court terme, qui révèle l'existence d'une différence au niveau de la spécification de la dynamique dans chaque pays.

Il ressort que l'augmentation du risque tend à avoir pour conséquence une plus grande dépense courante des ménages. Tentant de maintenir leur niveau de consommation, les ménages ne sont plus averses au risque d'inflation, puisqu'ils doivent maintenir leur niveau de consommation en exerçant un effet dépressif sur la propension à épargner. Cette observation peut être en soi conforme à la réalité dans la mesure où le niveau moyen des revenus des ménages est faible et qu'il n'existe pas véritablement une alternative entre consommation et acquisition d'actifs physiques ou financiers, afin de se préserver d'une éventuelle dégradation de la conjoncture.

Une autre explication de cette contradiction peut provenir du modèle utilisé. Les contraintes sur les coefficients assurent la positivité de la variance conditionnelle. Toutefois, la littérature empirique relève certaines limites à l'utilisation des processus GARCH. Les modèles GARCH ont été critiqués à cause des contraintes de non-négativité imposées sur les paramètres permettant de conserver la variance conditionnelle positive. Comme l'ont indiqué Nelson et Cao (1992) (cités par I. Soumaré, 2014), les paramètres estimés violent, en général, ces contraintes. Dans leur article Nelson et Cao (1992) montrent que les contraintes d'inégalité moins sévères que celles communément imposées sont suffisantes pour conserver la variance conditionnelle non négative. De ce fait, un choc, quel que soit son signe, a toujours un effet positif sur la volatilité courante : l'impact augmente avec l'ampleur du choc.

Références bibliographiques

Allais M. (1953), *Le comportement de l'Homme rationnel devant le risque : Critique des postulats et axiomes de l'Ecole américaine*, Econometrica, vol.21, pp. 503-546.

Ando, A. and Modigliani, F. (1963): « The Life Cycle Hypothesis of Saving: Aggregate Implications and Tests », *American Economic Review*, March 1963, vol. 53, pp.55-84.

Armantier, O, W. Bruine de Bruin, G. Topa, W. van der Klaauw, and B. Zafar (2011),*Inflation expectations and behavior: Do survey respondents act on their beliefs*? Federal Reserve Bank of New York Staff Reports 509.

Bauer, R. A. (1960),« Consumer behavior as risk taking », in R. S. Hancock (ed*), Dynamic Marketing for a Changing World.* Chicago: American Marketing Association, pp. 389–398.

Bell. D, (1982), "Regret in decision making under uncertaintly", *Operations Research*, Vol. 30, Issue 5 (sep-oct), pp. 961-981.

Burke, M. A. and A. Ozdagli (2013). *Household inflation expectations and spending: Evidence from panel data,* 4th Ifo Conference on Macroeconomics and Survey Data.

Camerer, C. F. and G. Loewenstein (2004), Chapter 1,« Behavioural Economics: Past, Present and Future», in Camerer, C. F., G. Loewenstein and M. Rabin (eds.). *Advances in Behavioural Economics,* Princeton University Press.

Carroll C. (2003): Macro-economic Expectations of Households and Professional Forecasters, *Quarterly Journal of Economics*, CXVIII, pp. 269–298.

Chiodo, A. J., M. Guidolin, M. T. Owyang and M. Shimoji. (2004),"Subjective Probabilities: Psychological Theories and

Economic Applications", Federal *Reserve of St. Louis Review* vol.86(1). pp. 33–47.
Clark, T. E., and T. Davig (2008), *An Empirical Assessment of the Relationships Among Inflation and Short- and Long-Term Expectations*, Reseach Working Papers 08-05.
Cox, D. F., and Rich, S. U. (1964). Perceived risk and consumer decision making: The case of telephone shopping. *Journal of Marketing Research* 1: 32–39.
Duesenberry, J.S., (1949). *Income, Saving and the Theory of Consumption Behavior, Cambridge*, Mass.: Harvard University Press.
Driver, C., and D. Moreton (1991), « The influence of uncertainty on aggre gate spending : an empirical analysis », *Economic Journal*, vol.101, pp. 1452-59.
Driver, C., et D. Moreton (1992). « Investment, Expectations and Uncertainty, » Oxford : Basil Blackwell.
Ellsberg D., (1961), *Ambiguity and the Savage Axioms*, Economics, vol.75, pp.643-669.
Episcopos, A., (1995), *Evidence on the Relationship Between Uncertainty and Irreversible Investment*, Quarterly Review of Economics and Finance, vol.35, n°1, pp.41-52.
Evans G. and S. Honkapohja (2001),*Learning and Expectations in Macroeconomics,* Princeton University Press, Princeton, NJ
Gramlich, E. M. (1983),« Models of Inflation Expectations Formation, A Comparison of Household and Economist Forecasts », in *Journal of Money, Credit and Banking,* vol. 15(2). pp. 155–173.
Federer, J.P., (1993). « The impact of Uncertainty on Aggregate Investment Spending : an Empirical Analysis », *Journal of Money, Credit and Banking*, vol.25, pp.30-48.
Federer, J.P. and D.A. Zalewski (1994). « Uncertainty as a propagatingforce in the Great Depression», *Journal of Economic History*, 1994, 54(4), 825-849.
Friedman M. (1957), A Theory of the Consumption Function, NBER, Princeton University Press.
Friedman M. et L.J. Savage (1948) « The Utility Analysis of Choice Involving Risk », *Journalof Political Economy*, vol.56, pp.279-304.
Gali, J. (2008),*Monetary Policy, Inflation and the Business Cycle: An Introduction to the New Keynesian Framework*, Princeton University Press.
Garcia, J., and T. Werner (2010). « Inflation Risks and Inflation Risk Premia », *Working Paper* 1162, European Central Bank.
Georganas, S., P. J. Healy and N. Li (2014), « Frequency bias in Consumers,s Perceptions of Inflation: An Experimental study », *European Economic Review*, vol. 67, pp. 144-158.

Giordani, P., and P. Söderlind (2003), « Inflation Forecast Uncertainty », *European Economic Review,* vol.47. pp. 1037–1059.

Hall, R.E., (1978), « The Stochastic Implications of the Life-Cycle-Permanent Income Hypothesis, *Journal of Political Economy*», pp. 971-987.

Hill P. (1984), *Inflation, plus-values et épargne*, Conférence, Université de Bergame, 1984.

Howard D., (1978), « Personal Saving Behavior and the Rate of Inflation », *The Review of Economics and Statistics*, vol. 60, n°4.

Huizinga, J., (1993), « Inflation Uncertainty, Relative price Uncertainty, and Investment in US Manufacturing », *Journal of Money*, Credit and Banking, vol.25, 521-554.

Ichiue, H. and S. Nishiguchi (2013), *Inflation expectations and consumer spending at the zero bound: Micro evidence. Bank of Japan*, Working Paper Series 13-E-11, Bank of Japan.

Kahneman, D., and Tversky, A. (1974). Judgment under uncertainty: Heuristics and bias. Science 185: 1124–1131.

Kahneman, D., & Tversky, A. (1979). Prospect theory : An analysis of decision under risk. *Econometrics*, vol. 47, pp.263-291.

Katona G., (1975), *Psychological Economics*, Elsevier Scientific Publishing.

Keynes J. M. (1936), *The General Theory of Employment, Interest and Money*, Macmillan Cambridge University Press, New York.

Kimball M. S. (1990), *Precautionary Saving in the Small and in the Large*, Econometrica, vol. 58, n° 1, pp. 53-73.

Knight, F. H. (1921). *Risk, uncertainty, and profit* (1st ed.). Boston and New York: Houghton Mifflin Company.

Levin, A. et Lin, C.F. (1992), « Unit Root Test in Panel Data : Asymptotic and Finite Sample Properties», University of California at San Diego, Discussion Paper 92-93.

Levin, A. et Lin, C.F. (1993), *Unit Root Test in Panel Data : New Results*, University of California at San Diego, Discussion Paper 93-56.

Levin, A., Lin, C.F., et Chu., C.S.J. (2002), « Unit Root Test in Panel Data : Asymptotic and Finite Sample Properties», *Journal of Econometrics*, vol.108, pp. 1-24.

Leung, C., (2009). « The Demographics of Household Inflation Perceptions and Expectations ». *Reserve Bank of New Zealand Bulletin*, vol.72, n°2, pp. 34–42.

Lombardelli, C., and J. Saleheen (2003), « Public Expectations of UK Inflation », *Bank of England Quarterly bulletin*, vol 43, pp.281-290.

Loomes G., Sugden R. (1982), « Regret theory : an alternative theory of rational choice under uncertainty », *Economic Journal,* vol.92, pp. 805-524.

Lucas R. (1972),; « Expectations and the Neutrality of Money», *Journal of Economic Theory*, vol.4, pp.103-124.

Markowitz H. (1952) « The Utility of Wealth », *Journal of Political Economy*, vol.60, pp.151-158.

Mankiw, N. G., and R. Reis (2002), « Sticky Information Versus Sticky Prices: A Proposal To Replace The New Keynesian Phillips Curve ». *The Quarterly Journal of Economics* vol. 117, n°4, pp. 1295–1328.

Muth, J.F. (1961), *Rational Expectations and the Theory of Price Movements*, Econometrica. Vol.29, pp.315-335.

Pfajfar, D. and E. Santoro (2009), « Asymmetries in Inflation Expectations across Sociodemographic Groups ». *Working Paper*, 1–29.

Price, S., (1995), « Aggregate Uncertainty, Capacity Utilisation and Manufacturing Investment », *Applied Economics*, vol.27, pp. 147-154.

Price, S., (1996), *Aggregate Uncertainty, Investment and Asymmetric Adjustment in the UK Manufacturing Sector*, Applied Economics, vol.28, pp.1369-1379.

Sandmo A. (1970), « The Effect of Uncertainty on Savings Decisions », *Review of Economic Studies,* vol. 37, n° 111, pp. 82-114 .

Sargent T. (1999),*The Conquest of American Inflation*, Princeton University Press

Savage, L. J. (1954),*The Foundations of Statistics,* New York: John Wiley & Sons.

Sims C. (2003),« Implications of Rational Inattention», Journal of Monetary *Economics*, vol. 50, n°3, pp.665–690.

Sims C. (2009): « Inflation Expectations, Uncertainty and Monetary Policy » BIS Working Paper No. 275.

Von Neumann J. et Morgenstern O. (1944) « The Theory of Game and Economic Behaviour ».

Von Neumann, J. and O. Morgenstern (1947), Theory of Games and Economic Behavior, second edition, Princeton University Press, Princeton.

Woodford M. (2005): « Central Bank Communication and Policy Effectiveness Proceedings», Federal Reserve Bank of Kansas City, August issue, pp. 399-474.

L'adoption des paiements mobiles au Congo : facteurs explicatifs

Ulrich Jeanin Aymar Ganga Zandzou[30]
Chérif Sidy Kane[31]
Mathias Marie-Adrien Ndinga[32]

Résumé

Dans cet article, nous nous proposons de déterminer les facteurs d'adoption des paiements mobiles au Congo. Nous faisons, pour cela, appel à un modèle récursif à équations simultanées qui nous permet d'analyser l'effet de chacune des variables retenues, non plus séparément mais plutôt de manière simultanée afin d'éliminer le biais d'endogénéité potentiel. Les résultats obtenus sont conformes à la littérature pour l'observabilité, la compatibilité, l'avantage relatif, les coûts et la confiance. Cependant, il convient de noter une forte interaction pour l'observabilité, ainsi que la significativité de l'effet de la possession d'un emploi sur l'adoption des paiements mobiles.

Mots clés : Inclusion financière, paiements mobiles, adoption d'une innovation, Congo
Classification JEL : D12 ; D14 ; O33 ; O55.

Introduction

Le faible taux de bancarisation que connaissent de nombreux pays (5% pour le Congo)[33] provoque une carence en accès aux services financiers classiques pour leur population. A ce titre, il a été reconnu comme moyen favorisant l'inclusion financière, l'utilisation du paiement mobile (la déclaration de Maya par l'AFI[34], 2011 au Mexique), un mode de paiement ainsi retenu pour plusieurs raisons laissant penser qu'il sera plus aisé pour une personne à faibles moyens d'avoir accès aux services financiers par ce canal. D'abord, la faiblesse des coûts d'utilisation d'un téléphone mobile, comparée à la possession d'un compte bancaire classique, ensuite, la simplicité d'accès et d'utilisation de la téléphonie mobile comme moyen de

---

[30] Université Marien NGOUABI, FSE/LARES.
[31] Université Cheick Anta Diop, FSEG/CREFDES.
[32] Université Marien NGOUABI, FSE/LARES.
[33] Selon la Banque de France, 2012.
[34] AFI : alliance pour l'inclusion financière.

paiement et, enfin, la forte pénétration de la téléphonie mobile[35] comme un excellent vecteur pour cet objectif à atteindre. Toutefois, malgré ces nombreux atouts et un taux national de connectivité numérique en hausse[36], l'utilisation des paiements mobiles[37] a du mal à décoller au Congo, combien même sa nécessité s'impose.

L'objet de cet article est de déterminer les facteurs concourant à l'adoption des paiements mobiles au Congo. Pour ce faire, un survol de la littérature sera présenté, suivi de l'analyse et de l'interprétation des résultats de notre régression.

Revue de la littérature

Notre revue se fera d'un point de vue théorique et empirique.

Travaux Théoriques

Plusieurs théories en sciences économiques, majoritairement issues des systèmes d'informations, permettent d'appréhender la détermination des facteurs d'adoption des paiements mobiles. Néanmoins, le modèle d'acceptation technologique (Davis, 1989) et la théorie de la diffusion d'une innovation (Rogers, 1995), sont les deux théories utilisées par les chercheurs (Tobin ; 2010).

Modèle d'Acceptation d'une technologie (TAM).

Elaboré par Davis (1986), le TAM est un modèle spécifique pour expliquer l'acceptation et l'usage des nouvelles technologies de l'information. Davis et al. (1989) relient, dans leur modèle, l'utilité et la facilité d'utilisation perçue aux attitudes, aux intentions et au comportement réel d'utilisation des technologies basées sur l'ordinateur. En d'autres termes, cette théorie repose sur l'hypothèse selon laquelle l'acceptation du système d'information est déterminée par les intentions d'utiliser le système. En effet, l'utilité perçue est définie comme étant le degré avec lequel une personne croît que l'utilisation d'un système particulier lui permettra d'améliorer ses performances dans son travail (Pfeffer, 1982 ; Schein, 1980 ; Vroom, 1964). La facilité d'utilisation perçue fait référence au degré pour lequel une personne croît que l'utilisation d'un système particulier sera sans effort.

---

[35] Taux d'accessibilité à la téléphonie mobile au Congo de 41,7% en 2014, en hausse de 25% par rapport à 2011 selon l'indice MO Ibrahim 2015.

[36] 19,8% en 2014, soit une hausse de 3 % comparativement à 2011 selon l'indice Mo Ibrahim 2015 ;

[37] Pourcentage de comptes mobiles détenus par la tranche de la population âgée de 15 ans et plus, au Congo estimé, en 2014, à 2% par la Banque Mondiale.

Théorie de la diffusion d'une innovation (IDT)

La théorie de la diffusion et de l'adoption d'une innovation a été développée par Rogers (1995). Elle a pour objet la formalisation de la diffusion et l'adoption d'une innovation quels que soient sa nature et son domaine. Les travaux de Rogers (2003) établissent des éléments communs à l'adoption et à la diffusion d'une innovation. Il s'agit des caractéristiques intrinsèques d'une innovation et des caractéristiques organisationnelles. Les caractéristiques intrinsèques d'une innovation s'expriment à travers cinq éléments clés pour influencer l'adoption ou le rejet de cette dernière, à savoir : (i) l'avantage relatif ou le degré avec lequel une innovation est perçue par les « adopteurs » potentiels comme étant meilleure que celle existante (Rogers, 2003) ; (ii) la compatibilité ou le degré avec lequel une innovation est perçue comme compatible avec les valeurs, les expériences et les besoins des « adopteurs » potentiels (Lin, 2011) ; (iii) la complexité ou le degré avec lequel une innovation est perçue comme difficile à comprendre et à utiliser ; (iv) la testabilité ou le degré avec lequel une innovation peut être testée sur un champ limité avant son utilisation (Zhang et al, 2010) ; (v) l'observabilité ou le degré avec lequel les résultats d'une innovation sont visibles.

Ainsi, d'après cette revue théorique, dans le cadre de ce travail, nous nous appuierons sur la théorie de la diffusion d'une innovation de Rogers (2003), car elle permet d'analyser l'adoption de tout type d'innovation et, ceci en dehors d'un cadre professionnel, donc auprès de personnes n'ayant pas forcément l'intention de l'adopter, ce qui correspond aux caractéristiques de notre étude.

Travaux empiriques

Alors que l'adoption de la banque mobile (Cheng et al, 2006 ; Chen, 2008) et le paiement mobile[38] (Fang et al, 2005 ; Wang et al, 2006) ont pu retenir l'attention des chercheurs, la recherche sur la monnaie mobile[39] en est à ses premiers pas, avec de nombreux rapports (Jenkins, 2008 ; Porteous, 2006 ; Hughes, 2007…) la dominant (Tobin, 2010). De fait, la recherche universitaire sur le nouveau phénomène apportant des services financiers aux personnes n'en ayant pas l'accès, est généralement rare (Maurer, 2008). Plusieurs études ont, néanmoins, retenu notre attention.

[38] A comprendre ici comme opérations rattachées à l'utilisation d'un compte bancaire ;

[39] Qui est ici le paiement mobile par le canal de l'opérateur mobile sans utilisation d'un compte bancaire.

Relation positive et significative entre la valeur, la satisfaction et les intentions continues

Avec Dlodlo (2015) malgré, de lourds investissements dans la téléphonie mobile pour développer le service des paiements mobiles, le résultat d'une utilisation, à long terme, dudit service après adoption n'est pas au rendez-vous. De plus, sa recherche montre que pour les consommateurs sud-africains, une perception de la valeur des paiements mobiles n'est pas évidente. L'étude se fait selon une approche d'enquête quantitative pour laquelle les données ont été collectées à partir d'un échantillon de 269 utilisateurs de paiements mobiles dans ce pays. Une équation de modélisation Smart PLS a été appliquée pour certifier l'ajustement du modèle. Les résultats de cette étude montrent la relation significative et positive entre la valeur, la satisfaction et les intentions continues.

Déterminants clés de l'acceptation des consommateurs et de l'usage du transfert de la monnaie mobile

Le travail de Tobin (2010) explore les facteurs-clés affectant l'acceptation des consommateurs ghanéens et l'usage du transfert de la monnaie mobile par extension en utilisant les déterminants-clés du TAM et de IDT. Les données de ce travail ont été analysées à l'aide d'un modèle d'équation structurel (SEM) pour évaluer la robustesse de la relation entre les constructions. Les résultats ont appuyé les constructions-clés du TAM et l'IDT.

Effet d'entraînement

L'étude de Ngugi et al. (2010) revisite les facteurs conduisant au phénoménal développement des services bancaires de monnaie mobile au Kenya en utilisant M-PESA « monnaie mobile en espèce » et en prenant le fournisseur de service de monnaie mobile comme cas d'étude. Ces aspects sont traités par une revue critique de la littérature, puis par une collecte de données d'enquête ciblant les utilisateurs de téléphone mobile vivant, en majorité, dans les centres urbains, considérés comme les adopteurs précoces des nouvelles technologies au Kenya. Plusieurs leçons, apprises du déploiement de la monnaie mobile dans cette expérience kényane sont identifiées, notamment une grosse part de marché de l'opérateur mobile (88% pour Safaricom) qui permet à ce dernier de pouvoir déployer ses services. Un fort taux de personnes utilisant la même technologie (88% des interrogés utilisent un téléphone Nokia) réduit la complexité d'utilisation. Enfin, un fort taux de répondants utilise la même technologie que leurs amis ou parents (90 % des participants ont un parent ou amis qui utilisent un téléphone Nokia).Cela crée également un effet d'entraînement quant à la diffusion du service.

Intention d'adopter la monnaie mobile

Echchabi et Hassanuddeen (2013) analysent l'intention d'adopter la monnaie mobile au Maroc. Le principal objectif de leur étude est d'examiner l'intention des consommateurs marocains face à l'adoption de la monnaie mobile aussi bien que les facteurs qui y conduisent. L'étude emploie des statistiques descriptives, un échantillon t-test et une multiple régression. 400 questionnaires environ ont été distribués aux clients des banques. Les résultats indiquent que les clients marocains ont la volonté d'adopter la monnaie mobile. En outre, les résultats montrent que la complexité, l'avantage relatif, la compatibilité et la testabilité sont de bons prédicteurs de l'intention d'adopter la monnaie mobile au Maroc

De même, Al-Jabri et Sohail (2012) examinent un nombre de facteurs affectant l'adoption des paiements mobiles, en utilisant la diffusion d'une innovation comme théorie de base. A partir des données obtenues auprès de 330 utilisateurs courants de la banque mobile, ils ont prouvé que l'avantage relatif, la compatibilité et l'observabilité ont un impact positif sur l'adoption. Contrairement aux résultats de la littérature, la testabilité et la complexité n'ont pas d'effet significatif sur l'adoption. Le risque perçu a un impact négatif sur l'adoption.

De cette analyse empirique, il ressort que les variables à retenir sont celles conformes à la littérature, mais que les différents modèles utilisés font des analyses en considérant chacune des variables séparément.

Analyse empirique

Notre analyse appelle deux points, à savoir la méthodologie, suivie d'une présentation et d'une interprétation des résultats.

Méthodologie

Dans cette section, nous présentons les modèles et nous spécifions par la suite ses variables.

Modèles et sources de données

Modèles

Dans ce travail, les modèles présentés, dans ce point, sont les modèles théorique et économétrique de notre étude.

Modèle théorique

Le modèle théorique adopté, dans le cadre de cet article, découle de la théorie économique des choix discrets (Billot et Thisse, 1995). En effet, l'équation d'adoption des paiements mobiles est un système binaire modélisant la probabilité qu'un individu interrogé puisse adopter les paiements mobiles. Pour cet individu, on a une variable Y qui équivaut à 1, s'il a adopté les paiements mobiles et 0 si non. En fait, Y prend la modalité 1 si l'utilité que l'individu associe à l'adoption des paiements mobiles est supérieure à celle actuelle qui peut ne pas le satisfaire. La variable Y ne peut, ainsi, prendre que deux modalités, ce qui en fait une distribution binaire pour laquelle le modèle approprié est celui à choix binaire (Voltaire Louinord et al, 2010), avec une variable expliquée qualitative.

Les niveaux d'utilité des individus ne sont pas directement observables, car ils dépendent du niveau d'instruction, de l'âge, de la possession d'un compte dans une banque, dans une micro-finance ou non, etc. Cela suppose que deux parties composent la fonction d'utilité, à savoir une première dite déterministe et la seconde dite aléatoire. La composante déterministe dépend des caractéristiques des personnes interrogées, tandis que la composante aléatoire (variables inobservables) dans le modèle pousse à raisonner en termes de probabilités. Raffestin (2010) affirme, à ce titre, qu'une variable aléatoire qualitative est décrite par les probabilités des différentes modalités qu'elle peut prendre. Considérons un modèle où un individu n, avec n=1,..., N, choisit la modalité i, avec i=1,....J, lui procurant la plus grande utilité. J représente le nombre total de modalités dans l'ensemble de sélection C=$\{1, \ldots, J\}$, où l'on suppose, pour simplifier la notation, que chaque individu n fait face à un même ensemble C. Ce modèle peut s'écrire de la manière suivante :

$$Y_{in} = \begin{cases} 1 \; si \; U_{in} \geq U_{jn} \; pour \; j = 1, \ldots, J \\ 0 \; sinon \end{cases} \qquad \text{et } U_{in} = X_{in}\mathcal{B}^* + \varepsilon_{in}$$

Où Y_{in} désigne le choix observé, U_{in} est une variable non observable qui représente l'utilité de la modalité i, telle que perçue par l'individu n, X_{in}, est un vecteur de variables explicatives caractérisant la relation entre la modalité i et l'individu n, $\mathcal{B}$ est un vecteur de paramètres de goûts qui peuvent varier entre individus et ε_{in} est un terme aléatoire d'erreur.

De plus, pour estimer la probabilité qu'un individu réponde « oui » donc qu'il ait adopté les paiements mobiles, nous formulons les trois hypothèses suivantes, (i) l'individu serait un agent rationnel qui voudrait optimiser son utilité par l'adoption des paiements mobiles ; (ii) l'individu serait le seul à pouvoir apprécier ses chances d'adopter les paiements mobiles et enfin (iii) les facteurs qui participeraient à son adoption des paiements mobiles sous certaines conditions pourraient être substituables.

Modèle économétrique

Comme nous avons pu le voir, une revue de littérature empirique a permis d'identifier les deux modèles économétriques les plus utilisés pour l'analyse de l'adoption d'une innovation, à savoir le TAM de Davis (1989) et l'IDT de Rogers (2003). Cependant, les deux modèles connaissent des limites, car les modèles TAM et IDT utilisent des estimations faites à partir de régressions analysant séparément leurs variables. Pour Rogers (2003), par exemple, la prise en compte, dans l'explicitation du modèle des cinq constructions qui en sont les variables, à savoir l'avantage relatif, la compatibilité, la complexité, la testabilité et l'observabilité, a permis la réalisation de nombreux travaux qui étudient ce phénomène avec chaque variable analysée séparément.

A ce niveau, il nous paraît opportun de relever que ces variables semblent liées, ce qui introduit une endogénéité entre les équations de ces différentes variables. En effet, nous pouvons aisément supposer qu'une innovation a, d'abord, besoin d'être observée par le sujet avant de savoir quel avantage relatif elle peut lui apporter. Une fois, cet avantage relatif établi et les coûts relatifs correspondant analysés, l'individu examine si cela est compatible avec ses attentes, puis estime le risque pris en l'adoptant. Ce n'est qu'après l'estimation du risque pris qu'il décide d'accorder sa confiance à la nouvelle technologie et, par là même, l'adopter. Tout comme le fait pour un individu, d'être pourvu d'un emploi ou non, peut jouer sur l'adoption. Par conséquent, comme nous venons de le présenter, toutes ces équations semblent liées, nécessitant d'être analysées ensemble. Cette observation nous pousse à opter, dans ce travail, pour un modèle récursif à équations simultanées, dont ces dernières se présentent de la manière suivante :

$$\begin{cases} Emploi = M_i\mathcal{B}_i + \mu_1 \\ Adoption = f(Emploi, X_i\alpha_i) + \mu_2 \end{cases}$$

Où Emploi est égal à 1, si l'individu est actif occupé et 0 si non ; Adoption est égale à 1, si l'individu a adopté les paiements mobiles et 0 si non ; M représente la matrice des différentes variables explicatives de l'emploi, à savoir le sexe, la nationalité, l'âge, la situation matrimoniale, la religion et le niveau d'instruction ; X, la matrice des variables d'adoption qui sont l'observabilité, le coût, l'avantage relatif, la compatibilité, le risque et la confiance ; ß et □ représentent les vecteurs des coefficients à estimer, μ_1 etμ_2 représentent les termes d'erreurs. Ce système d'équations simultanées récursif est identifiable (unicité de solutions), si la règle dite d'exclusion est remplie (Maddala 1983). En d'autres termes, il existe, au moins une variable explicative dans l'équation 1 qui ne figure pas dans l'équation 2. Cependant, Dong (2009) et Rodman (2009) soulignent que cette règle n'est valable que pour les systèmes linéaires. Ces auteurs ont prouvé que la forme fonctionnelle de ce système d'équations (non linéarité du lien entre les X et les Y) permet de l'estimer sans le critère d'exclusion. Toutefois, Monfardini and Radice (2008) recommandent d'en avoir au moins une, surtout en présence de mauvaise spécification.

L'estimation du modèle retenu permet de tester les équations structurelles du modèle et ressortir les hypothèses reliant l'observabilité, les coûts, l'avantage relatif, la compatibilité, le risque, la confiance, vis-à-vis de l'adoption des paiements mobiles au Congo. Pour cela, la méthode d'estimation choisie est celle du maximum de vraisemblance à information complète. En effet, si selon Gujurati (2003), chaque équation peut être estimée, de manière individuelle, supposant par là même que leurs termes d'erreurs respectifs soient indépendants les uns vis-à-vis des autres. Cette hypothèse est trop forte qu'elle n'a pas été retenue pour notre travail. La technique dite du « conditional mixed process (cmp) » développée par Roodman (2011) est utilisée pour appliquer cette méthode, car elle a, non seulement, l'avantage de prendre en compte une plus grande diversité de nature des variables endogènes (discrètes, censurées, continues, etc.), mais est principalement indiquée pour les modèles récursifs dans la mesure où elle permet de prendre en compte les relations pouvant exister entre les différentes équations tout en gérant les problèmes d'endogénéité. Ainsi, l'estimation de notre système conduira à des résultats plus efficaces que l'estimation individuelle de chaque équation (Roodman, 2011). Dans le système, ci-dessus retenu, nous supposons que les termes d'erreur μ_1 etμ_2 sont distribués selon une loi normale. La vraisemblance peut s'écrire :

$$L = \Pi_i \, [\Phi\,(M_i\beta_i/\rho_{12})]^{empl} \; [1 - \Phi\,(M_i\beta_i/\rho_{12})]^{1-empl} \quad \text{x}$$
$$[\Phi\,(M_i\beta_i, X_i\alpha_i/\rho_{12})]^{adopt} \; [1 - \Phi\,(M_i\beta_i, X_i\alpha_i \;/\rho_{12})]^{1-adopt}$$

où ρ_{12} désigne le coefficient de corrélation entre les erreurs μ_1 et μ_2. Par convention, Φ désigne respectivement la fonction de densité.

Sources de données

Les données utilisées sont issues de l'enquête sur l'inclusion financière réalisée par la BEAC et le comité national de crédit, dans six villes du Congo et auprès des individus âgés de 18 ans et plus, en 2015.

L'échantillon représente 1912 individus du Congo. Le choix de ces données se justifie par le fait que les paiements mobiles sont définis comme étant un moyen de réaliser cette inclusion financière au profit des personnes n'ayant pas accès aux services financiers classiques. Une collecte des données a été effectuée auprès des ménages échantillonnés à Brazzaville, Pointe-Noire, Dolisie, Nkayi, Oyo, Ouesso et Impfondo. Elle avait pour objet de recueillir, au moyen de deux questionnaires (ménage et individu), des informations sur l'accès, l'utilisation et la qualité des produits et services financiers.

La méthode utilisée est celle de l'interview directe avec tous les membres éligibles des ménages, la première personne à être interviewée en étant le chef. Cette méthode a l'avantage de permettre aux enquêteurs d'appréhender clairement les problèmes du ménage, en particulier, sur sa composition. L'échantillon des ménages est issu de la base de sondage du RGPH 2007 mise à jour lors de l'enquête MICS. La liste des ménages choisis a été validée sur le terrain avant le lancement de la collecte des données (seconde mise à jour). Dans cette base, on trouve des questions portant sur l'accès ou non à la possession d'un compte bancaire, les causes éventuelles le justifiant, mais également des questions sur l'utilisation des paiements mobiles. Un autre avantage de cette base est qu'elle permet de disposer des données récentes.

Variables dépendantes

Dans le cas de notre travail, les variables dépendantes retenues sont l'avantage relatif, la compatibilité et l'observabilité de Rogers (2003), auxquelles s'ajoutent la confiance, le risque et les coûts de transaction, soit six variables. Cinq items permettent de mesurer l'avantage relatif, six autres pour la compatibilité, cinq items pour l'observabilité, deux items pour la confiance, un item pour le risque et, enfin, un item pour les coûts. La complexité et la testabilité n'ont pas été retenues, ici, en raison du manque de données collectées sur ces deux constructions, lors de la réalisation de l'enquête par la BEAC.

Variables indépendantes

Les principales variables explicatives que nous présentons sont celles recensées dans la littérature et celles issues de quelques dépouillements que nous avons effectués à partir de la base de données :

- Proximité/accessibilité des agences : la proximité des agences permet d'avoir accès à un renseignement ou à une information de l'opérateur, sans grand effort ;

- Diversité des produits offerts : elle présente la variété de produits que le fournisseur de services présente au client ;
- Moins de garanties exigées à l'octroi du prêt : cette variable présente l'appréciation de la personne interrogée sur le volume d'exigences, en termes de garantie de la part du fournisseur de services de crédit ;
- Sexe : représente le genre de la personne interrogée ;
- Age par groupe : représente une classification des personnes interrogées par tranche d'âges ;
- Religion : représente la religion de la personne interrogée ;
- Niveau d'instruction de l'individu : cette variable désigne le niveau d'instruction scolaire que l'individu interrogé affirme avoir atteint ;
- Avoir un compte dans une banque de la place : elle représente la possession d'un compte bancaire par l'individu ;
- Avoir utilisé un téléphone portable au cours des 12 derniers mois indique une antériorité d'utilisation par l'intéressé pour : (i) payer des factures (Canal SAT, crédit téléphone...) ; (ii) des achats ; (iii) envoyer de l'argent ; (iv) recevoir de l'argent de la part d'un tiers ; (v) avoir déposé de l'argent dans un compte mobile money d'autrui ;
- Faiblesse des coûts : indique une estimation des coûts par l'intéressé, quant à l'utilisation de la technologie qui lui est proposée ;
- Risque : il représente l'appréhension de la personne quant à l'utilisation de la nouvelle technologie, par rapport au fournisseur de services.

Présentation et interprétation des résultats

Préalablement, à une interprétation et une discussion des résultats, une validation du modèle est indiquée. Pour ce faire, un certain nombre de tests statistiques doivent être vérifiés. Dans le cadre des modèles à variable dépendante qualitative, nous nous appuierons, dans le cadre de ce travail, sur les trois plus importants que sont les tests de Wald, de vraisemblance et de Fisher.

Ainsi, on note, dans le tableau1 présenté ci-après, que la valeur du maximum de vraisemblance est élevée en valeur absolue (-310.02208). Cela explique la compatibilité des données avec le modèle proposé, c'est-à-dire qu'il est fort probable dans la population cible que l'ensemble des relations existe. Concernant le chi2 de Wald (571.60), la probabilité (0.0000) qui y est associée est inférieure à 0.05, ce qui signifie que l'ensemble de variables est relié à la variable dépendante, autrement dit que les variables retenues dans le modèle sont globalement significatives. Enfin, pour chaque variable, le test de Wald associé montre jusqu'à quel point cette variable est liée significativement à la variable dépendante. Nous pouvons, dès lors, conclure que le modèle retenu est valable et ainsi passer à l'interprétation et à la discussion des résultats.

Présentation des résultats :

Les résultats présentés ne correspondent qu'aux effets marginaux de la régression de l'adoption des paiements mobiles, par rapport aux facteurs d'adoption.

Tableau 1: Effets marginaux liés à l'adoption des paiements mobiles

Adoption				Coef.	P>z
Avantage relatif	Diversité des produits offerts	M14C	oui	Ref	Ref
			Non	.0557683	**0.049****
	Moins de garanties exigées à l'octroi de prêt	M14E	oui	Ref	Ref
			Non	-.0404445	**0.093*****
Compatibilité	Sexe	C2	Masculin	Ref	Ref
			Féminin	-.0574166	**0.003***
	Age par groupe	Agegroupe 4	18-35	Ref	Ref
			36-50 ans	-.0559152	**0.006***
	Religion	C6	Chrétienne	Ref	Ref
			Musulmane	.142001	**0.006***
	Niveau d'instruction	C7_a	Supérieur	Ref	Ref
			Secondaire1	-.0656671	**0.010***
			Primaire	-.1187774	**0.003***
	Avoir un compte dans une banque de la place	M6	Oui	Réf	Réf
			Non	-.0434568	**0.056*****
	Avoir utilisé un téléphone	2.A21_A	Non	Réf	Réf

Adoption				Coef.	P>z
Observabilité	portable au cours des 12 derniers mois pour payer des factures (Canal SAT, crédit téléphone)		Oui	.2314831	**0.000***
	Avoir utilisé un téléphone portable au cours des 12 derniers mois pour des achats	2.A21_B	Non	Réf	Réf
			Oui	.1394761	**0.042****
	Avoir utilisé un téléphone portable au cours des 12 derniers mois pour envoyer de l'argent	2.A21_C	Non	Réf	Réf
			Oui	.2319961	**0.000***
	Avoir utilisé un téléphone portable au cours des 12 derniers mois pour recevoir de l'argent	2.A21_D	Non	Réf	Réf
			Oui	.1432052	**0.011****
	Avoir déposé de l'argent dans un compte mobile money d'autrui au cours des 12 derniers mois	2.A22_A	Non	Réf	Réf
			Oui	.3036126	**0.000***
Confiance	Proximité/accessibilité des agences	M14B	oui	Ref	Ref
			Non	-.0460234	**0.032****
Coûts	Faiblesse des coûts (taux d'intérêt, commissions)	M14D	Oui	Réf	Réf
			Non	.0622562	**0.024****
		_cons		.1901974	0.000
Wald chi2(33)			571.60		
Log likelihood			-310.02208		
Prob > chi2			0.0000		
N			1695		
Atanhrho_12				1,535616	0,000

*,**et *** désignent les coefficients significatifs respectivement au seuil de 10%, 5% et 1%.

Source *: auteurs à partir des résultats extraits sur stata.14*

Les résultats obtenus à partir des variables utilisées pour déterminer les facteurs impactant l'adoption des paiements mobiles peuvent, ici, être regroupés en deux catégories : la première est celle des variables issues de Rogers (2003) et la deuxième, des dépassements des modèles de Davies (1989) et Rogers (2003).

Variables issues de Rogers (2003) comme facteurs déterminants de l'adoption des paiements mobiles au Congo

Le tableau1 nous montre que, pour la construction qu'est l'avantage relatif, deux items sur cinq sont significatifs, en raison de la diversité des produits offerts au seuil de 5% et moins de garanties exigées à l'octroi de prêt à 10%. Ainsi, les personnes interrogées considèrent que si les paiements mobiles leur apportent un avantage relatif vis-à-vis de leur condition actuelle, ils pourraient les adopter. En s'appuyant sur la significativité des effets marginaux, les facteurs évoqués qui pourraient constituer cet avantage relatif sont, par ordre d'importance, la diversité des produits offerts, puis d'avoir moins de garanties exigées à l'octroi du prêt. Ceux qui ne considèrent pas la diversité de produits comme un avantage relatif ont 6% de chance, de plus, d'adopter les paiements mobiles. Ceux qui ne considèrent pas que devoir fournir moins de garanties soit un avantage relatif ont 4% de chance, en moins, d'adopter les paiements, par rapport à ceux qui considèrent cela comme un avantage relatif.

Pour ce qui concerne la compatibilité, cinq items sur six sont significatifs, à savoir : le sexe, l'âge, la religion, le niveau d'instruction (primaire et secondaire 1) au seuil de 1% et avoir un compte dans une banque de la place à celui de 5%. Statistiquement, les résultats montrent que le fait d'être une femme diminue de 6%, par rapport à un homme, la probabilité d'adopter les paiements mobiles. Quant à l'âge, cela nous montre que les 36-50 ans ont 6% de chance, en moins, que les 18-35 ans d'adopter les paiements mobiles. Pour ce qui est de la religion, on peut noter que le fait d'être musulman accroît de 14% la probabilité par rapport aux chrétiens d'adopter les paiements mobiles. Concernant le niveau d'instruction, le tableau des effets marginaux nous indique que le fait d'avoir un niveau primaire ou secondaire 1 diminue la probabilité respectivement de 12% ou 7% d'adopter les paiements mobiles, par rapport à ceux qui ont le niveau supérieur. Enfin, le fait de ne pas avoir un compte dans une banque de la place diminue de 4% la probabilité d'adopter les paiements mobiles.

Enfin, concernant l'observabilité, tous les items sont significatifs aux seuils de 1% et de 5%. On peut noter que 3 raisons, sur 5, sont de même poids, mais plus importantes que les deux autres, à savoir : avoir utilisé un téléphone portable au cours des douze derniers mois pour payer des factures, envoyer de l'argent et déposer de l'argent sur le compte d'autrui (1%). Puis viennent respectivement avoir utilisé, au cours des douze derniers mois, un téléphone portable pour recevoir de l'argent et pour des achats (5%). Ceux qui ont utilisé un téléphone portable au cours des 12 derniers mois pour payer des factures (Canal SAT, crédit téléphone) ont 23% de chance, en plus, que ceux qui ne les ont pas utilisés, d'adopter les paiements mobiles. Ceux qui ont utilisé un téléphone portable au cours des 12 derniers mois pour des achats ont 14% de chance, en plus, que ceux qui ne l'ont pas fait d'adopter les paiements mobiles. Avoir utilisé un téléphone portable au cours des 12 derniers mois pour envoyer de l'argent entraînerait 23% de chance en plus que ceux qui ne l'ont pas fait d'adopter les paiements mobiles. L'utilisation d'un téléphone portable au cours des 12 derniers mois pour recevoir de l'argent causerait 14% de chance, en plus, que ceux qui ne l'ont pas fait d'adopter les paiements mobiles. Enfin, ceux qui ont utilisé un téléphone portable au cours des 12 derniers mois pour déposer de l'argent dans un compte mobile money d'autrui ont 30% de chance en plus que ceux qui ne l'ont pas fait d'adopter les paiements mobiles.

Variables additionnelles aux modèles de base

Pour ce qui est des coûts (0.024), il convient de souligner que ceux qui ne considèrent pas les coûts comme étant élevés ont 6,2% de chance de plus que ceux qui les considèrent élevés d'adopter les paiements mobiles.

Concernant la confiance (0.032), il est à noter que ceux qui ne considèrent pas la proximité/accessibilité des agences comme raison suffisante pour une adoption des paiements mobiles ont environ 5% de chance, en moins, de les adopter, par rapport à ceux qui la considèrent comme raison suffisante.

Le risque (0.492) n'est pas dans le contexte du Congo jugé significatif pour l'adoption des paiements mobiles.

Discussion :

Concernant l'observabilité, plusieurs explications sont possibles. On remarque que l'utilisation du téléphone mobile, pour l'exercice des paiements mobiles, donne, quelles que soient les raisons retenues, plus de chance, pour ceux qui l'ont fait, d'adopter les paiements mobiles par rapport à ceux qui ne l'ont pas fait. Cela peut être expliqué par le fait d'avoir vu les résultats de la technologie, donc l'observabilité conformément à Echchabi et Hassanuddeen (2013) et Al-Jabri et Sohail (2012).

Pour la compatibilité, plusieurs raisons peuvent concourir à l'explication de ces résultats statistiques. Parlant du sexe, la première explication possible peut être le fait des femmes qui sont généralement dans un foyer avec un mari subvenant aux besoins avec des liquidités, cela ne les inciterait pas à recourir aux paiements mobiles. La deuxième serait la participation aux tontines qui, encore une fois, ne pose plus l'accès aux services financiers comme étant une priorité (Ndinga, 2007). Concernant l'âge, ce résultat découlerait du fait que les jeunes sont plus motivés et s'adaptent facilement aux nouvelles technologies de l'information. Telle est la position de la lignée de Rogers (1995). Pour la religion, deux arguments peuvent être mobilisés : le premier peut être le fait qu'au Congo, ce groupe contient de nombreux étrangers n'ayant pas forcément accès aux services financiers classiques en raison de leurs situations administratives. Le second serait dû au fait que les musulmans exercent en majorité au Congo des activités commerciales et sont plus facilement en contact avec les utilisateurs ce qui permet de voir les résultats obtenus de l'utilisation du service. Le niveau d'instruction pourrait indiquer que les niveaux bas adopteraient moins les paiements mobiles que le niveau supérieur, ce qui pourrait s'expliquer soit par la qualité de l'emploi obtenu par ces deux tranches basses, qui ne permet que de gérer le quotidien et par conséquent ne procurant pas un besoin particulier de services financiers, soit par le fait que le niveau supérieur habitué aux services financiers classiques a mieux perçu que les niveaux inférieurs, l'intérêt de paiements mobiles. Le résultat concernant le fait de posséder un compte dans une banque pourrait s'expliquer par le fait que ceux qui ont des comptes bancaires peuvent, à la différence de ceux qui n'en ont pas, mieux percevoir l'opportunité offerte par les paiements mobiles en termes de services financiers à faible coût.

Pour l'avantage relatif, conformément à Tobin (2010), on peut noter des raisons pouvant expliquer cela, en effet ceux qui ne considèrent pas la diversité des produits comme leur offrant un avantage relatif, pourraient simplement vouloir des services financiers de base. Pour ceux qui considèrent que fournir moins de garanties est un avantage relatif, aurait sans doute des difficultés avec les services financiers classiques.

Le résultat de la confiance pourrait être expliqué par le fait qu'être proche permet d'établir, plus facilement, une relation avec l'opérateur et induire une relation de confiance conformément à Ngongang (2015).

A côté des variables, issues des modèles théoriques de base, les trois variables retenues par Tobin (2010), à savoir la confiance, le coût et le risque connaissent des fortunes diverses. En effet, si dans le contexte du Congo, le coût et la confiance sont significatifs, conformément à Tobin (2010), le risque ne l'est pas, contredisant ainsi de nombreux résultats (Tobin, 2010 ; Siau et al, 2004 ; Bauer et al, 2005 ; Chen, 2008).

Les coûts peuvent être expliqués par la faiblesse de coût que représente l'usage des paiements mobiles, comparativement aux autres moyens de paiement conformément à Chaix (2013). Ils ont forcément un impact sur la volonté des futurs adoptants par le fait que cette technologie est vue, ici, comme étant de l'inclusion financière, donc tournée vers des personnes n'ayant pas accès aux services financiers classiques, en raison de la faiblesse de leurs moyens dans la lignée des travaux de Dlodo (2015).

La confiance est retenue dans de nombreux travaux comme variable influençant l'adoption d'une innovation (Tobin, 2010 ;...). Dans le contexte du Congo, cela pourrait s'expliquer par la longue utilisation des services des opérateurs mobiles, ce qui fait que les utilisateurs ne seraient pas réticents à un nouveau produit conformément à Ngugi et al. (2010), ajoutée à cela une proximité effective avec les différents points permettant ce service.

Dans le cadre du Congo, le risque n'est pas perçu comme significatif pour l'adoption des paiements mobiles, cela est contraire aux résultats de Dlodlo (2015) et Tobin (2010), mais pourrait, sans doute, s'expliquer par une relative confiance aux opérateurs téléphoniques.

Conclusion

L'objectif de cet article est d'identifier les facteurs d'adoption des paiements mobiles pour les particuliers. Pour cela nous nous sommes appuyés sur l'utilisation d'un système récursif à équations simultanées qui nous a permis d'analyser simultanément toutes les variables et de prendre en compte le problème d'endogénéité. Cela nous a permis d'identifier les déterminants de l'adoption des paiements mobiles au Congo d'une part, mais, également, de mesurer la force explicative de chacun concernant cette adoption. Ainsi, conformément aux enseignements de la littérature, nous pouvons retenir que l'observabilité, la compatibilité, l'avantage relatif, les coûts et la confiance sont les facteurs d'adoption des paiements mobiles dans ce cadre. De plus, on peut noter que l'adoption des paiements mobiles a, d'abord, une relation forte avec l'observabilité des résultats de l'utilisation de cette technologie, puis suivent respectivement la compatibilité et l'avantage relatif. A cela s'ajoutent la confiance et les coûts qui ont également une relation forte.

Un autre résultat est que ce sont ceux qui, a priori, ont accès aux services bancaires classiques qui ont le plus de chance d'adopter les paiements mobiles, conformément à Ngugi et al. (2010). Cela est renforcé par l'estimateur Rho 12 (0.003), significatif au seuil de 1%, qui nous indique une relation forte entre la possession d'un emploi et l'adoption des paiements mobiles. Cette dimension de l'emploi, bien que peu prise en compte dans la littérature, nous a paru pertinente pour l'analyse des facteurs d'adoption, car on peut supposer que le comportement face à l'adoption des paiements mobiles ne sera pas le même, selon que l'on est pourvu d'un emploi ou non.

Références bibliographiques

Al-Jabri et Sohail (2012), «Mobile banking adoption: application of diffusion of innovation theory », *Journal of Electronic Commerce Research* 13 (4), pp. 379-391.

Bauer et al (2005), « Driving consumer acceptance of mobile marketing a theoretical framework and empirical study », *Journal of electronic commerce research*, pp. 181-192.

Billot et Thisse (1995), « Modèles de choix individuels discrets: théorie et applications à la microéconomie», *Revue Economique pp. 921-931 ;*

Chen (2008), « A model of consumer acceptance of mobile payment », *International Journal Mobile Communications,* Vol. 2, n°. 4, pp. 32-52.

Cheng et al (2006),*Adoption of internet banking: An empirical study in Hong Kong*, Elsevier B.V. Doi.

Davis (1986), *Technology acceptance model for empirically testing new end user information systems: theory and results*, Dissertation, Cambridge, MA, Massachusetts Institute of Technology.

Davis (1989), *Perceived usefulness, perceived ease of use, and user acceptance of information technology*, MIS Quarterly, V.13 no.3, pp.319-340

Dlodlo (2015), « The Use of M-Payment Services In South Africa: A Value Based Perceptions Approach », *International Business & Economics Research Journal* (IBER), [S.l.], v. 14, n. 1, p. 159-178.

Dong, Y. (2009) : « Endogenous Regressor Binary Choice Models Without Instruments, With and Application to Migration». Economics Letters 107(61):33-35 ;

Echchabi et Hassanuddeen (2013), *An empirical survey on the prospects of mobilemoney inmorocco*, Studies in Business and Economics, Vol. 8, issue 1, pp. 46-54.

Fang, Chan, Brzezinski, And Xu (2005), « Moderating effects of task type on wireless technologies acceptance », *Journal of Management Systems*, 45(10), 127–131.

Hughes (2007), *M-PESA: Mobile money for unbanked turning cellpnones into 24-hours tellers in Kenya.*

Jenkins (2008), *Developing Mobile Money Ecosystems*, Washington, DC: IFC and the Harvard Kennedy School.

Lin, H.-F., (2011), « An empirical investigation of mobile banking adoption: The effect of innovation attributes and knowledge-based trust », *International Journal of Information Management*, Vol. 31, Issue 3, pp. 252-260.

Maddala, G.S.(1983), *Limited Dependent and Qualitative Variables in Econometrics*, Cambridge, UK: Cambridge University Press.

Maurer (2008), *Retailelectronic payments systems for value transfers in the developing world, from Department of Anthropology,* University of California.

Monfardini, C.and R. Radice (2008). « Testing Exogeneity in the Bivariate Probit Model: A Monte Carlo Study», Oxford Bulletin of Economics and Statistics 70(2):271-282.

Ngongang (2015), « Asymétrie d'information et rationnement du crédit bancaire dans les PME camerounaises », *Revue Congolaise de Gestion, N°20, pp 1-54*

Ndinga (2007), « Commerce et système d'information : le cas des vendeurs de pagnes à Brazzaville (Congo) », *Afrique et développement*, Vol. XXXII, n°. 1, PP. 161-187.

Ngugi, Pelowski et Ogembo (2010), « m-pesa: a case study of the critical early adopters' role in the rapid adoption of mobile money banking in Kenya ».

Pfeffer (1982), *Organizations and Organization Theory*, Pittman, Boston, MA, pp. 1-23.

Porteous (2006), *The Enabling Environment for Mobile Banking in Africa»*, Boston: Report on Bankable Frontiers, 57 p.

Raffestin Sven (2010), « De la promotion touristique et de l'hôtellerie à Genève entre les XIVe et XXe siècles ». In: Le Globe. Revue genévoise de géographie, tome 150, 2010. Evoquer Genève. pp. 33-55.

Roodman (2009), « Estimating Fully Observed Recursive Mixed-Process Models with Cmp», *CDG Working Paper n° 168, Center for Global Development*, Washington D.C ;

Roodman (2011), «Fitting Fully Observed Recursive Mixed-Process Nodels with cmp», *Stata Journal 11(2):159-206.*

Rogers (1995), *Diffusion of innovation (4th Ed)*, New York, USA, *The free Press*.

Rogers (2003), « Diffusion of innovations», *The free Press*, New York, Fifth Edition.

Schein (1980), *Organizational Psychology*, Third edition, Prentice-Hall, Englewood Cliffs, NJ.

Siau, Sheng et Nah (2004), « Development of a framework for trust in mobile commerce »,*In Proceedings of 2nd annual workshop on HCI research in MIS, Seattle ;*

Tobin (2010), « *Modeling Adoption of Mobile Money Transfer: A Consumer Behaviour Analysis* ». Paper presented at the 2nd International Conference on Mobile Communication Technology for Development, Kampala, Uganda.

Voltaire Louinord, Nassiri et Bailly (2010), « Double biais de sélection dans l'évaluation contingente de réserves naturelles », *59ème congrès annuel de l'Association française de scienceséconomiques (AFSE)* (9 et 10 septembre 2010), Paris, France.

Vroom (1964), *Work and Motivation*, New York: Wiley, 331 p.

Wang et al (2006), « Predicting consumer intention to use mobile service », *Information Systems Journal*, Vol. 16, N°. 2, pp. 157-79.

Zhang et al. (2010), « Understanding customer satisfaction and loyalty: an empirical study of mobile instant messages in China », *International Journal of Information Management*, Vol.30, no.4, pp.289-300.

Les déterminants de la pauvreté multidimensionnelle : Cas de la République du Congo

Franck Corneille MAMPOUYA – M'BAMA[40]
Val - Man LECKA[41]

Résumé

L'objectif de cet article est de mettre en lumière les déterminants de la pauvreté multidimensionnelle au Congo. La démarche de Desai et Shah (1988) a été utilisée pour la détermination du niveau de la pauvreté multidimensionnelle et le modèle économique logit pour déterminer les facteurs explicatifs de ce phénomène à partir des données de l'enquête congolaise auprès des ménages (ECOM), réalisée en 2011. Les déterminants fondamentaux de la pauvreté en République du Congo sont des facteurs socio-économiques. Ces résultats impliquent qu'il faudrait porter une attention particulière sur : la construction de logements sociaux décents à des prix accessibles aux plus pauvres, la régulation et l'encadrement des prix des terrains dans les grandes villes, l'accélération du projet Eau pour Tous, l'ouverture des formations qualifiantes à plus de femmes, l'accès des femmes aux crédits, aux microcrédits et à plus d'activités génératrices de revenus.

Mots-clés : *pauvreté multidimensionnelle, déterminants, Congo*
Classification JEL : *D63, I31, I32, O55*

Introduction

Phénomène diversement défini ou appréhendé, la pauvreté est devenue un problème crucial qui ne cesse d'être l'objet d'analyses ou de préoccupation à l'échelle nationale et internationale. En effet, dès le début des années 1990, les institutions de Bretton Woods (Banque Mondiale, Fonds Monétaire International) ont commencé à s'interroger sur les déterminants et les moyens de lutte contre la pauvreté dans les pays en développement. Cette préoccupation a donné lieu à une abondante littérature, ainsi qu'à la formulation d'une nouvelle vision des politiques de développement.

---

[40] Université Marien NGOUABI, FSE/LARES.
[41] Ministère du plan, de la statistique et de l'intégration régionale, DGPD.

Ainsi, vers la fin des années 1999 et au début des années 2000, la vision des politiques, dans les pays en développement, a totalement changé avec la déclaration des Objectifs du millénaire pour le développement (OMD). A travers les OMD, les Pays en voie de développement (PED) ont défini la lutte contre la pauvreté comme l'un des objectifs prioritaires visant l'amélioration du bien-être des populations. Cette pauvreté qui, auparavant, était analysée sur le plan financier, a été unanimement acceptée d'être étudiée sur plusieurs dimensions, car les critères usuels des ressources monétaires (le revenu) et de la consommation (dépenses), qui sont, par essence, unidimensionnels, ne permettent pas de capter ou de saisir l'essentiel des privations dont sont victimes les individus ou les ménages les plus pauvres (Bertin et Leyle, 2007). Le revenu n'est plus le seul facteur dont dépend la privation individuelle. La pauvreté est un phénomène complexe et multidimensionnel lié à plusieurs autres facteurs comme le sexe, l'éducation, le logement, les infrastructures, etc. Il s'agit, désormais, non plus seulement de définir la pauvreté sur la base de revenu ou de dépenses de consommation, mais plutôt d'appréhender un ensemble de dimensions pouvant affecter les conditions de vie de la population considérée comme pauvre (Koloma, 2008). Par conséquent, il ne suffit plus de considérer la privation dans la seule dimension monétaire, mais il devient indispensable de comprendre tous les mécanismes qui se cachent derrière ce phénomène suscitant alors des analyses nouvelles en termes « d'approche multidimensionnelle de la pauvreté ».

Dans ce contexte en s'inspirant des travaux d'Amartya Sen (1987), le Programme des Nations Unies pour le développement (PNUD) va, à partir des années 1990, mener des études sur la pauvreté dans sa dimension non monétaire afin de mieux cerner le phénomène et de développer les meilleures politiques contribuant à sa réduction. Ces études ont couvert l'essentiel des pays, dans lesquels le PNUD dispose des antennes locales, tels que la République du Congo.

Comme nombre de pays en développement, le Congo, pays à revenu intermédiaire, tranche inférieure, est en permanence concerné par cette question de pauvreté. La proportion de la population vivant en dessous du seuil de pauvreté monétaire est passée de 50,7 % en 2005 à 46,5 % en 2012. Cette tendance baissière encourageante s'est poursuivie jusqu'au début 2014 où le taux de pauvreté a atteint 35%. Toutefois, avec la crise économique actuelle, la pauvreté s'est aggravée et le taux est remonté à son niveau des années 2011-2012, pour osciller autour de 46%. Conscients de l'ampleur et des conséquences de ce phénomène dans la société, les gouvernements qui se sont succédé, depuis des décennies, ont conclu des partenariats avec des agences du Système des Nations Unies, notamment, et initié des plans, stratégies, programmes et projets d'envergure pour réduire, significativement, la proportion des personnes touchées par la privation. Le DSRP, le DSCERP et le projet Lisungui sont quelques-uns des outils mis en œuvre à cet effet. Cependant, eu égard à l'incidence relativement élevée de la pauvreté, on peut aisément affirmer que ces outils n'ont eu qu'un impact limité sur leurs cibles, car près d'un Congolais sur deux vit actuellement avec moins de 2 dollars.

Cet état est la preuve que, au Congo, la mesure de la pauvreté est largement faite sur l'angle monétaire ; un angle qui, d'après le PNUD, ne permet de traiter que faiblement la substance des facteurs qui l'expliquent. D'où la nécessité de procéder à une étude multidimensionnelle de la pauvreté au Congo. À noter que les analyses en termes de déterminants de la pauvreté multidimensionnelle semblent être rares dans ce pays. L'essentiel des études a porté sur la création des indicateurs de mesure de la pauvreté multidimensionnelle (Ambapour, 2006). Ce qui laisse persister les interrogations sur les facteurs qui entretiennent réellement ce phénomène et qui suscitent la question de recherche suivante : quels sont les facteurs explicatifs de la pauvreté multidimensionnelle en République du Congo ?

L'objectif de cet article est de mettre en lumière les déterminants de la pauvreté multidimensionnelle au Congo. Il part de l'évidence que la pauvreté est déterminée par des facteurs monétaires et non monétaires, tout en s'appuyant sur les prédictions théoriques du PNUD inspirées de Sen (1987). Nous supposons, dans le cadre du présent article, que la pauvreté multidimensionnelle serait expliquée par des facteurs sociodémographiques (le sexe, le milieu de résidence, l'âge,) et économiques (pauvreté monétaire,…).

La suite de l'article se présente comme suit : au point 2 nous présentons le cadre conceptuel et une brève revue des écrits sur les déterminants de la pauvreté multidimensionnelle ; au point 3 sont exposées les approches méthodologiques et sources des données, le point 4 est consacré à l'interprétation des résultats de l'étude et, enfin, le point 5 à la conclusion.

Cadre conceptuel et revue de la littérature

Le concept de pauvreté

De manière générale, il n'existe pas une définition universelle du concept de pauvreté. En effet, de nombreux penseurs, économistes, sociologues, philosophe… se sont essayés à l'exercice, sans pour autant qu'un consensus soit trouvé[42]. Néanmoins, Rawls. J. (1971) donne une définition philosophique de la pauvreté en s'appuyant sur ce qu'il considère comme les biens premiers, c'est-à-dire les droits de base, la liberté de choix. Selon lui, est pauvre celui qui ne peut disposer de ces besoins premiers. Ravallion (1996) pense qu'on parle de pauvreté dans une société, lorsque le bien-être d'une ou de plusieurs personnes n'atteint pas un niveau considéré comme minimum raisonnable, selon les critères de cette même société. La Banque Mondiale, quant à elle, définit la pauvreté comme la possession d'un revenu ne permettant pas d'assurer la survie des personnes (Benicourt, 2001). Il s'agit d'un seuil calculé en fonction d'un régime alimentaire de base. Selon cette institution, la pauvreté est purement monétaire. Pour sa part, le Programme des Nations Unies pour le développement (PNUD) axe sa définition sur trois types de pauvreté : (i) l'extrême pauvreté, (ii) la pauvreté générale et (iii) la pauvreté humaine.

Cette catégorisation des types de pauvreté inclut les notions de pauvreté monétaire et de pauvreté non monétaire (Bénicourt, 2001). Cette dernière aborde l'approche multidimensionnelle, en termes de capacité à satisfaire certains besoins fondamentaux comme se nourrir, se vêtir, se soigner, se loger, se déplacer, disposer de biens. Il ne s'agit pas d'un niveau d'utilité atteint, mais la satisfaction d'un certain nombre de besoins jugés élémentaires pour vivre. Les tenants de cette approche (les non utilitaristes) l'emploient suivant deux axes : l'approche par les capacités et l'approche par les besoins de base :

- condition de vie ou d'existence : elle résulte de l'impossibilité de satisfaire les besoins qui permettent de mener une vie décente dans une société donnée et fait référence à une alimentation insuffisante ou à la malnutrition, à l'absence d'éducation, d'un logement insalubre...
- potentialité ou capacité : elle exprime le manque de moyens permettant de sortir d'une situation de pauvreté. Ici, la personne est envisagée comme pouvant sortir de la pauvreté, mais n'en ayant pas les capacités ou les potentialités. La pauvreté par les capacités traduit le bien-être à travers les droits positifs des individus et essaie à l'aide du concept de « fonctionnement » de transporter ces droits dans un espace mesurable (Sen ; 1985).

[42] Ravallion (1996), Rawls(1971), Bénicourt (2001).

Revue de la littérature

A l'image de la Banque Mondiale, plusieurs auteurs à travers leurs études ont soutenu l'idée selon laquelle la pauvreté est un phénomène monétaire. L'approche monétaire est défendue par les utilitaristes classiques encore appelés welfaristes. Selon eux, la pauvreté est considérée sous la forme d'un niveau d'utilité inférieur à un niveau préalablement défini et économiquement approximé par une variable monétaire. Elle résulte donc d'une non-possession des ressources monétaires (Bertin. A., 2006). Cette approche se base sur le revenu des ménages. D'après les chantres de la pauvreté monétaire, le degré de satisfaction atteint par un individu par rapport aux biens et services qu'il consomme est supposé définir son bien-être (Djoke et al, 2006).

L'approche monétaire de la pauvreté intuitive, plus facilement perceptible, est restée la plus répandue dans la littérature. Pour Deaton et Muellbauer (1980), la meilleure façon de mesurer le bien-être individuel est d'utiliser une mesure monétaire.

Cependant, compte tenu des faiblesses qui lui sont reconnues, l'approche monétaire se heurte à de nombreuses critiques, entre autres son aspect unidimensionnel. En effet, selon le PNUD, la pauvreté n'est pas un phénomène unidimensionnel, mais plutôt multidimensionnel. Parce que la seule focalisation sur le revenu est abandonnée au profit d'une vision plus large du bien-être qui fait entrer en ligne de compte une multitude de composantes (Bertin., 2006). Pour Coudouel, et al. (2002), la pauvreté n'est pas seulement liée au manque de revenu ou à une insuffisance de consommation, mais aussi à des performances insuffisantes, en matière de santé, d'alimentation et d'alphabétisation, à des déficiences de relations sociales, à l'insécurité, à une faible estime de soi-même et à un sentiment d'impuissance. C'est ainsi que deux approches, développées dans la littérature, cernent la notion de pauvreté non monétaire : l'approche des besoins de base et l'approche des capacités (Les capabilités).

Les besoins de base constituent une approche directe au problème de la pauvreté vue comme un degré inacceptable de déséquilibre social. Cette approche considère qu'un individu doit pouvoir satisfaire certains besoins fondamentaux qui lui sont nécessaires à l'atteinte d'une certaine qualité de vie. L'économiste anglais, Rowntree, (1901) est généralement reconnu comme étant le premier à avoir analysé, de manière approfondie, le concept de besoin de base. Cette école considère que la « chose » manquante dans la vie des pauvres est la satisfaction de besoins de base.

L'approche par les capacités, initialement développée par Sen (1985 et

1987), traduit le bien-être à travers les droits positifs des individus et tente à l'aide du concept de « fonctionnement », de transposer ces droits dans un espace mesurable (Djocke et al, 2006). L'individu doit avoir certaines capacités jugées fondamentales. Pour cette école, la « chose » qui manque n'est ni l'utilité ni la satisfaction de besoins de base, mais des habiletés ou capacités humaines. Les capabilités sont définies comme l'ensemble des fonctionnements qu'un individu est en mesure de mettre en œuvre (Hassine, 2006).

En plus, de l'insuffisance des revenus pour atteindre l'utilité (option utilitariste de la pauvreté), Lachaud (2000) a examiné aussi ce phénomène suivant l'option de capacité, c'est-à-dire une privation de droits, une situation à l'origine d'un manque de capacités fonctionnelles élémentaires pour atteindre certains minima acceptables.

Le choix de la pauvreté multidimensionnelle s'explique par le fait qu'elle permet d'appréhender le bien-être d'un individu ou d'un ménage, par rapport à son accès aux besoins de base et *in fine* à une vie meilleure.

Sur le volet empirique, une large littérature récente a émergé sur tous les aspects de la pauvreté et plus particulièrement sur la mesure de la pauvreté non monétaire. Ainsi Benhabib et al. (2007) ont utilisé l'approche multidimensionnelle pour analyser la dynamique de la pauvreté à l'Ouest de l'Algérie en appliquant le modèle probit et logit ainsi que l'approche des ensembles flous. Les résultats de cette étude ont conduit aux conclusions selon lesquelles l'approche des ensembles flous est la méthode la plus pertinente de la mesure de la pauvreté et que le revenu à lui seul ne peut expliquer la pauvreté nécessitant ainsi la prise en compte d'autres variables prioritaires : l'habitat, le niveau de confort et le capital social.

Deutsch et Silber (2005) ont mené des études comparatives entre les approches de la pauvreté multidimensionnelle en Israël en utilisant l'approche des ensembles flous, la théorie de l'information, l'analyse d'efficacité et les indices de dérivations axiomatiques de la pauvreté. La conclusion de ces études révèle qu'il existe un accord raisonnable entre les approches multidimensionnelles de la pauvreté et celle des ensembles flous. Il résulte, de cette étude, que la pauvreté multidimensionnelle décroît avec le niveau de l'éducation du chef du ménage et qu'elle croît avec l'âge du chef de ménage et la taille du ménage. Ces conclusions sont identiques à celles de Gacko et al. (2014) portant sur une analyse de la pauvreté monétaire et non monétaire au Mali. Selon ces derniers, le profil de pauvreté non monétaire évolue en fonction de la taille du ménage et du niveau d'étude du chef de ménage. Le milieu rural demeure plus exposé aux deux formes de pauvreté que le milieu urbain.

Bosco (2005) a effectué une étude de la pauvreté multidimensionnelle au Sénégal à partir d'un indicateur composite de la pauvreté (ICP) reposant sur les besoins de base. Les résultats de cette étude révèlent que les formes de pauvreté les plus répandues au Sénégal sont liées à la vulnérabilité de l'existence humaine, aux manques d'infrastructures, d'éléments de confort et d'équipement. L'indice de la pauvreté multidimensionnelle vaut 60% contre 48,5% pour la pauvreté monétaire.

Pour leur part, Manga et Epo (2008) ont utilisé une méthode de combinaison des dimensions de la pauvreté appelée Analyse des correspondances multiples (ACM) pour cerner le niveau de pauvreté non monétaire au Cameroun. Les résultats obtenus indiquent une pauvreté monétaire de 40,2% contre 55,1% en ce qui concerne la pauvreté multidimensionnelle. Il découle, de la même étude, que la pauvreté augmente avec l'âge. Par ailleurs, qu'elle soit multidimensionnelle ou monétaire, la pauvreté au Cameroun touche plus le milieu rural qu'urbain. Ainsi, 49,8 % et 86,3% de personnes en milieu rural sont touchés respectivement par la pauvreté monétaire et la pauvreté multidimensionnelle.

Une étude menée en 2011 par les autorités burundaises sur la pauvreté multidimensionnelle révèle que, sur le plan national, 54,4% de personnes sont touchés par la pauvreté non monétaire. Les ménages dirigés par les femmes sont 1,05 fois plus exposés que ceux dirigés par les hommes, la pauvreté est plus marquée en milieu rural qu'en milieu urbain, quelle que soit la dimension considérée. De ces divers travaux, on constate une homogénéité des conclusions sur la pauvreté en milieu rural.

A l'issue de ses travaux sur les déterminants de la pauvreté non monétaire en République démocratique du Congo (RDC), Konde Konde (2016) parvient à la conclusion selon laquelle le sexe et le niveau d'instruction du chef de ménage et l'importance de la taille du ménage sont des déterminants de la pauvreté multidimensionnelle, ce qui, dans une certaine mesure, rejoint les résultats des auteurs précédemment cités.

En République du Congo, quelques auteurs se sont intéressés à la pauvreté non monétaire, en analysant des thèmes relativement différents les uns des autres. Ambapour (2006) a procédé au calcul de l'ICP à partir de la méthode de l'ACM. De cette étude empirique, il décèle trois types de pauvreté multidimensionnelle : une pauvreté du point de vue des infrastructures, une pauvreté traduisant la vulnérabilité de l'existence humaine et une pauvreté du point de vue du confort des ménages. Notten et al. (2008) se sont, pour leur part, penchés sur la pauvreté non monétaire des enfants et des femmes au Congo. Il en ressort que le risque de pauvreté est plus élevé chez les femmes que chez les hommes. Cette étude est fondée sur un ICP basé sur l'approche d'inertie.

Mampouya (2016) a mené une étude sur le noyau dur de la pauvreté en République du Congo. Au terme de cette recherche, il ressort que les pauvretés multidimensionnelle et monétaire sont évaluées respectivement à 41,8% et 37,5% des ménages et celle relative au patrimoine représente quant à elle 47,8% de ménages. Ces travaux ont en outre montré que la pauvreté multidimensionnelle touche davantage les ménages en milieu urbain. Cette conclusion est contraire à celles des autres ci-dessus mentionnées dans cet article, lesquelles ont montré une pauvreté multidimensionnelle plus prononcée en zone rurale qu'en milieu urbain.

De cette revue théorique et empirique, nous retenons que les variables socio-économiques sont considérées comme des facteurs explicatifs de la pauvreté multidimensionnelle, notamment : le sexe, l'âge, le niveau d'instruction, la pauvreté monétaire, le milieu de résidence du chef de ménage et la taille du ménage.

Cette pauvreté qui, auparavant, était analysée sur le plan financier a été majoritairement acceptée, puisqu'elle doit être étudiée dans toutes ses facettes. Cela suggère que l'étude de la pauvreté ne peut plus se limiter à la seule dimension monétaire, car elle restreint l'appréhension du phénomène et l'efficacité de la politique ou de l'action économique visant à l'amenuiser. De ce fait, l'analyse du concept doit être étendue à une dimension plus large en intégrant des facteurs autres que monétaires qui, d'après les conclusions empiriques ci-dessous, ont une fonction tout aussi majeure que le volet financier dans l'explication de la pauvreté.

Le Congo, au même titre que la plupart des pays où s'orientent les travaux empiriques sur la pauvreté, est une économie en développement dont la proportion de la population victime de privation s'avère très élevée, estimée à 46% en 2015. De ce point de vue, pour appréhender ce phénomène sur toutes ses facettes et offrir une vue panoramique de ses composantes, au passage, fort déterminantes pour la pertinence et l'efficience des politiques de lutte, la présente étude entend recourir aux facteurs socio-économiques proches de ceux étudiés dans la littérature. Cela permettra, par ailleurs, de mesurer le sens d'influence desdits facteurs sur la société congolaise, à l'aune des conclusions issues de certaines études antérieures.

Méthodologie et sources des données

Méthodologie

Méthode de construction de l'indicateur de pauvreté multidimensionnelle :

Dans le cadre du présent travail, la démarche de Desai et Shah (1988) a été utilisée pour la détermination du niveau de la pauvreté multidimensionnelle ou style de vie. Cette démarche consiste à procéder à l'agrégation de différents comportements de consommation et de différentes conditions d'existence. La technique de l'économétrie par le modèle logit est appliquée pour la réalisation de cette agrégation. Il s'agit, en fait, de déterminer un ensemble d'évènements ou d'expériences de vie représentatifs de la vie en société. Chaque expérience est ensuite régressée par rapport à un ensemble de variables socio-économiques. Enfin, pour chaque expérience, il est calculé un indicateur correspondant à la distance entre la valeur estimée pour chaque ménage et celle correspondant à l'ensemble de la société. Ainsi, l'indice de privation Dj d'un ménage j donné se calcule comme suit :

$$D_{j=}\frac{1}{I}\sum_{t=1}^{I} \lambda i\,\pi_{ij}\, avec\, j = 1, \ldots.., J \quad (1)$$

Avec **i** qui représente une consommation ou un événement de la vie sociale ; λi est la pondération de l'évènement **i** dans le panier des évènements choisis, à savoir I et θ_{ij} est la distance entre la valeur estimée de l'événement **i** pour le ménage ($\ddot{\theta}_{ij}$). La valeur moyenne observée de ce même événement pour toute la société (θ_{ij}) correspondant à :

$$\pi_{ij} = \ddot{\bar{\theta}} - \ddot{\theta}_{ij} \quad (2)$$

$\ddot{\theta}_{ij}$ peut être interprétée comme la probabilité estimée pour le ménage i de réaliser l'événement j. Le recours à une valeur estimée ($\ddot{\theta}_{ij}$) et non à la valeur observée θ_{ij} découle du souci de s'assurer que tout écart entre le ménage et la société tient plutôt à un manque de ressources qu'à un problème de préférences ou de goût. Pour chaque ménage j, la probabilité ($\ddot{\theta}_{ij}$) de réaliser un événement i devra ainsi ne dépendre que de ses caractéristiques sociodémographiques (revenu, taille, âge, etc.). Sur la base d'un modèle logit, on mesure $\ddot{\theta}_{ij}$ comme suit :

$$\ddot{\theta}_{ij} = P[\theta_{ij} = 1] = l(\sum_{k=1}^{k} \beta_i Z_{kj}) + \varepsilon_{ij}$$

Avec *I(.)*, une fonction logistique ; *Zkj* un vecteur de K variables sociodémographiques et εij correspondant à l'erreur.

Dans cette étude, nous avons utilisé l'indicateur de la pauvreté multidimensionnelle construit par MAMPOUYA (2016)[43]. Cet indicateur a été calculé à partir des évènements du tableau suivant :

Tableau 1 : Les variables de la construction de l'indicateur de la pauvreté multidimensionnelle :

Confort de l'habitat	Equipements	Accès à la propriété foncière
• type de logement; • indice de peuplement d'une pièce à usage d'habitation • accès à l'eau potable • existence des toilettes dans l'habitation • accès à l'éclairage électrique	• accès à la conservation au frais : réfrigérateur ou congélateur • accès aux moyens d'information et de communication : radio, télévision ou téléphone	• maison ou appartement, terrain nu ou autre

Source : Auteurs à partir des données de l'ECOM 2

Présentation du modèle :

Dans le cadre du présent article, nous disposons d'une variable Y (pauvreté multidimensionnelle) à prédire. Elle ne prend que deux valeurs 0 (non pauvre) et 1 (pauvre). Pour un individu i de l'échantillon de taille n, Y prend la valeur Y(i). La base de données comporte J variables explicatives ou descriptives $X_1, X_2, ..., Xj$ et pour un individu i, X(i) prend les valeurs $X_1(i), X_2(i), ..., X_j(i)$.

L'hypothèse émise sur la variable latente nous permet d'écrire, d'une part

$$X(i) = \propto_0 + \left(\sum_{k=1}^{j} \propto_k X_k(i)\right) + \varepsilon_i$$

[43] Mampouya (2016) a montré que l'incidence de la pauvreté multidimensionnelle ou de style de vie est de 41,8 % au Congo.

Et, d'autre part

$$y=\begin{cases} 0 \; si \; X \leq yo \\ 1 \; sinon \end{cases}$$

De ce fait, la probabilité P_i le ménage soit pauvre (Y=1) sera :

$$P_i=P\ (Y=1)=P(X > yo)=P\left(\propto_0+\sum_{k=1}^{j} \propto_k X_k(i) > y_0\right)+\varepsilon_i$$
$$=P\left[\varepsilon_i > y_o - \propto_0 - \left(\sum_{k=1}^{j} \propto_k X_k(i)\right)\right]=P\left[\varepsilon_i \leq \propto_0+\left(\sum_{k=1}^{j} \propto_k X_k(i)\right)-y_o\right]$$
$$=\theta\left[\propto_0+\left(\sum_{k=1}^{j} \propto_k X_k(i)\right)-y_o\right]$$

Avec θ (.) est la fonction de répartition de la loi de ε_i.

L'objectif du modèle est de construire une fonction qui permettra de prédire et d'expliquer les valeurs de la variable Y, à partir de l'ensemble de descripteurs. Pour y arriver, la régression logistique binaire postule l'hypothèse suivante :

Si θ (.) est la fonction de répartition de la loi logistique, alors :

$$P_i=\theta\left[\propto_0+\left(\sum_{k=1}^{j} \propto_k X_k(i)\right)-y_o\right] \qquad (1)$$

En posant $A=\propto_0+\left(\sum_{k=1}^{j} \propto_k X_k(i)\right)-y_0$

(1) devient : $P_i=\theta(A)=\frac{e^A}{1+e^A}=\frac{1}{1+e^{-A}}$

Nous pouvons observer qu'une fonction logit s'écrit :

$\ln\left(\frac{P_1}{1-P_1}\right)=A=\left(\propto_0 - y_0 \sum_{k=1}^{j} \propto_k X_k(i)\right)$

Le rapport $\frac{P_1}{1-P_1}$ est appelé rapport de chance (odds ration (en anglais)).

Si le modèle logit est très utilisé dans le domaine de la pauvreté c'est à cause de l'interprétation de l'exponentiel du coefficient d'une co-variable comme un Odds Ratio (OR). L'OR est le rapport des cotes d'exposition chez les « pauvres » et les « non pauvres ». Il est le rapport de la probabilité de survenue d'un événement et de la probabilité de survenue de l'événement opposé dans le groupe concerné.

Dans le cas où l'Odds Ratio est supérieur à 1 (OR > 1), on dira que les individus appartenant à cette catégorie ont plus de chance d'avoir la caractéristique étudiée que les individus de la catégorie de référence ;

Lorsque le rapport est inférieur à 1 (OR < 1), on dira que les individus appartenant à cette catégorie ont moins de chance d'avoir la caractéristique étudiée que les individus de la modalité de référence ;

Et si OR = 1, on dira qu'il y a absence de l'effet de la catégorie considérée sur la variable expliquée.

Les facteurs explicatifs de la pauvreté multidimensionnelle à estimer sont : le sexe, le milieu de résidence, le département, l'âge, la situation matrimoniale, le niveau d'études, la taille du ménage et la pauvreté monétaire du chef de ménage.

Sources de données

Les données de cette étude proviennent d'ECOM 2 réalisée par le Centre national de la statistique et des études économiques (CNSEE), en 2011. L'ECOM 2 est une enquête d'envergure nationale qui porte sur les conditions de vie des ménages en vue du suivi-évaluation de la pauvreté.

Interprétation des résultats

Profil de la pauvreté multidimensionnelle au Congo

Dans l'approche non monétaire, les ménages dont le chef est une femme sont plus pauvres que ceux dirigés par un homme. Plus de 44,2% de ménages pauvres sont dirigés par les femmes, contre 34,6% des hommes. En revanche, les écarts de pauvreté sont relativement faibles donc ne permettent pas d'affirmer que la pauvreté des ménages au Congo est plus féminine.

Graphique 1 : Pauvreté multidimensionnelle par sexe du chef de ménage

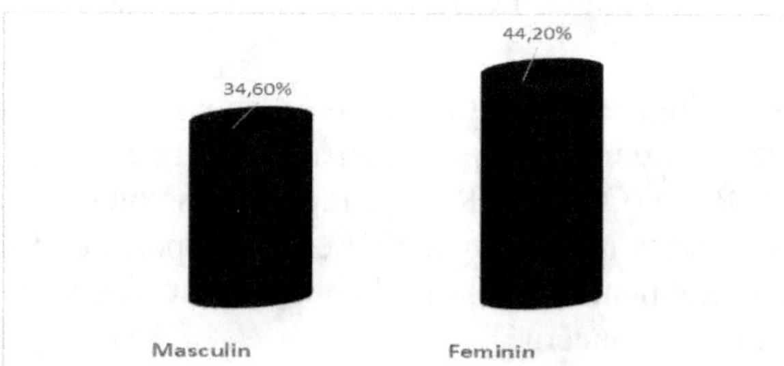

Source : les auteurs à partir des données de l'ECOM 2

Graphique 2 : Pauvreté multidimensionnelle par niveau d'instruction du chef de ménage

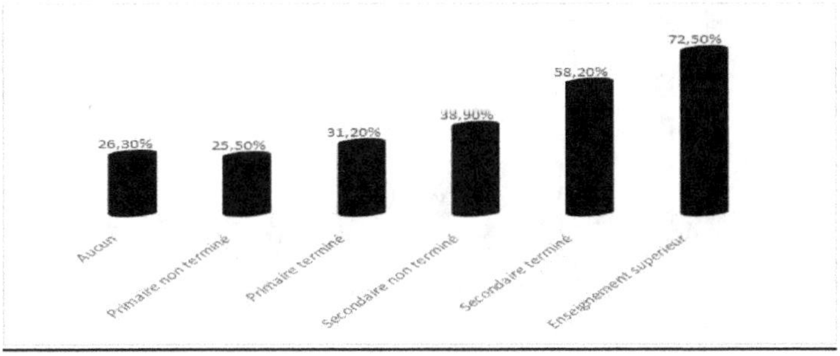

<u>Source</u> : les auteurs à partir des données de l'ECOM 2

Par rapport au niveau d'instruction du chef de ménage, il ressort de cette analyse que les ménages dont le chef a atteint le niveau supérieur (72,5%) ou a le niveau secondaire terminé (58,2%) sont plus touchés par la pauvreté multidimensionnelle comparativement à ceux qui n'ont pas de niveau. Autrement dit, la pauvreté croît avec le niveau d'instruction du chef de ménage (Graphique 4.2).

Graphique 3 : Pauvreté multidimensionnelle par situation matrimoniale du chef de ménage

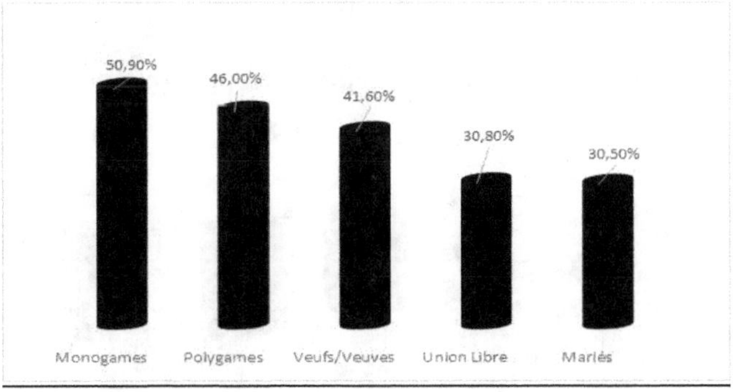

<u>Source</u> : les auteurs à partir des données de l'ECOM 2

Graphique 4 : Pauvreté multidimensionnelle par département

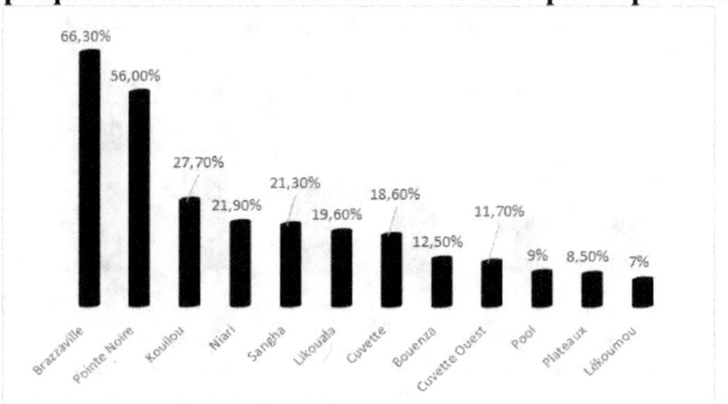

Source : les auteurs à partir des données de l'ECOM 2

Les ménages dirigés par les monogames (50,9%) suivis par les polygames (46%), ensuite les veufs /veuves ou divorcés (41,6%) sont plus touchés par la pauvreté multidimensionnelle que les ménages dont le chef est célibataire ou en union libre (30,8%) ou jamais mariés (30,5%). Les célibataires sont, par conséquent, moins pauvres que les autres.

Les ménages vivant dans les départements de Brazzaville (66,3%) et de Pointe-Noire (56,0%) sont les plus pauvres, ce, en dépit de la zone de résidence. En zone rurale, la région la plus pauvre, après le Kouilou (27,7%), est le Niari (21,9%). Tandis qu'en zone urbaine, c'est la ville de Pointe-Noire qui vient en deuxième position après Brazzaville. Au Congo, la pauvreté multidimensionnelle est urbaine.

Graphique 5 : Pauvreté multidimensionnelle par groupe âge du chef de ménage

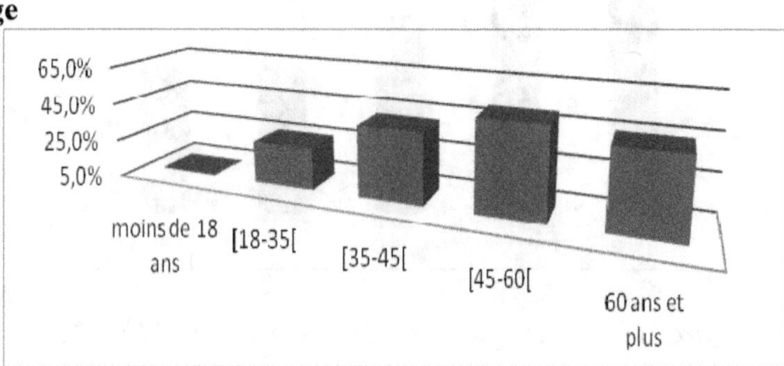

Source : les auteurs à partir des données de l'ECOM 2

Graphique 6 : Pauvreté multidimensionnelle par milieu de résidence

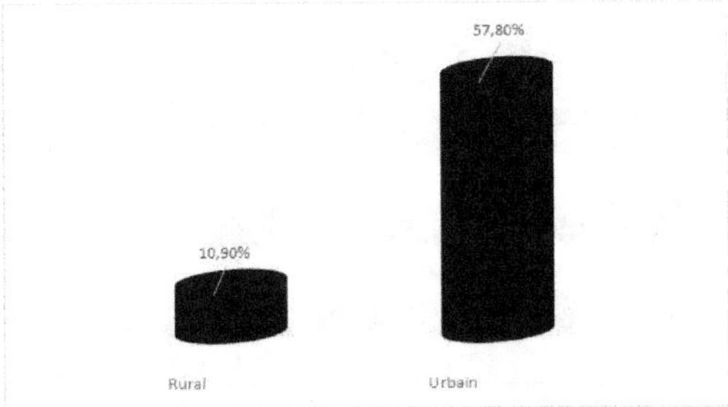

Source : les auteurs à partir des données de l'ECOM 2

La pauvreté multidimensionnelle touche moins les ménages dont le chef à moins de 45 ans. Les écarts étant faibles, nous ne pouvons affirmer l'existence au Congo d'une pauvreté juvénile. Les ménages dirigés par les jeunes de moins de 18 ans sont moins pauvres que ceux dirigés par des jeunes d'au moins 18 ans. D'une manière générale, le profil de pauvreté non monétaire est croissant avec le groupe d'âges. Il est, cependant, légèrement décroissant dans le cas où l'âge du chef de ménage est de plus de 60 ans.

Le portrait de la pauvreté non monétaire suivant le milieu de résidence montre une grande inégalité entre les deux milieux. En effet, 57,8 % des ménages urbains sont pauvres contre 10,9 % des ménages ruraux.

Le profil des pauvres au Congo étant connu, nous procédons ci-dessous à l'analyse des facteurs pouvant expliquer ce phénomène de pauvreté multidimensionnelle. C'est l'objet du prochain paragraphe.

Les facteurs explicatifs de la pauvreté multidimensionnelle

Le tableau 2 donne les résultats des estimations du modèle logistique des déterminants de la pauvreté multidimensionnelle.

Tableau 2 : Synthèse des résultats

Variables	Coef.	P>z	OR	Proba	OR[interv_confiance]	
Taille_ménage	-0,742316	0,000	0,476	32,25%	-0,478	-0,474
Masculin(Réf)			1	0,5		
Féminin	0,4506619	0,000	1,569	61,08%	1,538	1,601
Rural(Réf)			1	0,5		
Urbain	0,8412181	0,000	2,319	69,87%	2,259	2,381
Kouilou(Réf)			1	0,5		
Niari	-1,304199	0,000	0,271	21,35%	0,259	0,284
Lékoumou	-2,500758	0,000	0,082	7,58%	0,076	0,088
Bouenza	-1,849057	0,000	0,157	13,60%	0,150	0,165
Pool	-1,572218	0,000	0,208	17,19%	0,198	0,217
Plateaux	-1,817248	0,000	0,162	13,98%	0,154	0,171
Cuvette	-0,764412	0,000	0,466	31,77%	0,444	0,489
Cuvette-ouest	-0,986033	0,000	0,373	27,17%	0,349	0,398
Sangha	-1,120427	0,000	0,326	24,59%	0,308	0,345
Likouala	-1,228848	0,000	0,293	22,64%	0,278	0,308
Brazzaville	0,5457302	0,000	1,726	63,31%	1,653	1,802
Pointe-Noire	0,3915599	0,000	1,479	59,67%	0,647	0,706
âge_chef_ménage	0,0521421	0,000	1,054	51,30%	1,043	1,065
celibataire/jamais marié(Réf)			1	0,5		
monogame	0,4808382	0,000	1,617	61,79%	1,431	1,497
polygame	0,380833	0,000	1,464	59,41%	1,558	1,679
veuf/divorcé/séparé	0,287348	0,000	1,333	57,13%	0,974	1,416
union libre	0,0052224	0,000	1,005	50,13%	0,940	1,207
Aucun (Réf)			1	0,5		
primaire non terminé	0,1694517	0,000	1,185	54,23%	1,014	1,253
primaire terminé	0,1266512	0,000	1,135	53,16%	1,063	1,245
secondaire non terminé	0,2147861	0,000	1,240	55,35%	1,215	1,265
secondaire terminé	0,5249549	0,000	1,690	62,83%	1,650	1,732
enseignement supérieur	1,031835	0,000	2,806	73,73%	2,738	2,876
Non pauv_mô (Réf)			1	0,5		
Pauvre mô	-4,496685	0,000	0,011	1,10%	0,010	0,022

Source : calculs des auteurs à partir des données de l'ECOM 2

Validation du modèle

Un « bon » modèle est celui qui, a priori, fournit une description raisonnable. Comment parvenir à un tel modèle ? Il n'existe pas de stratégie de modélisation optimale, mais des principes. Dans notre cas, nous nous appuierons sur l'évaluation de l'aptitude qu'a le modèle à discriminer les «pauvres » des « non pauvres » par l'inspection des courbes de sensitivité, de spécificité et de ROC.

Pour cela, nous considèrerons les notions de sensitivité et de spécificité.

En fixant le seuil à 0,7, on obtient un classement avec une sensitivité et une spécificité proches de 80 %.

<u>Graphique 7</u>: Courbes de la sensitivité et de la spécificité et Courbe de ROC du modèle :

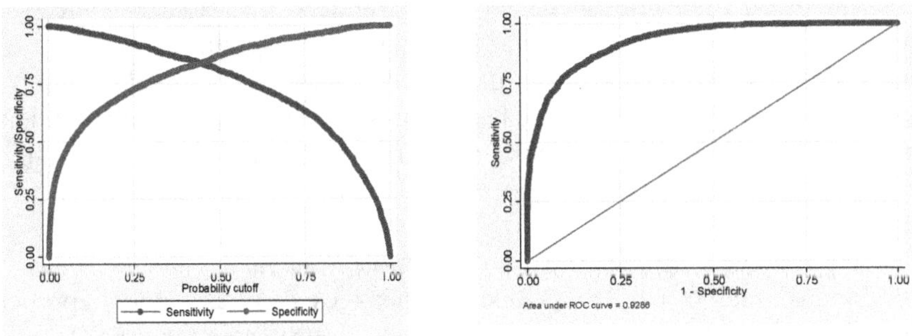

<u>Source</u> : les auteurs à partir des données de l'ECOM 2

Au moyen de l'indicateur de la capacité du modèle à discriminer, nous avons la courbe ROC. La surface de cette courbe nous permet d'évaluer la précision du modèle afin de discriminer les positifs (pauvres) des négatifs (non pauvres). Ainsi, il ressort de la courbe de ROC que la discrimination est exceptionnelle pour le modèle. (Aire ROC = 0,9286).

Interprétation des résultats

L'interprétation de ces résultats se fera en fonction des odds ratio ou Exp(β) au seuil de signification de 5%. Dans notre cas, le R^2 =50,86% ; ainsi, le modèle estime que 50,86% de la variance de la variable dépendante, ici, relève de la pauvreté non monétaire.

D'après le tableau ci-dessus, il ressort de cette étude que :

La taille du ménage influence négativement la pauvreté. En effet, plus la taille augmente, moins le ménage est vulnérable. Dans ces ménages composés de plusieurs personnes, les membres contribueraient au bien-être commun en y apportant le fruit de leurs efforts. Cela améliore, progressivement, les conditions de vie du ménage. Les ménages qui ont une taille faible ont 32,25 % de risques de vivre pauvres, contre 67,75% des ménages qui ont une grande taille. Il est à noter que ce résultat est contraire à celui présenté dans tous les travaux de notre revue empiriqueparcequ'il montre une relation positive entre ces deux variables. Mais, ce résultat va dans le même sens que les conclusions de l'étude effectuée par AÏSSOUN, F. et al. (2018).

Le sexe du chef de ménage explique positivement la pauvreté multidimensionnelle. La régression montre que les ménages dirigés par les femmes ont 1,6 fois plus de risques de connaître la pauvreté multidimensionnelle que les ménages dirigés par les hommes. Cette conclusion rejoint les résultats de l'enquête menée par le Bureau central du recensement du ministère de l'Intérieur burundais, qui montrent que, sous l'angle multidimensionnel, les ménages dirigés par les femmes sont 1,05 fois plus exposés que ceux dirigés par les hommes. Cette réalité pourrait s'expliquer par le fait que lorsque les femmes sont à la tête du ménage, leurs dépenses sont dédiées, en priorité, à l'alimentation plus qu'à l'acquisition des biens.

La pauvreté monétaire a un impact négatif sur la pauvreté multidimensionnelle, par le fait que les ménages pauvres selon l'approche monétaire ont 98,90% moins de risques d'être pauvres sur le plan multidimensionnel. Il est constaté que les ménages congolais dépensent, majoritairement, pour satisfaire leurs besoins alimentaires et bien moins pour leurs conditions de vie. Ces résultats sont similaires à ceux de Gacko et al. (2014). Ces derniers soutiennent que, au Mali, il existe des ménages qui ont les moyens financiers de pouvoir acheter un panier de biens minimums, mais vivent dans des conditions de vie très mauvaises. Ce sont les ménages qui ont un accès limité à l'information, à l'électricité, à la téléphonie, à l'eau potable...

Le niveau d'étude du chef de ménage explique positivement la pauvreté. Les ménages dont les chefs ont un niveau d'enseignement supérieur ont 2,8 fois plus de risques d'être pauvres que les ménages dont les chefs n'ont aucun niveau. Et ceux qui ont terminé le niveau secondaire ont1,690 fois plus de risques de vivre la pauvreté multidimensionnelle que les ménages dont les chefs n'ont aucun niveau. Ce résultat contraste avec la plupart des travaux axés sur l'analyse de la pauvreté qui, dans l'ensemble, attestent que la pauvreté non monétaire décroît avec le niveau d'instruction du chef de ménage. C'est le cas des études de Deutsch et Silber (2005), Gacko et al. (2014) ou Konde Konde (2016).

La situation matrimoniale du chef de ménage influence, à son tour, les conditions de vie des Congolais. En effet, le ménage dont le chef est célibataire ou jamais marié vit mieux que le ménage dirigé par les monogames, polygames, unions libres et les veufs/veuves. Par rapport au statut de célibataire, l'approche méthodologique utilisée par Ki et al. (2005)

a permis d'aboutir à la même conclusion selon laquelle les polygames sont plus pauvres que les monogames, les célibataires, les veufs et les divorcés.

L'âge du chef de ménage explique positivement la pauvreté multidimensionnelle. Plus l'âge augmente, plus le ménage est exposé à ce type de pauvreté. Au Congo, la probabilité que les ménages dont les chefs sont âgés soient exposés à ce type de pauvreté est de 51,30%, comparativement aux ménages jeunes. Les études comparatives entre les approches de la pauvreté multidimensionnelle, en Israël, menées par Deutsch et Silber (2005) ont, également, abouti au résultat suivant lequel la pauvreté multidimensionnelle croît, notamment, avec l'âge du chef de ménage. La justification d'une telle conclusion peut tenir de la théorie du cycle de vie, qui suggère une amélioration des conditions de vie pendant les périodes d'intense activité et une baisse pendant la période de retraite. De ce point de vue, lorsque le chef de ménage est jeune, l'indice de pauvreté est faible, en ce sens que ce dernier bénéficie d'une pléthore d'activités qui améliorent sa capacité à consentir de meilleures conditions de vie aux membres du ménage dont il a la charge. Par contre, le panel d'activités est plus réduit pour les chefs de ménage dont l'âge est plus avancé, ce qui expose le ménage à un risque accru de pauvreté non monétaire.

Le milieu de résidence, à son tour, explique positivement la pauvreté multidimensionnelle. Ici, la pauvreté touche plus le milieu urbain (Brazzaville et Pointe-Noire) que le milieu rural. La régression montre que la zone urbaine a 2,319 fois plus de risques d'être exposée à ce phénomène que la zone rurale. Ce résultat s'aligne aux conclusions des travaux de Mampouya (2016) sur le noyau dur de la pauvreté en République du Congo. D'après cette étude, la pauvreté multidimensionnelle est un phénomène urbain. Pour le cas spécifique du milieu de résidence, la proportion de pauvres serait plus élevée, en milieu urbain qu'en milieu rural, pour deux raisons, principalement. D'une part, elle s'expliquerait par la possession de terrains d'habitation, plus difficile dans les grandes villes (Brazzaville et Pointe-Noire) que dans l'arrière-pays. D'autre part, elle serait le fait d'un nombre plus élevé d'individus par pièce d'habitation en ville qu'en milieu rural.

Le département explique positivement la pauvreté multidimensionnelle, car les ménages vivant dans les départements de Brazzaville et Pointe-Noire sont plus touchés par la pauvreté multidimensionnelle. Ces départements ont respectivement 1,726 et 1,479 fois plus de risques d'être assujettis à la pauvreté multidimensionnelle, comparativement au département du Kouilou. L'analyse de ce facteur est le même que celui concernant le milieu de résidence.

Conclusion

L'objectif de cet article a consisté à déterminer les facteurs explicatifs de la pauvreté multidimensionnelle en République du Congo, en utilisant le modèle logit. La base de données qui a rendu possible cette étude est celle d'ECOM 2. Comme déterminants fondamentaux de la pauvreté en République du Congo, le modèle utilisé recourt aux variables : la taille, le sexe, le niveau d'instruction, la situation matrimoniale, le milieu, la pauvreté monétaire du chef de ménage et son département. En effet, au Congo, il s'est révélé, notamment, que :

- la pauvreté multidimensionnelle est urbaine. Cette situation s'explique essentiellement par le coût d'acquisition des maisons d'habitation ou les difficultés d'avoir de l'eau potable. Pour réduire ce phénomène, la construction des logements sociaux à petit prix et une politique visant la régulation et le contrôle des prix des terrains s'avèrent opportuns. S'agissant de l'accès à l'eau potable, le gouvernement peut accélérer l'exécution du projet « Eau Pour Tous » en couvrant, de manière plus optimale, les zones de Brazzaville et Pointe-Noire qui demeurent les plus exposées aux coupures d'eau ;
- les femmes sont plus exposées à la pauvreté non monétaire que les hommes. L'autonomisation des femmes et leur intégration au processus de développement est une question figurative au centre des préoccupations majeures des acteurs économiques et décideurs politiques, tant à l'échelle nationale, régionale qu'internationale. Ainsi, pour que les politiques ou initiatives déjà mises en place produisent de meilleurs résultats, les décideurs peuvent axer leurs stratégies sur les points suivants : ouvrir des formations qualifiantes à plus de femmes, faire accéder les femmes à un éventail plus large d'activités génératrices de revenus, mettre davantage l'accent sur l'égalité de sexes.

Références bibliographiques

Ambapour, S. (2006). *Pauvreté multidimensionnelle au Congo : une approche non monétaire*, Document de Travail Dt 13/2006, Bureau d'application des Méthodes Statistiques et informatiques-BAMS-, Brazzaville.

Benhabib et al. (2007), *The Analysis of poverty dynamics in Algeria: a multidimensional approach*, Laboratory MECAS, University of Tlemcen.

Benicourt, E. (2001). « La pauvreté selon le PNUD et la Banque Mondiale », Revue études rurales. p. 35-54.

Bertin et Leyle, (2007), *Mesurer la pauvreté multidimensionnelle dans un pays en développement : Démarche méthodologique et mesures appliquées au cas des observations de la Guinée maritime*, Communication à la chaire Quételet Belgique.

Bertin, A. (2006). *Quel espace d'évaluation pour la pauvreté ? Une analyse des interactions théoriques entre utilité, ressources et capabilités*, Document de travail N°125, ATER-ED/ IFReDe-GRES, Université de Montsequieu –Bordeaux IV.

Coudouel A. et al (2002). « Mesure et poverty measurement and analysis ». In *Poverty Source Book*. Vol. I. Washington, DC: Banque Mondiale.

Deaton et Muellbauer (1980), «An almost ideal Demand System »,*The American Economic Review*, Vol.70, N°3, pp.312-326.

Desai, M. et Shah, A. (1988). « An econometric approach to the measurement of poverty », Oxford Ecomic Papers, 40: 505-522.

Deutsch et Silber (2005). « Measuring Multidimensional Poverty: An Empirical
Comparaison of Various Approaches ». *Review of Income and Wealth*, 51, 145-174.

Djoke et al, (2006). « Profil de pauvreté infantile dans les pays de l'UEMOA : une analyse comparative basée sur l'approche multidimensionnelle de la pauvreté ». In document de travail PEP, PMMA, communication de juin 2006 lors de la 5ème conférence du PEP.

Gacko, I. et al, (2014), *Analyse de la pauvreté monétaire et non monétaire au Mali de 2001 à 2013 : Tendances et profils*, Document d'étude et d'analyse économiques DEAE N°012.

Gupta et al. (2014), « *Direct Distribution of Resource Revenues: Worth Considering?*»IMF Staff Discussion Note, SDN/14/05, 26p.

Hassine, B. (2006),*Analyse de la pauvreté multidimensionnelle en France*, Faculté des sciences économiques et de gestion, Université Lumière, Lyon 2 D63.

Ki, J.B. et al, (2005). « Pauvreté multidimensionnelle au Sénégal : une approche non monétaire par les besoins de base », Cahier de recherche PMMA 2005-05, PEP.

Koloma (2008), « *Contribution à l'analyse de la pauvreté non-monétaire micro– multidimensionnelle au Mali* », Groupe d'économie du développement, Document de travail/142.

Konde Konde (2016). « *Les déterminants de la pauvreté non monétaire en République démocratique du Congo* », Université de Kinshasa.

Lachaud, J.P. (2000), *Pauvreté et choix méthodologique : le cas de la Mauritanie*, Document de travail N° 22, Centre d'économie de développement, Université Montesquieu-Bordeaux IV.

Mampouya - M'bama, F. C. (2016). « Le Noyau Dur De La Pauvreté en République du Congo », *Journal of Economics and Development Studies*.

Manga, N.T. et Epo. N.B. (2008). *Pauvreté multidimensionnelle au Cameroun : une alternative par l'analyse en composantes principales.*

Notten, G., Makosso, B. et Mpoue, A. (2008). *Pauvreté multidimensionnelle des enfants et des femmes en République du Congo,* Rapport finaldu 4 avril 2008.

PNUD (1990), « *Rapport mondial sur le développement humain* », Éditions Economica, Paris, 204p.

Ravillon M. (1996)« Comparaison de la pauvreté : Concepts et mesures », Etude sur la mésure des nievaux de vie (LSMS) document de travail N° 122.

Rawls, J. (1971). « A Theory of justice », Harvard University Press, Cambridge, MA.

Rowntree, B. S. (1901). « Poverty: A study of Town life ». London: Macmillian), pp.5, 199».

Sen, A. (1987). « The Standard of Living ». Cambridge: Cambridge University Press

Sen, A. (1985). « Commodities and Capabilities », Amsterdam : North-Holland, 104p.

DEUXIEME PARTIE
CROISSANCE ECONOMIQUE ET PROTECTION DE L'ENVIRONNEMENT

Effet de Seuil de la consommation d'énergie sur la croissance économique des pays de la Communauté Économique et Monétaire de l'Afrique Centrale (CEMAC)

Clachel Hermann LEKANA[44]
Chérif Sidy KANE[45]
Mathias Marie Adrien NDINGA[46]

Résumé

L'objectif de cet article est de déterminer le niveau optimal de consommation de l'énergie susceptible de relancer la croissance dans les pays de la CEMAC. Pour réaliser cet objectif, un modèle à seuil brutal a été mobilisé. L'application de la méthode de détection de seuil de Hansen (1999,2000) en données de panel a permis de montrer le caractère non linéaire de la relation et de déterminer le niveau optimal de consommation d'énergie correspondant à 28,7256%. Deux types d'explications peuvent permettre de comprendre ces résultats. La première réside sur le faible niveau de consommation d'énergie des pays de la CEMAC et la seconde a trait à la consommation d'énergie comme un facteur indispensable à la croissance économique des pays de la CEMAC. Ces résultats ont donné lieu à une implication de politique économique.

Mots clés : *Consommation d'énergie, croissance économique, Effet de seuil, Panel, CEMAC*
Classification JEL : Q43, C33, C23, O55

Introduction

La relation entre la consommation d'énergie et la croissance économique fait l'objet de plusieurs études, depuis le travail séminal de *Kraff, J. et Kraff, A. (1978).* Ces travaux (Kpemoua, 2016 Percebois et Hansen, 2009 et Ongono, 2009) ont souvent été regroupés en quatre hypothèses, en dépit des résultats recensés (Belke et al.,2010 et Dantama et Inuwa, 2012). Dans la première, on retrouve les résultats qui présentent une relation uni-variée entre la consommation d'énergie et la croissance

---

[44] Docteur de l'Université Marien NGOUABI,
[45] Maître de Conférences, agrégé à l'Université Cheikh Anta DIOP,
[46] Maître de Conférences, agrégé à l'Université Marien NGOUABI.

économique. Pour les tenants de cette approche, la croissance économique cause la consommation d'énergie. Pour la seconde, la consommation d'énergie est plutôt un facteur qui explique la croissance économique. Il est, également, constaté, dans la troisième approche, l'existence d'une relation feedback. Cette approche admet une relation bivariée entre les variables. Ainsi, une augmentation de la consommation d'énergie entraînerait celle de la croissance économique et vice-versa. La dernière, plus ambiguë parmi toutes celles citées, présente une absence de relation entre ces trois variables.

Cette difficulté de décision sur la relation entre la consommation d'énergie et la croissance économique a plutôt tenté d'évoluer dans l'optique de l'économétrie. Pour certains, cette diversité des résultats est due à la non-conformité des techniques quantitatives. On remarque une absence de conformité des résultats quelles que soient des nouvelles techniques économétriques mobilisées. Ce gap de connaissance soulève une option de non-linéarité entre les variables, parce que la propriété de non-linéarité des séries économiques peut être justifiée par l'existence d'asymétries dans la dynamique des variables[47]. Ainsi, l'association des pays ne présentant pas les mêmes caractéristiques peut être à l'origine de la non-linéarisation des séries économiques.

Bien que, dans la réalité, cette relation semble être claire et définie, au vu de la forme de développement rencontrée au monde actuellement, les résultats des études empiriques sont considérés comme des paradoxes aux comportements micro ou macro réalisés par des agents économiques. Au-delà de ce constat, un deuxième fait peut être signalé. Dans la majorité d'études présentant une relation bi variée ou celles admettant une influence dans le sens de la consommation d'énergie vers la croissance économique, on remarque que les pays ou groupements retenus comme champs d'étude sont constitués de pays développés ou émergents. Ce fait, bien que banal, laisse prétendre à l'existence d'un niveau d'énergie capable de déclencher la relation bi-variée ou uni-variée dans l'optique de l'énergie facteur stimulant de la croissance. En effet, les systèmes productifs, les activités industrielles et humaines reposent sur un modèle énergétique. Ainsi, une consommation faible d'énergie est tributaire d'un niveau d'activité faible (Lékana, 2018). En dépit de ce qui précède et du rôle joué par l'énergie dans le monde actuel, il paraît intéressant de s'interroger sur la question suivante : quel est le

[47]Ben Salem Mélika, Perraudin Corinne. Tests de linéarité, spécification et estimation de modèles à seuil : une analyse comparée des méthodes de Tsay et de Hansen. In: Économie & prévision, n°148, 2001-2. pp. 157-176;doi : 10.3406/ecop.2001.6284 http://www.persee.fr/doc/ecop_0249 4744_2001_num_148_2_6284

niveau d'énergie susceptible de stimuler la croissance économique dans les pays de la CEMAC ?

Cette problématique se justifie sur le champ de la CEMAC pour deux raisons majeures : la première s'explique par le fait que les pays de la CEMAC sont en train d'élaborer une politique énergétique commune. Mais, ces pays partent sur une base où chaque pays présente ses hétérogénéités. Par conséquent, l'association confirme l'approche asymétrique des données et valide l'étude du non linéaire. La seconde est fondée sur l'idée selon laquelle les pays de la CEMAC, depuis quelques années, visent un niveau de croissance de 7% conformément à l'atteinte des OMD[48] et ODD[49]. Pour matérialiser ces ambitions, ils se sont lancés, tous, sur des vastes programmes d'investissement en termes d'infrastructures.

L'objectif général de cet article est de déterminer le niveau optimal de la consommation d'énergie capable de stimuler la croissance économique des pays de la CEMAC. De façon spécifique, il s'agit de montrer que, dans la zone CEMAC, la relation entre la consommation d'énergie et la croissance économique est non linéaire et qu'il existe un niveau d'énergie susceptible de créer la croissance économique. Au vu de ces objectifs spécifiques, nous retenons, pour hypothèse, que la zone CEMAC admettrait un niveau seuil de consommation d'énergie qui pourrait booster la croissance des pays membres de la zone.

La suite de ce travail se présente comme suit : après l'introduction, nous abordons la seconde section portée sur la situation de la consommation d'énergie et de la croissance économique dans les économies de la CEMAC, par la suite nous présenterons la revue de la littérature dans la troisième section. La quatrième section est consacrée à l'analyse de cette relation sur le plan méthodologique, alors que la cinquième portera sur la présentation et l'interprétation des résultats. La section six est consacrée à la conclusion et aux implications économiques.

Situation de la consommation d'énergie et de la croissance économique dans les économies de la CEMAC

Dans le cadre de cet article, la consommation d'énergie est captée par une variable proposée par la Banque Mondiale qui représente, selon l'AIE, la

---

[48]OMD : Objectif du millénaire pour le développement : comptait huit objectifs et vise un niveau de production de 7%.

[49] ODD : Objectif du développement durable : compte 17 objectifs. L'objectif n°7 porte sur l'amélioration des conditions d'accès à l'énergie pour promouvoir l'industrie.

somme de la consommation des énergies utilisées à des fins de consommation, à l'exception de l'énergie utilisée pour des transformations industrielles. Cette variable est la consommation d'énergie totale exprimée en joule. Cependant, la croissance économique est captée par le produit intérieur brut qui est la somme des valeurs ajoutées brutes des producteurs résidant dans l'économie et les impôts en excluant les subventions. Le niveau de ces indicateurs, pour les années 1990-2012, est présenté dans le tableau ci-après :

Tableau n :1 le niveau de la consommation d'énergie et la croissance économique entre 1990 et 2012.

	Années	1990	2000	2010	2012
CAMEROUN	Consommation d'énergie	197176,8	247251,1	242839,7	255864,9
	PIB	11845,7	9287,4	23622,5	26472,1
	Coefficient de corrélation			0,52	
CENTRAFRIQUE	Consommation d'énergie	29934,1	20994,3	17362,3	16903,6
	PIB	1507,4	956,8	2033,8	2236,7
	Coefficient de corrélation			-0,49	
TCHAD	Consommation d'énergie	9306,7	65127,2	60953,2	62890,5
	PIB	s1833,7	1575,8	9791,1	11362,6
	Coefficient de corrélation			0,51	
CONGO	Consommation d'énergie	24780,5	23943,4	45139,6	50260,9
	PIB	2798,7	3219,9	12281	13656,3
	Coefficient de corrélation			0,99	
GUINEE EQUATORIALE	Consommation d'énergie	4792,4	7425,1	12390,9	13260,6
	PIB	133,2	1177,4	13391,9	19213
	Coefficient de corrélation			0,96	
GABON	Consommation d'énergie	42186,1	55904,9	75210,8	77365
	PIB	6039,5	5676,8	12882	15968,4
	Coefficient de corrélation			0,92	

Source : les auteurs à partir de la base de données tirée de la Banque Mondiale (2016).

La lecture du tableau n° 1 montre que le niveau de la consommation d'énergie et du PIB sont en nette croissance dans l'ensemble des pays depuis les années 2000. L'année 1990 présente des disparités : le côté du PIB et celui de la consommation d'énergie. Le niveau de consommation d'énergie, dans l'ensemble des pays, est corrélé à celui de la consommation d'énergie. Une particularité est plus observée dans les pays présentant une forte dépendance au pétrole, tels sont le cas du Congo, de la Guinée Équatoriale et du Gabon dont les coefficients de corrélation atteignent respectivement des valeurs de 0,99, 0,96, et 0,92.

Revue de littérature

Les études portant sur la relation entre la consommation d'énergie et la croissance économique ont fait l'objet de plusieurs travaux aussi bien théoriques qu'empiriques. Sur le plan théorique, la relation entre la consommation d'énergie et de la croissance économique est, souvent, abordée sur la place de l'énergie dans l'économie (Lékana, 2018). Cette vision prend appui sur la nature de l'énergie comme facteur de croissance.

Dans cette perspective, on assiste à une controverse entre les tenants de la vision orthodoxe (Solow, 1956, 1959, et 1973, Stiglitz, 1973, Romer 1986, Lucas 1990...), soutenant que l'énergie ne peut être considérée comme un facteur de croissance. En effet, les rares tentatives portées sur la modélisation ou la comptabilisation de la croissance n'intègrent pas l'énergie comme facteur de croissance. A titre d'exemple, on peut citer les travaux de Solow (1956). Ces derniers admettent que le progrès technique exogène est la principale source de croissance à long terme. Mais, Solow soutient, également, que le capital physique contribue à la croissance à court terme, car, à long terme, son rendement est décroissant, excluant ainsi le rôle de l'énergie dans la production. On note également que lorsque les modèles d'obédience libérale ont intégré les ressources naturelles (Solow, 1974 ; Stiglitz, 1974...) les conclusions n'ont pas changé. La venue des théories de la croissance moderne, l'hypothèse de Solow (1956) et Swan (1956) selon laquelle le capital a un rendement décroissant sera réfutée. Pour ces auteurs, le rendement du capital a un effet d'entraînement sur le rendement social de l'économie (D. de la Croix et Baudin 2015). Ainsi, plusieurs facteurs de croissance vont émerger, pour expliquer le caractère exogène du "résidu de Solow". Mais quel que soit le facteur proposé, l'énergie n'est pas toujours admise comme facteur de croissance économique.

Contrairement aux économistes de vision orthodoxe, les économistes écologiques considèrent que la sphère économique n'est pas isolée du monde naturel où elle y puiserait les ressources naturelles dont elle a besoin et où elle y jetterait les déchets, mais qu'elle y est bel et bien intégrée et dépendante. Il devient évident qu'entre le processus économique et l'environnement, il y a une continuelle interaction (*Georgescu-Roegen, 1979).* Il est temps de reconnaître que la nature joue un rôle important dans le processus économique et d'intégrer les phénomènes de l'environnement dans les approches économiques.

Cette approche biophysique a incité plusieurs économistes à revoir le modèle de croissance traditionnel de Solow basé uniquement sur les deux facteurs de production (le capital et le travail) et qui intègre l'énergie comme étant un facteur essentiel de production. Dans le cadre de ses travaux portant sur les États-Unis, *Stern (1993, 2000)* suggère d'évaluer la production à partir de l'énergie productive, du stock de capital et du travail. Il s'est basé sur le fait que toute production requiert la mise en œuvre et la transformation d'une certaine quantité de matière. Ce processus de transformation ne peut se réaliser qu'en présence d'une quantité d'énergie bien déterminée. Par ailleurs, *Pokrovski (2003)* considérait que l'énergie serait, au même titre que la main-d'œuvre, un facteur essentiel dans le processus de production. Par conséquent, elle acquiert toutes les propriétés d'un facteur de production.

Ainsi, la fonction de production est déterminée par le stock de capital, le travail et l'énergie. De même, Ghali et El-Sakka (2004) ont intégré l'énergie dans la fonction de production pour étudier la relation entre la croissance économique et les différents facteurs de production au Canada. A partir de ces perspectives, *Thompson (2006)* suggère que chaque quantité supplémentaire d'énergie permet de créer des emplois supplémentaires ; ce qui permet de transformer la matière première en capital. En se basant sur l'indispensabilité de l'énergie dans le maintien des activités économiques, en raison de l'impact que procure sa demande, de plus en plus croissante dans le processus de production, *Lee et Chang (2008)* dénotent que l'exclusion de la consommation d'énergie de la fonction de production est un acte déraisonnable.

Cette littérature a fait l'objet de plusieurs travaux résumés, souvent, sur des thématiques axées sur le sens de causalité, discutée par Belke et al (2010) et *Dantama et Inuwa, (2012)* et l'influence de la consommation d'énergie sur la croissance économique ou inversement Holtz-Eakin, (1994); Cashin, (1995); Baltagi et Pinnoi, (1995) cité par *Ongono (2009).* Mais, quelle que soit l'approche, les résultats peuvent être classés en hypothèses, ce qui reflète la littérature théorique. Ainsi, lorsque les résultats admettent l'hypothèse de la conservation et de la neutralité, la vision orthodoxe se confirme, par contre s'ils admettent l'hypothèse de la croissance et de feedback, c'est la vision hétérodoxe qui est affirmée.

L'hypothèse de la conservation est valable s'il existe une causalité unidirectionnelle allant de la croissance économique à la consommation d'énergie (Belke et al, 2010) et (Apergis et Payne, 2009). L'hypothèse de la neutralité se vérifie, lorsqu'il n'y a pas de preuve de la causalité entre la consommation d'énergie et la croissance économique. Ainsi, la politique axée sur la conservation de l'énergie n'a pas d'effet sur le PIB réel ou la croissance économique *(George et Nickoloas, 2011).*

Ainsi, quelques travaux présentant ces hypothèses peuvent être illustrés comme suit :

La première génération d'approche a été marquée par le travail de *Kraft et Kraft (1978)*. Cette étude a été remise en cause par *Akarca et Long (1980*). Ces derniers ont fait remarquer que la période choisie était instable, puisqu'elle comprenait le premier choc pétrolier. En réduisant la période d'étude de deux périodes, ces auteurs ont, donc, repris l'analyse avec la même technique, de 1950 à 1968. Le test a révélé l'absence de causalité entre le PIB et la consommation d'énergie. *Ambapour et Massamba (2005*) ont testé le sens de causalité entre la consommation d'électricité et la croissance économique du Congo, de la période allant de 1960 à 1999. Le résultat indique qu'il existe une relation, à long terme, entre la croissance économique et la consommation d'énergie.

Le test de causalité de Granger révèle l'existence d'une causalité unidirectionnelle du PIB vers la consommation d'énergie. *Dantama, Umar Abdullahi, et Nasiru (2012)* examinent l'impact de la consommation d'énergie sur la croissance économique au Nigeria au cours de la période 1980-2010 en utilisant la méthode autorégressif décalage (ARDL). Les résultats indiquent, à long terme, une relation entre la croissance économique et les variables de consommation d'énergie (pétrole et électricité). Mais la consommation de charbon est statistiquement insignifiante.

Ces résultats s'opposent aux deux premières hypothèses énoncées. On parle, plutôt, de l'hypothèse unidirectionnelle allant de la consommation d'énergie à la croissance économique. L'hypothèse bidirectionnelle, encore appelée hypothèse de feedback. L'hypothèse de croissance est étayée, s'il existe une causalité unidirectionnelle de la consommation d'énergie pour l'économie de croissance *(Belke et al 2010).* L'hypothèse de rétroaction indique que la consommation d'énergie et la croissance économique s'affectent simultanément, ce qui est la relation feedback entre les deux (*Belke et al, 2010, Dantama et Inuwa, 2012*).

Ebohon (1996) examine les directions d'impact et la causalité entre la consommation d'énergie et la croissance économique (représentée par le PIB). Il fait état d'un lien de causalité simultanée entre l'énergie et la croissance économique de la Tanzanie. *Stoytas et al. (2001)* ont, à leur tour, utilisé une technique généralisée de décomposition de la variance des erreurs de *Pesaran et Shin (1998)* pour déterminer le contenu en information de la variance de la croissance dans la consommation d'énergie en Turquie, sur la période 1960-1995. Le résultat indique une causalité unidirectionnelle de la consommation d'énergie vers le PIB : la consommation d'énergie affecte positivement le PIB. Cela suggère qu'il est possible que, à long terme, le programme d'économie de l'énergie puisse influencer la croissance économique.

Shiu et Lam (2004) appliquent le modèle de correction d'erreur pour examiner la causalité de la relation entre la consommation d'électricité et le PIB réel de la Chine, au cours de 1971-2000. Leurs résultats de l'estimation indiquent que le PIB réel et la consommation d'électricité, pour la Chine, sont co-intégrés. Il existe une causalité unidirectionnelle, au sens de Granger, allant de la consommation d'électricité au PIB réel, mais pas vice-versa. *Ambapour et Massamba (2005)* ont testé le sens de causalité entre la consommation d'électricité et la croissance économique du Congo de la période allant de1960 à 1999. Le résultat indique qu'il existe une relation, à long terme, entre la croissance économique et la consommation d'énergie.

Le test de causalité de Granger révèle l'existence d'une causalité unidirectionnelle du PIB vers la consommation d'énergie. *Ongono (2009)* a analysé l'impact de la consommation d'énergie sur la croissance du Cameroun. Les résultats montrent que, sur un plan global, il n'existe pas une relation de causalité directe, mais au plan sectoriel, les résultats sont différents. Dans le secteur primaire, le test de Granger rejette, également, l'existence d'une causalité entre la production nette (valeur ajoutée du secteur agricole) et la consommation d'énergie. La causalité n'apparaît que dans les secteurs secondaire et tertiaire. Alors que dans le secteur secondaire c'est la production (valeur ajoutée du secteur industriel) qui cause la consommation d'énergie. De même, dans le secteur tertiaire, la causalité va en sens inverse, puisque c'est la consommation d'énergie qui cause la production (valeur ajoutée du secteur des services). Mensah (2014) montre que la consommation d'énergie détermine, de manière unidirectionnelle, la croissance économique au Kenya, alors que cette relation est vraie dans le sens opposé pour le Ghana.

Par conséquent, la compréhension du rôle de l'énergie, dans la théorie traditionnelle de croissance, n'est pas assez définie. Le rôle de l'énergie comme conducteur de croissance économique et de production est, jusque-là, toujours faible. Le choix entre ces théories, les modèles de concurrence et les données pourrait justifier l'évidence empirique. Sur le plan empirique, par contre, nous remarquons que ce débat a évolué avec les méthodes ou/et modèles économétriques.

Méthodologie d'étude de la relation.

L'objectif de cet article est de déterminer le niveau optimal de consommation d'énergie susceptible de relancer la croissance dans les pays de la CEMAC. Pour y parvenir, nous procédons par un modèle à Seuil, avec transition brutale proposé par Hansen (1999). Mais, bien avant, le modèle Top down est retenu comme cadre théorique de cette méthodologie. Les modèles Top down montrent l'avantage, voire des relations entre les variables macroéconomiques assez stables et qui peuvent se prêter facilement aux prévisions. Toutefois, ces modèles présentent quelques problèmes d'endogénéité des variables. Ainsi, le modèle formalisé se présente comme suit :

$$y_{it} = f(K, L, E\, B) = A_0 K_{it}^{\alpha} L_{it}^{\beta} E_{it}^{\gamma} B_{it}^{\delta} \quad (1)$$

où Y_{it}, K_{it}, E_{it} et B_{it} représentent respectivement le PIB réel, le stock du capital physique et l'effectif total de la main-d'œuvre, relatifs au secteur, la consommation d'énergie et les bénéfices tirés des ressources naturelles. Il correspond au nombre de pays de la CEMAC et t à l'année de l'étude qui va de 1990 à 2015; quant aux, α, β, γ, et δ, ils renvoient, directement, aux élasticités et ε_{it} le terme d'erreurs du modèle.

Depuis l'insertion des modèles à seuil par *Tong (1978) et Tong et Lim en 1980*, le monde de l'économétrie a connu des avancées significatives. Bien que les travaux dans ce domaine soient en plein essor, la littérature sur les modèles à seuil se place suivant leur évolution en deux catégories : les modèles à seuil à transition brutale et les modèles à seuil à transition lissée. Les travaux de Mélika, et Perraudin (2001) font une description détaillée entre le modèle *de Tsay (1989)* et de *Hansen (1999)*. Mais, c'est dans la thèse de Fouquau (2008) que nous retrouvons une littérature détaillée de l'évolution des modèles à seuil. Dans l'optique de Fouquau et de Lekana (2018), cet article s'inscrit dans la vision de *Hansen (1999 et 2000)*.

Dans l'approche des modèles à seuil de transition brutale en données de panel, l'objectif est de décrire le lien non linéaire entre la consommation d'énergie et celle du PIB. De cette manière, la volonté est de tenir compte de l'hétérogénéité et des variations de la relation au cours du temps. Un modèle de panel à seuils avec effets fixes individuels décrivant la relation et possédant une unique fonction de transition admet l'écriture générale suivante :

$$U^{c}_{it} = \mu_i + \beta'_0 Y^{c}_{it} I(q_{it} \leq c_1) + \beta'_1 Y^{c}_{it} I(q_{it} > c_1) + \varepsilon_{it} \qquad 2)$$

Où : la fonction de transition est représentée par une fonction indicatrice I(.) qui prend la valeur 1, si la contrainte entre parenthèses est respectée, 0 si non. Dans ce cadre, nous respectons bien les restrictions imposées par *Hansen (1999)* concernant la variabilité de la variable explicative et de la variable de transition au cours du temps. L'originalité de ce modèle réside dans la représentation d'un panel par plusieurs régimes distincts caractérisés, chacun, par une relation différente entre la variable expliquée et la variable explicative.

Pour mieux comprendre ce mécanisme de transition, nous pouvons reformuler l'équation (3.4) de la manière suivante :

$$U_{it} = \begin{cases} \mu_i + \beta'_0 Y^c{}_{it} + \varepsilon_{it} & \text{si } q_{it} \leq c_1 \\ \mu_i + \beta'_1 Y^c{}_{it} + \varepsilon_{it} & \text{si} q_{it} > c_1 \end{cases} \quad (3)$$

Les observations individuelles sont, alors, réparties entre les deux régimes. Leur appartenance à l'un ou à l'autre dépend de la position de la variable de transition par rapport au seuil.

Descriptions des variables et sources de données.

Cette étude utilise des données annuelles qui couvrent la période allant de 1990 à 2015 des pays de la CEMAC (le Cameroun, la République Centrafricaine, le Tchad, la République du Congo, la Guinée Équatoriale et le Gabon). Toutes ces données ont été extraites de la base des données de la Banque Mondiale (WDI ; 2016). Le choix de cette période a été essentiellement dicté par la disponibilité des données. Les variables se présentent comme suit : le PIB réel en dollar constant de 2005 dollars américains est utilisé comme proxy de la mesure de la croissance des différents pays ; la consommation d'énergie est représentée en tonne-joule ; la population active (en référence à la population active totale comprenant des personnes de 15 ans et plus qui répondent à la définition de l'Organisation internationale du travail, la population économiquement active : toutes les personnes qui fournissent du travail pour la production de biens et services pendant une période déterminée et comprend à la fois les employés et les chômeurs) ; la formation brute de capital fixe (mesurée en pourcentage du PIB) sont utilisés comme un ensemble de variables de contrôle dans les modèles estimés et les bénéfices tirés des ressources naturelles.

Toutes les variables sont, en nature, les logarithmes qui signifient que chaque coefficient estimé doit être interprété comme une élasticité constante de la variable dépendante, par rapport à la variable indépendante. Les statistiques descriptives des différentes variables sont résumées dans le tableau suivant :

Tableau n°2 : Statistiques descriptives

Variables	Moyenne	Ecart Type	Minimum	Maximum	Obs
Consommation d'Énergie (en tonne joule)	68527,38	78914,89	4289,884	276109,6	156
Formation Brut de Capital Fixe (pourcentage du PIB)	31,79856	35,62341	4,622169	219,0694	156
Produit Intérieur Brut (constants de 2005)	3,78E+12	2,87E+12	5,34E+11	1,18E+13	156
Total Population Active (pourcentage de la population)	73,62839	8,387559	60,6	89,5	156
Total Bénéfice Tire des Ressources Naturelles (pourcentage du PIB)	34,32507	23,58364	6,132427	87,94779	156

Source *: auteurs à partir des résultats extraits sur stata.14*

La lecture du tableau, ci-dessus, révèle une grande dispersion sur la série de la population active, ce qui s'explique par la taille des populations des pays de la CEMAC. Celle-ci compte six pays dont, à peine, deux dépassent la grille de 15.000.000 d'habitants (le Cameroun et le Tchad).

En ce qui concerne les séries sur le produit intérieur brut, la consommation d'énergie, le total bénéfice tiré des ressources naturelles et la formation brute de capital brut, on observe aussi une faible dispersion (écart-type important) des valeurs autour de la valeur moyenne. L'importance de cet écart-type se justifie par le fait que ces pays ont connu une forte exploitation. Ce qui justifie également la série sur les investissements.

Enfin, pour le niveau de la consommation d'énergie, cela s'explique par la nature importatrice des pays de l'énergie. Par conséquent, l'écart type doit présenter un comportement gravitant autour de sa moyenne. Cette étude descriptive ne permet pas de distinguer la non-linéarité des variables.

Démarche d'estimation

La démarche utilisée, dans cette section, se décompose en trois étapes. Premièrement, elle consiste à tester le modèle en vérifiant la non-linéarité de la relation consommation d'énergie et la croissance économique et, plus précisément, une spécification à changements de régimes. Nous interpréterons, ensuite, les résultats de ces modèles sur les données décomposées à l'aide de la méthode de *Beveridge et Nelson (1999).*

Le test de linéarité

Le test de linéarité a pour objectif de montrer que l'effet de seuil est statistiquement significatif. Réciproquement, il montre que la relation liant les variables explicatives à la variable expliquée peut être représentée à l'aide d'un modèle à changements de régimes. Pour ce faire, on construit un test d'hypothèse nulle de linéarité contre l'alternative d'un modèle à transition brutale avec un unique seuil.

Plus précisément, ce test consiste à tester l'égalité des coefficients des différents régimes. Dans l'équation 3.4, l'absence d'effet de seuil est représentée par l'hypothèse suivante :

$$H0 : \beta'_0 = 0 \text{ versus } H1 : \beta'_0 \neq 0 \qquad (4)$$

Selon *Hansen (1999)*, ce test fait souvent apparaître le problème de « Davies ». En effet, le seuil n'est pas identifiable sous l'hypothèse nulle, cette difficulté est appelée dans la littérature « problème de Davies » (voir *Davies 1977, 1987)*. Le test de linéarité doit, donc, être construit en considérant ce paramètre comme étant fixé à sa valeur estimée. Il est ainsi possible d'utiliser les statistiques de tests usuels telles que le test de Fisher :

Où

$$F_1 = \frac{S_0 - S_1(\hat{c}_1)}{\hat{\sigma}^2} \text{ Où } \hat{\sigma}^2 = \frac{1}{N(T-1)} S_1(\hat{c}_1) \qquad (5)$$

Où S_0 est la somme des carrés des résidus du modèle linéaire et $S1(\hat{c}_1)$ la somme des carrés des résidus du modèle à un seuil. Cependant, sachant que l'estimateur du paramètre de seuil est obtenu afin de maximiser la fonction de vraisemblance et non pas indépendamment des observations, la distribution des statistiques de tests n'est pas connue. Ce problème peut, toutefois, se résoudre en se rapportant à la méthodologie de *Hansen (1996)*. Il suffit de simuler, par bootstrap, la distribution de ce test de Fisher. Selon *Hansen (2000)* la p-value peut être générée en utilisant la fonction de distribution ; on obtient :

$$p - \text{value} = 1 - [1 - \exp\left(-\tfrac{1}{2}F_1\right)] \qquad (6)$$

La règle de décision est la suivante : si p-value de F_1 est plus petite que la valeur critique retenue (1%, 5% ou 10%), alors on rejette l'hypothèse nulle de linéarité. En cas de rejet de l'hypothèse nulle de linéarité, il est, alors, possible de poursuivre la stratégie de test. Après ce qui précède, nous abordons maintenant les tests de détermination du nombre de régimes nécessaires pour la prise en compte de la non-linéarité.

Estimation des paramètres d'un modèle PTR.

L'estimation d'un modèle PTR se fait en deux étapes. La première consiste à enlever les effets fixes individuels, l'objectif étant d'éliminer les différences permanentes qui existent entre les individus sur la période et qui pourraient biaiser l'estimation. L'élimination des effets individuels, qui sont des paramètres déterministes, consiste à ôter les moyennes individuelles spécifiques. Cette étape est standard dans les modèles linéaires (transformation within). Cependant, elle nécessite un traitement plus prudent dans le contexte des modèles à seuil. Sachant que les effets individuels dépendent du seuil, ils doivent, donc, être recalculés à chaque itération afin de rechercher la valeur. Cette transformation se présente comme suit :

$\bar{y}_{it} = \beta' \bar{x}_{it}(c) + \bar{\varepsilon}_{it}$

Où $\bar{y}_{it} = y_{it}$-$\bar{y}_i$ avec $\bar{y}_i = \frac{1}{T}\sum_{t=1}^{T} y_{it}$

$\bar{x}_{it} = x_{it}$-$\bar{x}_i$ avec $\bar{x}_i = \frac{1}{T}\sum_{t=1}^{T} x_{it}$

$\bar{\varepsilon}_{it} = \varepsilon_{it}$-$\bar{\varepsilon}_i$ avec $\bar{\varepsilon}_i = \frac{1}{T}\sum_{t=1}^{T} \varepsilon_{it}$

L'application de cette transformation élimine les effets fixes, il devient possible de déterminer le niveau de seuil optimal ($\hat{c}$). Pour ce faire, il convient d'exécuter des moindres carrés séquentiels c'est-à-dire, pour chaque valeur possible de c. Puis déterminer le vecteur de résidu $\hat{\varepsilon}(c)$ ainsi que la somme des carrés résidus (SCR).

$$SCR(c) = [\hat{\varepsilon}(c)]'[\hat{\varepsilon}(c)] \qquad (7)$$

Chan (1993) et Hansen (1999) recommandent de minimiser la somme des carrés des résidus concentrés à l'aide des moindres carrés pour retenir comme estimateur optimal des paramètres de seuils celui qui minimisera la somme des carrés des résidus tel que :

$$\hat{c} = \text{argmin}_{\gamma} SCR(c) \qquad (8)$$

Le calcul de $\hat{c}$ permet de déterminer les coefficients de la pente ainsi que le vecteur des résidus afin de déduire la variance empirique des résidus :

$$\hat{\sigma}^2 = \frac{1}{N(T-1)}[\hat{\varepsilon}(c)]'[\hat{\varepsilon}(c)] = \frac{1}{N(T-1)} SCR(c) \qquad (9)$$

Une fois déterminés le seuil et la variance, la seconde étape consiste à procéder au test de linéarité du processus. Cela a déjà fait l'objet du point précédent.

Présentation des résultats et implications économiques

Examinons le tableau récapitulatif 3 qui fournit la somme des carrés des résidus (SCR) pour chaque spécification ainsi que les statistiques de tests de Fisher avec leur p-value. Plus précisément, la statistique F1 est celle du test de linéarité, F2 est la statistique confrontant l'hypothèse nulle d'un modèle à deux régimes versus l'hypothèse alternative d'un modèle possédant, au minimum, trois régimes, et F3 trois régimes versus au minimum quatre. Comme évoqué dans la sous-section précédente, l'ensemble de ces informations permet de déduire le nombre de régimes optimaux pour chaque variable de transition, puis la variable optimale parmi les huit potentielles.

Tableau 3 : Test de la variable de transition

	Variables de transition							
	lnec_t1	lnec_t2	lnec_t3	lnec_t4	lnpib_t1	lnpib_t2	lnpib_t3	lnpib_t4
	Régime à deux seuils							
SCR	4,2907	4,2037	3,8233	3,5242	3,0065	2,8752	2,6135	2,4294
F1	14,33	12,39	15,09	21,42	73,85	73,57	75,31	80,65
P-value	0,6867	0,7600	0,6333	0,4467	0,0000	0,0033	0,0033	0,0067
	Régime à Trois seuils							
SCR	3,4405	3,1773	2,8230	2,8908	2,6198	2,5173	2,2387	2,0530
F2	30,89	38,77	40,75	24,10	18,45	17,06	19,25	20,17
P-value	0,0433	0,0265	0,033	0,1533	0,4067	0,5000	0,4633	0,4333
	Régime à Quatre seuils							
SCR	2,5366	2,4277	2,1604	1,9530	1,7934	1,95577	2,1704	2,2607
F3	27,29	28,86	35,27	43,00	15,92	16,64	19,18	19,85
P-value	0,7500	0,5400	2,1604	0,7567	0,5667	0,5167	0,4700	0,4700

Source : Extrait de stata par les auteurs à partir des données de la BM

Note : F1, F2 et F3 représentent les tests de ratio de vraisemblance. Les p-value sont obtenues à partir de 300 simulations de Boostrap pour l'ensemble de modèles.

La lecture du tableau n°3 montre que le caractère non linéaire de la relation dépend du type de la variable de transition. En effet, si l'on se contente de la variable de transition consommation d'énergie, l'hypothèse de la linéarité de la relation semble être admise. Par contre, lorsqu'on admet pour variable de transition le PIB retardé, la relation entre la consommation d'énergie et la croissance économique devient non linéaire, puisque la statistique de Fisher rejette l'hypothèse nulle d'absence d'effet de seuil pour les régimes à deux et trois seuils. Plus concrètement, ce test de Fisher nous permet de rejeter l'hypothèse d'un régime unique sur l'ensemble de la période pour tous les pays. La relation consommation d'énergie et croissance économique estimée en données de panel est, donc, non linéaire ou cette relation n'est pas homogène pour tous les pays.

En poursuivant cette analyse, on peut interpréter des résultats de ce tableau3. La minimisation de la somme des carrés des résidus ainsi que les tests de linéarité qui indiquent que la variable de transition optimale est la composante du PIB retardé de quatre périodes. Cette variable minimise également la valeur des critères d'information lors de la comparaison des modèles concurrents ne contenant pas le même nombre de régimes. La composante du PIB retardé de quatre périodes est le facteur explicatif qui permet de mieux tenir compte de la non-linéarité et ou de l'hétérogénéité individuelle et de l'instabilité temporelle des coefficients de pente.

Avant de s'intéresser, plus en détails, aux résultats du modèle avec la variable de transition optimale, nous allons revenir sur la robustesse de nos conclusions face au choix de la spécification. L'objectif est de montrer que la présence d'effets de seuil est toujours validée, lorsque la variable de transition est significative. Voici l'écriture d'une telle spécification dans le cadre du modèle PTR à trois régimes :

$$U^c{}_{it} = \mu_i + \beta'_0 Y^c{}_{it} I(q_{it} < c_1) + \beta'_1 Y^c{}_{it} I(c_1 < q_{it} < c_2) + \varepsilon_{it} \qquad (10)$$

Tableau 4 : Tests de linéarité d'un modèle à deux seuils

Modèle	Seuil		Borne inférieure		Borne supérieure		
Seuil 1	28,7256		28,4357		28,8510		
		Test d'effet de seuil (bootstrap = 300 300):					
Seuil	SCR	MCE	Fstat	Prob	Crit10	Crit5	Crit1
Simple	2,4294	0,0221	80,65	0,0067	45,6796	57,7341	76,3036

Source *: Extrait de STATA par les auteurs à partir des données de la BM.*

Nous remarquons que, dans le test pour un seuil unique (avec H0: modèle linéaire, H1: modèle de seuil unique), la statistique F1 est de 80,65, donc, est largement supérieure à sa valeur critique à 1% (76,3036). Par conséquent, la statistique F1 est significative avec une valeur de probabilité de bootstrap au seuil de 5%, mais inférieure à celle de 1%. Comme le prouve le test de linéarité, cette relation est non linéaire surtout dans le cadre d'une variable de transition qui est le PIB retardé de quatre périodes.

Tableau 5 : Résultat de l'estimation d'un modèle à seuil.

	Variable endogène PIB
	Coefficient
Ln de la formation brute du capital Fixe	0,218702***
	(0,036392)
Ln le la population active	9,362619 ***
	(1,189247)
Ln des bénéfices tirés des ressources naturelles	0,2376433 ***
	(0,0479697)
Coefficient du régime inférieur	0,0714444
	(0,0530944)
Coefficient du régime supérieur	0,9875767 ***
	(0,0799966)
Constante	-0,1604335 ***
	(0,0204463)
Statistique de Fisher	71,02***
Nombre d'observation	132

Source : extrait de STATA par les auteurs à partir des données de la BM. Les écarts-types sont entre parenthèses et *, **, et *** indiquent une significativité respectivement au seuil de 10 %, 5 % et 1 %.

La statistique F est de 71,02 au niveau de signification de 1% avec l'hypothèse nulle de tous. u_i = 0 confirme que le modèle d'effet fixe est approprié. Les valeurs p de bootstrap des seuils supportent l'existence d'un effet de seuil au niveau de 1%. Les estimations de la pente de régression dans le modèle PTR indiquent l'effet de la consommation d'énergie dans les deux régimes:

Lorsque le logarithme de la consommation d'énergie est inférieur ou égal à 28,7256 %, le coefficient est positif soit 0,0714444 %, mais non significatif, ce qui implique que les deux variables évoluent dans le même sens, alors que, lorsque le logarithme de la consommation d'énergie est strictement supérieur à 28,7256 %, le coefficient est positif, significatif au seuil de 1% et égal à 0,9875767 % suggérant que la croissance économique est positivement liée à la consommation d'énergie des pays de la CEMAC. Ainsi, si la consommation des pays de la CEMAC dépasse les 28,7256 %, alors, une augmentation de 1% de la consommation d'énergie entraînera une augmentation du niveau de croissance de 0,987%, si toute chose égale par ailleurs. Il faut, également, signaler la significativité de toutes les variables de contrôle dans le modèle, ce qui pousse à dire qu'il n'y a pas eu un effet de report sur la variable intérêt et que ces résultats peuvent faire l'objet d'une interprétation.

Interprétation des résultats

De ce résultat, on tire deux enseignements : le premier portant sur l'existence d'une relation non linéaire entre la consommation d'énergie et la croissance économique et le second sur la consommation d'énergie, principal facteur pour la croissance économique.

Le faible niveau de la consommation d'énergie des pays de la CEMAC.

La lecture du tableau n°5 montre que la significativité de la consommation d'énergie dépend d'un niveau de consommation bien défini, dans le cadre de cet article, il est de 28,7256% de la consommation d'énergie. Ainsi, on peut dire que les quatre hypothèses émises, dans la littérature, sont dues à la mauvaise spécification en termes d'approches, puisque la présence d'un seuil justifie l'existence d'une relation non linéaire entre les deux variables, expliquant ainsi cette divergence des résultats dans le même champ d'une année à une autre.

Ainsi, si l'on se retrouve en deçà de la valeur seuil, dans une étude portant sur la relation de la consommation d'énergie sur la croissance économique, les résultats valideront l'hypothèse de la neutralité. Au cas contraire, on obtiendra soit une relation uni-variée, soit bi-variée. Cet argumentaire expliquerait tant soit peu les différences rencontrées dans les études menées en Occident qui ont, souvent, des relations uni-variées ou bi-variées, à l'instar des travaux de *Tiwari (2011)* dans le cadre de l'Europe et de l'Asie ; il trouve que l'énergie non renouvelable a un impact négatif sur la croissance, alors que celle dite renouvelable a un impact positif. *Apergis et Payne (2012a)* et *Shafiei, et al (2011)* trouvent que la relation est bi-variée, alors que celles menées dans les pays en développement et, particulièrement, dans les pays à revenu intermédiaire sont souvent neutres, par exemple les travaux d'*Akinlo (2008),* pour le Cameroun, *Ambapour et al (2005)* pour le Congo.

Ces résultats confirment l'approche de *Percebois (1989)* sur la spécificité des individus étudiés. En effet, si les résultats diffèrent en ce point, cela s'explique par le fait que les pays infirmant l'hypothèse de neutralité sont plus développés que ceux qui l'affirment et, ceux-là sont plus développés ou plus avancés.

Dans le cadre de la CEMAC, on peut l'expliquer dans la mesure où la région est parmi celle qui présente le niveau d'accessibilité le plus bas du continent, ce qui est dû soit à des pertes de distributions, des coupures, au niveau des prix ou aux problèmes de production, soit à l'absence d'une politique d'industrialisation productrice des biens et services et non des extractions des matières premières. Ainsi, une causalité au sens de Granger dans la CEMAC aura plus tendance à présenter une absence de causalité qu'un autre résultat. Après une analyse économétrique détaillée[50], on peut réaliser le test de causalité de Granger[51] en données de panel. Les résultats de ce test sont présentés dans le tableau 7 suivant.

Tableau 6 : Test de Causalité de Granger

Test de Causalité de Granger			
Null Hypothesis:	Obs	F-Statistic	Prob.
LN_EC does not Granger Cause LN_PIB	144	1.07442	0.3443
LN_PIB does not Granger Cause LN_EC		0.78307	0.4590

Source *: Les auteurs à partir des données extraites de la base de WDI.*

Il ressort, de la lecture de ce tableau que, dans le cadre de la CEMAC, l'hypothèse de neutralité est vérifiée, puisque l'hypothèse d'absence de causalité est retenue et celle de présence est rejetée. Ce résultat enrichit les analyses dans le cadre de la CEMAC. En effet, l'absence de causalité entre les deux variables peut s'expliquer par le niveau de la consommation des pays de la CEMAC qui est encore faible pour améliorer la croissance. Egalement, cette croissance, étant tributaire des ressources naturelles, n'influe pas sur la consommation d'énergie. On remarque que, pour les pays dont les économies sont axées vers une forte industrialisation (les pays émergents), la relation se vérifie soit dans le sens de la conservation, soit dans le sens d'une bi-causalité.

La consommation d'énergie un facteur indispensable à la croissance économique des pays de la CEMAC

La lecture des résultats, présentés dans le tableau n°13, montre qu'une augmentation de 1% de la consommation d'énergie entraîne une augmentation de 0,98% de la croissance économique, si toutes choses restent inchangées. On constate que seul 0,02% sera expliqué par l'autre facteur de croissance. Ce résultat corrobore les objectifs du PNUD sur les ODD, sur l'influence de l'accessibilité à l'énergie sur le fonctionnement d'une économie. En théorie économique, la vision hétérodoxe est, une fois de plus, confortée dans cet article. Mais, ce résultat conforte un peu plus la vision des environnementalistes ou des écologistes sur les dangers d'une consommation excessive de l'énergie. Et que c'est elle qui est au centre des économies. Le principal soulagement est que les pays de la CEMAC semblent encore loin

[50] Cf annexes, les deux variables ont fait l'objet des tests de stationnarité et de Co intégration et après détection d'au moins une relation de Co intégration, nous avons pu procéder à l'estimation du test de Granger en données de panel.

[51] Les tests de causalité de Granger permettent de capter l

du seuil. Ces résultats peuvent s'expliquer, dans le cadre de la CEMAC, dans la mesure où la sous-région est riche en matières premières et détient des facteurs attractifs en termes d'implantation des entreprises. Mais, les difficultés en termes d'énergie ne permettent pas de rendre possibles ces progrès vers une croissance économique soutenue.

Conclusion et implications économiques

L'objectif de cet article a été de déterminer un niveau optimal de consommation de l'énergie susceptible de relancer la croissance dans les pays de la CEMAC. Pour le réaliser, nous avons fait appel au modèle Top-down de type KLEM. Un modèle à seuil non brutal a été utilisé sur la méthodologie empirique. L'application de la méthode de détection de seuils de *Hansen (1999,2000)* a permis de montrer le caractère non linéaire de la relation et de déterminer le niveau optimal de consommation d'énergie.

Ainsi, nous sommes en mesure d'affirmer les hypothèses défendues dans le cadre de cet article. Des résultats proposés ont montré que la principale recommandation est la prise en compte de la politique énergétique dans les objectifs de développement. Cela semble être également un indicateur de croissance. En effet, une politique d'efficacité énergétique doit être envisagée par les autorités, puisqu'il n'est pas question de produire plus, mais plutôt de consommer de manière efficiente.

Références bibliographiques

Akinlo, A.E., 2008. Energy Consumption and Economic Growth: Evidence from 11 African (countries). *Energy Econ.* 30, 2391–2400.

Ambapour et Massampa. 2005. Croissance économique et consommation d'énergie au Congo : une analyse en termes de causalité. *Document de travail* n°12.

Apergis, N., Payne, J.E. 2009a. Energy consumption and economic growth in Central America: evidence from a panel cointegration and error correction model. *Energy Econ.* 31 (2),

Belke, A., Dreger, C., de Haan, F. 2010. Energy consumption and economic growth new insights into the cointegration relationship. *Ruhr Economic Papers* No. 190, pp. 1-22.

Ben Salem M., Perraudin C. 2001. Tests de linéarité, spécification et estimation de modèles à seuil : *une analyse comparée des méthodes de Tsay et de Hansen.* In *Économie & prévision, n°148, 2001-2. pp. 157-176*; doi : 10.3406/ecop.2001.6284.

Dantama, Y.U., Y., Umar, Y.Z., Abdullahi, I. Nasiru 2012. Energy Consumption - Economic Growth Nexus in Nigeria: An Empirical Assessment Based on ARDL Bound Test Approach. *European*

Scientific Journal, 8 (12), 141-157. doi.org/10.1016/j.eneco.2010.08.003

David. De la Croix et Baudin T. 2015. La croissance économique. IRES, *Université catholique de Louvain.* Discussion Paper 2015-21

Ebohon, O., J., 1996. Energy, economic growth and causality in developing countries. Energy Policy 24 (5), 447–453.

Esso, L.J. 2010. Threshold cointegration and causality relationship between energy Use and growth in seven African countries. Energy Economics, 32(6), 1383-1391.

Fouquau J. 2008. Modèles à changements de régimes et données de panel : de la non-linéarité à l'hétérogénéité. Thèse de doctorat, Université d'Orléans, soutenue le 28 septembre 2008.

George, E.H. And Nickoloas, G.T. 2011. The Effect of Energy Consumption on Economic Growth on countries Economic Efficiency: *A Conditional Non-parametric Approach*: MPRA Paper No. 28692

Georgescu-Roegen N. 1979. Energy and matter in mankind's technological circuit. *Journal of Business Administration* 10: 107-127.

Hansen B.E. 1999. Threshold effects in non dynamic panels: estimation, testing and inference, *Journal of Econometrics*, 93, P.345-368.

Hansen B.E. 2000.*Sample splitting and threshold estimation*".Econometrica 68(3), pp. 575-604.

Kraft, J. and A. Kraft. 1978. On the relationship between energy and GNP. *Journal of Energy and Development* 3, 401–403.

Lee, C.C., Chang, C.P. 2007. Energy consumption and GDP revisited: A panel analysis of developed and developing countries. *Energy Economics*, 29, 1206-1223.

Lekana H. 2018. Effets de la consommation d'énergie sur la croissance économique dans les pays membre de la Communauté Economique et Monétaire d'Afrique Centrale (CEMAC). *Thèse de doctorat, Université Marien Ngouabi, de Soutenue le 09 Aout 2018.*

Ongono P. 2009. Energy consumption and economic performance in Cameroon *University of Yaounde II, Faculty of economics and management/* MPRA Paper No. 23525, Online at http://mpra.ub.uni-muenchen.de/23525posted 27. June 2010 10:13 UTC.

Percebois J. 1989. *Economie de l'Energie*, Ed. Economica, Paris • pp. 435-444.

Percebois J. 1999. L'apport de la théorie économique aux débats énergétiques» n° 509 de la *Revue de l'Énergie*, pp. 473- 488.

Pokrovski V.N. 2003.Energy in the theory of production, *Energy,* vol 28, p. 769–788.

Romer, P. M. 1986. Increasing Returns and Long-Run Growth, *Journal of Political Economy*, 94, 1002-1037.

Shafiei S., Salim R A. and Cabalu H. 2013. The nexus between energy consumption and economic growth in OECD countries: a decomposition analysis, *School of Economics & Finance, Curtin Business School, Curtin University, Perth*, WA 6845, Australia

Solow R. 1956. a Contribution to the Theory of Economic Growth, *the Quarterly Journal of Economics*, 70, 65 94.

Solow, R. M. 1974. The economics of resources or the resources of economics. *The American Economic Review*, 1-14.

Stern, D.I. 1993. Energy use and economic growth in the USA, a multivariate approach, *Energy Economics* 15, 137–150.

Stern, D.I. 2000. A multivariate cointegration analysis of the role of energy in the U.S. macroeconomy, *Energy Economics* 22, 267– 283.

Stiglitz, J.1974. Growth with exhaustible natural resources: efficient and optimal growth paths. *The review of economic studies*, 123-137.

Tiwari, A. K. 2011. Comparative performance of renewable and nonrenewable energy source on economic growth and CO2 emissions of Europe and Eurasian countries: A PVAR approach. *Economics Bulletin* 31 (3):2356-2372.

Thompson H. 2006. The applied theory of energy substitution in production, *Energy Economics*, vol 28 (4), p. 410–425.

Tong, H. & Lim, K. S. 1980. Threshold autoregression, limit cycles and cyclical data, *Journal of the Royal Statistical Society* 42, 245–292.

Tong, H.1978. On a threshold model, in C. H. Chen, *ed., 'Pattern Recognition and Signal Processing', Sijthoff and Noordhoff, Amsterdam*, pp. 101–141.

Tsay R. 1989. Testing and Modelling Threshold Autoregressive Processes, *Journal of the American Statistical Association*, vol. 84, pp. 231-240.

Chocs de demande et cyclicité de l'output gap des pays de la CEMAC[52]

Jean Roméo Félix, KOUIKA BOUANZA[53]
Jean Ignace TENDELET[54]
Mathias Marie Adrien NDINGA[55]

Résumé :

Cet article se propose, à partir des données de panel sur la période 1987-2016, d'analyser les effets des chocs de demande sur la cyclicité de l'output gap dans les pays de la CEMAC. Pour ce faire, nous avons recouru, d'un côté, au cadre théorique de la nouvelle économie keynésienne pour établir le lien entre chocs de demande et cyclicité de l'output gap et, de l'autre, aux techniques VAR en panel par le biais de la procédure GMM en système, afin d'apprécier empiriquement le lien en examen. Il ressort, des résultats obtenus, que les politiques monétaires et budgétaires amplifient la dynamique des cycles conjoncturels dans les pays de la CEMAC. A ce titre, la nécessité consiste à revisiter les politiques monétaire et budgétaire, afin de leur donner une orientation contra-cyclique.

<u>Mots clés</u> : Chocs de demande, Cyclicité de l'output gap, CEMAC.
Classification JEL : E32

Introduction

Le coût en bien-être des fluctuations, dans les pays africains, est très élevé (*Houssa, 2006; Pallage et Robe, 2003*). Aussi, Mbou (2015) comme le FMI (2016), dans le contexte de la CEMAC, parviennent-ils aux conclusions identiques. Selon Houssa (2006), les politiques successives de stabilisation peuvent contribuer à l'amélioration du bien-être économique ; parce que, comprendre la source de la cyclicité de l'output gap[56] est préalable à l'implémentation des politiques de stabilisation (Lucas, 1981). Il importe de noter que les chocs de demande, suivant le nouveau paradigme keynésien, se

[52] Tiré du chapitre 3 de la thèse sur *Chocs et cyclicité de l'output gap des pays de la CEMAC*

[53] Université Marien NGOUABI, FSE/LARES.

[54] Université Marien NGOUABI, FSE/LARES.

[55] Université Marien NGOUABI, FSE/LARES.

‡,‡‡ Université Marien Ngouabi

résument aux changements majeurs dans les politiques économiques (notamment les politiques monétaire et budgétaire).

De ce fait, la considération des chocs de demande concourt-elle à l'explication de la cyclicité de l'output gap ? Répondre par l'affirmative à cette question suppose que l'on recourt, fondamentalement, bien que de manière nuancée, à l'approche keynésienne du cycle conjoncturel. Il convient de rappeler que, pour cette approche qualifiée de la théorie de la demande, les chocs de demande jouent un rôle central dans l'explication de la cyclicité de l'output gap. Cette approche a été, longtemps, remise en cause par l'approche néoclassique, du fait de son manque de fondements théoriques à la rigidité nominale qu'elle prônait la résurgence de la nouvelle approche keynésienne du cycle conjoncturel réhabilite le rôle crucial des chocs de demande dans l'explication du cycle conjoncturel par le biais de l'endogénéisation de la rigidité nominale. Au-delà de l'aspect théorique, bon nombre de travaux confirment le fait que les chocs de demande expliquent les cycles conjoncturels.

Il convient de noter, principalement, d'un côté, les travaux de Bénassy (2002), montrant que l'introduction de rigidités nominales, dans les modèles d'équilibre général inter-temporel stochastique, permet d'améliorer, considérablement, les capacités de ces modèles à reproduire les évolutions dynamiques des économies réelles. De l'autre, ceux de Blanchard et al (2008) qui, en recourant au modèle néokeynésien avec rigidité nominale, reconsidèrent la politique monétaire dans sa capacité d'influer et de stabiliser l'activité économique. De même, Christiano et Eichenbaum (1992), corroborés par Blanchard et Perotti (2002), Canzoneri et al (2003), Fatas et Mihov (2002) et Gali et al (2007) introduisent, en faisant usage du même cadre d'analyse, un choc de dépenses publiques et concluent que celui-ci reproduit, au mieux, des faits stylisés sur le marché du travail. En sus de cette brève revue sur la question, les récentes crises (2008; 2010; 2014 etc.) traduisent le fait que la problématique sur les cycles conjoncturels demeure d'actualité.

Il convient de relever que la CEMAC, non seulement reste très vulnérable aux chocs exogènes, mais aussi les politiques budgétaires des pays en développement, comme en témoignent celles des pays de la CEMAC, tendent à être procycliques (Guillaumont et al., 2009 ; Calderon et al., 2012 ; Bikai, 2015 ; Bobbo, 2016 ; Itchoko, 2017 et Doryń et al., 2018). Aussi, en l'absence de lissage efficace, il y a une forte corrélation entre les dépenses publiques et les variations des prix du pétrole (FMI, 2016). Ce comportement, d'après la théorie économique, renforce la volatilité des cycles économiques et nuit, non seulement, à la bonne conduite de la politique monétaire, mais aussi au bien-être économique. De même, les politiques monétaires se fondent sur l'hypothèse selon laquelle les pays de la zone sont homogènes. Tout ceci semble conférer la pertinence à la CEMAC comme champ d'investigation. Selon Pallage et Robe (2003), seuls des efforts limités ont été consentis pour découvrir ce que l'on peut apprendre des régularités des fluctuations macroéconomiques, de court terme, dans les pays en développement. Peu d'études dans les pays en développement, et dans les pays de la CEMAC en particulier, se sont focalisées sur le pouvoir explicatif des facteurs concourant à la cyclicité de l'output gap.

Au regard de ce qui précède, pour prétendre à y remédier, l'on se pose la question de savoir : quels sont les effets des chocs de demande sur la cyclicité de l'output gap dans les pays de la CEMAC ? Le but de cet article est d'analyser les effets des chocs de demande sur cyclicité de l'output gap dans les pays de la CEMAC. En effet, nous soutenons l'hypothèse, propre à la vision keynésienne, selon laquelle les variations de la demande, suite aux chocs décrivaient la dynamique du cycle conjoncturel. La suite de cet article, hormis l'introduction et la conclusion, est organisée comme suit : Revue de la littérature, situation du cycle conjoncturel dans les pays de la CEMAC, méthodologie d'étude de la relation et analyse et discussion des résultats obtenus.

Revue de la littérature

Ce point-ci permet, suivant les défenseurs de la relation chocs de demande et cyclicité de l'output gap, notamment la nouvelle approche keynésienne du cycle conjoncturel, de faire l'état de la relation étudiée sur les plans de la littérature théorique et de la littérature empirique.

Sur le plan théorique, en prenant appui, sur la nouvelle approche keynésienne, il convient d'examiner les opinions données sur la question sous examen. Avant toute chose, il importe de rappeler les approches traditionnelles des cycles conjoncturels qui reconnaissent les variations de la demande agrégée, l'origine du cycle conjoncturel. Partant, de l'approche traditionnelle keynésienne, le cycle conjoncturel est fondamentalement la variation de la demande agrégée qui est, elle-même, la résultante des fluctuations de l'investissement causées par les fluctuations de la confiance en l'économie (ce que Keynes appelait "*les esprits animaux*"). Il est à noter que l'approche traditionnelle keynésienne du cycle conjoncturel est qualifiée des théories endogènes, dans la mesure où elle endogénéise les chocs de demande.

Le cycle conjoncturel est, également, vu par les monétaristes, comme les fluctuations de la demande agrégée découlant, fondamentalement, des fluctuations de l'investissement et des dépenses de consommation qui, elles-mêmes, trouvent leur origine dans des fluctuations du taux de croissance de la masse monétaire. Aussi, y a-t-il lieu de relever que les approches keynésienne et monétaire, telles qu'évoquées, estiment toutes les deux que le salaire nominal est rigide, sans en expliquer le pourquoi. A celles-ci s'ajoutent deux autres approches traditionnelles du cycle conjoncturel. Il s'agit de l'approche néoclassique du cycle conjoncturel et de l'approche néokeynésienne du cycle conjoncturel. Elles se différencient des premières par l'intégration des anticipations rationnelles. D'après l'approche néoclassique du cycle conjoncturel, les anticipations rationnelles sur les niveaux des prix, qui sont déterminées par le PIB potentiel et par la demande agrégée anticipée, déterminent le salaire nominal et la position de la courbe d'offre agrégée à court terme.

Selon cette approche, comme les précédentes, seules les variations inattendues de la demande agrégée font fluctuer le PIB réel autour du PIB potentiel. S'agissant de l'approche néokeynésienne du cycle conjoncturel, celle-ci insiste sur le fait que les salaires nominaux d'aujourd'hui ont été négociés dans le passé, ce qui signifie que les anticipations rationnelles d'hier sur les niveaux des prix d'aujourd'hui influencent le salaire nominal et la position de la courbe d'offre agrégée à long terme. Comme les approches sus-indiquées, d'après l'approche néo keynesienne, seules les fluctuations de la demande agrégée, tant anticipées qu'inattendues, sont responsables des fluctuations du PIB réel autour du PIB potentiel.

Au-delà des approches traditionnelles des cycles conjoncturels qui considèrent le cycle conjoncturel comme les variations de la demande agrégée, une approche moderne, des nouveaux keynésiens, du cycle conjoncturel réhabilite les variations de la demande agrégée, suite aux chocs exogènes, comme étant l'origine du cycle conjoncturel. La considération des chocs exogènes par cette nouvelle approche a donné lieu aux théories exogènes, c'est-à-dire celles qui mettent l'accent sur une structure économique soumise en permanence à des chocs aléatoires conduisant à un comportement cyclique. Elle se démarque, de ce qui précède, non seulement en tentant d'expliquer la rigidité du salaire nominal et de mieux comprendre ses implications, mais aussi en considérant les chocs comme exogènes.

Sur le plan empirique, il importe, d'une part, de relever brièvement les travaux menés dans les pays développés et, d'autre part, ceux effectués dans les pays en développement, notamment en Afrique sub-saharienne.

S'agissant des pays développés, à ce niveau, l'on recense généralement, d'un côté, les travaux mettant en parallèle les politiques économiques et cycle économique, et, de l'autre, ceux introduisant la dimension financière dans l'explication du cycle économique. Prenant seulement en considération des travaux qui analysent les politiques économiques, à l'aide du modèle néokeynésien, il convient de noter que Blanchard et al (2008) reconsidèrent le rôle des politiques économiques, précisément celui de la politique monétaire (dans la capacité des banques centrales) à influer et à stabiliser l'activité économique. Ceci fait du cadre néokeynésien appliqué un outil privilégié par la plupart des banques centrales dans le but de prévenir et d'évaluer la politique monétaire. Aussi, Christiano et Eichenbaum, 1992, en usant du même cadre d'analyse, introduisent-ils un choc de dépenses publiques rendant possible l'étude des conséquences d'une politique budgétaire. Cela permet de conclure que cette introduction reproduit au mieux les faits stylisés sur le marché du travail dans la mesure où l'accroissement des dépenses publiques réduit le revenu disponible des ménages. Cela les amène à diminuer leurs loisirs et à travailler plus.

Il a été, aussi, empiriquement, vérifié qu'un choc positif des dépenses publiques engendre une réponse temporaire positive de l'emploi, des salaires et de la consommation privée (Blanchard et Perotti, 2002, Canzoneri et al., 2003, Fatas et Mihov, 2002, Gali et al, 2007). De même, Keshab et Basil (2002), ayant pour cadre théorique néokeynésien, utilisent la modélisation VAR pour analyser, principalement, les impacts des chocs de politique monétaire et de politique de change sur l'économie de la Grande Bretagne, sur une période allant de 1975T à 1999T. Il ressort, de ces résultats, qu'il y a une persistance dans le chômage et l'inflation et que les chocs, dans la demande et l'offre, tendent à se prolonger au-delà de 10 périodes. Dans le même ordre d'idées, Lilia K (2014), en s'intéressant à l'incertitude de la politique budgétaire et le cycle économique aux États-Unis et au Canada, parvient à conclure que les effets de l'incertitude de la politique budgétaire sur la probabilité de récession sont ambigus aux États-Unis et au Canada. Toutefois, poursuit-elle, ces effets sont amplifiés, lorsque le taux d'intérêt fait partie des régressions. En sus, ce résultat suggère que la politique monétaire peut jouer un rôle important dans la stabilisation du cycle économique.

Quant aux pays en développement, le recours à quelques travaux ayant privilégié le cadre du nouveau paradigme keynésien appliqué a été adopté. Parmi tant d'autres, il convient de noter les travaux de Houssa et al. (2010), qui apportent une estimation de la règle de Taylor régissant la politique monétaire pour un pays d'Afrique sub-saharienne (ASS). La contribution de ceux-ci se distingue par la modélisation de la sphère nominale et le recours aux méthodes d'estimation bayésienne. Ainsi, les résultats de leurs estimations indiquent que les chocs technologiques permanents expliquent la quasi-totalité de la variance des importations (98%) et des exportations

(97%) ainsi qu'une part très importante de celles de l'inflation (83%), du taux d'intérêt (52%) et de la production (50%). Les chocs de dépenses publiques transitoires expliquent la quasi-totalité du reste de la variance de la production et du taux d'intérêt. Les chocs monétaires jouent un rôle essentiellement pour l'inflation. Peiris et Saxegaard (2010), poursuivant le même objectif que Houssa et al. (2010), s'inscrivent explicitement dans l'esprit de la « science de la politique monétaire » développée par Clarida et al (1999) qu'ils souhaitent étendre aux pays d'ASS en intégrant les spécificités de ces économies. Il ressort, principalement, de leurs travaux, que la politique de ciblage de l'inflation des prix à la consommation accroît la volatilité des exportations nettes, du taux de change et du taux d'intérêt. En termes de bien-être, compte tenu du coût pour l'agent représentatif des fluctuations de sa consommation, cette politique se révèle être la meilleure.

Hormis les travaux s'appuyant sur les MEGIS appliqués, nous recourons, également, aux travaux de Guillaumont et al. (2009), Calderon et al. (2012), Bikai (2015), Bobbo (2016), Itchoko (2017) et Doryń et al. (2018). Ceux-ci parviennent aux résultats selon lesquels les politiques budgétaires dans les pays en développement sont procycliques et renforcent l'instabilité cyclique constatée dans ces pays. D'où, ces pays devraient mettre en place des mesures correctrices permettant de rendre les politiques contracycliques afin de stabiliser leurs fluctuations cycliques considérables. De même, Sarr et Ndiaye (2010), dans le contexte de l'UEMOA, arrivent à conclure qu'il y a présence d'une hétérogénéité politique traduite par des asymétries dans la conduite des politiques budgétaires nationales. Cette asymétrie concourt bel et bien à la volatilité macroéconomique.

Il convient de dire que très peu des travaux réalisés en Afrique font usage, dans l'analyse des cycles conjoncturels, de la modélisation DSGE. Non seulement la complexité de son implémentation, mais surtout le manque des données appropriées fait en sorte que les chercheurs, dans le contexte surtout de la sous-région CEMAC, usent d'autres techniques, notamment, la modélisation VAR, qui est aussi un outil adapté à l'analyse des chocs et de leur propagation dans l'économie. Il importe, avant le recours à la méthodologie, de cerner, dans les lignes qui suivent la situation du cycle conjoncturel dans les pays de la CEMAC.

Situation du cycle conjoncturel dans les pays de la CEMAC

En faisant emprunt à quelques éléments du chapitre 1 de la thèse (Kouika, 2018), il convient, suivant la période 1960 à 2015, de ressortir le graphique qui suit :

Graphique n°1: Evolution combinée des cycles conjoncturels

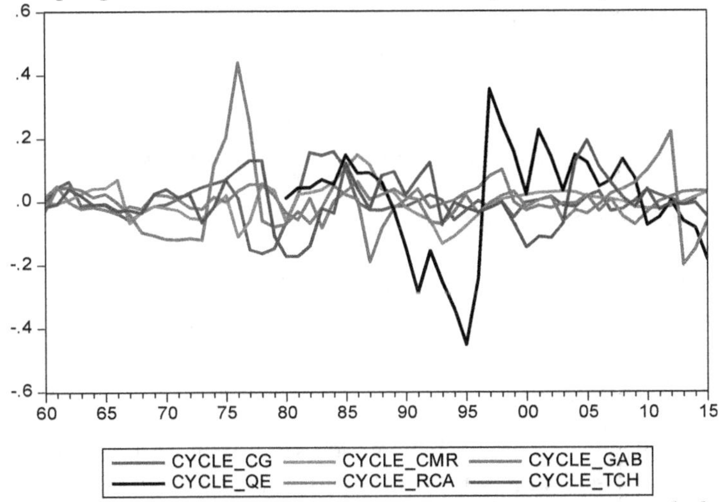

Source : *auteurs à partir des données de la Banque mondiale*

Il semble que les cycles conjoncturels de la production de la Guinée Équatoriale (avec un pic le plus prononcé en 1997 et un creux le plus accentué en 1995) et du Gabon (avec un pic le plus prononcé en 1976 et un creux le plus accentué en 1987) sont très erratiques, suivis de ceux de la RCA et du TCHAD. Par contre, les autres, fortement instables, au fil du temps, paraissent avoir la même amplitude. De plus, il est à noter que tous ensemble, durant la période, semblent avoir une tendance baissière. Ce comportement serait dû aux violents chocs qui déséquilibrent la stabilité macroéconomique de la sous-région. Aussi, il convient de dire que les cycles sont faiblement corrélés[57] et admettent des durées divergentes dans le temps[58].

En sus de cela, il importe de noter que le pétrole représente environ 47% des recettes budgétaires totales et 70% des exportations totales[59]. De même, la baisse des cours du pétrole entre 2014 et 2016 a eu un effet récessif

[57]Cf. matrice de corrélation, chapitre 1 de la thèse.
[58]Cf. la procédure de Harding et Pagan (2002), chapitre 1 de la thèse.
[59]FMI (2016).

sur les économies de la CEMAC. Cette chute du cours du baril[60] de 104,1 à 42,8 dollars, couplée des problèmes sécuritaires, fait basculer la croissance réelle de la zone de 4,9 à -0,1% sur la période. Le taux de couverture extérieure de la monnaie est passé de -3,2% à -15,6%. Tout ceci, est le résultat de la décélération de l'activité économique et de la stabilité de la proportion de la masse monétaire dans le PIB sur cette période (de 33% à 29%)[61]. La dynamique des économies de la zone s'expliquerait, d'une part, par la dépendance (des dépenses courantes et d'investissement) des économies concernées aux recettes pétrolières et, d'autre part, par la faible diversification de leurs tissus économiques.

Ces éléments factuels énumérés, ci-haut, renforcent l'intérêt de la formalisation de notre relation en examen dans les lignes qui suivent.

Méthodologie d'étude de la relation

Ce point est structuré en deux sous-points. D'un côté, nous allons présenter, ci-dessous, le modèle théorique et, de l'autre, le modèle empirique.

Modèle théorique

A ce niveau, on recourt à la version simplifiée du modèle d'équilibre général dynamique et stochastique (*DSGE*)[62]. En considérant comme donnée le côté d'offre agrégée, ce modèle met en relation les chocs de demande et la dynamique conjoncturelle de l'économie par le biais de l'équation de la courbe de demande agrégée dynamique.

Du point de vue formel, la détermination de la courbe de demande agrégée dynamique découle de deux équilibres (suivant la vision des nouveaux keynésiens), à savoir : l'équilibre du marché de biens et services et l'équilibre du marché de la monnaie, comme ce qui suit :

$$y - \bar{y} = \alpha_1(g - \bar{g}) - \alpha_2(r - \bar{r}) + v \quad (1)$$

(1) équilibre sur le marché de biens et services

$$r - \bar{r} = h(\pi - \pi^*) + b(y - \bar{y}) \quad (2)$$

---

[60]Spot crude.

[61]Atténuation des tensions inflationnistes.

[62]Nouvelle économie keynésienne, ce modèle examine les aléas (chocs exogènes) inhérents à la vie économique, autrement dit l'importance de la dimension stochastique dans l'explication de la dynamique de l'économie dans sa globalité.

(2) équilibre sur le marché de la monnaie

Substituons dans (1) l'expression de (2), on aura:

$$y-\bar{y}=\alpha_1(g-\bar{g})-\alpha_2(h(\pi-\pi^*)+b(y-\bar{y}))+v \quad (3)$$

$$(1-\alpha_2 b)(y-\bar{y})=-\alpha_2 h(\pi-\pi^*)+v+\alpha_1(g-\bar{g}) \quad (4)$$

$$(1-\alpha_2 b)(y-\bar{y})=\alpha_2 h(\pi^*-\pi)+v+\alpha_1(g-\bar{g}) \quad (5)$$

Ce qui, après simplification, donne:

$$y_t-\bar{y}_t=\alpha \ (\pi_t^*-\pi_t)+z_t \quad ou \quad y_t-\bar{y}_t=-\alpha \ (\pi_t-\pi_t^*)+z_t \quad (6)$$

Où $\alpha \equiv \frac{\alpha_2 h}{1+\alpha_2 b}$ et $z \equiv \frac{v+\alpha_1(g-\bar{g})}{1+\alpha_2 b}$

(6) représente la courbe de demande agrégée dynamique[63] (*DAD*), qui est une relation entre l'écart du produit $(y_t-\bar{y}_t)$ et l'inflation π_t, pour des valeurs données du taux d'inflation cible π_t^* et de z_t. Elle illustre bien que, dans le court terme, l'écart de production sollicitée est une fonction décroissante du taux d'inflation. Une variation de z_t provoque un déplacement de la courbe dans le plan π/y. Cette courbe de demande agrégée dynamique se déplace suite à des changements majeurs de la politique économique (budgétaire et monétaire). z_t traduit des chocs budgétaires, c'est dire que tout changement de la politique budgétaire qui stimule la demande de biens et services signifie que z_t est positif. Inversement, les changements de la politique budgétaire qui dépriment la demande de biens et services impliquent que z_t est négatif. Aussi, la politique monétaire entre-t-elle en scène dans la dynamique d'ajustement par le biais du ciblage de l'inflation π_t^*. Dans ce qui suit, nous recourons à la méthodologie VAR pour quantifier le lien théorique identifié ci-haut.

[63]Puisque ça prend en compte le temps (t).

Modèle empirique

Nous utilisons les techniques de panel VAR pour estimer les fonctions de réponses impulsionnelles[64] et la décomposition de la variance des erreurs prévisionnelles[65]. Le modèle économétrique prend la forme réduite suivante :

$$X_{it} = \Gamma(L)X_{it} + u_i + \varepsilon_{it}$$

Où X_{it} est un vecteur des variables stationnaires, $\Gamma(L)$ est une matrice polynômiale en opérateur de retard avec $\Gamma(L) = \Gamma_1 L^1 + \Gamma_2 L^2 + \ldots + \Gamma_p L^p$, u_i est un vecteur des effets spécifiques pays et ε_{it} est un vecteur des erreurs idiosyncratiques. L'estimateur des effets fixes n'étant plus cohérent[66], nous utilisons les déviations orthogonales (la procédure d'Helmert)[67], suivant Love et Zicchino (2006). Dans cette procédure, pour supprimer les effets fixes, toutes les variables dans le modèle sont transformées en différences à la moyenne. Indiquons les moyennes obtenues des valeurs futures de x_{it}^m, $X_{it} = (x_{it}^1, x_{it}^2, \ldots, x_{it}^M)'$ étant un vecteur des variables, où T_i désigne les séries des données disponibles de la période antérieure pour un pays donné. la transformation même de ϵ_{it}^m, où $c_{it} - (c_{it}^1, c_{it}^2, \ldots, c_{it}^M)'$. D'où, nous obtenons les variables transformées :

$$\tilde{x}_{it}^m = \delta_{it}(x_{it}^m - \bar{x}_{it}^m)$$

et

$$\tilde{\epsilon}_{it}^m = \delta_{it}(\epsilon_{it}^m - \bar{\epsilon}_{it}^m)$$

Où $\delta_{it} = \sqrt{(T_i - t)/(T_i - t + 1)}$

Pour les données de l'année passée cette transformation ne peut être calculée, puisqu'il n'y a pas des valeurs futures pour des moyennes précédentes. Le modèle final transformé est ainsi donné par:

---

[64]Identification des canaux de transmission des chocs de demande sur l'output gap des pays de la CEMAC.
[65]Sensibilité de l'output gap à la variance d'une des variables de l'équation.
[66] Effets fixes sont corrélés avec les régresseurs dus aux retards des variables dépendantes.
[67] Les différences à la moyenne.

$$\tilde{X}_{it} = \Gamma(L)\tilde{X}_{it} + \tilde{\epsilon}_{it}$$

Où $\tilde{X}_{it} = (\tilde{x}_{it}^1, \tilde{x}_{it}^2, \ldots, \tilde{x}_{it}^M)$ et $\tilde{\epsilon}_{it} = (\tilde{\epsilon}_{it}^1, \tilde{\epsilon}_{it}^2, \ldots, \tilde{\epsilon}_{it}^M)$

Cette procédure de la différence à la moyenne[68] est une alternative de la procédure de la différence première et a la vertu de préserver la taille de l'échantillon dans un panel avec écart ou différence (Roodman, 2009). Il convient d'insister sur le fait que cette transformation est une déviation orthogonale dans laquelle chaque observation est exprimée telle qu'une déviation de la moyenne future des observations. Ceci dit, chaque observation est pondérée afin de normaliser (ou étalonner) la variance. Aussi, si les erreurs ne sont pas autocorrélées et sont caractérisées par une variance constante, la transformation des erreurs exhiberait les propriétés similaires.

Ensuite, il faut souligner que cette transformation préserve l'homoscédasticité et n'induit pas une corrélation sérielle (Arellano et Bover, 1995). De même, cette technique permet d'utiliser les valeurs des retards de régresseurs comme instruments et estime les coefficients par la méthode des moments généralisés (GMM). En substance, cette approche VAR permet d'aborder le problème d'endogénéité en permettant l'interaction endogène dans le système. Ainsi, il est, tout à fait, possible d'utiliser les variables dépendantes retardées comme instruments et d'estimer les coefficients du modèle par un GMM système. La soustraction de la moyenne des observations futures pour chaque observation, élimine, ainsi, l'effet temporel. Afin d'examiner l'interaction entre chocs de demande et cyclicité de l'output gap, nous estimons des systèmes[69] des variables stationnaires:

Modèle 1 : $X_{it} = (DTERDE_{it}, INFLA_{it}, GAP_{it}, DDEPT_{it})$

Où GAP est l'écart en pourcentage du produit par rapport à son niveau naturel, INFLA l'écart d'inflation, c'est-à-dire l'inflation réalisée et sa cible, DDEPT l'écart en pourcentage des dépenses publiques, par rapport à son niveau naturel et DTERDE l'écart en pourcentage des termes de l'échange, par rapport à son niveau naturel. Pour une analyse plus affinée de l'action des autorités publiques, le deuxième modèle remplace l'écart, en pourcentage, par rapport à son niveau naturel par l'écart, en pourcentage, des recettes publiques, par rapport à son niveau naturel (DRECT) et le troisième modèle

[68]Pour chacune des observations (t-1), on soustrait la moyenne des observations futures (t, t+1, …, T) disponibles dans l'échantillon.

[69]Introduction des variables dans les systèmes ou modèles d'après l'orientation donnée par les tests d'exogénéité.

remplace aussi l'écart, en pourcentage, des dépenses publiques, par rapport à son niveau naturel par l'écart en pourcentage du solde budgétaire primaire, par rapport à son niveau naturel (DSBP)[70]. Ainsi, on a :

Modèle 2: $X_{it} = (DTERDE_{it}, INFLA_{it}, GAP_{it}, DRECT_{it})$

Modèle 3: $X_{it} = (DSBP_{it}, INFLA_{it}, GAP_{it})$

Modèle 4 : $X_{it} = (DTERDE_{it}, INFLA_{it}, GAP_{it})$

Une fois que les coefficients du panel VAR estimés, nous calculons les fonctions des réponses impulsionnelles et les décompositions de la variance des erreurs. Il convient de rappeler que les fonctions des réponses impulsionnelles décrivent la réponse d'une variable endogène sur le temps, suite au choc d'une autre variable dans le système. Les décompositions de la variance, quant à elles, mesurent les contributions de chaque source de choc à la variance de chaque variable endogène, à un horizon prévisionnel donné. S'agissant de la transformation de Cholesky, les résultats dépendent, généralement, de l'ordre d'introduction des variables qui doit être du plus exogène au plus endogène. Pour ce faire, nous avons recouru au test d'exogénéité (en annexe n°5). Cette modélisation VAR en données de panel a pour avantage d'identifier, de façon simultanée au panel des pays de la CEMAC, l'ampleur des facteurs exogènes qui contribuent à la cyclicité de l'output gap des pays de la CEMAC. En fréquence annuelle, les données constituent un panel des six pays de la zone CEMAC sur la période allant de 1987 à 2016. Elles proviennent des bases de données de la Banque mondiale (WDI-2016) et de la BEAC, en monnaie locale constante. A titre spécifique, les indicateurs ont été calculés par les auteurs sur la base des sources des données sus-indiquées. Il sied de rappeler que les données, suivant le test[71] de spécification, sont homogènes. Aussi, cette homogénéité des données permet de faire usage des données de panel.

Analyse et discussion des résultats obtenus.

Suivant le tableau des statistiques descriptives ci-après, la variation moyenne totale des outputs gap sur l'ensemble de l'échantillon est de 2,606%. De même, la variance interindividuelle est égale à 6,638, alors que sa variance intra-individuelle est égale à 20,736 sur une variance totale de 21,608, soit 95,964% de sa variance totale. Autrement dit, la variance des outputs gap à travers les pays est très hétérogène et elle est, également, presque stable sur le temps à l'intérieur des pays.

---

[70]Solde budgétaire primaire conjoncturel.

[71]Annexes.

Tableau 1 : Statistiques descriptives

Variable		Moyenne	Écart-type	Min	Max
Ygap	Overall	2,606	21,608	-40,814	130,538
	Between		6,638	-0,165	16,156
	Within		20,736	-54,364	116,988

Source : Auteurs à partir des données de panel

Pour rappel, la modélisation VAR en données de panel s'assied sur les vecteurs des variables stationnaires[72]. Sans entrer dans trop de détails, il sied, toutefois, de noter qu'il y a une panoplie de tests de racine unitaire en données de panel. Cependant, dans le cadre de notre étude, nous allons utiliser ceux de Im, Persan et Shin (2003) et Levin, Lin et Chu (2002). Ces deux tests sont stables, efficaces, et demeurent applicables aux modèles de données de panel de petite taille. L'analyse du tableau ci-dessous, livre les résultats des tests de stationnarité en données de panel qui montrent une forte indication en faveur de l'hypothèse de stationnarité des variables en niveau. On conclut, donc, à la stationnarité des variables, sous examen, en niveau

[72]L'on sait en effet qu'une régression entre variables non stationnaires invalide les principaux résultats de l'inférence statistique traditionnelle et donne lieu au phénomène de la régression fallacieuse (spurious regression).

Tableau 2 : Tests de racine unitaire en panel

Variables	Modèles	En niveau		1ère différence	
		P-value		*P-value*	
		Commun LLC	Individuel IPS	Commun LLC	Individuel IPS
GAP	*Constante*	0,006	0,000	0,000	0,000
	Constante et tendance	0,131	0,018	0,000	0,000
	Ni Constante, ni tendance	0,000	/	0,000	/
DINFL	*Constante*	0,000	0,000	0,000	0,000
	Constante et tendance	0,000	0,000	0,000	0,000
	Ni Constante, ni tendance	0,000	/	0,000	/
DDEPT	*Constante*	0,000	0,000	0,000	0,000
	Constante et tendance	0,000	0,000	0,000	0,000
	Ni Constante, ni tendance	0,000	/	0,000	/
DRECT	*Constante*	0,000	0,000	0,000	0,000
	Constante et tendance	0,002	0,000	0,000	0,000
	Ni Constante, ni tendance	0,000	/	0,000	/
DSBP	*Constante*	0,000	0,000	0,000	0,000
	Constante et tendance	0,000	0,000	0,000	0,000
	Ni Constante, ni tendance	0,000	/	0,000	/
DTERDE	*Constante*	0,000	0,000	0,000	0,000
	Constante et tendance	0,000	0,000	0,000	0,000
	Ni Constante, ni tendance	0,000	/	0,000	/

Source *: auteurs à partir des données de la Banque mondiale*

Pour effectuer les estimations, il nous faut déterminer le nombre optimal de retards (*P*) à prendre en compte dans le modèle vectoriel autorégressif en données de panel. Pour ce faire, nous retenons le nombre de retards qui minimise à la fois les critères d'information de Schwartz. Suivant ces critères, le nombre optimal de retards égal à un (1), il s'agit donc pour tous les modèles d'un PVAR (*1*)[73] comme le décrit ce tableau ci-après:

[73]Le nombre de décalages retenu correspond à la valeur la plus faible des critères soit : p = 1.

Tableau 3 : Nombre optimal de retards

Modèle		Retard optimal			
		1	2	3	4
1	MBIC	-244,799	-176,492	-118,492	-66,266
	MAIC	-66,400	-42,693	-29,292	-21,666
	MQIC	-138,849	-97,029	-65,517	-39,778
2	MBIC	-247,344	-187,726	-122,089	-63,958
	MAIC	-68,945	-53,926	-32,889	-19,358
	MQIC	-141,394	-108,262	-69,114	-37,470
3	MBIC	-247,759	-183.7586	-134,390	-65,440
	MAIC	-49,959	-49,959	-45,190	-20,840
	MQIC	-104,296	-104,296	-81,415	-38,952

Source *: auteurs à partir des résultats obtenus sur Eviews*

Seul le modèle 1 donne les meilleurs résultats[74]. Aussi, de l'analyse des résultats obtenus (en annexes n°1, 2,3, etc.), deux principaux enseignements peuvent être tirés:

Procyclicité des politiques monétaire et budgétaire dans la CEMAC

On arrive au constat selon lequel les politiques monétaire et budgétaire sont procycliques. Ceci corrobore les résultats de Guillaumont et al. (2009), Calderon et al. (2012, Bikai (2015), Bobbo (2016), Itchoko (2017) et Doryń et al. (2018), en ce sens que les politiques budgétaires des pays de la CEMAC sont fortement procycliques. De ce fait, les politiques budgétaires amplifient la cyclicité de l'output gap. Cet état de fait permet de relever que les autorités budgétaires, malgré les procédures de surveillance multilatérale, n'arrivent pas à se servir des politiques budgétaires, seules armes à leurs dispositions, pour contrer le cycle conjoncturel. Une révision des critères de convergence s'impose, car celles retenues ne tiennent plus compte des caractéristiques intrinsèques des pays de la CEMAC (Bikai, 2015). Quant à la politique monétaire, cette procyclicité est contraire au cadre de référence théorique et cela serait dû au fait que, dans une union

[74]Suivant la validité du modèle et la meilleure traduction de l'action budgétaire.

monétaire, recourir à une politique monétaire contracyclique serait très coûteuse, en ce sens qu'il y a une faible synchronisation des cycles conjoncturels des pays de la zone CEMAC. C'est pourquoi, celle-ci implique une inégale répartition des avantages et des coûts de l'unification. De ce fait, suivant Gammadigbé (2012), la solution proviendrait en recourant à la différenciation des taux des réserves obligatoires qui permettrait d'influer sur la conjoncture d'une économie sans avoir à modifier les taux directeurs.

Horizon temporel optimal pour la stabilisation de la cyclicité de l'output gap dans la CEMAC

Il apparaît que, après examen des fonctions de réponses impulsionnelles couplé de celui de la décomposition de la variance des erreurs prévisionnelles, le temps nécessaire pour que :

- la politique monétaire, après un choc positif, ramène le PIB observé au niveau de sa cible est voire de 5 ans. Cette dernière contribuerait à 27% à la cyclicité de l'output gap, son inertie s'établissant à 28% ;

- la politique budgétaire, après un choc positif, ramène le PIB observé au niveau de sa cible est de 6 ans. Celle-ci contribuerait à 23% à la cyclicité de l'output gap, son inertie s'établissant à 28% ;

- la politique commerciale, après un choc négatif, annule l'output gap est de 5 ans. Cette dernière contribuerait à 22% à la cyclicité de l'output gap, son inertie s'établissant à 28% ;

- l'output gap qui, après un choc positif, s'annule par lui-même est de 2 ans. Son inertie s'établit à 32%. Il convient de rappeler que le temps optimal pour stabiliser l'output gap est de 5 ans, pour la politique monétaire, de 6 ans pour la politique budgétaire et de 5 ans pour la politique commerciale. Aussi, le temps optimal où l'output gap s'annule par lui-même est de 2 ans[75]. Comme Rachidi (2016), ces résultats montrent une divergence dans les délais de transmission des chocs. L'économie semble s'autoréguler à un délai moindre que lorsque l'on emploie les politiques conjoncturelles. Ainsi, la réorientation des politiques de stabilisation paraît une évidence afin de ramener, en un horizon temporel infra-annuel, le PIB constaté à son niveau, de long terme.

[75]Plus court que l'emploi de ces trois mesures.

Conclusion et implications de politique

Les pays d'Afrique, comme ceux de la CEMAC, sont caractérisés par une très grande volatilité de leurs économies. Cette instabilité est un coût en bien-être des fluctuations et, donc, comprendre l'origine de celle-ci s'avère nécessaire. Ainsi, cet article a eu pour objectif d'analyser les effets des chocs de demande sur la cyclicité de l'output gap des pays de la CEMAC. En s'appuyant sur le nouveau paradigme néo-keynésien, l'on a examiné, toutes choses étant égales par ailleurs, la manière dont les chocs sur la demande agrégée dynamique engendre la cyclicité de l'output gap. Aussi, les techniques VAR en données de panel ont été mobilisées pour l'appréciation empirique de la relation en étude. Il en ressort que, suivant l'équation de l'output gap, les variables ont, dans la quasi-totalité, une causalité bidirectionnelle. En sus, les politiques monétaire et budgétaire paraissent procycliques, ce qui en amplifie les cycles conjoncturels et pose des problèmes à la conduite de la politique monétaire commune. Il faut, aussi, souligner que l'horizon temporel, après chocs, pour lequel les mesures monétaires, budgétaires et commerciales permettent d'annuler les écarts du produit effectif au tour de leur niveau naturel est trop long, comparativement au temps, après choc, pour lequel l'output gap s'annule par lui-même. Il convient de relever que les mesures correctrices monétaires, budgétaires et commerciales doivent être renforcées pour prétendre ramener les PIB effectifs à leur niveau, de long terme. A ce titre, l'on doit revisiter les politiques monétaire et budgétaire afin de leur donner une orientation contra-cyclique.

Références bibliographiques

Agénor, R., J. McDermott et E. Prasad (1999), « Macroeconomic Fluctuations in Developing Countries: Some Stylized Frets », IMF Working Paper, 99/35.

Akitoby, B. and al. (2004), « The Cyclical and Long-Term Behavior of Government Expenditure in Developing Countries », IMF Working Paper 04/202.

Alesina, A., Campante, F., and Tabellini, G. (2008), « Why is Fiscal Policy often Procyclical? », Journal of the European Economic Association, 6(5), 1006-1036.

Alesina, Alberto and Roberto Perotti (1996), « Fiscal Adjustment », Economic Policy, 21.

Bayoumi, T. and Eichengreen, B. (1992), « Shocking aspects of european monetary unification », NBER, Working Paper 3949, Cambridge, January.

Beetsma, R. and M. Giuliodori (2008), « Fiscal Adjustment to the Cyclical Developments in the OECD: An Empirical Analysis Based on Real-time data », CEPR Discussion Paper, No. 6692.

Bénassy (2002), « Rigidités nominales dans les modèles d'équilibre général intertemporel stochastique », in L'Actualité Economique.

Bikai (2015), « Règles de surveillance multilatérales et pro cyclicité de la politique budgétaire dans la zone CEMAC », BEAC Working Paper, N° 07/15.

Blanchard and Perotti (2002), « An Empirical Characterization of the Dynamic Effects of Changes in Government Spending and Taxes on Output », in The Quarterly Journal of Economics.

Bogdanov, Bogdan (2010), « Cyclicality of Fiscal Policy over the Business Cycle: An Empirical Study on Developed and Developing Countries », Agency for Economic Analysis and Forcasting working paper.

Braun, Miguel, (2001), « Why is Fiscal Policy Procyclical in Developing Countries? », Mimeo, Harvard University.

Buckle, R., K. Kinn, H. Kirkham, N. McLellan et J. Sharma (2002). « A Structural VAR Model of the New Zeland Business Cycle », New Zeland Treasury, Working Paper, 02/26.

Cimadomo J. (2005), « Le pacte de stabilité a-t-il renforce la pro cyclicité de la politique budgétaire », La lettre du CEPII (Centre d'Etudes Prospectives et d'Informations Internationales) N°247.

Fatas, A. and I. Mihov (2009), « The Euro and Fiscal Policy », NBER Working Paper, No. 2009.

FMI (2016), « Rapport des services du FMI sur les politiques communes des états members », CEMAC (2016), Rapport FMI N°.16/277, 28 juin 2016.

Gammadigbé (2012), « Les cycles économiques des pays de l'UEMOA: synchrones ou déconnectés? », MPRA Paper No. 39424.

Houssa et al (2010), « A Model for Monetary Policy Analysis for Sub-Saharan Africa, in *Open Economies Review*.

Kouika Bouanza J. R. F. (2018), « Chocs et cyclicité de l'output gap dans les pays de la CEMAC », thèse de doctorat, Faculté des Sciences Économiques, Université Marien NGOUABI ;

Mbou Likibi S. (2015), « Cycles Economiques Dans La Zone CEMAC », *Journal of Economics and Development Studies* », September 2015, Vol. 3, No. 3, pp. 169-184 ISSN: 2334-2382.

Pallage and Robe (2003), « On the Welfare Cost of Economic Fluctuations in Developing Countries », International Economic Review, 2003, vol. 44, issue 2, 677-698.

Peiris and Saxegaard (2010), « An Estimated Dynamic Stochastic General Equilibrium Model for Monetary Policy Analysis in Mozambique », *International Monetary Fund*, Vol. 57, No. 1.

Guillaumont S J et Tapsoba S J (2009), « Pro cyclicité de la politique budgétaire et surveillance multilatérale dans les unions monétaires africaines », *CERDI, Etudes et Documents*, E 2009.04.

Strawczynski, M. and J. Zeira (2009), « Cyclicality of Fiscal Policy: Permanent and Transitory Shocks », *CEPR Discussion Paper*, No.7271.

Talvi, Ernesto and Vegh, Carlos A., (2000), « Tax Base Variability and Procyclical Fiscal Policy », *NBER Working Papers* No. W7499.

Annexes

Annexe 1.

F test that all u_i=0: F(5, 165) = 3.34 Prob > F = 0.0067

Annexe 2

```
. pvar dterde infla gap ddept, instlags(1/4)gmmstyle

Panel vector autoregresssion

GMM Estimation

Final GMM Criterion Q(b) =        .371
Initial weight matrix: Identity
GMM weight matrix:      Robust
                                          No. of obs        =       162
                                          No. of panels     =         6
                                          Ave. no. of T     =    27.000
```

		Coef.	Std. Err.	z	P>|z|	[95% Conf.	Interval]
dterde							
dterde	L1.	.0555051	.0647647	0.86	0.391	-.0714314	.1824415
infla	L1.	-601.7494	46.5118	-12.94	0.000	-692.9108	-510.5879
gap	L1.	252.4695	5.234351	48.23	0.000	242.2103	262.7286
ddept	L1.	25.91092	1.046169	24.77	0.000	23.86047	27.96138
infla							
dterde	L1.	.0001585	.0000708	2.24	0.025	.0000197	.0002972
infla	L1.	.1385891	.0281187	4.93	0.000	.0834775	.1937008
gap	L1.	-.0638999	.0050256	-12.71	0.000	-.0737499	-.0540499
ddept	L1.	.0618189	.001274	48.52	0.000	.0593219	.064316
gap							
dterde	L1.	.0000262	.0001722	0.15	0.879	-.0003113	.0003638
infla	L1.	1.14279	.1041372	10.97	0.000	.9386851	1.346895
gap	L1.	-.1012482	.0215504	-4.70	0.000	-.1434862	-.0590103
ddept	L1.	.1253566	.0020411	61.41	0.000	.121356	.1293572
ddept							
dterde	L1.	.0012601	.0001931	6.53	0.000	.0008817	.0016385
infla	L1.	.9201341	.1434258	6.42	0.000	.6390247	1.201243
gap	L1.	-1.482704	.0671795	-22.07	0.000	-1.614373	-1.351034
ddept	L1.	.2327654	.0083722	27.80	0.000	.2163563	.2491746

Instruments : l(1/4).(dterde infla gap ddept)

Annexe 3.

Forecast-error variance decomposition

Response variable and Forecast horizon	Impulse variable dterde	infla	gap	ddept
dterde				
0	0	0	0	0
1	1	0	0	0
2	.7092394	.0346465	.2062691	.0498449
3	.6939526	.0551085	.2019055	.0490334
4	.6891712	.0556211	.1998845	.0553232
5	.6883954	.0562868	.1996108	.0557071
6	.6880234	.0565673	.1994872	.0559221
7	.6879466	.0565587	.1994541	.0560407
8	.6879287	.0565831	.1994489	.0560393
9	.6879212	.0565847	.199446	.0560481
10	.6879201	.0565852	.1994456	.056049
infla				
0	0	0	0	0
1	.0508554	.9491445	0	0
2	.0475154	.6536258	.0139242	.2849345
3	.0546256	.6327761	.0135229	.2990753
4	.0542517	.6346987	.0133806	.297669
5	.0549836	.6318809	.0133214	.2998141
6	.0549985	.6319508	.0133151	.2997356
7	.0550169	.6318748	.0133109	.2997973
8	.0550289	.631834	.0133101	.299827
9	.0550282	.6318383	.0133099	.2998237
10	.0550291	.6318347	.0133099	.2998264
gap				
0	0	0	0	0
1	.3431348	.186214	.4706512	0
2	.225508	.2889676	.3162546	.1692697
3	[illegible]	[illegible]	[illegible]	[illegible]
4	.2244493	.2697006	.2812196	.2246305
5	.2238091	.2697902	.2790651	.2273356
6	.2237991	.269584	.2786778	.2279392
7	.2237278	.2697825	.2785809	.2279087
8	.2237251	.2697486	.2785389	.2279874
9	.2237226	.2697568	.2785337	.2279869
10	.2237214	.2697582	.278531	.2279893
ddept				
0	0	0	0	0
1	.0281919	.0505398	.1243219	.7969464
2	.0861687	.0447727	.1272351	.7418235
3	.0838155	.0698794	.1237456	.7225594
4	.0853836	.0703795	.1220336	.7222033
5	.0854913	.0711515	.1218114	.7215458
6	.0854863	.0715282	.1217138	.7212718
7	.0855189	.0715122	.1216863	.7212825
8	.0855163	.0715433	.1216823	.7212581
9	.0855178	.0715456	.1216799	.7212567
10	.0855181	.0715462	.1216796	.7212562

Annexe 4

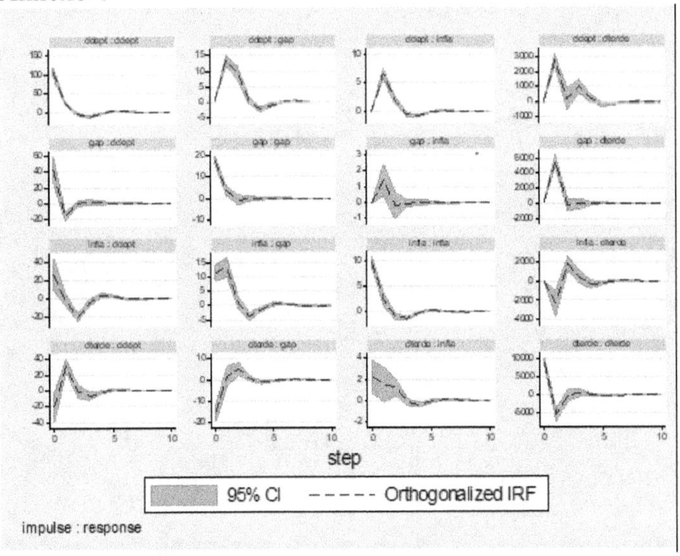

Annexe 5

```
. pvargranger

panel VAR-Granger causality Wald test
   Ho: Excluded variable does not Granger-cause Equation var
   Ha: Excluded variable Granger-causes Equation variable
```

Equation \ Excluded	chi2	df	Prob > chi2
dterde			
infla	167.381	1	0.000
gap	2326.441	1	0.000
ddept	613.426	1	0.000
ALL	4066.565	3	0.000
infla			
dterde	5.010	1	0.025
gap	161.669	1	0.000
ddept	2354.361	1	0.000
ALL	4104.049	3	0.000
gap			
dterde	0.023	1	0.879
infla	120.426	1	0.000
ddept	3771.777	1	0.000
ALL	4120.294	3	0.000
ddept			
dterde	42.598	1	0.000
infla	41.157	1	0.000
gap	487.120	1	0.000
ALL	994.702	3	0.000

Annexe 6

```
. pvargranger

panel VAR-Granger causality Wald test
  Ho: Excluded variable does not Granger-cause Equation variable
  Ha: Excluded variable Granger-causes Equation variable
```

Equation \ Excluded	chi2	df	Prob > chi2
dtrade			
infla	167.381	1	0.000
gap	2326.441	1	0.000
ddept	613.426	1	0.000
ALL	4066.565	3	0.000
infla			
dtrade	5.030	1	0.025
gap	161.669	1	0.000
ddept	2264.361	1	0.000
ALL	4104.049	3	0.000
gap			
dtrade	0.023	1	0.879
infla	120.426	1	0.000
ddept	3771.777	1	0.000
ALL	4120.294	3	0.000
ddept			
dtrade	42.508	1	0.000
infla	41.157	1	0.000
gap	487.136	1	0.000
ALL	994.702	3	0.000

Annexe 7

```
. pvarstable, graph

  Eigenvalue stability condition
```

Eigenvalue Real	Imaginary	Modulus
.1788746	-.4857887	.5176744
.1788746	.4857887	.5176744
-.0160689	.1048262	.1060506
-.0160689	-.1048262	.1060506

```
  All the eigenvalues lie inside the uni
  pVAR satisfies stability condition.
```

Annexe 8

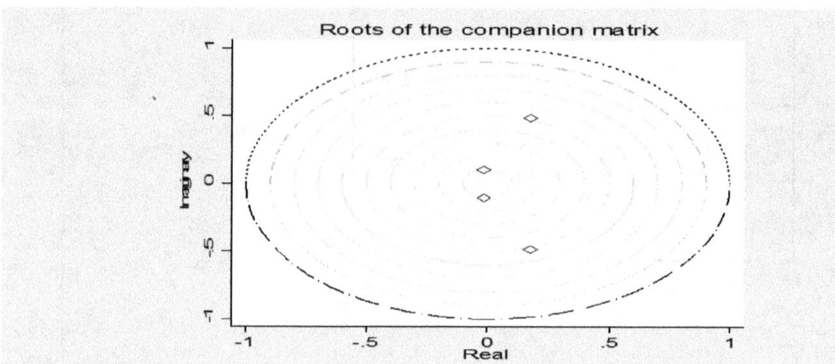

Incidence des investissements en infrastructures économiques sur la croissance économique au Congo

Sylvaniste ETSIBA[76]
Pam ZAHONOGO[77]
Béthuel MAKOSSO[78]

Résumé :

L'objectif de cet article est d'analyser les effets des investissements publics en infrastructures économiques sur la croissance économique au Congo. Pour ce faire, une démarche en deux étapes est adoptée. La première retrace les évolutions théoriques et empiriques sur la question. La seconde effectue une analyse empirique qui met en évidence le lien entre les investissements en infrastructures économiques et la croissance économique, notamment, par la méthode des MCO qui s'appuie sur les modèles de MCE. Les données sont issues des différents ministères sectoriels et de la base de la Banque Mondiale. Il ressort que l'amélioration des infrastructures économiques favorise les échanges, la production et, donc, affecte positivement le rythme de la croissance économique.

Mots-clés: investissement public, Croissance économique, infrastructures économique,
Classification JEL : H54,O43

Introduction

Les infrastructures sont au cœur du développement économique et social de tous pays au monde. Elles sous-tendent la quasi-totalité des activités économiques modernes, constituent, en soi, un important secteur économique qui contribue notablement à la performance des activités économiques et à la croissance économique des pays.

Toutefois, le niveau des infrastructures dont disposent encore plusieurs pays en développement constitue un des facteurs de freinage pour leur croissance et amoindrit, également, leur capacité à participer aux échanges commerciaux au sein de l'économie mondiale comme les autres

[76] Université Marien NGOUABI, République du Congo.
[77] Université OUAGAII, Burkina-Faso.
[78] Université Marien NGOUABI, République du Congo.

pays développés. C'est dans ce sens que la Banque mondiale, dans son rapport de 1994, souligne que « l'infrastructure est la roue de l'activité économique et sa défaillance dans les pays pauvres retarde leur décollage économique ».

Cette situation est, particulièrement, vraie dans les pays africains, puisque, généralement, dans ces pays, le niveau des infrastructures est relativement faible. Ainsi, ce déficit quantitatif et qualitatif en infrastructures constitue un sérieux goulet d'étranglement tant pour le développement des échanges régionaux que pour l'expansion des performances économiques en Afrique.

Ainsi, on observe, depuis, les années 80, des fluctuations considérables avec de période de stagnation de croissance, bien que ces deux dernières décennies soient marquées par des évolutions de croissance économique soutenue. Dans ce contexte, Bayoudh (2012) souligne : « construire les infrastructures économiques revient à améliorer les structures de production de l'économie, la rentabilité des entreprises et à stimuler le marché du travail et les investissements privés ».

Dans ce sens, lors de l'adoption des OMD et des ODD, une attention particulière a été accordée aux rôles des infrastructures des réseaux de distribution d'eau et d'électricité et, dans une certaine mesure, celles avouées aux postes et télécommunications par la plupart des pays africains en vue de soutenir leurs croissances économiques et lutter ainsi contre la pauvreté.

Mais, le Congo n'avait pas attendu les objectifs mondiaux de développement pour reconnaître le rôle que devaient jouer les infrastructures de réseaux, à l'instar de l'eau, électricité et les télécommunications dans le processus de développement économique et social du pays.

Les booms pétrolier du début de la décennie 80 et de la décennie 2000 avaient conduit à un accroissement des revenus de l'État et avaient nourri les ambitions de celui-ci en matière de développement des infrastructures économiques manifestées à travers les programmes d'investissements publics, notamment le « plan quinquennal (1982-1986) » et le programme de la « municipalisation accélérée 2004-2016 ».

Dans ce but, la Banque Mondiale estimait, en 2010, que le Congo devait dépenser près de 475 milliards de FCFA, environ, pendant six ans, pour rattraper son retard dans la quantité et la qualité de ses infrastructures. Ceci emmène à poser la question suivante : Quels sont des effets des investissements en infrastructures économiques sur la croissance économique ?

L'objectif de cet article est d'analyser les effets des investissements publics en infrastructures économiques sur la croissance économique au Congo. C'est ainsi que, dans le cadre de ce travail, nous défendrons l'hypothèse selon laquelle les investissements publics en infrastructures économiques auraient un effet positif et significatif sur la croissance économiquc.

Toutefois, ce rôle productif des investissements publics en infrastructures économiques a longtemps suscité un débat controversé, quant à sa place, dans le développement économique d'un pays comme source potentielle de croissance économique aussi bien sur le plan théorique que sur le plan empirique.

Outre l'introduction et la conclusion, cet article est structuré en trois points essentiels : (i) revue de la littérature ; (ii) méthodologie ; (iii) présentation des résultats.

Revue de la littérature

Dans cette section, il est passé en revue les travaux théoriques et empiriques sur la relation entre les infrastructures et la croissance économique.

Rôle productif des infrastructures économiques

Le caractère productif des infrastructures a été évoqué, depuis longtemps, à l'instar des travaux Adam Smith (1776) qui soulignent l'importance des infrastructures dans la facilitation des échanges, pour montrer le rôle que devrait jouer l'État dans la construction et le maintien des infrastructures nécessaires à la vie économique et à la croissance. En effet, il faisait reposer son idée sur la relation : Infrastructures économiques →Échange →Croissance. Cette relation ne traduit pas simplement une amélioration de l'offre d'infrastructures, mais réduit les coûts de production d'une part et, d'autre part, elle est propice à l'intensification et à la facilitation des échanges d'un État.

La théorie de la croissance néoclassique identifie deux principales sources de variation du revenu par tête (le capital par tête et l'efficacité du travail) constitue, véritablement, le point de départ des analyses empiriques sur les déterminants de la croissance. Elle montre, toutefois que seule l'efficacité du travail peut conduire à une croissance permanente du revenu par habitant.

Cependant, cette croissance est le résultat d'un progrès technique exogène (Solow, 1956). Le caractère exogène du progrès technique et l'aggravation des différences de niveau de vie et de revenu par habitant vont ouvrir la voie à une vague de renouvellement de la question visant à «endogénéiser »le progrès technique.

Les développements des nouvelles théories de croissance endogène, au début des années 1990, ont permis d'augmenter le nombre de facteurs explicatifs de la croissance (éducation, recherche et développement, innovation technologique, capital public, ouverture commerciale, etc.), et de modéliser le progrès technique. Ces théories de la croissance endogène, qui ont réfuté les hypothèses de Solow (1956), assimilent le progrès technique à un phénomène auto-entretenu par accumulation de quatre (4) facteurs principaux (capital physique, capital humain, capital technologique et capital public) influant sur le taux de croissance d'une économie avec les travaux de Romer (1986) et celui de Lucas (1988).

Quant à l'analyse du lien entre la croissance et le capital public, un vif regain d'intérêt a été connu par les travaux théoriques de Barro (1990) qui constituent, aujourd'hui, un cadre de référence. Pour éclairer la contribution des dépenses productives des infrastructures économiques à la croissance, Barro (1990) a proposé un modèle en deux versions incluant les infrastructures qu'il approxime par les investissements en infrastructures.

Dans la première version de son modèle, Barro (1990) considère les infrastructures comme des biens publics purs non rivaux et non-excluables. Dans cette optique, les entreprises bénéficient, à chaque période, de la totalité de l'investissement public. Ainsi, il déduit que les infrastructures économiques sont à l'origine de la croissance économique non bornée de l'économie. Dans sa seconde version, Barro (1990) considère les infrastructures comme des biens publics purs non-excluables et maintenant rivaux. Dans cette version, chaque producteur génère par son activité une externalité négative, dans la mesure où l'augmentation de la production agrégée réduit la quantité disponible d'infrastructures économiques par producteur.

Ce débat théorique s'est enrichi à la suite de plusieurs travaux empiriques controversés, ci-dessous.

Travaux empiriques sur la contribution des investissements en infrastructures économiques à la croissance économique

Sur le plan empirique, les travaux d'Aschauer (1989) concluent qu'il y a une forte contribution du capital public à la production et à la croissance. Les estimations de cet auteur menées sur des séries chronologiques américaines conduisent à retenir une élasticité de la production privée, par rapport au capital public de l'ordre de 39% supérieure à celle du capital privé. Dès lors, le ralentissement de la productivité observé aux États-Unis proviendrait, principalement, de la diminution des efforts publics d'investissement dans les infrastructures physiques.

Ces résultats, en raison de leur portée et, contrairement, à ceux des études antérieures, comme celle de Ratner (1983), ont paru excessifs et ont, de ce fait, suscité diverses critiques, principalement d'ordre méthodologique.

Holtz-Eakin (1988) et Munnell (1990a, 1990b) ont fourni pour les États-Unis, des estimations supplémentaires appuyant la notion selon laquelle la production est sensible au niveau de capital public en estimant des fonctions de production à trois facteurs.

Pour rejoindre les résultats issus des premiers travaux (Aschauer, 1989), Barro (1990) souligne que le capital public, en termes d'infrastructures physiques, stimule la productivité des agents privés et l'activité économique. Travaillant sur 98 pays, sur la période 1980-1985, Barro (1990) trouve un impact positif, mais statistiquement non significatif de l'investissement public sur la croissance économique.

Dans le même sens, Wylie (1996) adopte l'approche d'Aschauer (1989) pour estimer l'élasticité du capital public au Canada. Il a utilisé une fonction de production translogarithmique et des données agrégées canadiennes couvrant la période de 1946 à 1991, et constate que le capital public a une élasticité positive. Ces études ont été critiquées, commençant par celles de l'auteur qui est considéré comme le précurseur de cette ligne de recherche, à savoir Aschauer (1989).

En clair, la première limite de ces premiers travaux porte sur le sens de causalité de la relation infrastructure-croissance.

Dans le cas des États-Unis, l'introduction d'une causalité à deux sens, dans la relation croissance – infrastructures, a réduit largement l'effet positif du capital public sur la croissance (Duffy-Deno et Eberts 1991 ; Tatom 1993 ; Ford et Poret 1991).

La deuxième limite importante des premières études ressort du fait qu'elles montrent un effet positif du capital public sur la croissance qui, normalement, est le trend commun des variables, et leur observation dans le temps.

Tatom (1993) conclut, à cet effet, que la relation mise en évidence par Aschauer (1989), Munnell (1990) et les autres sur cette ligne de recherche ne fait que refléter les tendances communes à la production et aux investissements, pendant les périodes analysées. Ainsi, la concomitance de leurs évolutions est relative.

Dans le même sens, les auteurs comme Benhebib et Jovanovic (1991), King et Livine (1994) ont conclu, après leurs travaux sur le lien entre le capital public en termes d'infrastructures et la croissance économiques, que l'accumulation du capital public ne serait que la conséquence, et non la cause du processus de croissance. Quant aux auteurs comme Benhebib et Jovanovic (1991), King et Livine (1994), ils ont démontré que la croissance économique est le fruit des facteurs technologiques.

D'autres auteurs ont plutôt recours à la construction d'indices pour mesurer l'efficience productive des dépenses publiques. C'est le cas d'Afonzo et al. (2003) qui conçoivent un indice d'efficience du secteur public pour un échantillon de 23 pays industrialisés. Cet indice est obtenu à partir de ratios mesurant des indicateurs de performance du secteur public par rapport à leurs dépenses respectives et permet d'évaluer l'efficience productive par ligne de ces dépenses.

Dans le même sens que Barro (1990), Kane (2011) a vérifié l'existence de la relation entre les variables d'infrastructures physiques et le produit intérieur brut (PIB) en utilisant les tests de co-intégration et de racines unitaires à base de données de panel de l'UEMOA. Il est parvenu à la conclusion selon laquelle les variables de mesure du développement des infrastructures des économies de réseau (télécommunication, électricité, transport et eau-assainissement) ont un impact positif sur la croissance économique de l'UEMOA.

Un certain nombre d'auteurs ont, récemment, fait valoir : lorsque l'investissement public en infrastructures est efficace, on a une forte contribution de celles-ci à la croissance économique (Aghion et Howitt, 2009 ; Ghazanchyan et Stotsky, 2013). Dans le même élan (Berkane, 2013; Gupta,2014 ; FMI, 2014 ; Berg, 2015) présentent des preuves dans leurs travaux respectifs que le capital public, en termes de dépenses en infrastructures, une fois ajusté pour l'efficacité, est un contributeur significatif à la croissance.

Méthodologie

Pour analyser la rélation entre les investissements en infrastructures économiques et la croissance économique, il est question, d'abord, de spécifier le modèle théorique. Ensuite, de presenter les variables et la source des données. Enfin, d'estimer économétriquement à travers les techniques de co-intégration.

La revue de la littérature a permis de recenser quelques approches et nous avons choisi celle de la fonction de production. Celle-ci s'inspire des modèles de croissance endogène, dont le précurseur est Barro (1990). En effet, l'utilisation d'une fonction de production Cobb-Douglas permet une lecture directe des élasticités et des rendements d'échelle et une discussion aisée de la présence ou non d'externalités de capital public. La spécificité de ce modèle consiste à faire apparaître le stock de capital public dans le processus de production et, par conséquent, à mettre en évidence un lien explicite entre la politique gouvernementale, en matière des infrastructures, et la croissance économique à long terme, dans un cadre de croissance endogène.

Presentation du modèle

Les modèles de croissance endogène avec externalités s'appuient sur des fonctions de production Cobb-Douglas à trois facteurs dont deux sont des facteurs privés (capital et travail) et le troisième est l'infrastructure, qui est à financement public.

Le modèle que nous nous proposons d'utiliser est basé sur une forme fonctionnelle de type Cobb Douglas non contraint et se présente comme suit :

Model (1) : $\boldsymbol{Y_t} = AK_t^{\alpha} L_t^{\beta} G_t^{\delta} Z_t^{\mu}$

Avec Yt (PIB) est la production, Kt (INVPR) est l'investissement privé, Gt (INVINF-EC) est l'investissement public en infrastructures économiques, Lt (pop) est le travail qui, ici, est mesuré par la population active et Zt (stapo) est la stabilité politique (variable de contrôle). Toutes ces variables sont considérées à l'instant t. Les paramètres □, β, et δ représentent les élasticités de la production respectivement, à l'investissement privé, public et au travail.

avec $0<\alpha<1$; $0< \beta <1$; $0< \delta <1$; $0<\mu<1$.

Une logique de considération des depenses d'investisssement en infrastructutres économiques doit être signalée. Dans le cadre de cette etude, nous considerons la variable au sens de Barro (1990), car le modèle proposé considère (Gt) comme une variable comprenant toutes les dépenses en infrastructures économiques, malgré les résultats obtenus par certains auteurs tels que Khanam (1999) et Rodrigue Kuitcha Kwandjeu (2005) qui utilisent une définition plus restreinte de cette variable (Gt), qui est pour eux axée uniquement sur les infrastructures de transport (surtout routières).

En linéarisant l'équation (1), on obtient l'équation que voici :

$$\ln(Y_t) = \ln(A) + \alpha \ln(K_t) + \beta \ln(L_t) + \delta \ln(G_t) + \mu \ln(Z_t) \quad (2)$$

Specification du modèle

- **Choix des variables**

Au regard de la revue de littérature et surtout de l'indisponibilité de certaines informations au niveau de notre base de données, les variables que nous avons choisies, dans le cadre de ce travail, sont indiquées ci-dessous :

- PIB : Cette variable désigne le produit intérieur brut réel. Elle représente notre variable expliquée, et a été utilisée par Calderon et Serven (2000) dans une étude intitulée « L'impact du développement des infrastructures sur la distribution des revenus et la croissance économique ». Suivant les résultats obtenus par ces auteurs, nous nous attendons à ce que le PIB soit affecté positivement par les infrastructures économiques.

- INVPR: Cette variable correspond à l'investissement privé et joue le rôle de variable de contrôle dans ce travail. Elle a, également, été considérée dans les travaux de Ghura, Dhaneshwar et Hadjimichael (1996) sur 29 pays de l'Afrique subsaharienne de 1981 à 1992. En s'appuyant sur leur étude, nous nous attendons à ce que les investissements privés puissent avoir un effet positif sur la croissance économique au Congo.

- INVINF-EC : Il s'agit de notre variable d'intérêt. Elle représente les investissements réalisés dans les infrastructures de transport, des télécommunications, d'électricité et de l'eau. Elle a fait l'objet d'une étude réalisée dans le cas des pays de l'UEMOA par Kane (2011) où l'auteur a utilisé de façon désagrégée ces différentes composantes. De même, Barro (1990), Eastelly et Rebello (1993), Roller et Wavernan (2001), Caleron et Servenn (2003) ont analysé le lien entre les infrastructures économiques et la croissance économique (approximée par le PIB réel), à travers ces mêmes types d'infrastructures. A l'instar de ces auteurs, on s'attend à ce que les infrastructures soient significatives et positives, corrélées au PIB.

- INSTAPO : Elle représente la variable instabilité politique s'inspirant des travaux d'Odineme (2003) sur « Les déterminants de la croissance économique au Congo » et ceux de Smard (2012). L'instabilité politique affecte négativement la croissance économique, parce qu'elle augmente l'incertitude sur les décisions des agents économiques, tels que les investisseurs privés. Dans le cas de notre étude, nous la retenons en tant que variable de contrôle, du fait que le Congo a traversé plusieurs événements sociopolitiques (la Conférence nationale souveraine de 1991, les premières élections démocratiques de 1992, les crises postélectorales de 1993-1994, la guerre civile de 1997 et les crises postélectorales des années 2000), certainement, ont affecté le comportement des agents économiques, en l'occurrence les investisseurs au Congo.

- POP-AC : Elle désigne la population active. Autrement dit, il s'agit de la main-d'œuvre disponible qui vend sa force de travail aux structures de production. La quantité de travail fournie dans une économie est proportionnelle à la population active ; cette dernière est supposée influencer positivement la production, du fait des rendements marginaux décroissants.

Dès lors, notre modèle, à des fins d'estimation, peut se présenter ainsi qu'il suit :

$$\ln(PIB_t) = C + \alpha \ln(INVPR_t) + \beta \ln(POPAC_t) + \delta \ln(INVINFEC_t) + \mu \ln(STAPO_t) + U_t$$

Pour compléter la spécification, , la constante ; alors que α, β, δ et μ sont les élasticités respectivement du PIB, par rapport au stock de capital privé, au travail et aux dépenses d'infrastructures économiques ; à la stabilité politique et Ut représente le terme d'erreur.

- **Source de données**

Dans le cadre de cette étude, nous avons recouru aux données provenant des comptes nationaux établis par l'INS, la BM, et les ministères sectoriels concernés. Ces données ont été recueillies sur une periode d'étude de 1985 à 2015. Ce qui nous permet d'avoir un total de 31 observations susceptibles de faire de l'inférence statitisque, qui concerne la sous-section ci-dessous.

Presentation des résultats

Avant de faire les estimations, nous allons vérifier si les variables retenues sont intégrées de même ordre. Pour cela, on va appliquer le test de Dickey-Fuller augmenté (DFA) pour chaque variable.

En commençant par le test de la racine unitaire du PIB, on constate que la P-valeur du test de la présence ou non de la racine unitaire est inférieure à 5% (Tableau 1). Ce qui revient à dire qu'on va procéder au test de nullité de la tendance déterministe par un simple test de Student. D'après les résultats dudit tableau, il ressort que le PIB du Congo entre 1985 et 2015 est stationnaire.

En procédant de la sorte pour les autres variables restantes, on remarque que toutes les variables sont stationnaires et intégrées d'ordre 1. En effet, les tests de ADF sur les variables du modèle, en différences premières, montrent, à suffisance, que ces dernières sont toutes stationnaires, avec ou sans constante. Par conséquent, toutes les variables (expliquées et explicatives) sont intégrées d'ordre 1 et nous amènent à l'étude de la co-intégration des séries.

Étude de la co-intégration des séries

Comme toutes les variables sont intégrées au même ordre, il y a possibilité de co-intégration. Les résidus du modèle, ci-dessus, sont stationnaires, parce que leur corrélogramme simple et partiel ne fait observer aucun lag hors des corridors. Ce test à base d'un graphique prouve, à suffisance, que les résidus du modèle sont stationnaires et le test de DFA semble être inutile, d'une part, et d'autre part, les séries du modèle sont co-intégrées et peuvent, à cet effet, être utilisées pour un MCE.

Estimation du Modèle à Correction d'Erreur (MCE)

Il s'agit, ici, d'estimer le modèle en deux étapes avant de l'interpréter.

Modèle de long terme

Les résultats de l'estimation sont consignés dans le tableau ci-dessous contenant également les résidus de ce modèle stationnarisé.

En estimant le modèle à long terme, on obtient le résultat suivant :

Tableau1 : Résultat de l'Estimation du modèle à long terme

Variable expliquée: PIB				
Variables explicatives	Coefficients	Std. Error	t-Statistic	Probalité
Investissement privé	0,019225	0,141178	0,136178	0,8927
Invest en infra. Econo	0,287391	0,057310	5,014653	0,0000*
Population active	1,276592	0,385803	3,308926	0,0027*
Instabilité politique	-0,183429	0,029592	-6,198601	0,0131**
C	6,895239	3,600526	1,915064	0,0661
R-squared	0,940994	D.Watson	1,50180	
R-squared ajusté	0,934438			
Prob(F-statistic)	0,000000			
*significatif à 1% **significatif à 5% ***significatif à 10%				

***Source** : auteurs à partir des résultats obtenus sur Eviews*

Les résidus du modèle ci-dessus sont stationnaires, parce que leurs corrélogrammes simples et partiels ne font observer aucun lag hors des corridors. Ce test à base d'un graphique prouve, à suffisance, que les résidus du modèle sont stationnaires et que le test de DFA semble être inutile.

Modèle de court terme

Comme il a été dit précédemment, il est question d'estimer un modèle en différence première avec pour ajout de variable explicative, les résidus du modèle de long terme décalés d'une période. Ainsi, nous obtenons le résultat suivant :

Tableau 2: Estimation du modèle à court terme

Variable expliquée : D(PIB)				
Variables explicatives	Coefficients	Std.Error	t-Statistic	Prob
D (Investissement privé)	0,068499	0,105558	0,648923	0,5223
D (Invest.infra. Econo)	0,184716	0,062689	2,946530	0,0069*
D (Population active)	-3,409765	2,183577	-1 ,561550	0,1310
D (Instabilité polit.)	-0,099651	0,029282	-2,349926	0,1053
Resid (-1)	-0,543241	0,183173	-2,965729	0,0066*
C	0,151683	0,082638	1,835506	0,0784
R-squared	0,383724	D.Watson	1,859409	
R-squared ajusté	0,285119			
Prob(F-statistic)	0,013657			
*significatif à 1% **significatif à 5% ***significatif à 10%				

Source *: auteurs à partir des résultats obtenus sur Eviews*

La vérification des hypothèses émises sur le modèle sont validées. Il s'agit, entre autres, des tests stochastiques, des tests de la stabilité des paramètres (CUSUM simple et CUSUM au carré) et du test de Ramsey (cf. annexe). Après avoir constaté que toutes les hypothèses du modèle sont validées, il importe d'interpréter les coefficients dudit modèle.

Il s'agit d'interpréter les élasticités, de long et court termes, du modèle en passant par l'interprétation du coefficient de correction d'erreurs. Les résultats ont montré que la force de rappel ou le coefficient de correction d'erreur est significativement négatif et inférieur à 1, en valeur absolue (-0,5432). Ceci revient à dire que le mécanisme de convergence vers l'équilibre de la croissance fonctionne bien. Cela signifie, également, que, face à un choc sur la croissance, l'ajustement vers l'équilibre s'effectue à une vitesse rapide de 54,32% par l'effet « feed-back ». En d'autres termes, un choc sur la croissance économique constaté au cours d'une année est, entièrement, résorbé au bout d'un (1) an et 8 mois seulement.

L'examen de la pertinence de la dynamique de long terme montre que l'investissement privé n'agit pas significativement sur la croissance tandis que l'effet du niveau de l'emploi s'est révélé très contributif de l'évolution de la croissance au Congo. En effet, une augmentation de la population active de 1% se traduirait par une hausse de 1,28 variable expliquée : PIB % de la croissance. Le fait que l'une de ces variables de contrôle soit significative (Population active en l'occurrence), cela évite un effet de report sur la constante.

Par ailleurs, les résultats de la dynamique de long terme montrent que les investissements en infrastructures économiques agissent positivement sur la croissance économique au Congo. En effet, l'élasticité du produit intérieur brut, par rapport aux investissements publics en infrastructures économiques est de 28,7%, cela signifie qu'une augmentation des dépenses d'investissements publics en infrastructures économiques de 1% entraîne une augmentation de 28,7% du produit intérieur brut au Congo. Ce résultat corrobore, par la même occasion, la théorie de la croissance endogène développée par Barro (1990) selon laquelle les infrastructures sont assimilées aux dépenses publiques productives. En effet, pour cet auteur, les externalités induites par les dépenses publiques en infrastructures stimulent la productivité du secteur privé et engendrent la croissance économique.

De plus, ces résultats sont identiques à ceux obtenus par Fernal (1999), Calderon et Serven (2002), Kane et al (2011)... Cependant, ces résultats remettent en cause les conclusions (des études similaires) auxquelles sont parvenus Folester et Henrekson (2001) dans le cas des pays de l'OCDE.

Par rapport au contexte congolais, nous pouvons expliquer ce résultat par le fait que les programmes de développement socio-économique (PIPC, DSRP-I, DSRP, Municipalisation accélérée, PND,...) initiés par le gouvernement ces dernières années, se sont traduits par un développement des activités génératrices de revenus, d'autant plus que la BM (1994) souligne que l'infrastructure est la roue de l'activité économique et la défaillance des infrastructures, dans les pays pauvres, retarde leur décollage économique.

En ce qui concerne la variable d'instabilité politique, il apparaît qu'elle est significativement négative sur la croissance au Congo de 1985 à 2015 à long terme. Cela voudrait dire que la gouvernance politique influe négativement sur les choix des politiques publiques de développement économique, ce qui suppose que les réformes politiques initiées par le gouvernement n'ont pas favorisé un climat de confiance propice aux investisseurs privés. Ce résultat corrobore ceux consensuels obtenus par les travaux de Barro (1991), Azam, Barthélémy, Calipel (1996), Guillaum et Brun (1999), Murdoch et Sandler (2001). Ces auteurs mettent en évidence les effets négatifs de l'instabilité politique sur la croissance économique dans les pays en développement.

Par ailleurs, la lecture du tableau 2 nous montre que, hormis la variable investissement en infrastructures économiques, toutes les autres variables sont non-significatives. De plus, le coefficient de détermination est faible, puisqu'il s'élève, à peine à 38,37%. Autrement dit, les variables retenues dans ce modèle expliquent les fluctuations de la croissance économique à hauteur de 38,37%.

Dans le même sens, il y a d'autres variables qui expliqueraient mieux la croissance économique à court terme, et qui ne sont pas prises en compte dans ce modèle. S'agissant de la variable investissement en infrastructures économiques proprement dite, son effet positif sur la croissance économique peut être lié à la construction de ces infrastructures, essentiellement sur le secteur de la construction, exerçant un effet multiplicateur sur l'ensemble de l'économie qui se dégrade après un ou deux ans comme l'ont souligné Gasser et Navarre(1991). Toutefois, ce résultat corrobore celui obtenu par Berkane (2013) dans son étude intitulée *Estimation des effets de l'investissement en infrastructures sur la croissance économique : Cas de l'Algérie* pour laquelle la méthodologie a porté sur un modèle à correction d'erreur.

Conclusion et implications de politique

L'objectif de cet article consistait à analyser les effets des investissements publics en infrastructures économiques sur la croissance économique au Congo. Pour y parvenir, nous avons recouru à un modèle à correction d'erreur, lequel a été estimé, à partir des données issues de la BM et des ministères sectoriels concernés. De l'estimation de ce modèle, il ressort que, face à un choc sur la croissance au Congo, l'ajustement vers l'équilibre s'effectue à une vitesse rapide de 54,32% par l'effet « feed-back ». Autrement dit, un choc sur la croissance économique au Congo constaté, au cours d'une année, est entièrement résorbé au bout d'un an et 8 mois seulement.

En outre, les mêmes résultats révèlent que les investissements publics en infrastructures économiques exercent une influence positive et significative sur la croissance économique au Congo (à court et à long terme), ce qui cadre avec les résultats obtenus récemment en 2013, par Berkane, pour le cas de l'Algérie, en appliquant le même modèle que celui adopté dans cette étude. Dans le contexte congolais, ces résultats s'expliquent, d'un côté, par le développement des activités génératrices de revenus dues à la mise en œuvre des programmes de développement socio-économique (PIPC, DSRP-I, DSRP, Municipalisation accélérée, PND 2012-2016,…) initiés par le gouvernement depuis le début des années 2000, de l'autre, la construction de ces infrastructures exerce un effet multiplicateur à travers le secteur de la construction sur l'ensemble de l'économie.

Ainsi, nous formulons quelques implications de politique économique. Mais le succès des implications de politique économique dépend, manifestement, de la volonté de l'État à veiller sur la planification stratégique, la programmation et l'exécution du budget d'investissement afin de cibler les dépenses productives pour soutenir la croissance économique. Pour ce faire, il importe de :

- augmenter les investissements dans le secteur de l'eau, de l'électricité, et des transports, car ces infrastructures génèrent des gains de productivité et constituent une condition nécessaire à l'industrialisation ;

- renforcer impérativement les services d'entretien des infrastructures économiques acquises. Pour ce faire, il est nécessaire que les autorités habilitées envisagent les mécanismes de partenariat public-privé dans ces secteurs ;

- améliorer aussi bien la qualité que le niveau des infrastructures économiques à vocation régionale pour faciliter le développement des échanges commerciaux au sein des espaces communautaires (C.E.M.A.C ; C.E.A.C).

Au-delà de cette étude, nous estimons qu'un travail similaire, mais portant sur l'ensemble des pays de la CEAC peut être utile pour une meilleure évaluation du rôle des investissements publics en infrastructures dans le processus d'intégration régionale.

Annexes

Graphique 1 : Test de la normalité des résidus du MCE

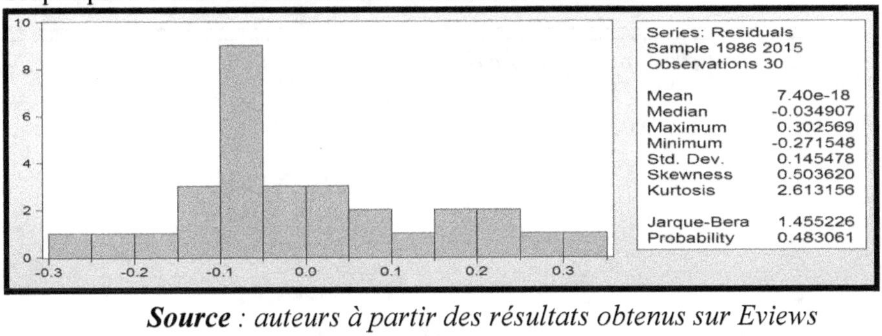

Source *: auteurs à partir des résultats obtenus sur Eviews*

Tableau 1 : Correlogramme des résidus du MCE

Correlogram of Residuals

Date: 06/02/17 Time: 00:52
Sample: 1986 2015
Included observations: 30

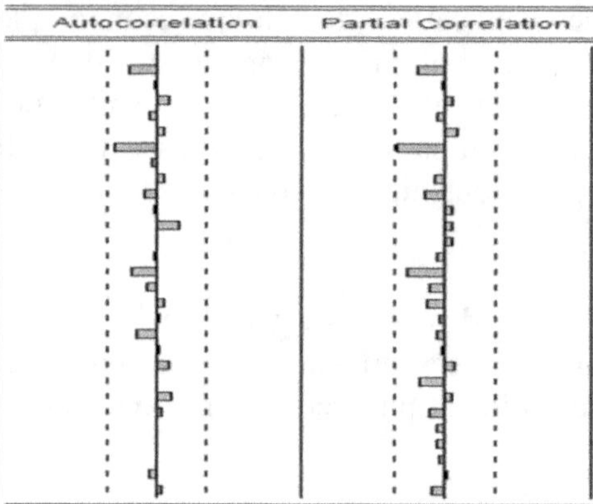

	AC	PAC	Q-Stat	Prob
1	0.007	0.007	0.0018	0.966
2	-0.189	-0.189	1.2261	0.542
3	-0.018	-0.016	1.2380	0.744
4	0.096	0.062	1.5761	0.813
5	-0.053	-0.063	1.6843	0.891
6	0.057	0.091	1.8151	0.936
7	-0.313	-0.350	5.8979	0.552
8	-0.045	-0.008	5.9876	0.649
9	0.044	-0.080	6.0776	0.732
10	-0.091	-0.153	6.4732	0.774
11	-0.020	0.062	6.4928	0.839
12	0.163	0.062	7.9053	0.792
13	-0.005	0.045	7.9065	0.850
14	-0.014	-0.060	7.9182	0.894
15	-0.183	-0.276	10.053	0.816
16	-0.075	-0.112	10.441	0.843
17	0.052	-0.131	10.637	0.875
18	0.025	-0.047	10.685	0.907
19	-0.145	-0.054	12.525	0.862
20	0.016	-0.013	12.548	0.896
21	0.086	0.074	13.346	0.896
22	-0.004	-0.177	13.348	0.923
23	0.102	0.052	14.768	0.903
24	0.036	-0.108	14.981	0.921
25	0.006	-0.052	14.987	0.942
26	-0.001	-0.056	14.987	0.958
27	0.004	-0.031	14.993	0.970
28	-0.064	0.023	16.968	0.949
29	0.026	-0.085	17.613	0.952

Source *: auteurs à partir des résultats obtenus sur Eviews*

Tableau 2 : test de hetroscedaticté

Heteroskedasticity Test: White

F-statistic	1.229092	Prob. F(14,15)	0.3475
Obs*R-squared	16.02801	Prob. Chi-Square(14)	0.3117
Scaled explained SS	8.977663	Prob. Chi-Square(14)	0.8325

Test Equation:
Dependent Variable: RESID^2
Method: Least Squares
Date: 06/02/17 Time: 01:02
Sample: 1986 2015
Included observations: 30

Variable	Coefficient	Std. Error	t-Statistic	Prob.
C	0.040761	0.064544	0.631520	0.5372
D(FBCFPRIV)	0.119710	0.112070	1.068165	0.3023
(D(FBCFPRIV))^2	-0.072302	0.054881	-1.317445	0.2075
(D(FBCFPRIV))*(D(FBCFECO))	0.007965	0.046271	0.172128	0.8656
(D(FBCFPRIV))*(D(POPACTIV))	-4.795094	3.721333	-1.288542	0.2171
(D(FBCFPRIV))*R(-1)	-0.263882	0.231847	-1.138175	0.2729
D(FBCFECO)	0.128476	0.086544	1.484519	0.1584
(D(FBCFECO))^2	0.050087	0.034009	1.472790	0.1615
(D(FBCFECO))*(D(POPACTIV))	-4.756895	2.483099	-1.915709	0.0747
(D(FBCFECO))*R(-1)	-0.105408	0.141468	-0.745101	0.4677
D(POPACTIV)	-1.402697	2.809353	-0.499296	0.6248
(D(POPACTIV))^2	33.66051	30.15365	1.116300	0.2819
(D(POPACTIV))*R(-1)	2.718502	4.134882	0.657456	0.5208
R(-1)	-0.071251	0.159112	-0.447803	0.6607
R(-1)^2	-0.427491	0.230124	-1.857657	0.0830

R-squared	0.534267	Mean dependent var	0.020458
Adjusted R-squared	0.099583	S.D. dependent var	0.026428
S.E. of regression	0.025078	Akaike info criterion	-4.226803
Sum squared resid	0.009434	Schwarz criterion	-3.526204
Log likelihood	78.40204	Hannan-Quinn criter.	-4.002675
F-statistic	1.229092	Durbin-Watson stat	2.222463
Prob(F-statistic)	0.347525		

Source *: auteurs à partir des résultats obtenus sur Eviews*

Tableau 3: Test de la non autocorrélation des résidus du MCE

Breusch-Godfrey Serial Correlation LM Test:

F-statistic	0.538629	Prob. F(2,23)	0.5907
Obs*R-squared	1.342251	Prob. Chi-Square(2)	0.5111

Test Equation:
Dependent Variable: RESID
Method: Least Squares
Date: 06/02/17 Time: 01:04
Sample: 1986 2015
Included observations: 30
Presample missing value lagged residuals set to zero.

Variable	Coefficient	Std. Error	t-Statistic	Prob.
D(FBCFPRIV)	-0.023440	0.109962	-0.213167	0.8331
D(FBCFECO)	0.003668	0.070247	0.052212	0.9588
D(POPACTIV)	-0.201986	2.243115	-0.090047	0.9290
R(-1)	0.015260	0.211371	0.072194	0.9431
C	0.011248	0.085097	0.132174	0.8960
RESID(-1)	-0.038403	0.326682	-0.117554	0.9074
RESID(-2)	-0.238283	0.229934	-1.036310	0.3108

R-squared	0.044742	Mean dependent var	7.40E-18
Adjusted R-squared	-0.204456	S.D. dependent var	0.145478
S.E. of regression	0.159659	Akaike info criterion	-0.630595
Sum squared resid	0.586290	Schwarz criterion	-0.303649
Log likelihood	16.45892	Hannan-Quinn criter.	-0.526002
F-statistic	0.179543	Durbin-Watson stat	1.880091
Prob(F-statistic)	0.979674		

***Source** : auteurs à partir des résultats obtenus sur Eviews*

Graphique A 1: Test de stabilité des paramètres du MCE

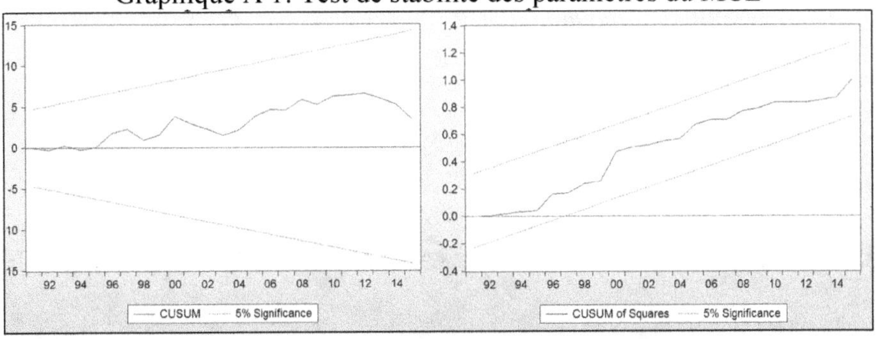

***Source** : auteurs à partir des résultats obtenus sur Eviews*

Tableau A 1 : Test de Ramsey du MCE

Ramsey RESET Test
Equation: MODELE12
Specification: D(PIB) D(FBCFFPRIV) D(FBCFECO) D(POPACTIV) R(-1) C
Omitted Variables: Squares of fitted values

	Value	df	Probability
t-statistic	0.249501	24	0.8051
F-statistic	0.062251	(1, 24)	0.8051
Likelihood ratio	0.077713	1	0.7804

F-test summary:

	Sum of Sq.	df	Mean Squares
Test SSR	0.001588	1	0.001588
Restricted SSR	0.613750	25	0.024550
Unrestricted SSR	0.612162	24	0.025507
Unrestricted SSR	0.612162	24	0.025507

LR test summary:

	Value	df
Restricted LogL	15.77232	25
Unrestricted LogL	15.81117	24

Unrestricted Test Equation:
Dependent Variable: D(PIB)
Method: Least Squares
Date: 06/02/17 Time: 01:09
Sample: 1986 2015
Included observations: 30

Variable	Coefficient	Std. Error	t-Statistic	Prob.
D(FBCFFPRIV)	0.069167	0.107628	0.642651	0.5265
D(FBCFECO)	0.184808	0.063900	2.892134	0.0080
D(POPACTIV)	-3.289800	2.277062	-1.444756	0.1615
R(-1)	-0.526725	0.198095	-2.658947	0.0137
C	0.152333	0.084273	1.807603	0.0832
FITTED^2	-0.324125	1.299091	-0.249501	0.8051

R-squared	0.385318	Mean dependent var	0.055025
Adjusted R-squared	0.257259	S.D. dependent var	0.185314
S.E. of regression	0.159708	Akaike info criterion	-0.654078
Sum squared resid	0.612162	Schwarz criterion	-0.373839
Log likelihood	15.81117	Hannan-Quinn criter.	-0.564427
F-statistic	3.008915	Durbin-Watson stat	1.878492
Prob(F-statistic)	0.030134		

Source *: auteurs à partir des résultats obtenus sur Eviews*

Tableau : test de DFA sur les variables du modèle en différence première

	Modèle 3			Modèle 2			Modèle1	
	Test du modèle	Test de student	Conclusion	Test du modèle	Test student	conclusion	Test du modèle	conclusion
D(PIB)	p-valeur=0.0003	p-valeur=0.7797	On passe au modèle 2	p-valeur=0.0000	p-valeur =0.0271	La série est I(1)+C		
	Modèle 3			Modèle 2			Modèle 1	
	Test du modèle	Test de student	Conclusion	Test du modèle	Test student	conclusion	Test du modèle	conclusion
D(INVPR)	p-valeur= 0.0000	p-valeur=0.8334	On passe au modèle 2	p-valeur=0.0000	p-valeur 0.1125	On passe au modèle1	p-valeur=0.0000	La série est I(1)+C
	Modèle 3			Modèle 2			Modèle1	
	Test du modèle	Test de student	Conclusion	Test du modèle	Test student	conclusion	Test du modèle	conclusion
D (INVINF-EC)	p-valeur=0.0254	p-valeur=0.0617	On passe au modèle 2	p-valeur=0.0232	p-valeur =0.0056	La série est I(1)+C		
	Modèle 3			Modèle 2			Modèle1	
	Test du modèle	Test de student	Conclusion	Test du modèle	Test student	conclusion	Test du modèle	Conclusion
D(INSTAPO)	p-valeur=0.0145	p-valeur = 0 0475	On passe au modèle2	p-valeur=0.0342	p-valeur=0.0015	La série est I(1)+C		
	Modèle 3			Modèle 2			Modèle1	
	Test du modèle	Test de student	Conclusion	Test du modèle	Test student	conclusion	Test du modèle	Conclusion
D(POP-AC)	p-valeur=0.0007	p-valeur=0.7797	On passe au modèle 2	p-valeur=0.0000	p-valeur =0.0271	La série est I(1)+C		

Source *: auteurs à partir des résultats obtenus sur Eviews*

Références bibliographiques

Dabla-Norris, E., Brumby, J., Kyobe, A., Mills, Z., and Chris Papageorgiou, 2011, "Investing in Public Investment: An Index of Public Investment Efficiency," IMF Working Paper 11/37 (Washington: International Monetary Fund).

Dabla-Norris, Brumby, Kyobe, Mills, et Papa Georgiou (2011) « In-vesting in Public Investment: An Index of Public Investment Efficiency.

Diagne, Youssoufa et Fall(2007) « Impact des infrastructures publiques sur la productivité des entreprises au Sénégal »

Zhang, J. (2003a). 'Investment, Investment Efficiency and Economic Growth in China'. Journal of Asian Economics, 14 (5): 731-43.

Chérif Sidy KANE (2011), Infrastructures Physiques et Croissance économique dans l'UMOA, revue économique et monétaire N° 9 - Juin 2011, pp13-40.

Bayoudh Mohamed (2012), investissement en infrastructure publique et croissance en Tunisie : Une analyse en équilibre général calculable, thèse de doctorat, université Laval, Quebec, 113p.

Banque Mondiale (2010), Rapport Pays, Infrastructure de la République du Congo : Une perspective continentale", Washington D.C

Aaron, H.J. (1990), "Discussion" dans A. H. Munnell is There a Shortfall in Public Capital Investment, Federal Reserve Bank of Boston.

Duffy-Deno, K. T. et R. W. Eberts (1991), "Public Infrastructure and Régional Economic Development: A Simultaneous Equations Approach", Journal of Urban Economics, vol. 30, 329-343.

Eisner, R. (1991), "Infrastructure and Regional Economic Performance", New England Economic Review, Federal Reserve Bank of Boston, september/October, pp 47-91.

Evans, P. et G. Karras (1994), "Are Government Activities Productive? Evidence from a Panel of U.S. States", Review of Economics and Statistics, 76, pp 1-11.

Fernald, J. G. (1999), "Roads to Prosperity? Assessing the Link Between Public Capital and Productivity", The American Economic Review, 89, pp 619-638.

Ford, R. et P. Poret(1991), "Infrastructure and Private Sector Productivity," OCDE, Working.

Holtz-Eakin, (1994), "Public Sector Capital and Productivity Puzzle", Review of conomics and Statistics, 76, pp12-21.

Levine, R. et D. Renelt (1992), "A Sensitivity Analysis of Cross-Country Growth Regressions," American Economic Review

Lynde, C. et J. Richmond (1992), "The Role of Public Capital in Production", The Review of Economics and Statistics,

Lynde, C. et J. Richmond (1993), "Public Capital and Long-Run Cost in U.K. Manufacturing", The Economic Journal, 103, pp 880-893.

Munnell, Alicia H. 1990. "Why Has Productivity Growth Declined? Productivity and Public Investment." New England Economic Review, Federal Reserve Bank of Boston, January/February, pp. 3-22.

Tatom, J.A. (1993), “Paved With Good Intentions: The Mythical National Infrastructure Crisis.” Policy Analysis N°196, pp 1871-1879.

Tatom, J.A. (1991), “Public Capital and Private Sector Performance,” Federal Reserve Bank of St. Louis Review, mai/juin, pp 3-15.

Meade, J. (1952), External Economies and Diseconomies in a Competitive Situation, Economic Journal, 62 (245), pp. 54-67.

Solow R.M (1956), A Contribution to the Theory of Economic Growth, Quarterly Journal of Economics, vol 70, février, pp. 65-94.

Denison (1963) Journal of the American Statistical Association Vol. 58, No. 304,

Arrow et Kurz (1970), Public Investment, the Rate of Return, and Optimal Fiscal Policy, Johns Hopkins Press, Baltimore.

Ratner J.B. (1983), Government capital and the production function for US private output. Economic Letters, 13, 213-217.

Romer P. (1986), Increasing Return and Long-Run Growth, Journal of Political Economy, vol 94, octobre, n°5, pp. 1002-1037

Holtz-Eakin (1988) “Private Output, Government Capital, and the Infrastructure Crisis”, Discussion Paper, N°. 394, Columbia University, mai.

Lucas R.E (1988), On the Mechanics of Economic Development, Journal of Monetary Economics, vol 22, pp. 3-42.

Tatom, J.A. (1991a). Public Capital and Private-Sector Performance. Review of the Federal Reserve Bank of St. Louis, 78(3), 3-15.

Benhabib, Jess, and Boyan Jovanovic. (1991). “Externalities and Growth Accounting.” American Economic Review 81, 82–113.

Banque Mondiale (1994), World Development Report, “Une Infrastructure pour le développement”, Washington D.C.

Wylie, Peter J. (1996), Infrastructure and Canadian Economic Growth 1946-1991,the Canadian Joournal of economic.

Déterminants des Investissements directs étrangers (IDE) en zone CEEAC

Julien Ghislain Mouanda Makonda[79]
Constant Bruno Serges IKIEMI[80]
Béthuel MAKOSSO[81]

Résumé

Les déterminants des Investissements directs étrangers (IDE) sont souvent mis en évidence à travers des modèles de données de panel, sans tenir compte de l'interaction spatiale éventuelle entre les différentes unités. Le présent article se propose de déterminer les facteurs explicatifs des IDE dans la CEEAC en intégrant la dimension spatiale par le biais d'un modèle spatial dynamique. Les résultats obtenus montrent que la prise en compte de la dimension spatiale conduit, d'une part, à mettre en exergue un phénomène de création d'investissements dans la zone et, d'autre part, l'effet positif, à long terme, du degré d'ouverture sur les flux entrants d'IDE en zone CEEAC. L'implication majeure de politique économique est l'adhésion des pays de la zone à l'accord instituant la Zone de libre échange continentale africaine (ZLECA).

Mots clés : IDE - CEEAC - Modèle spatial dynamique
Classification JEL : F21-O55-C21

Introduction

La mobilisation des capitaux étrangers, plus particulièrement, les Investissements directs étrangers, demeure une préoccupation majeure pour les économies en développement caractérisées, structurellement, par une insuffisance d'épargne intérieure. La littérature montre que l'Investissement direct étranger apporte à l'économie réceptrice non seulement des ressources financières supplémentaires, mais aussi d'autres avantages comme les transferts de technologie et d'expertise, en matière de gestion. Des stratégies sont mises en place par les différents pays pour attirer ces financements

[79] Université Marien NGOUABI, FSE/LARES.
[80] Université Marien NGOUABI, FSE/LARES.
[81] Université Marien NGOUABI, FSE/LARES.

extérieurs moins volatiles, comparativement aux investissements de portefeuille. Aussi, l'effondrement du bloc communiste, dans les années 90 et l'essor des nouvelles technologies de l'information et de la communication (NTIC), ont accéléré l'essor des Investissements directs étrangers (IDE)[82].

En effet, selon les statistiques de la CNUCED, les entrées mondiales d'IDE ont progressé de 34 %, entre 2014 et 2015[83], atteignant une valeur de 1774 milliards de dollars en 2015, le plus haut niveau depuis la crise économique et financière mondiale de 2008-2009, alors qu'elles s'élevaient à 205 milliards de dollars en 1990. Il convient de souligner que ces entrées ont décru de 2%, environ, en 2016, pour s'établir, finalement à 1746 milliards de dollars.

Les projections[84] de ces entrées, pour 2017, oscilleraient entre 1670 et 1870 milliards de dollars, ce qui donnerait un taux de croissance annuel se situant entre - 4% et 7%.

La répartition des entrées d'IDE par catégories de pays et par région en 2016, dénote une forte disparité. Ainsi, les pays développés ont reçu 1032 milliards de dollars soit 59% des entrées mondiales.

Les entrées dans les pays en développement se sont élevées à 646 milliards de dollars, soit 37% du total des entrées mondiales. Contrairement aux pays développés, on note une régression de 14%, comparativement à l'année 2015. Dans cette catégorie, c'est l'Asie qui vient en tête avec 443 milliards soit 25%, suivie par l'Amérique latine et les Caraïbes avec 142 milliards (8%) et l'Afrique 59 milliards, soit 3% des entrées mondiales. Il convient de noter que, pour le cas spécifique de l'Afrique, ces entrées ont baissé de 3% entre 2015 et 2016.

On note une disparité importante de ces entrées en Afrique subsaharienne. En effet, dans la zone CEDEAO, les entrées d'IDE ont augmenté de 15%, entre 2015 et 2016 pour s'établir à 11,16 milliards de dollars en 2016. La reprise des entrées d'IDE au Nigéria en 2016, après un tassement en 2015, en est la raison principale.

---

[82]L'IDE peut être défini comme le flux international de capitaux motivé par l'acquisition d'une entreprise à l'étranger ou une prise de participation dans le capital d'une entreprise supérieure par convention à 10%. L'IDE peut prendre l'une des formes suivantes : fusions et acquisitions, investissements de création, exportation des produits et la restructuration financière.

[83] Rapport 2017 de la CNUCED sur l'investissement dans le monde

[84] Il s'agit des résultats de l'enquête menée en 2017 par la CNUCED auprès des Firmes Multinationales.

En zone CEEAC, par contre, les entrées d'IDE ont baissé de 12%, en 2016, et ont atteint 19,5 milliards de dollars. La baisse des entrées d'IDE en République démocratique du Congo et en Angola (deux pays dotés en ressources naturelles) constitue la cause essentielle de cette baisse.

Ainsi, il est intéressant de s'interroger sur les facteurs explicatifs des IDE dans la CEEAC, en tenant compte des interactions éventuelles entre les différents pays. Deux raisons justifient le choix de la CEEAC : i) sa lenteur du processus d'intégration, comparativement à sa consœur la CEDEAO ; ii) l'instabilité politique dans certains pays qui nous permettra d'apprécier la pertinence des analyses y relatives dans le cadre de la CEEAC.

Le reste de l'article s'articule ainsi qu'il suit : au deuxième point, nous présentons le cadre conceptuel et la revue de la littérature, au troisième point la méthodologie, nous présentons et discutons les résultats au quatrième point et au cinquième point, nous concluons et présentons les implications de politique économique.

Cadre conceptuel et revue de la littérature

- **Cadre conceptuel**

Ce cadre porte sur la définition et la mesure de l'IDE. A ce sujet, nous retenons principalement deux définitions officielles de l'IDE : notamment celles de l'OCDE et du FMI. Selon l'OCDE, l'investissement direct[85] est un type d'investissement transnational effectué par le résident d'une économie (l'investisseur direct) afin d'établir un intérêt durable dans une entreprise (l'entreprise d'investissement direct) résidente d'une autre économie que celle de l'investisseur direct. L'investissement est motivé par la volonté d'établir, avec l'entreprise, une relation stratégique durable afin d'exercer une influence significative sur sa gestion. L'existence d'un « intérêt durable » est établie dès lors que l'investisseur direct détient au moins 10% des droits de vote de l'entreprise d'investissement direct.

D'après le FMI (1997), les IDE sont définis comme étant ceux qui « sont effectués dans le but d'acquérir un intérêt durable dans une entreprise exerçant ses activités sur le territoire d'une économie autre que celle de l'investisseur ; le but de ce dernier étant d'avoir un pouvoir de décision effectif dans la gestion de l'entreprise ». Nous utilisons, dans ce travail, la définition de l'OCDE.

---

[85]Définition OCDE (4ème édition 2008).

Pour ce qui est de la mesure, on distingue les flux et les stocks d'IDE. Les flux d'IDE (mouvement) sont appréciés, généralement de façon annuelle, et comprennent les éléments suivants : les apports nets en capital accordés par l'investisseur direct sous forme d'achat d'actions, d'augmentation de capital ou de créations d'entreprises ; les prêts nets, y compris les prêts à court terme et avances consenties par la maison mère à sa filiale et les bénéfices non distribués (réinvestis), alors que les stocks d'IDE (résidu) correspondent à une estimation du total cumulé à une date déterminée des capitaux dans un pays. On distingue, par ailleurs, les flux d'IDE entrants et sortants avec des stocks d'IDE entrants et sortants. Les flux ou stocks d'IDE entrants sont des IDE réalisés par des pays étrangers au sein d'un pays et les flux ou stocks d'IDE sortants désignent des IDE réalisés par un pays vers des pays étrangers. Nous utilisons, dans le présent travail, les flux d'IDE entrants dans la CEEAC.

- **Revue de la littérature**

Des controverses sur les facteurs explicatifs des IDE sont à noter tant sur le plan théorique que sur le plan empirique. Sur le plan théorique, plusieurs approches sont mises en exergue. La première approche était axée sur les théories du commerce international. Ces théories mettaient, en avant, les écarts de dotations factorielles pour expliquer les échanges commerciaux ou la mobilité des facteurs et, en particulier, la délocalisation des firmes multinationales (Mundell, 1957). Ces théories qui s'appuyaient sur l'hypothèse très restrictive d'un marché de concurrence parfaite ont été vite remises en cause, parce que les firmes multinationales, qui sont des vecteurs de ces IDE, opèrent dans un environnement de concurrence imparfaite.

Selon l'approche de Hymer (1960), l'IDE est assimilé à la réaction optimale d'une firme multinationale aux imperfections telles que la concurrence imparfaite, la différenciation des produits...

L'approche de Vernon (1966 et 1979) est axée sur le cycle de vie international du produit. Cet auteur propose une interprétation dynamique des liens entre le commerce international (exportations et importations) et l'IDE. Il sied de souligner que Vernon s'inscrit dans le prolongement de la théorie ricardienne de l'avantage comparatif. Les différences en dotation technologique expliquent la spécialisation internationale entre pays innovateurs (pays industriels leaders), pays imitateurs rapides (autres pays industriels) et pays imitateurs tardifs (pays en développement). Au fur et à mesure qu'un bien intensif en recherche et développement se banalise, sa production est abandonnée par le pays innovateur et délocalisée d'abord vers les pays imitateurs rapides et ensuite vers les pays imitateurs tardifs. Les coûts de production, en particulier, justifient ces délocalisations.

L'approche de Buckley et Casson (1976) explique les IDE par l'internalisation au sein d'une firme multinationale des coûts de transaction. L'approche de Dunning (1979) avec son paradigme OLI (Ownership, Location and Internalization specific advantages) stipule que l'entreprise préfère investir à l'étranger (plutôt que d'exporter ou de céder une licence) si trois groupes d'avantages sont réunis: les avantages de propriété (produits compétitifs, avantage technologique, brevets, savoir-faire, avantages financiers), les avantages de localisation (prix et qualité des inputs, coûts de transport) et les avantages d'internalisation (baisser les coûts de transaction, réduire l'incertitude, contrôler l'offre et la qualité). Dunning (1979) soutient que ce sont les avantages liés à la localisation qui déterminent les IDE.

L'approche de Brainard (1993 et 1997) explique l'IDE par l'arbitrage entre les avantages de proximité et les avantages de concentration, alors que Krugman (1991) met en avant la localisation géographique comme déterminant des IDE. Ainsi, il reconnaît le rôle positif de la taille du pays hôte dans l'attrait d'IDE.

Une autre approche qualifiée de "pull factor" explique les IDE dans un espace donné par l'existence d'un cadre macroéconomique performant et stable. D'autres approches, s'appuyant sur la qualité des institutions, mettent en avant les déterminants tels que la stabilité politique, le contrôle de la corruption, le respect de l'État de droit…

Sur le plan empirique, la plupart des travaux mettent l'accent sur les déterminants relatifs au pays hôte. Ainsi, les déterminants économiques et financiers et ceux ayant trait à la qualité des institutions sont mis en exergue.

En ce qui concerne les déterminants économiques et financiers, Koukpo (2005), dans son étude sur les déterminants des IDE entrants dans les pays de l'UEMOA pendant la période 1996-2003, a montré que l'ouverture économique et le capital humain (taux brut de scolarisation primaire) sont les principaux déterminants des IDE, alors que le niveau de vie (PIB/tête) et le taux d'inflation ont un impact faible. De leur côté, Dupuch et al, (2003) ont montré dans une estimation des données de panel des pays PECO durant la période 1993-1998 que ce sont la taille du marché, la proximité géographique et le choix de méthode de privatisation qui expliquent les flux des IDE.

Morisset (2000), dans une analyse de 29 pays africains sur une période de 1990 à 1997, a montré que les variables macro-économiques comme l'ouverture économique, le taux de croissance économique et les ressources naturelles sont les principaux déterminants des IDE.

Abdallah et al (2009), dans une étude, ont cherché à comprendre si les stabilités internes et externes ont la même influence sur les stratégies de localisation des FMN. A l'aide d'un modèle de gravité en données de panel de trois pays africains (Egypte, Maroc et Tunisie), ces auteurs ont montré que la crise de change a bien un effet négatif sur les flux d'IDE, lequel est moindre, comparativement, à celui relatif à l'instabilité interne.

Dans le même ordre d'idées, Alfaro et al (2004), dans une étude empirique d'un échantillon constitué de certains pays en développement durant la période 1975-2005, ont montré que le développement du marché financier influe positivement sur les flux d'IDE. Mais, ils poursuivent en confirmant l'importance de la stabilité macroéconomique.

Quant aux déterminants relatifs à la qualité des institutions, la plupart des travaux mettent l'accent sur la qualité de la gouvernance, la stabilité politique et la corruption. Ainsi, en ce qui concerne la stabilité politique, les résultats sont mitigés. Batana (2005) trouve, à travers un panel de 7 pays de l'UEMOA sur la période 1972-2002, que la stabilité politique a un effet positif sur les flux d'IDE.

Asiedu (2002), dans son analyse sur les flux d'IDE en Afrique subsaharienne, a montré l'inexistence de lien entre la stabilité politique et les flux d'IDE. Par contre, d'autres auteurs tels que David W. et Guisiger (1995) affirment que la relation entre la stabilité politique et les flux d'IDE change leur corrélation, selon les périodes. Quant à la qualité de la gouvernance, la Banque Mondiale, dans une étude réalisée en 1998, a affirmé que celle-ci influence positivement les flux d'IDE entrants dans les PED. En ce qui concerne la corruption, Wei (1997, 2000), dans le cadre des pays de l'OCDE, trouve que la corruption a un effet négatif sur la localisation des IDE.

En somme, la littérature théorique et empirique évoquée nous conduit à relever une limite majeure: la non-prise en compte de la dimension spatiale (interaction spatiale) dans l'explication des déterminants des IDE. L'apport de ce travail réside en la prise en compte de cette dimension spatiale.

Méthodologie

Elle est structurée en deux points: la spécification et l'estimation du modèle.

- **Spécification du modèle**

La modélisation théorique des facteurs explicatifs des investissements directs étrangers est liée aux stratégies des Firmes multinationales qui en sont les principaux vecteurs. On distingue, théoriquement, quatre (04) types de stratégies :

i) stratégie primaire, relative à l'approvisionnement en matières premières indispensables dans le processus de production. L'existence des matières premières constitue le principal facteur explicatif de l'investissement direct étranger. Cette stratégie est, souvent, utilisée dans les pays en développement qui en sont dotés ;

ii) stratégie horizontale qui consiste, pour une FMN à produire le même bien ou service à travers plusieurs filiales localisées dans plusieurs pays ; chaque filiale se préoccupant d'approvisionner son marché local. Deux facteurs sont à l'origine de ce type d'IDE : les obstacles au commerce (barrières commerciales, coûts de transport, procédures administratives...), et les économies d'échelle.

Les modèles théoriques qui en découlent reposent sur le principe de l'arbitrage entre, d'une part, les coûts de production chez soi puis l'exportation, et les coûts d'installation et de production à travers l'investissement direct, d'autre part. Le modèle de Markusen (1984) est l'un des premiers avec comme facteur explicatif des IDE, les économies d'échelle. Ainsi, Markusen (1995) considère la FMN comme une alternative à l'échange et aux entreprises locales, en abordant la problématique de l'internalisation.

Brainard (1993b) approfondit le modèle de Markusen dans un cadre plus général, en évoquant le rôle des économies d'échelle, en relation avec les coûts de transport. Selon ce modèle, un IDE horizontal est considéré comme une alternative à l'exportation, si les coûts de l'échange sont supérieurs aux coûts de l'implantation à l'étranger.

D'autres développements de l'IDE horizontal ont été proposés par Markusen et Venables (1998, 2000). Ils concluent, d'une part, que les multinationales apparaissent dans les pays similaires en taille et en dotations factorielles et technologiques et d'autre part, montrent que la non similarité des dotations factorielles réduit les activités horizontales des FMN.

iii) stratégie verticale qui consiste pour une FMN, à fragmenter sa chaîne de production géographiquement était l'objectif d'exploiter les écarts entre les avantages comparatifs des pays. Ce type d'IDE est motivé par les besoins pour la FMN en input spécifique dans chaque étape du processus de production.

L'IDE vertical est, également, sous-tendu par le principe d'arbitrage des coûts de production entre plusieurs sites. La modélisation théorique de l'IDE vertical est fondée sur les différences de dotations factorielles ; Helpman (1984 et 1985), Helpman et Krugman (1985). Zhang et Markusen (1999) ont montré, par la suite, que la petite taille du pays d'accueil peut avoir un effet négatif sur l'IDE vertical. Ces auteurs pensent qu'un grand marché permet une couverture rapide des coûts fixes d'installation.

iv) le modèle knowledge-capital (modèle KC)

Découlant de la combinaison des stratégies horizontale et verticale, le modèle KC a été proposé par Markusen (1997) et Markusen et Venables (1997). Ce modèle combine les coûts de facteurs et l'accès au marché local comme facteurs déclencheurs d'un IDE horizontal et vertical, simultanément. Ce modèle étudie l'intensité des flux d'IDE dans un cadre d'équilibre général mêlant les deux types d'IDE, à l'aide de la boîte d'Edgeworth comportant les dotations factorielles en travail qualifié et travail non qualifié sur les axes des ordonnées et des abscisses respectivement. Ils concluent : si les deux pays ont des dotations factorielles similaires, il n'y aura pas une incitation à fragmenter le processus de production. De la même manière, des coûts élevés de transport impliquent une dominance des IDE horizontaux.

Au regard de ce qui précède et en tenant compte de l'objectif de cet article, la spécification de notre modèle est ad hoc, parce qu'elle ne dérive pas directement de la théorie. En effet, la théorie met en exergue des relations entre l'IDE et leurs déterminants, mais elle ne donne pas une liste spécifique des variables explicatives. Le choix de celles-ci est ad hoc et dépend des objectifs poursuivis.

- **Le modèle à des fins d'estimation**

En se référant à notre revue de la littérature, nous retenons huit (08) variables (économiques et non économiques) explicatives que sont : le PIB par tête, la formation brute du capital fixe (FBCF), le degré d'ouverture (DO), le contrôle de la corruption (CC), la stabilité politique (SP), l'épargne intérieure brute (EIB), les exportations des matières premières (EMP) et les IDE retardés d'une période (IDE (-1)). Ainsi, la forme fonctionnelle de notre modèle est la suivante :

IDE = f(PIB, FBCF, DO, CC, SP, EIB, EMP, IDE(-1)). La formulation générale en données de panel est la suivante :

$$IDE\_r_{it} = \beta_0 + \beta_1 PIB_{it} + \beta_2 FBCF_{it} + \beta_3 DO_{it} + \beta_4 CC_{it} + \beta_5 SP_{it} + \beta_6 EIB + \beta_7 EMP_{it} + \beta_8 IDE_{it-1} + \varepsilon_{it} \quad (1)$$

β_0 est la constante, i représente les pays de l'échantillon, t le temps et ε_{it} le terme d'erreur. Il s'agit de neuf (09) pays de la CEEAC[86]. Nos données couvrent la période 1996 à 2016, soit 21 ans. Elles proviennent des bases de données de la CNUCED et de la Banque Mondiale.

Cette équation sera estimée en intégrant la notion d'espace. En effet, les réalités économiques soulignent toujours qu'il existe, souvent, des interactions spatiales dans les phénomènes économiques, surtout, lorsque les pays étudiés sont proches, voisins ou appartiennent à un même ensemble économique. Un phénomène économique survenant dans un pays i peut se répercuter sur un autre pays j (Cliff et Ord, 1973). La première étape, en économétrie spatiale, consiste à déterminer la nature des effets. On distingue deux effets spatiaux, l'auto-corrélation (la dépendance spatiale) et l'hétérogénéité (la non-stationnarité spatiale). En d'autres termes, l'auto-corrélation spatiale renvoie à l'absence d'indépendance entre des observations géographiques. L'hétérogénéité signifie la différenciation des variables et des comportements dans l'espace. Plusieurs modèles sont utilisés pour capter l'auto-corrélation spatiale. Les plus utilisés sont : le modèle spatial de Durbin (SDM) dont la spécification est la suivante : $y = \rho Wy + X\beta + WZ\theta + u + \varepsilon$ où Z représente une matrice de L vecteurs de variables explicatives (L diverses variables explicatives correspondant ou non aux variables explicatives incluses dans X), WZ est l'ensemble des variables exogènes spatialement décalées pour la matrice de poids W(matrice carrée d'ordre 9, dont les éléments représentent l'inverse de la distance entre deux pays), et θ le vecteur des paramètres spatiaux indiquant l'intensité de la corrélation spatiale existant entre les observations de y et celles de Z. ρ représente le paramètre spatial autorégressif indiquant l'intensité de l'interaction spatiale existant entre les observations y;

[86] Il s'agit de : Angola, RDC, Burundi, Rwanda, Cameroun, Congo, Gabon, Guinée équatoriale et Tchad ; la Centrafrique et Sao Tomé et Principe ont été écartés faute des données complètes sur la période d'étude.

Le modèle à variable dépendante est spatialement décalée ou modèle autorégressif spatial (SAR). La formulation matricielle de son équation est :

$$y = \rho Wy + X\beta + u + \varepsilon.$$

Le Modèle à erreurs spatiales (SEM). Il met l'accent sur l'auto-corrélation spatiale des termes d'erreurs. Sa spécification est la suivante :

$$\begin{cases} y = X\beta + u + v \\ v = \lambda Mv + e \end{cases}$$

Définition des variables

La variable expliquée :

IDE_r : Investissements directs étrangers. Cette variable représente les flux d'IDE entrants en pourcentage du PIB par tête.

Les variables explicatives :

PIB : Produit intérieur brut par tête; il traduit le pouvoir d'achat de la population et représente la taille du marché. Le signe attendu, d'après la théorie est positif ($\beta_1 > 0$);

FBCF: Formation brute de capital fixe (en % du PIB). Cette variable est prise en compte pour traduire les effets de complémentarité entre capital étranger et capital national. Le signe attendu n'est pas déterminé a priori. Un signe positif traduit la contribution de l'IDE à l'accumulation de ce dernier. Un signe négatif au contraire traduit l'existence d'un effet de substitution. Ce résultat peut être expliqué par le fait que la venue des FMN entraîne des faillites des entreprises par le fait de l'intensification de la concurrence.

Une autre explication est le fait qu'une accumulation nationale plus importante se traduit par une baisse de la productivité marginale du capital, ce qui est susceptible de ralentir l'entrée des capitaux productifs étrangers.

Une autre explication du lien négatif entre IDE entrants et accumulation du capital peut se trouver dans la forme d'acquisition de la propriété nationale par les investisseurs étrangers. En effet, si les IDE de type Brownfield l'emportent sur ceux de type Greenfield, alors leur expansion peut conduire à une non-augmentation du stock de capital.

Enfin, une autre explication renvoie à la destination sectorielle. En effet, le signe du lien n'est pas le même selon que les IDE sont destinés à l'industrie, les mines ou à l'exploitation des ressources naturelles. En résumé, ($\beta_2 > 0$ ou $\beta_2 < 0$);

DO : Degré d'ouverture. Cette variable représente le degré d'ouverture de l'économie. Il est la somme des exportations et des importations rapportée au PIB. Un taux d'ouverture élevé attire les investisseurs, parce qu'ils peuvent facilement importer les biens d'équipement et écouler leurs produits. Le signe attendu du coefficient de cette variable est positif ($\beta_3 > 0$);

CC : Contrôle de corruption. Cette variable traduit la qualité de la gouvernance du pays hôte. Plus le contrôle est efficace, plus les flux d'IDE entrants sont importants, car ceux-ci ne font pas bon ménage avec la corruption. D'après les théories vues précédemment, le signe de cette variable est positif ($\beta_4 > 0$);

SP : Stabilité politique. Cette variable traduit l'absence des conflits dans le pays hôte. Les résultats des études empiriques sont mitigés, quant au signe de cette variable. Le signe peut être positif, si les FMN optent pour une stratégie horizontale ou verticale. Il peut être, par contre, négatif, si les FMN optent pour une stratégie primaire. Une explication, dans ce cas, est à rechercher dans la désorganisation d'un État en conflit qui ne peut exercer le contrôle sur ses ressources ; ce qui facilite l'exploitation à grande échelle de celles-ci par les FMN. Ce cas précis a fait l'objet de vérifications empiriques dans certains pays d'Afrique sub-saharienne en proie à des conflits, en particulier armés. On a ($\beta_5 > 0$ ou $\beta_5 < 0$);

EIB : Epargne intérieure brute. Elle est exprimée en pourcentage du produit intérieur brut et traduit la capacité du pays hôte à mobiliser les ressources internes. Son importance peut, d'une part, attirer les firmes multinationales qui y trouvent une source supplémentaire de financement de leurs activités dans le pays hôte, d'autre part elle peut exercer un effet négatif sur les flux entrants d'IDE dans la mesure où les investisseurs déjà installés peuvent se passer des financements extérieurs. Le signe de cette variable est soit positif ou soit négatif ($\beta_6 > 0$ ou$\beta_6 < 0$);

EMP : Exportation des matières premières. Cette variable est exprimée en pourcentage du total des exportations du pays hôte. Son signe peut être positif, si les firmes multinationales utilisent une stratégie primaire; ce qui a pour conséquence le renforcement de la spécialisation primaire du pays hôte. Il peut, par contre, être négatif, lorsque les firmes font preuve d'une stratégie horizontale ou verticale bénéfique au pays hôte. On a ($\beta_7 > 0$ ou $\beta_7 < 0$);

IDE_r(-1) : Investissement direct étranger décalé d'une période. Cette variable traduit l'influence que les IDE de l'année passée exercent sur ceux de l'année présente. En effet, l'existence des IDE, dans un pays, rassure les investisseurs qui souhaitent s'y installer ; possibilités de partenariat, d'échanges d'informations, etc. Le signe attendu de cette variable est positif ($\beta_8 > 0$).

Présentation et discussion des résultats

Nous présentons, ci-dessous, les résultats des tests justifiant l'utilisation d'un modèle spatial et ceux du test de spécification du panel (homogène ou hétérogène).

S'agissant des tests justifiant l'utilisation d'un modèle spatial, le tableau ci-après donne un résumé des résultats y relatifs.

Tableau 1. Résultats des tests d'auto corrélation spatiale[87]

Moran's I					
Variable	I	E(I)	Sd(I)	Z	P-Value*
Ide_r	-0.031	-0.006	0.003	-9.878	0.000
Geary's C	C	E(C)	Sd(C)	Z	P-Value*
Variable					
Ide_r	1.026	1.000	0.003	9.878	0.000
Getis & Ord's G	G	E(G)	Sd(G)	Z	P-Value*
Variable					
Ide_r	0.804	0.894	0.009	-9.878	0.000

Source : les auteurs, à partir des estimations sur Stata 14.

Les résultats montrent qu'au seuil critique d'erreurs de 1%, on rejette l'hypothèse nulle. En conclusion, la proximité géographique ou la grande distance entre deux pays de la zone influence leurs flux entrants d'IDE. De plus, l'indice de Moran étant négatif, cela traduit une dispersion spatiale des flux entrants d'IDE dans la zone comme l'indique le graphique ci-après :

[87] La matrice de poids utilisée pour le calcul est W_2 (inverse de la distance)

Graphique 1. Diagramme de Moran pour la CEEAC.

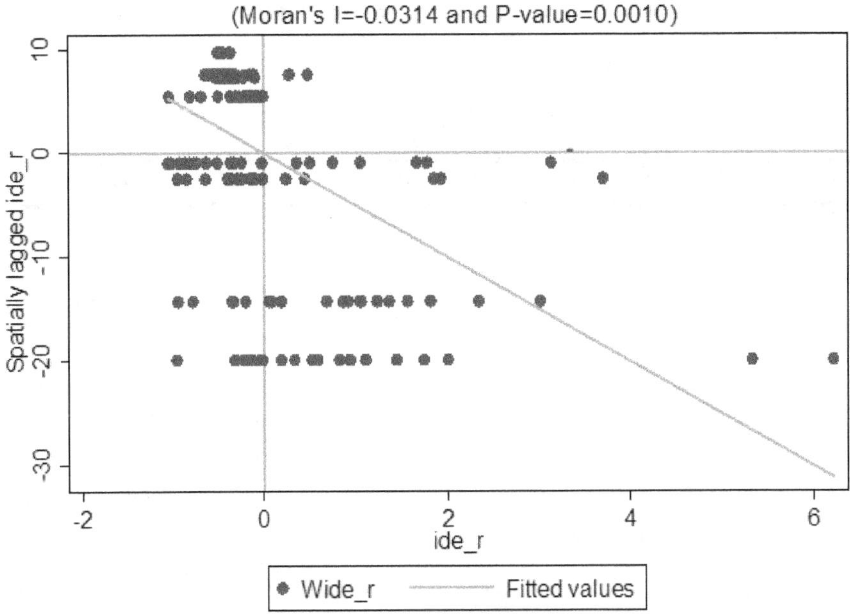

Quant à la nature du panel, les résultats sont les suivants :

Tableau 2. Tests Hsiao de spécification du modèle

Panel	Différentes étapes du test			Nature du panel	Spécification
	Hypothèses	Statistiques de Fisher	P- value		
CEEAC	$H_0^1 : \alpha_i = \alpha$ et $\beta_i = \beta \; \forall i$	$F_1 = 1.8302$	$P_1 = 0{,}00266$	Homogène partiellement	**Y_{it}** = □□□□□□**X_{it}** +□$_{it}$ Modèle avec effets individuels
	$H_0^2 : \beta_i = \beta \; \forall i$	$F_2 = 1.5875$	$P_2 = 0{,}09105$		
	$H_0^3 : \alpha_i = \alpha$	$F_3 = 3.0650$	$P_3 = 0{,}0030$		

Source *: auteurs à partir des résultats obtenus sur Stata*

Au seuil critique de 5%, les résultats du test révèlent une spécification homogène partielle. Le modèle à estimer est un modèle spatial avec effets individuels α_i dont la spécification vectorielle est : $Y = \rho WY + X\beta + WX\theta + Y(-1) + \alpha + u$

S'agissant des résultats, plusieurs modèles concurrents sont estimés et le choix du modèle approprié est fait en s'appuyant sur l'approche de choix d'Elhorst (2010). En plus du modèle pooled estimé par les Moindres Carrés

Ordinaires (MCO), les modèles SAR, SEM et SDM[88] ainsi que ses trois options dynamiques sont estimés en utilisant la méthode du maximum de vraisemblance (ML). Les résultats des estimations sont résumés dans le tableau suivant:

Tableau 3. Résultats des estimations des différents modèles

IDE_R	MCO	SAR(IND)	SEM(IND)	SDM(IND)	SDM(1)	SDM(2)	SDM(3)
Main							
Ide_r							
L1		0,744***		0,727***	**0,727***		0,727***
WIde_r							
L1						-0,044	0,013
dSP	3,096	0,384	0,856	1,004	**1,004**	2,046	0,992
dDO	0,105	0,086	0,058	0,080	**0,080**	0,086	0,080
dCC	-4,515	4,141	0,463	2,476	**2,476**	-2,540	2,500
dFBCF	0,103	0,288***	0,174***	0,281***	**0,281*****	0,155**	0,282***
dPIB	- 0,0001	-0,001	-0,001	- 0,001	**-0,001**	-0,001	-0,001
dEIB	-0,026	-0,223***	0,0006	-0,227**	**-0,227 ****	-0,048	- 0,227***
dEMP	0,046	0,053	0,040	0,051	**0,051**	0,050	0,051
C	2,232						
WX							
dSP				1,172	**1,172**	2,486	1,140
dDO				0,003	**0,283****	-0,059	0,003**
dCC				14,981	**14,981**	20,562**	15,012
dFBCF				- 0,005	**-0,005**	-0,159	-0,001
dPIB				-0,0003	**-0,0003**	-0,001	-0,0003
dEIB				-0,050	**-0,050**	-0,176	-0,052
dEMP				0,052	**0,052**	0,066	0,053
Spatial							
Rho (ρ)		0,029*		0,177**	**0,177****	0,150**	0,145**
Lambda(λ)			0,026*				

[88] Nous n'estimerons pas les modèles SAC, SLX et GSPRE, car le premier a comme dérivée SEM, la méthode utilisée n'est pas appropriée pour le deuxième et le troisième ne prend en compte que les effets aléatoires.

R^2	0,117						
R-sq within		0,416	0,109	0,530	**0,530**	0,149	0,430
R-sq Beetween		0,938	0,102	0,934	**0,934**	0,061	0,935
R-sq Overall		0,514	0,036	0,522	**0,522**	0,071	0,522

SR_Direct							
dSP					**0,893**	1,927	-
dDO					**0,088**	0,096	-
dCC					**2,435**	-2,613	-
dFBCF					**0,283*****	0,155***	-
dPIB					**-0,001**	-0,001	-
dEIB					**-0,228*****	-0,048	-
dEMP					**0,050**	0,050	-
SR_Indirect							
dSP					**1,294**	2,685	-
dDO					**-0,004**	-0,069	-
dCC					**15,611**	21,405**	-
dFBCF					**-0,007**	-0,165	-
dPIB					**-0,0003**	-0,001	-
dEIB					**0,058**	-0,187	-
dEMP					**0,054**	0,070	-
SR_Total							
dSP					**2,187**	4,612	-
dDO					**0,084**	0,027	-
dCC					**18,047****	18,792	-
dFBCF					**0,275****	-0,010	-
dPIB					**-0,001**	-0,002	-
dEIB					**-0,287****	-0,236	-
dEMP					**0,105**	0,120	-
LR_Direct							
dSP					**3,305**	1,886	-
dDO					**0,343****	0,097	-
dCC					**9,961**	-2,952	-
dFBCF					**1,082*****	0,158***	-
dPIB					**-0,004**	-0,001	-
dEIB					**-0,883*****	-0,045	-
dEMP					**0,194**	0,049	-
LR_Indirect							
dSP					**5,099**	2,526	-
dDO					**0,028****	-0,071	-
dCC					**65,631**	20,935**	-
dFBCF					**0,106**	-0,167	-
dPIB					**- 0,001**	-0,0009	-
dEIB					**-0,320**	-0,180	-
dEMP					**0,247**	0,066	-
LR_Total							
dSP					**8,404**	4,412	-
dDO					**0,371****	0,025	-
dCC					**75,593**	17,983	-
dFBCF					**1,189**	-0,009	-
dPIB					**-0,006**	-0,002	-

dEIB	**-1,203**	-0,225	-
dEMP	**0,442**	0,115	-
AIC	**1198,748**	1268,087	1200,747

Source *: auteurs à partir des résultats obtenus sur Stata*
*SR = court terme et LR= long terme. * p < 0.05 ; *** p < 0.001*

Les tests[89] sur les modèles SAR et SEM nous conduisent à choisir le modèle SDM ; d'où l'estimation de ses trois options dynamiques SDM(1), SDM(2) et SDM(3).

Le modèle relatif à la première option ayant un AIC plus petit, il est le mieux approprié. De plus, le test de normalité des résidus est concluant. Ainsi, nous procéderons à l'interprétation des résultats. Dans l'ensemble, les variables explicatives dont les paramètres sont significatifs expliquent, à plus de 50%, les flux entrants d'IDE dans la zone CEEAC. Les flux entrants d'IDE retardés d'une période et la formation brute du capital fixe ont un effet positif sur les flux entrants d'IDE ; ce qui est conforme à la théorie. L'épargne intérieure brute, par contre, a un effet négatif sur ces flux. Ce résultat contraire à la théorie peut s'expliquer par la possibilité qu'ont les entreprises déjà installées de se refinancer localement ; ce qui peut, toutes choses égales, par ailleurs, entraîner une baisse des apports extérieurs. En ce qui concerne les variables exogènes spatialement décalées, seul le degré d'ouverture a un effet positif sur les flux entrants d'IDE. Ce résultat est en phase avec ceux de Koukpo (2005) et Morisset (2000) dans le cadre de l'UEMOA et de 29 pays d'Afrique subsaharienne respectivement.

La dépendance des flux entrants d'IDE, dans la zone, est confirmée dans la mesure où la valeur de rho (ρ) est positive et statistiquement significative. Les flux entrants d'IDE, dans un pays, sont liés positivement à ceux des pays voisins. Il existe dans la zone un phénomène de création d'investissement.

De plus, on distingue concernant les effets marginaux, les effets, à court terme, de ceux à long terme. A court terme, les effets directs[90] montrent que la formation brute du capital fixe et l'épargne intérieure brute ont des effets sur les flux entrants d'IDE. Ainsi, une augmentation d'une unité de la FBCF dans un pays entraînerait une augmentation de ses flux entrants d'IDE comprise entre 0,19 et 0,36 ; l'augmentation du stock de capital qui en résulte offre plus d'opportunités d'affaires aux investisseurs étrangers. En ce qui concerne l'épargne intérieure brute, son augmentation

[89] Confère en annexe les tests relatifs à la nullité de θ et du facteur commun.
[90] Il s'agit des effets d'une variable explicative d'un pays sur ses flux entrants d'IDE.

d'une unité dans un pays entraînerait une baisse de ses flux entrants d'IDE comprise entre – 0,34 et - 0,11.

On ne note aucun effet indirect significatif à court terme. L'effet total à court terme est significatif positivement pour le contrôle de la corruption et la formation brute du capital fixe et négativement pour l'épargne intérieure brute. Le renforcement du contrôle de la corruption, dans la zone, serait bénéfique, quant à l'attrait des IDE. En effet, selon la formation brute du capital fixe, une augmentation d'une unité de sa valeur dans un pays de la zone a comme effet total (effets direct et indirect combinés) une augmentation des flux entrants d'IDE de la zone comprise entre 0,041 et 0,50.

Quant à l'épargne intérieure brute, son effet total suite à une augmentation d'un point de sa valeur dans un pays conduit à une baisse des flux entrants d'IDE comprise entre -0,53 et -0,03. A long terme, le degré d'ouverture, la formation brute du capital fixe et l'épargne intérieure brute ont des effets directs significatifs sur les flux entrants d'IDE. Ainsi, une augmentation d'un point du degré d'ouverture dans un pays entraînerait, à long terme, une augmentation de ses flux entrants d'IDE comprise entre 0,25 et 0,94 ; une augmentation d'un point de la FBCF dans un pays entraîne, à long terme une augmentation de ses flux entrants d'IDE comprise entre -0,64 et 1,52. En ce qui concerne l'épargne intérieure brute, une augmentation d'un point de sa valeur dans un pays entraine, à long terme, une baisse de ses flux entrants d'IDE comprise entre -1,37 et - 0,38.

Quant aux effets indirects, à long terme, seul le degré d'ouverture en exerce. Ainsi, une augmentation d'un point du degré d'ouverture d'un pays entraîne, à long terme, une augmentation des flux entrants d'IDE des pays voisins comprise entre -1,06 et 1,12.

Pour ce qui est de l'effet total, à long terme, il y a le degré d'ouverture qui exerce un effet total positif sur les flux entrants d'IDE dans la zone. Ainsi, une augmentation d'un point du degré d'ouverture entraînerait une augmentation des flux entrants d'IDE oscillant entre -0,77 et 1,52. L'ouverture aux échanges extérieurs pour les pays de la zone CEEAC est profitable, à long terme. Quant à la stabilité politique, elle n'influe pas sur les flux entrants d'IDE. Ce résultat confirme la conclusion d'Asiedu (2002) sur l'inexistence de lien entre stabilité politique et IDE en Afrique Subsaharienne.

Conclusion et implication de politique économique

L'objet de cet article était de déterminer les facteurs explicatifs des IDE dans la CEEAC en intégrant la dimension spatiale. A travers l'approche de l'économétrie spatiale, le modèle SDM estimé par la méthode du maximum de vraisemblance retient l'investissement direct passé, la formation brute du capital fixe, l'épargne intérieure brute, le contrôle de corruption et le degré d'ouverture comme déterminants des investissements directs étrangers. La prise en compte de la dimension spatiale a permis de mettre en évidence le phénomène de création d'investissement résultant de l'incidence positive des flux entrants d'IDE dans les différents pays. La principale implication de politique économique est d'encourager les pays membres de la CEEAC à adhérer à l'accord de libre échange continentale africaine (ZLECA).

References bibliographiques

Blomström, Magnus and Ari Kokko (1997). "Régional integration and foreign direct investment", *NBER Working Paper*, No. 6019 (Cambridge,MA : NBER).

Brainard, S. Lael (1997). "An empirical assessment of the proximity concentrationtrade-off between multinational sales and trade", *American Economic Review*, 87, 4, pp. 520-544.

Brenton, Paul, Francesca Di Mauro and Mathias Luecke (1998). "Economic integration and FDI: an empirical analysis of foreign direct investment in the EU and in Central and Eastern Europe", *Kiel Working Paper*, No.890 (Kiel Institute for World Economics).Unpublished manuscript

Brouwer, J., R. Paap, and J-M. Viaene, (2008), "The trade and FDI effects of EMU enlargement", *Journalof International Money and Finance*, 27, 188-208.93-97.

Community of West African States (ECOWAS). Far East Journal of Psychology and Business,11(2), 49-58.

De Sousa, J. and Lochard, J. (2009), *The Currency Union Effect on Trade and the FDI Channel*. Cahiers de la Maison des Sciences Economiques j04111, Université Panthéon-Sorbonne (Paris1).

De Sousa, J. and J. Lochard, 2006, Does the single currency affect FDI ?, Unpublished manuscript

Dee, Philippa and Jyothi Gali (2003). "The trade and investment effects of preferential trading arrangements", *NBER working paper*, No. 10160 (Cambridge, MA: NBER).

Dinga, M. and Dingová, V. (2011), *Currency Union and Investment Flows: Estimating the Euro Effect*

Dixit A. and Pindyck R. (1994) *Investment under uncertainty*, Princeton University Press..

Dunning, John (1997b). "The European Internal Market Programme and inbound foreign direct investment", *Journal of Common Market Studies*, 35, pp. 189-223

Dunning, John H., (1979) " Explaining Changing Patterns of International Production: in Defense of the Eclectic Approach", *Oxford Bulletin of Economics and Statistics*, vol.41 n°4, PP. 269-285

Hymer, Stephen H., (1976) " The International Opérations of National Firms: A Study of Direct Foreign Investment", Cambridge, M.I.T. Press

Johnson, Harry G. (1970), " The Efficiency and welfare Implications of the International Corporation", dans C.P. Kindleberger (sous la direction deThe International Corporation, Cambridge, Mass., M.I.T. Press

Klein M..and E. Rosengren (1992), "The Real Exchange Rate and Foreign Direct Investment in the United States: Relative Wealth is Relative Wage Effect", *NBER Working Paper*, 4192, National Bureau of Economic Research, Cambridge,

Knickerbocker, F.T., (1974) "Oligopolistic Reaction and Multinational Enterprise", Cambridge, Mass., University Press

Levy Y.E., E. Stein and C. Daude (2002). "Régional integration and the location of FDI", *Inter-American Development Bank*, mimeo

Monge-Naranjo, A. (2002). "The impact of NAFTA on foreign direct investment flows in Mexico and the Excluded countries", *Northwestern University, mimeo.*

Pain, Nigel (1997). "Continental drift: European integration and the location of UK foreign direct investment", *The Manchester School Supplement*,LXV, pp. 94-117.

Vernon, R. (1966) " International Investment and International Trade in the Product Cycle", Quarterly Journal of Economics, vol.80, n°2 pp. 190-207.

Waldkirch, Andreas (2003). "The 'new Régionalism' and foreign direct investment: the case of Mexico", *Journal of International Trade &Economic Development*, 12, pp. 151-184

Wang Y.T. et Tsai P. (1996), The Welfare Impact of Foreign Direct Investment in an Economic Région, Journal of Economic Integration, pp. 33-46.

Wheeler, David and Ashoka Mody (1992). "International investment location decisions: the case of US firms", *Journal of International Economics*,33, pp. 57-76.

Yannopoulos G., (1990a), "Foreign Direct Investment and European Integration: The Evidence from the formative years of the European Community", *Journal of Common Market Studies*, **28**(3), 235- 259.

Annexes

Matrice de poids (inverse de la distance entre pays) notée W_2 utilisée dans les différents modèles estimés.

	1	2	3	4	5
1	0	.0993897975	.2181665702	.3252721424	.0981387686
2	.0099039131	0	.0118653666	.0085940397	.0053721536
3	.2282458731	.1245749936	0	.2702878376	.0709870651
4	.3295096952	.0873682557	.2617177039	0	.0857706463
5	.2023947936	.111183959	.139933992	.1746128043	0
6	.0958220975	.2448700934	.1228845683	.091903725	.0582134716
7	.0513471981	.0698966843	.0487026541	.0454155948	.0466617314
8	.0098081065	.9347238725	.0117196163	.0085176661	.0053509752
9	.0514593694	.0666121506	.048118857	.045422646	.0484267064

	6	7	8	9
1	.0690758508	.0460374772	.0984110664	.0455083268
2	.0175898175	.0062447687	.9345598491	.0058700916
3	.0926771451	.0456837899	.1230231637	.0445201318
4	.0671142917	.0412497291	.0865766354	.0406930428
5	.0865451632	.0862808368	.1107262115	.0883222396
6	0	.0722776694	.2465459987	.0674823761
7	.0581125513	0	.0702065274	.6096570586
8	.0177133115	.0062735519	0	.0058929
9	.0550078319	.6180931992	.0668592396	0

Test du multiplicateur de Lagrange sur ρ et λ (LM_ρ et LM_λ) à partir des résidus de l'OLS

Test	Statistic	df	P-value
Spatial error:			
Moran's I	1,822	1	0,048
Lagrange multiplier	10,550	1	0,001
Robust Lagrange multiplier	9,930	1	0,002
Spatial lag:			
Lagrange multiplier	9,852	1	0,002
Robust Lagrange multiplier	9,233	1	0,002

Avec un risque d'erreur de 5%, on rejette les hypothèses nulles ($\rho = 0$, $\lambda = 0$). Nous sommes donc dans le cas où $\rho \neq 0$ et $\lambda \neq 0$. A partir du modèle SDM on va tester si ce dernier peut déboucher sur un SAR ou un SEM.

Test du modèle SAR

L'hypothèse nulle H_0 : $\theta = 0$
Les résultats sont les suivants :
(1) [Wx]dsp - [Wx]ddo = 0
(2) [Wx]dsp - [Wx]dcc = 0

(3) [Wx]dsp - [Wx]dfbcf = 0
(4) [Wx]dsp - [Wx]dpib = 0
(5) [Wx]dsp - [Wx]deib = 0
(6) [Wx]dsp - [Wx]demp = 0
(7) [Wx]dsp = 0

chi2(7) = 5,78 Prob > chi2 =0,565

Test du modèle SEM

L'hypothèse nulle (facteur commun)

H_0 : $\theta + \rho\beta = 0$; $\theta = -\rho\beta$

Les résultats sont les suivants :

(1) [Wx]dsp = -[Spatial]rho[Main]dsp*
(2) [Wx]ddo = -[Spatial]rho[Main]ddo*
(3) [Wx]dcc = -[Spatial]rho[Main]dcc*
(4) [Wx]dfbcf = -[Spatial]rho[Main]dfbcf*
(5) [Wx]dpib = -[Spatial]rho[Main]dpib*
(6) [Wx]deib = -[Spatial]rho[Main]deib*
(7) [Wx]demp = -[Spatial]rho[Main]demp*

chi2(7) = 6,67 Prob > chi2 = 0.4641

Les résultats des tests de nullité de θ et de facteur commun montrent que le SDM peut déboucher sur le SAR ou le SEM. Dans pareille circonstance, et d'après Elhorst (2010), c'est le modèle le plus robuste (SDM) qui est choisi.

Test de normalité des résidus

Skewness/Kurtosis tests for Normality

Variable	Obs	Pr(Skewness)	Pr(Kurtosis)	------ joint ------ adj chi2(2)	Prob>chi2
u	171	0.4113	0.0871	57.19	0.3189

Effets des chocs pétroliers sur le service de la dette pour les pays de la CEMAC

Michel OKIEMY[91]
Joseph MATA[92]
Mathias Marie Adrien NDINGA[93]

Résumé

Le but de ce travail consiste à analyser les effets des chocs pétroliers sur le service de la dette des pays de la CEMAC[94], à savoir le Cameroun, le Congo et le Gabon, retenus en raison de la disponibilité des données statistiques. Les résultats de l'estimation, par l'application du modèle VAR structurel sur une période de 1986 à 2015 ont révélé que les chocs d'offre, de demande et de prix du pétrole expliquent partiellement, le service de la dette dans ces pays. En effet, d'autres facteurs tels que la mauvaise gestion sont aussi à prendre en compte. Ces résultats ont permis de formuler quelques implications de politiques économiques, relatives aux effets des chocs pétroliers sur le service de la dette de ces pays de la CEMAC, telles que la diversification des exportations.

Mots clés *: chocs pétroliers, service de la dette, politique budgétaire procyclique, contracyclique ; VAR structurel, CEMAC*
Classification JEL : B22, C10, E12, E13, H6.

Introduction

Les récentes études théoriques et empiriques sur les effets macroéconomiques des chocs pétroliers ont mis en évidence le rôle considérable des prix, de l'offre et de la demande, des événements géopolitiques, du ralentissement économique des principaux consommateurs (Chine), de l'exploitation de pétrole de schiste par les États-Unis, du rôle de l'Arabie Saoudite dans la réduction ou la hausse de l'offre sur l'activité

[91] Michel OKIEMY, Assistant, Université Marien Ngouabi, e-mail : ekongossi@hotmail.com
[92] Joseph MATA, Maitre-Assistant, Université Marien Ngouabi
[93] Mathias Marie Adrien NDINGA, Maitre de Conférences Agrégé, Université Marien Ngouabi, e-mail : mathias.ndinga@umng.cg
[94] CEMAC : Communauté économique et monétaire de l'Afrique centrale, regroupant le Cameroun, le Congo, la République centrafricaine, le Gabon, la Guinée Equatoriale et la Tchad.

économique globale (Kilian 2009 ; Kilian et Vega, 2011 ; Hamilton, 2009). En s'inspirant de la théorie du cycle réel des affaires, nous pouvons étendre le rôle des chocs de l'offre et de la demande dans l'activité économique sur le marché pétrolier et de ses effets sur le service de la dette des pays de la zone CEMAC. Ainsi, selon Kydland et Prescott (1987), les chocs de l'offre de biens et services sont à l'origine des fluctuations économiques, auxquels nous pouvons associer les chocs de la production pétrolière. Cependant, selon Mankiw (1989), ce sont les chocs de la demande qui sont la cause des fluctuations économiques à court terme, car les prix et les salaires sont rigides.

En effet, un choc positif de l'offre qui hausse le prix du pétrole correspond à la période d'expansion pendant laquelle les pays exportateurs du pétrole augmentent leurs emprunts et dépenses. Par contre, un choc de l'offre qui baisse les prix du pétrole correspond à la période de contraction, pendant laquelle ces pays restreignent leurs emprunts et les dépenses d'investissement. Ce qui, dans l'ensemble, atteste le caractère pro-cyclique de leur politique d'endettement. En plus, l'aspect politique soutenu par Alesina et Tabellini (2005) stipule que les pays aux faibles scores de contrôle de corruption (les pays d'Amérique latine et de l'Afrique sub-saharienne) se voient, souvent, restreindre l'accès au crédit pendant la période de crise, et s'ils ont accès aux capitaux, grâce aux taux de remboursement prohibitifs. Cette situation permet l'augmentation du *service de la dette*[95], car les intérêts de la dette et les pénalités dues au non-respect des échéances de remboursement se sont accrus.

Ainsi, s'intéresser à l'analyse des effets des chocs pétroliers sur le service de la dette des pays de la CEMAC, notamment le Cameroun, le Congo et le Gabon apparaît nécessaire, ces pays étant retenus pour la disponibilité des données pendant la période d'observation. En effet, la part des recettes pétrolières au PIB est de 29%, de 79% aux exportations et 54% des revenus (FMI, 2016). En plus, malgré la réduction du ratio de la dette de 6% après l'achèvement de l'initiative PPTE, celui-ci a continué à croître pour atteindre 20%, en 2016.

---

[95]Selon le FMI (2003), le service de la dette est le remboursement du *principal* et paiement des *intérêts*. Par service effectif de la dette, on entend l'ensemble de paiements effectivement effectués en règlement d'une obligation, notamment au titre du principal, des intérêts et des pénalités de retard. Le service de la dette prévu à l'échéancier est l'ensemble de paiements, notamment au titre du principal et des intérêts, que le débiteur est tenu de faire pendant toute la durée de vie de sa dette.

Une recherche théorique et empirique sur les effets des chocs pétroliers sur le service de la dette des pays de la CEMAC apparaît nécessaire.

S'agissant des pays de la CEMAC, le rapport du FMI (2015) montre que les termes de l'échange se détérioreraient de 29,5 %, en 2015. Cette détermination est due à la baisse de 25,4 % des prix à l'exportation, en relation avec la chute des cours du pétrole brut ; la tendance à la baisse des prix à l'exportation exprimés en FCFA s'expliquerait principalement par la chute des prix du pétrole de -31,0 %.

La chute des prix du pétrole de 2014 a conduit à la hausse du ratio du service de la dette aux exportations de 5.6%, 7.3% en 2015, 2016, respectivement, alors qu'il était de 4.7% en 2014 (FMI, 2016). De même, les réserves internationales connaissent aussi une chute, atteignant USD7, 886 millions FMI (2016).

Par ailleurs, plusieurs travaux théoriques et empiriques (Hamilton, 2012 ; Kilian, 2009 ; Krugman, 1983 ; Golub, 1983) ont montré que les chocs pétroliers ont des effets positifs ou négatifs sur les économies des pays exportateurs ou importateurs. Mais, très peu de travaux ont abordé, de manière explicite, les effets de ces chocs sur la dette ou le service de la dette de ces pays en général et celle des pays de la CEMAC, en particulier. Cela constitue, en même temps, l'originalité de ce travail. Alors, la question centrale de ce travail se pose-t-elle en ces termes : quels sont les effets des chocs pétroliers sur le service de la dette extérieure du Cameroun, du Congo et du Gabon ?

L'objectif de cet article est d'analyser les effets des chocs pétroliers sur le service de la dette des pays de la zone CEMAC. En raison des chocs de l'offre et de la demande du pétrole (Kilian, 2009), de la relation non linéaire entre le prix du pétrole et le taux de change (Chen et Chen, 2007; Virginie et al, 2016), de la relation non linéaire entre le service de la dette et de la croissance économique (Pattillo et al, 2002), la politique monétaire restrictive des États-Unis (Bernanke et al., 1997), il est soutenu, dans cet article, que les chocs pétroliers ont des effets positifs sur le service de la dette dans les pays de la CEMAC.

La suite de ce travail s'organise comme suit : le deuxième point est consacré à la présentation de la situation de l'offre, de la demande, des prix du pétrole et du service de la dette extérieure dans les trois pays de la CEMAC. Le troisième point se focalise sur la revue de la littérature. La méthodologie et la description des données font l'objet du quatrième point, alors que l'estimation et l'interprétation des résultats forment le cinquième point. Enfin, le sixième point est consacré aux conclusions et aux implications de politiques économiques.

Évolutions de l'offre, de la demande, du prix du pétrole et service de la dette des pays de la CEMAC

La relation entre les chocs pétroliers et les services de la dette du Cameroun, du Congo et du Gabon couvre la période allant du premier choc pétrolier jusqu'en 2015. Ces périodes sont marquées par la hausse des prix du pétrole, suivie par la baisse des prix des matières premières des années 1980 et par la politique monétaire restrictive des États-Unis. La hausse du taux d'intérêt en dollar, défavorable aux monnaies des pays en développement, exacerbe le « péché originel ». Dans les trois tableaux ci-dessous, sont présentées les évolutions de la relation entre la demande, l'offre et le prix du pétrole et le service de la dette dans les trois pays de 1986 à 2015.

Graphique 1: Relation chocs pétroliers et service de la dette au Cameroun

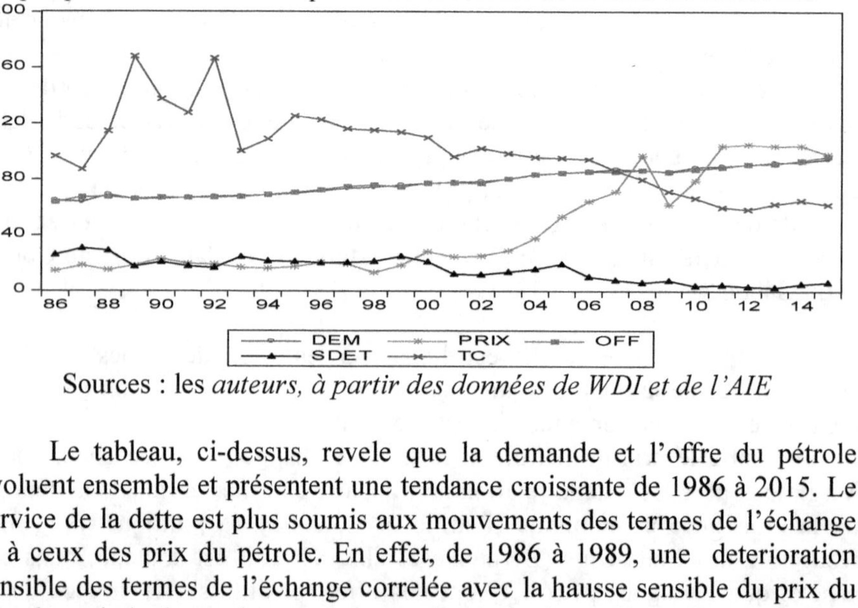

Sources : les *auteurs, à partir des données de WDI et de l'AIE*

Le tableau, ci-dessus, revele que la demande et l'offre du pétrole évoluent ensemble et présentent une tendance croissante de 1986 à 2015. Le service de la dette est plus soumis aux mouvements des termes de l'échange et à ceux des prix du pétrole. En effet, de 1986 à 1989, une deterioration sensible des termes de l'échange correlée avec la hausse sensible du prix du pétrole et de la demande accroît le service de la dette. Ce service de la dette enclenche une tendance décroissante, mais stable de 1999 à 2000, en correlaton avec l'amelioration des termes de l'échange de 1988 à 1992, puis de 1992 à 1993. A partir de 2001, le service de la dette présente une tendance décroissante jusqu'en 2015, correlée avec la hausse des prix du pétrole et la chute des termes de l'echange.

Dans le cas du Cameroun, la hausse des prix du pétrole n'a pas amelioré les termes de l'échange, d'où la hausse du service de la dette. Cela peut s'expliquer par l'effet volume et l'effet valeur des exportations et des importations. En effet, l'amélioration ou la détérioration de la balance courante dépend de l'effet volume (associé aux modifications des quantités importées et exportées), et l'effet valeur (lié à la modification de la valeur, en termes des biens domestiques d'un volume donné de biens étrangers). Ainsi, selon la « condition de Marshall-Lerner », toutes choses égales par ailleurs, une dépréciation réelle améliore la balance courante si les volumes importés et exportés sont suffisamment élastiques aux taux de change réel.

D'autre part, la tendance décroissante du service de la dette qui correspond à la hausse des prix du pétrole et à l'amélioration des termes de l'échange est conforme à la théorie, car l'amélioration des termes de l'échange encourage les exportations du pétrole et induit l'accumulation des recettes qui compense l'épargne domestique, limite l'endettement et permet l'amélioration du service de la dette.

Graphique 2: Relation chocs pétroliers et service de la dette au Congo

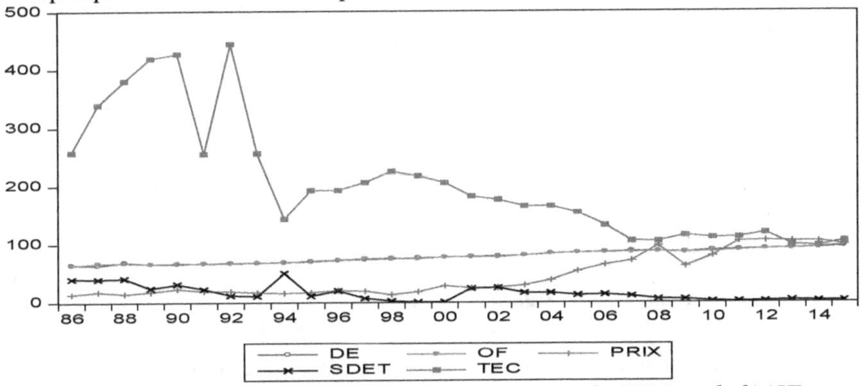

Sources *: les auteurs, à partir des données de WDI et de l'AIE*

La lecture du graphique ci-dessus montre une tendance croissante entre l'offre et la demande du pétrole de 1986 à 2015. Le prix du pétrole suit cette tendance croissante pour atteindre un niveau élevé en 2008 et connaît une chute en 2009, pour reprendre en 2010. En 2014, le prix commence une nouvelle tendance baissière.

S'agissant du service de la dette (SDET), un premier sommet est observé entre 1995 et 1996 correspondant à la baisse sensible des termes de l'échange et du prix du pétrole. A partir de 1996 jusqu'en 2000, en corrélation avec l'amélioration des termes de l'échange et la baisse sensible des prix du pétrole, le service de la dette connaît une baisse. Il accroît, entre

2001 et 2003, en corrélation avec la baisse des termes de l'échange. A partir de 2004, il déclenche une chute jusqu'en 2015.

Nous assistons à une évolution ambiguë, suite à la corrélation négative ou positive entre les termes de l'échange, le prix du pétrole et le service de la dette au Congo. En effet, la première corrélation négative montre que la baisse des termes de l'échange et du prix du pétrole entraîne la hausse du niveau du service de la dette. Ce qui est normal pour un PED exportateur du pétrole. La seconde corrélation, par contre, montre une baisse du service de la dette corrélée avec l'amélioration des termes de l'échange et la baisse des prix. Ici, la baisse des prix du pétrole qui devait avoir un effet négatif sur le service de la dette est compensée par l'amélioration des termes de l'échange.

Graphique 3: Relation chocs pétroliers et service de la dette au Gabon

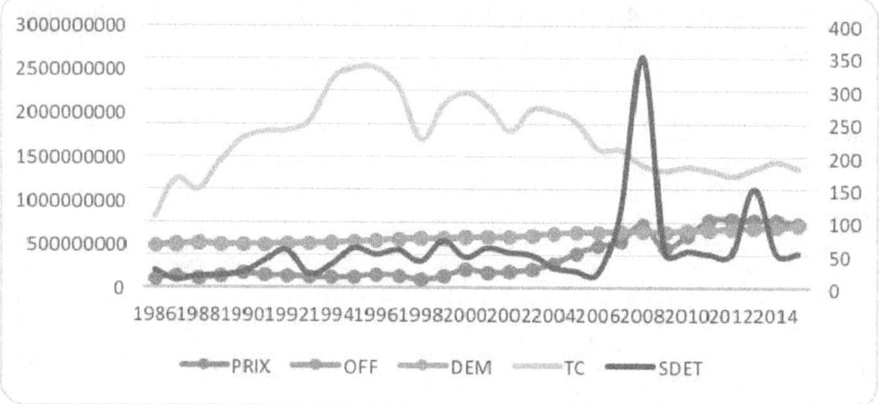

<u>Source</u> : les auteurs à partir des données de WDI et de l'AIE

La lecture du graphique ci-dessus montre une tendance croissante entre l'offre et la demande du pétrole de 1986 à 2015, d'une part, et d'autre part, nous présente une corrélation positive entre le prix du pétrole et le service de la dette. En effet, chaque hausse sensible du prix de pétrole correspond à celle du service de la dette, toutes choses égales par ailleurs, une baisse du prix du pétrole entraîne celle du service de la dette. En plus, dans un premier temps, la hausse du prix de pétrole correspond à l'amelioration des termes d'échange.

Revue théorique

Le service de la dette est un élément très important dans la gestion de la dette extérieure d'un pays. Dans l'analyse du service de la dette extérieure, deux approches se présentent : une approche soutient que le service de la dette est similaire à une taxe implicite qui a la capacité de décourager l'investissement et, par conséquent, freine la croissance, rendant ainsi difficile la sortie de la pauvreté des pays très endettés et faisant, ainsi, du service de la dette un surendettement (dette publique, privée et extérieure). Les tenants de cette approche considèrent que la réduction de la valeur de la dette extérieure accroît l'investissement et encourage le paiement du service de la dette (Krugman, 1988, Sachs, 1989). Suivant cette théorie, les emprunts extérieurs ont un impact positif sur l'investissement privé et la croissance pour un niveau de seuil donné, car la relation entre le coté du montant de la dette et l'investissement peut être considérée comme une sorte de la courbe de Laffer (Cohen,1993)[96]. Krugman (1988)[97] et Sachs (1984, 1986)[98] lient la théorie du surendettement à la situation de la dette d'un pays et son habilité à respecter les conditions du service de la dette et au désendettement qui devrait être bénéfique pour le créancier qui reçoit le remboursement. Le surendettement intervient si le stock de la dette extérieure d'un pays excède sa capacité à rembourser les sommes futures. Ce service de la dette anticipée dépend fortement du revenu. Selon Pattillio et al (2002), l'hypothèse suggère : si la dette extérieure anticipée sera plus énorme que l'habileté du pays à rembourser, le coût du service de la dette anticipée découragerait encore plus les investissements domestiques et étrangers tout en affaiblissant la croissance.

Une autre approche, soutenue par Bulow et Rogoff (1991), suggère, par contre, que les emprunts des pays sous-développés sont plus dus à leur propre mauvaise gestion économique, qu'au poids de la dette extérieure, et que le surendettement était plus un symptôme que la cause d'une faible croissance économique dans les pays très endettés.

Ainsi, pour établir le lien théorique entre le service de la dette et les chocs de l'offre, de la demande et du prix du pétrole, Reinhart et Vegh (2004) ont montré que les emprunts des pays émergents sont pro-cycliques. En effet, la tendance favorable des termes de l'échange, typiquement marquée par le prix élevé des matières premières (dont le pétrole fait partie) conduit à accroître l'endettement, prélude au défaut de remboursement, lorsque les prix chutent. Les résultats relatifs aux cycles des prix des matières premières montrent que, pendant la période de 1800 à 1949, la hausse des prix des

---

[96] Cohen, Daniel (1993) : « Low Investment and Large LDC Debt in the 1980s », American Economic Review, Vol. 83, N°. 3 (June), pp. 437–439.

[97] Krugman P. (1988): «Financing versus Forgiving a Debt Overhang », NBERw.2486, p. 4-7.

[98] Sachs, J. (1984): Theoretical issues in international borrowing", Princeton studies in international finance, 54; Sachs, J. (1986) : « The debt overhang problem of developing countries », présenté à la conférence en memoire de Carlos Diaz-Alejandro, Helsinki, August 1986.

matières premières est suivie par une vague constante de défauts souverains. Le même phénomène est visible entre 1990 et 2000. En plus, les résultats obtenus par Reinhart et Végh (2004)[99], modélisés par Aguirre et Gopinath (2007) sur les cycles globaux des défauts extérieurs ont montré que quatre pays de la CEMAC, à savoir le Cameroun, le Congo et le Tchad et la RCA ont connu, respectivement, des crises bancaires et de mobilité de capitaux en 1987,1994, et 1988.

Revue empirique

La littérature empirique sur les effets macroéconomiques des chocs pétroliers est très abondante, mais elle est pauvre sur la relation entre les effets des chocs pétroliers sur le service de la dette. Afin d'atteindre l'objectif de ce travail, nous nous sommes appuyés sur certains travaux empiriques, notamment ceux de Kilian (2009), Hamilton (2012) qui ont utilisé les modèles VAR structurels pour analyser les effets macroéconomiques des chocs pétroliers. Kilian (2009) a construit la mesure des effets macroéconomiques des chocs pétroliers en suivant la démarche de Barsky et Kilian (2002, 2004). Celle-ci distingue trois chocs d'offre et de demande : le choc de l'offre, le choc de l'agrégat demande et le choc de la demande de précaution. Les résultats montrent qu'une perturbation de l'offre du pétrole cause une baisse temporaire du PIB de USA ; initialement, un choc positif de l'agrégat exige un effet positif sur l'économie ; le choc non anticipé conduisant à la hausse de la demande de précaution, baisse la croissance du PIB, mais hausse l'inflation.

La baisse de la croissance, suite à la hausse de la demande de précaution, peut réduire l'excédent primaire, quand le taux d'emprunt ne baisse pas dans les mêmes proportions. La soutenabilité de la dette devient, alors, très difficile si l'Etat ne s'engage pas à financer les dépenses publiques par la hausse de l'impôt. Dans ces conditions, la réaction des investisseurs face au poids de la dette qui n'est pas loin de son point de non-retour peut créer des chocs susceptibles de provoquer une crise budgétaire[100]. En analysant le service de la dette, Pattillo et al. (2002), soutiennent l'hypothèse selon laquelle un service de la dette très élevée décourage l'investissement, et que l'effet devient plus fort que le service de la dette absorbe la part de la croissance du PIB. Dans la formulation de plusieurs modèles, le service de la

[99] Kaminsky, Graciela L., Carmen M. Reinhart, and Carlos A. Végh (2004): « When It Rains, It Pours: Procyclical Capital Flows and Policies », Macroeconomics Annual, Cambridge, Mass: MIT Press, pp. 11–53.

[100] Escolano J. (2010): « A Practical Guide to Public Debt Dynamics, Fiscal Sustainability, and Cyclical Adjustment of Budgetary Aggregates », Technical Notes and Manuals, FMI.

dette a un effet statistiquement significatif sur l'investissement public ; la relation est non linéaire, avec un effet d'éviction qui s'intensifie avec la hausse du ratio service de la dette au PIB. Ainsi, la réduction de 8.7% à 3.0% du remboursement du service de la dette au PIB devrait accroître la part de l'investissement public au PIB de 0.7% à 0.8%, et indirectement accroître la croissance du PIB par habitant de 0.1% à 0.2% annuellement. Le service de la dette affecte la croissance du PIB par habitant et par l'intermédiaire de l'investissement considéré comme une variable explicative.

Méthodologie

Cette section est structurée en deux parties : la première porte sur la recherche documentaire et la seconde sur l'analyse des données. S'agissant de la recherche documentaire, ce travail utilise des données primaires et secondaires disponibles sur le WDI, BEAC et AIE qui constituent la base des données spécifiques sur une période de 1986 à 2015 ; ainsi que la consultation et la collecte des données sur la littérature grise. L'analyse des données se consacre au choix du modèle économétrique, à son application et à l'interprétation des résultats.

Choix du modèle

Le présent travail s'inspire de la méthodologie de VAR structurel utilisée par Kilian (2009) sur les effets macroéconomiques des chocs pétroliers pour analyser les effets des chocs pétroliers sur le service de la dette des pays de la zone CEMAC.

La méthodologie de VAR structurel consiste à passer des résidus issus du VAR canonique aux chocs structurels pouvant être interprétés sur le plan économique. L'orthogonalisation nécessaire des résidus canoniques qui consiste à obtenir des impulsions qui, à chaque instant, sont non corrélées, peut être obtenue de manière conventionnelle en effectuant une décomposition de Choleski (processus de « trigonalisation ») de la variance des innovations canoniques. Mais, ce mode d'orthogonalisation n'autorise pas une interprétation économique des impulsions indépendantes obtenues. Shapiro et Watson (1988) et Blanchard et Quah (1989) sont les premiers pour avoir proposé l'identification des chocs structurels interprétables économiquement. Notons, d'ores et déjà, qu'un des intérêts de la modélisation Var « structurel », par rapport aux modèles macro-économétriques traditionnels, est de cibler, plus précisément, la question économique que l'on veut traiter. Pour ce faire, la première étape consiste à déterminer les séries observées pour identifier les impulsions structurelles responsables de la dynamique des effets des chocs pétroliers sur le service de la dette de trois pays de la zone CEMAC, à savoir le Cameroun, le Congo et le Gabon (retenus pour la disponibilité des données statistiques pendant la période d'observation. La dynamique du modèle est celle d'un VAR structurel à deux variables en différence première sans relation de co-intégration à un retard suivant :

$$X_t = A(L)X_{t-1} + \mu_t \qquad (1)$$

Avec

$$X_t = \left(\Delta tc_t, (\Delta sdt)_t\right) \qquad (2)$$

Si on comprend, notamment, les termes de l'échange et le service de la dette, ce stade nous permet de savoir si la série est intégrée, co-intégrée, ou stationnaire, autour d'une dérivée déterministe. $A(L)$ est un polynôme de degré 2; les résultats de ces tests sont représentés dans les tableaux ci-dessous.

Tableau 3 : Statistiques descriptives

Variables	Observation	Moyenne	Ecart type	Minimum	Maximum	Jarque-Bera	Probabilité
CAMEROUN							
Demande	30	78.08333	9.728418	63.8	94.8	2.439458	0.295310
Offre	30	78.08333	9.647228	63.7	96.6	2.065884	0.355958
Prix	30	44.43347	34.30085	13.074	105.007	4.534978	0.103572
SDT	30	15.30573	8.267339	2.540806	30.78209	1.570784	0.455941
Tc	30	100.1549	28.5744	58.5951	168.0472	1.471602	0.479121
CONGO							
Variables	**Observation**	**Moyenne**	**Ecart type**	**Minimum**	**Maximum**	**Jarque-Bera**	**Probabilité**
Demande	30	78.08333	9.728418	63.8	94.8	2.439458	0.295310
Offre	30	78.08333	9.647228	63.7	96.6	2.065884	0.355958
Prix	30	44.43347	34.30085	13.074	105.007	4.534978	0.103572
SDT	30	14.98324	14.10429	.3792187	50.0321	4.427442	0.109293
Tc	30	203.4048	104.0191	96.05064	444.4966	5.926492	0.051651
GABON							
Variables	**Observation**	**Moyenne**	**Ecart type**	**Minimum**	**Maximum**	**Jarque-Bera**	**Probabilité**
Demande	30	78.08333	9.728418	63.8	94.8	2.439458	0.295310
Offre	30	78.08333	9.647228	63.7	96.6	2.065884	0.355958
Prix	30	44.43347	34.30085	13.074	105.007	4.534978	0.103572
SDT	30	4.42e+08	4.64e+08	9.72e+07	2.63e+09	351.8695	0.000000
Tc	30	227.9665	57.28725	107.0557	334.2115	0.710433	0.701022

Sources : les *auteurs, à partir des données de WDI et de AIE*

Il ressort, de la lecture du tableau, que la série est fortement dispersée. En effet, le coefficient de variation de chaque variable est supérieur à 1.5. En plus, les probabilités associées aux statistiques de Jarque-Bera suggèrent que l'hypothèse nulle d'une distribution normale des différentes séries est maintenue au seuil de 5%. Cette conclusion nous permet de procéder aux tests de stationnarité.

Tests de stationnarité

Pour estimer un modèle économétrique en série temporelle, il est indispensable de vérifier l'existence de la stationnarité des variables. Cela signifie que ces variables doivent être intégrées de même ordre. Pour ce qui est de cette étude, la stationnarité des variables est vérifiée par l'utilisation de trois tests parmi lesquels le test de Duckey et Fuler Amélioré (ADF), le test de Philips et Perron (PP) et le test de Kwiatkowski, Phillips, Schmidt, Shin (KPSS). L'usage de ces tests se base sur les variables au préalable, normalement, distribuées, c'est-à-dire les variables qui suivent une loi normale. La distribution normale de ces variables est perçue à partir du coefficient de Jarque-Bera et sa probabilité associée. Le tableau suivant présente la synthèse des statistiques descriptives des variables en études.

Tableau 4: Tests de racine unitaire

Pays	Variables	ADF			PP			KPSS		
		I(0)	I(1)	I(2)	I(0)	I(1)	I(2)	I(0)	I(1)	I(2)
CAMEROUN	Demande	0.365312*	-.925944***	-.751451***	0.804300*	-.002559***	-24.0173***	0.118058***	0.161521***	0.185162***
	Offre	0.657585*	-.134148***	-.805037***	0.767878*	-5.136115	-19.02340	0.114372**	0.135603***	0.292835***
	Prix	-0.354698*	-.356645***	-.674828***	-0.198603*	-.356645***	-9.09480***	0.606782***	0.122317***	0.040129***
	Terme de l'échange	-0.387373*	-.156335***	-1.148615	-1.656450*	-.218963***	-9.55304***	0.136893***	0.160697****	0.126054***
	Dette/PIB	-1.006358	-.015673***	-.690656***	-1.235904*	-.033909***	-0.20165***	0.295314***	0.292376***	0.271706***
	Dette/Export	-1.25523*	-3.309751**	-.008981***	-1.041059*	-3.29365**	-.259116***	0.353127**	0.280469***	0.50000
GABON	Demande	0.365312*	-.925944***	-.751451***	0.804300*	-.002559***	-4.01736***	0.118058***	0.161521***	0.185162***
	Offre	0.657585*	-.134148***	-.805037***	0.767878*	-.136115***	-9.02340***	0.114372**	0.135603***	0.292835***
	Prix	-0.354698*	-.356645***	-.674828***	-0.198603*	-.356645***	-19.09480	0.606782***	0.122317***	0.040129***
	Terme de l'échange	-0.898911*	-3.438994*	-.482435***	-0.932285*	-3.17787**	-.520691***	0.192528***	0.421983***	0.279480***
	Dette/PIB	2.305287*	-.029350***	-.642618***	-0.803760*	-.573172***	-7.36265***	0.540955	0.286665***	0.336092***
	Dette/Export	-2.183752*	-1.672101	-.557341***	-2.183752*	-.693164***	-5.76414***	0.089040***	0.105896***	0.500000
CONGO	Demande	0.365312*	-.925944***	-.751451***	0.804300*	-.002559***	-4.01736***	0.118058***	0.161521***	0.185162***
	Offre	0.657585*	5.134148***	-.805037***	0.767878*	-.136115***	-9.02340***	0.114372**	0.135603***	0.292835***
	Prix	-0.354698*	-6.356645*	-.674828***	-0.198603*	-.356645***	-19.09480*	0.606782***	0.122317***	0.040129***
	Terme de l'échange	-2.820076*	-3.647787**	-0.68342***	-1.513293*	-.860500***	-2.83776***	0.098105***	0.084700***	0.133095***
	Dette/PIB	-0.410438*	-.178161***	-0.410438	-0.410438*	-.190602***	-0.63938***	0.162039	0.286665***	0.419026***
	Dette/Export	0.234150*	-4.177076**	-2.701180**	-0.813264*	-.978175***	-0.81284***	0.089040***	0.102154****	0.446598***

Source : les auteurs à partir des résultats extraits du logiciel Eviews.

*Les *, **, et *** indiquent une significativité respectivement au seuil de 10 %, 5 % et 1 %.*

Source : auteurs, à partir des données de WDI et de l'AIE

Il ressort de la lecture de ce tableau que toutes les variables ne sont pas stationnaires en niveau, mais admettent une stationnarité en différence première ou en différence seconde. L'ensemble de variables apparaît stationnaire en différences premières. Cette stationnarité est une condition indispensable pour poser des restrictions à long terme.

Sachant que l'objectif est l'analyse des effets des chocs pétroliers sur le service de la dette extérieure, nous procédons aux tests de VAR structurel, tout en prenant en compte le dernier niveau d'intégration de la variable, en annulant ainsi les questions de relation fallacieuses.

Dans la section suivante, nous utilisons les critères d'information d'Akaike, de Schwartz, d'Hannan-Quinn et du rapport de vraisemblance, afin de spécifier le nombre de retards pour les différents modèles testés. Les résultats, pour les trois pays, sont présentés dans les tableaux ci-dessous.

Choix de retard optimal

Tableau 5 : retard optimal du Cameroun, du Congo et du Gabon

Retard optimal du Cameroun						
Lag	LogL	LR	FPE	AIC	SC	HQ
0	64.55799	NA	9.78e-09	-4.254142	-4.016249	-4.181416
1	156.5862	144.6158*	8.42e-11*	-9.041875*	-7.614513*	-8.605516*
2	173.1818	20.15172	1.86e-10	-8.441556	-5.824726	-7.641565
Retard optimal pour le Congo						
Lag	LogL	LR	FPE	AIC	SC	HQ
0	118.6833	NA	2.05e-10	-8.120233	-7.882339	-8.047507
1	215.0710	151.4664*	1.29e-12*	-13.21936*	- 1.79199*	-12.78300*
2	238.3872	28.31261	1.76e-12	-13.09909	-10.48226	-12.29910
Retard optimal du Gabon						
Lag	LogL	LR	FPE	AIC	SC	HQ
0	91.65434	NA	1.41e-09	-6.189595	-5.951702	-6.116869
1	198.4788	167.8670*	4.23e-12*	-12.03420	-10.60684*	-11.59784*
2	223.7465	30.68225	5.01e-12	-12.05332*	-9.436494	-11.25333

* indicates lag order selected by the criterion-
LR: sequential modified LR test statistic (each test at 5% level)
Sources : *auteurs, à partir des données de WDI et de l' AIE*

Les différents résultats des trois tableaux, ci-dessus, montrent que le maximum de vraisemblance (LR), le test d'Akaike (AIC), celui de Hannan-Quinn (HQ) et celui de Schwartz (SC) retiennent 1 retard pour le Congo et le Cameroun. A contrario, au Gabon, le test AIC suggère 1 ou 0 retard, tandis que les trois autres retiennent 1 retard. Selon le principe du choix du nombre de retards, le modèle spécifié avec un nombre insuffisant de retards peut entraîner une erreur de spécification. De même, un modèle, spécifié avec un nombre trop élevé de retards, s'expose davantage au problème de multi-colinéarité. Ainsi, le degré de liberté est diminué, ce qui peut nuire à la qualité de l'estimation. Dans un souci d'homogénéisation entre les pays et en s'inspirant des travaux de Lee et Chinn (1998, 2006), nous retenons un nombre de retards égal à (1) pour le Cameroun, le Gabon et le Congo.

Modèle théorique et identification de VAR Structurel

- **Choix du modèle théorique**

Lorsque les séries ont été choisies et, corrélativement, les composantes du modèle Var, à savoir les séries en niveau, en différences premières, ou variables d'écart aux relations de long terme associées aux relations de Co-intégration, on procède à l'identification des impulsions structurelles qui repose sur trois hypothèses fondamentales :

Hypothèse 1 : l'économie est représentée par un vecteur de séries observables

$$z_t = \left(\Delta tc_t, (\Delta sdt)_t\right)' \qquad (2)'$$

A chaque date t, il résulte de la combinaison dynamique de n chocs structurels passés, que nous pouvons interpréter économiquement. Dans le cas présent, nous observons deux séries, Δsdt et Δtc qui représentent respectivement le différentiel du service de la dette extérieure (ratio du service de la dette aux exportations) et celui des termes de l'échange, à partir desquels nous cherchons à identifier les chocs de l'offre, de la demande et du prix de pétrole dont z_t représente le logarithme de la variable externe $(dem_t, off_t, prix)$, notamment la demande, l'offre globales et du prix pétrole moyen annuel des trois marchés (WTI, Brent et Dubaï), considérée comme sources des chocs pétroliers.

Hypothèse 2 : le vecteur des innovations canoniques (équation 3) de la date t résultant de la combinaison des chocs structurels constitue la partie non prévisible, étant donnée l'information contenue dans les réalisations passées des variables endogènes.

$$\varepsilon_t = \begin{pmatrix} e_t^{dem} \\ e_t^{off} \\ e_t^{prix} \end{pmatrix} \qquad (3),$$

Où e^{dem}, e^{off}, e^{prix} sont, respectivement, les chocs externes de la demande, l'offre et le prix extérieurs du pétrole. Les données sont annuelles et ont pour sources l'Agence internationale de l'énergie (AIE).

Hypothèse 3 :

Une étape importante de la modélisation Var est « l'inversion » du Var « canonique », conduisant à l'écriture moyenne mobile, canonique ou structurelle, selon que l'on transforme ou non les chocs par la matrice de passage. Formellement, cette phase d'identification repose sur la construction d'une matrice P vérifiant $\mu_t = P\varepsilon_t$: on suppose qu'à chaque date t, les innovations canoniques s'expriment comme combinaisons linéaires des chocs structurels contenus dans le vecteur de l'équation (3). On obtient, alors, les deux outils traditionnels de la modélisation Var : les fonctions de réponse aux chocs et les décompositions de la variance de l'erreur de prévision. Pour caractériser les réponses du système aux impulsions, il convient, en effet, de considérer l'écriture moyenne mobile ou décomposition de Wold de la dynamique. Il est important de noter que cette décomposition existe toujours et que la dynamique soit ou non autorégressive, pourvu qu'elle soit stationnaire.

De ce qui précède, nous observons trois séries, à savoir le ratio de l'encours de la dette au PIB, le ratio de l'encours de la dette aux exportations et les termes de l'échange, à partir desquelles nous cherchons à identifier les chocs d'offre, de la demande et des prix du pétrole.

- **Mode d'identification des chocs**

Pour rendre l'identification plus facile, il est usuel de supposer que les différents chocs structurels ε_t à une même date ne sont pas corrélés entre eux et ont une variance unitaire. Nous imposons, en effet, par cette seule hypothèse, $K(K+1)/2$ contraintes bilinéaires sur les éléments de la matrice de transition. Dans notre cas, les contraintes d'orthogonalisation sont au nombre de $\frac{K(K+1)}{2} = \frac{2(2+1)}{2} = 3$ Ces contraintes qui autorisent, néanmoins, une décomposition de la variance des erreurs de prévision correspondant aux différentes séries, comme somme des contributions de différents chocs structurels, ont, sans doute, une justification plus technique d'économique (Sims, 1980). Dans ces conditions, il faut, afin d'identifier les n^2 paramètres, imposer $\frac{K(K-1)}{2}$ contraintes supplémentaires pour estimer le VAR structurel. Ainsi, $\frac{K(K-1)}{2}=\frac{2(2-1)}{2}=1$ contraintes qui font références aux théories économiques, comme proposer par (Shapiro et Watson, 1988 ; Blanchard et Quah, 1989). Ces contraintes supplémentaires portent sur les effets de courts et de longs termes des chocs structurels sur les différentes composantes du système. L'identification consiste à déterminer les matrices de transitions A et B, les résultats sont présentés dans les tableaux (6, 7, 8) en annexe.

Résultats et interprétations

Réponses impulsionnelles

Les résultats des tests de réponses impulsionnelles du Cameroun, du Congo et du Gabon sont présentés dans le tableau 9, en annexe.

La lecture des résultats montre que le service de la dette réagit positivement aux chocs de l'offre au Cameroun et au Gabon, mais négativement ou faiblement au Congo. Le service de la dette réagit négativement aux chocs de la demande au Congo, mais négativement ou faiblement au Cameroun et au Gabon. S'agissant du prix du pétrole, le service de la dette réagit négativement pendant les trois premières périodes, mais positivement pendant les autres périodes au Cameroun. Au Congo, il réagit positivement les huit premières périodes et négativement pendant les dernières périodes. Au Gabon, il réagit négativement et positivement pendant les trois premières périodes et les dernières périodes respectivement.

De ce qui précède, nous constatons que le service de la dette réagit négativement ou faiblement aux chocs de la demande, de l'offre et des prix et, différemment, dans les trois pays. Cela montre les disparités persistantes dans les économies de la zone. Les faibles réactions du service de la dette aux chocs pétroliers laissent supposer que le service de la dette n'est pas influencé uniquement par l'offre et la demande du pétrole, mais d'autres facteurs peuvent contribuer à ces effets.

Analyse de la décomposition des variances de prévision des variables

Les résultats sont présentés dans les tableaux (8, 9, 10), en annexe. Les résultats du tableau (8 en annexe) montrent que, au Cameroun, la décomposition de la variance de l'erreur de prévision du service de la dette est due à 100% à ses propres innovations à la première période. La variance des erreurs de prévision du service de la dette est due à 47% à ses propres innovations et à 22% à l'offre, celle de 58% du service de la dette est due à 14% à la demande et celle de 61% est due à 16% du prix.

La lecture de ces résultats révèle que la part de l'offre dans la décomposition de la variance des erreurs de prévision du service de la dette est supérieure à celle de la demande et du prix au Cameroun. Au Congo (tableau 9 en annexe), la décomposition de la variance des erreurs de prévision du service de la dette est due, en grande partie, à ses propres innovations, soit 94%, à 8% au prix du pétrole, et à 11% aux termes d'échange et faiblement à l'offre et à la demande. Les résultats montrent aussi une tendance baissière du service de la dette en relation avec l'amélioration des termes d'échange et la hausse des prix du pétrole. La lecture du tableau (10), en annexe, montre qu'au Gabon la contribution du prix du pétrole à la décomposition de la variance des erreurs de prévisions du service de la dette reste la plus élevée, soit 7.74% pour un service de la dette de 79.38%. En même temps, les résultats montrent aussi une relative baisse du service de la dette en relation avec la hausse du prix. En effet, étant de 92.07%, dès la première période avec une contribution du prix à 0.29%, le service de la dette s'établit à 78.21%, pour une contribution du prix du pétrole à 7.66% la dernière période.

Discussion des résultats

Les résultats de l'estimation obtenus à partir du modèle VAR structurel ont révélé que la contribution de la demande, de l'offre et du prix à la décomposition de l'erreur de prévision du service diffère selon les pays. En effet, au Cameroun, elle est dominée par l'offre, au Congo et au Gabon, par le prix et les termes de l'échange. Par contre, les réponses impulsionnelles ont révélé que l'offre, la demande et le prix agissent faiblement sur le service de la dette.

Ainsi, selon Hamilton (2003) et Barsky et Kilian (2004), pendant ces dernières décennies, plusieurs fluctuations sont premièrement drainées par la demande. Par conséquent, les variables macroéconomiques peuvent répondre différemment aux chocs pétroliers qui induisent aussi d'importantes implications méthodologiques. En effet, les estimations basées sur les effets macroéconomiques d'une moyenne des chocs des prix du pétrole déterminés par la combinaison de l'offre et la demande peuvent biaiser la comparaison des chocs entre les pays. Les résultats révèlent aussi la faible contribution des termes de l'échange dans la transmission des chocs pétroliers au Cameroun, alors qu'elle est largement reconnue par la revue théorique. Cette faible contribution montre que les exportations du Cameroun sont moins concentrées. Selon Coudert et al (2011), cette faible contribution est attribuée à la faible élasticité à long terme du taux de change réel aux termes de l'échange pour les pays exportateurs du pétrole que pour les pays exportateurs d'autres matières premières. Cela se justifie par la politique du régime du taux de change fixe adoptée par les pays exportateurs du pétrole qui tend à réduire l'ajustement des taux de change réels aux fluctuations des prix du pétrole. Cependant, au Congo et au Gabon, les résultats révèlent une contribution relativement élevée des prix et des termes de l'échange tendant à l'amélioration du service de la dette. Ainsi, selon la théorie économique sur la relation entre les termes de l'échange et le prix du pétrole, l'amélioration des termes de l'échange corrélée à celle des prix accroît la richesse nationale, et conduit à l'amélioration du service de la dette. D'autre part, ces résultats révèlent le caractère concentré des exportations du Congo et du Gabon, contrairement à celles du Cameroun. Ainsi, d'après Carrère (2013), le seuil de Theil au Gabon est de 7.36% pour 866 produits exportés. Il est de 7.82 avec 704 produits exportés. Tandis qu'au Cameroun, il est 6.50 pour 1530 produits exportes, faisant ainsi de ce pays le plus diversifié des trois ; et, donc, moins exposé aux chocs pétroliers que les autres.

Par ailleurs, la théorie non contingente *stipule que le mode de propagation des chocs ne fonctionne pas seulement par l'intermédiaire des liens commerciaux bilatéraux, mais aussi par les liens commerciaux indirects issus des marchés communs tels que les marchés pétroliers* (Kaminsky et Reinhart, 2000 ; Forbes et Rigobon, 2002). Par conséquent, les chocs négatifs communs peuvent avoir des effets négatifs sur la balance des paiements, en particulier dans les pays émergents. Ils sont, souvent, provoqués par des changements de taux d'intérêt global (US), de taux de change entre grandes monnaies, des prix des matières premières (pétrole) ou des récessions dans les principaux pays industrialisés. Les baisses imprévues de prix à l'exportation peuvent altérer la capacité du service de la dette des secteurs de l'entreprise dans les pays qui dépendent fortement des recettes d'exportation et détériorer les bilans du secteur financier.

Finalement, en référence au critère de la soutenabilité du service de la dette, les résultats montrent que le seuil de 15%, retenu par le FMI (2016), est largement dépassé dans tous les trois pays. Cela signifie qu'une part importante des recettes des exportations pétrolières est absorbée par le service de la dette et, donc, aussi met en évidence la vulnérabilité des engagements et la mesure dans laquelle le paiement des engagements, au titre du service de la dette, est exposé au risque d'une baisse inattendue des recettes d'exportation.

Conclusion et implications de politique économique

Le but de ce travail était d'analyser les effets des chocs pétroliers sur le service de la dette des pays de la CEMAC (Cameroun, Congo et Gabon) sur une période de 1986 à 2015. Les résultats des tests économétriques par la technique SVAR ont révélé que le service de la dette est plus expliqué par les prix et les termes de l'échange que par l'offre et la demande. Cela se justifie par la politique du régime du taux de change fixe, en vigueur dans ces pays (Coudert et al, 2011). La forte contribution des termes de l'échange et des prix à la décomposition des erreurs de prévision du service de la dette met en évidence la forte concentration des exportations de ces pays, où l'on assiste à une augmentation de l'indice de Theil (Carrère, 2013). Ces résultats ont permis de formuler quelques implications de politiques économiques relatives aux effets des chocs pétroliers sur le service de la dette dans les pays de la CEMAC, telle que la diversification des exportations des économies, ce qui permettra de baisser le service de la dette aux exportations.

Références bibliographiques

Aguiar, Mark, and Gita Gopinath. (2007): "Emerging market business cycles: The cycle is the trend", Journal of Political Economy 115(1): 69-102.

Alberto Alesina et Guido Tabellini (2005): "WHY IS FISCAL POLICY OFTEN PROCYCLICAL?", Working Paper 11600, http://www.nber.org/papers/w11600

Barsky, R.B., and L. Kilian (2002): "Do We Really Know that Oil Caused the Great Stagflation? A Monetary Alternative," in: *NBER Macroeconomics Annual 2001*

Barsky, R.B., and L. Kilian (2004): "Oil and the Macroeconomy Since the 1970s", *Journal of Economic Perspectives*, 18(4), 115-134.

Blanchard O. et Quah D. (1989): "The Dynamic Effect of Aggregate Demand and Supply Disturbances", American Economic Review, pp.655-673

Bernanke, B.S., M. Gertler M. Watson (1997): "Systematic Monetary Policy and the Effects of Oil Price Shocks," Brookings Papers on Economic Activity, 1, 91-142.

Bulow, Jeremy, and Kenneth Rogoff (1991): "Sovereign Debt Repurchases: No Cure for Overhang." Quarterly Journal of Economics 106: 1219-35.

Cécile Carrère (2013) : " UEMOA, CEMAC : quelle performance en matière de commerce ?", Revue d'économie du développement, 1, (Vol. 21), P.160

Chen, S,-S and H,-C. Chen (2007): “Oil Price and Real Exchange Rates”, Energy Economy, 29, 3, 390-404

Cohen, Daniel (1993): “Low Investment and Large LDC Debt in the 1980s,” American Economic, Review, Vol. 83, No. 3 (June), pp. 437–49.

Finn E. Kydland, Edward C. Prescott (1982): “Time to Build and Aggregate Fluctuations”, Econometrica, Vol. (50), N0. 6, 1345-1370.

FMI (2003): « Guide des statistiques de la dette extérieure », Appendices

FMI (2014): « Rapport No. 14/305 : questions générales sur la CEMAC ».

FMI (2015): « Questions générales sur la CEMAC »

FMI (2016): “Country *Report No. 16/290”*

Golub, S.S. (1983): *“Oil Price and Exchange Rates”,The Economics Journal,* 93, 371, 576-93

Gregory Mankiw (1989): *“A New Keynesian Perspective”, Journal of Economic Perspectives, 3, P.79-90*

James D. Hamilton (2012): “*Oil Price, Exhaustible Resources, and Economic Growth*”, NBER Working Paper 17759.

Kaminsky, Graciela L., Carmen M. Reinhart, and Carlos A.Végh (2004): “When It Rains, It Pours: Procyclical Capital Flows and Policies,” Macroeconomics Annual, Cambridge, Mass: MIT Press, 11–53.

Kilian (2009): “*Not All Oil Price Shocks Are Alike: Disentangling Demand and Supply Shocks in the Crude Oil Market*”, American Economic Review, 99, 3, pp. 1053-1069.

Krugman P. (1988): “Financing versus Forgiving a Debt Overhang”, NBERw.2486, P.4-7

Catherine Pattillo, Hélène Poirson et Lucca Ricci (2002): “Extenal Debt and Growth”, IMF working paper 0269

Sachs, J. (1984): "Theoretical issues in international borrowing", Princeton studies in international finance, 54;

Sachs, J. (1986): "The debt overhang problem of developing countries", présenté à la conference en mémoire de Carlos Diaz—Alejandro, Helsinki, August 1986.

Shapiro M.D. etWatson M.W. (1988): "Sources of Business Fluctuations", in S. Fisher, ed., NBER Macroeconomics Annual, Cambridge, MIT Press, pp. 111-148

Virginie Coudert et Valerie Mignon (2016): « Reassessing the Empirical Relationship Between the Oil Price and the Dollar», CEEPII

Annexes

Tableau 6: Extrait de la matrice de transition pour le Cameroun

Log likelihood	30.65323			
LR test for over-identification:				
Chi-square(7)	325.6008		Probability	0.0000
Estimated A matrix:				
7.990675	0.000000	0.000000	0.000000	0.000000
0.000000	3.886437	0.000000	0.000000	0.000000
0.000000	0.000000	44.09376	0.000000	0.000000
0.000000	0.000000	0.000000	2.199805	0.000000
0.000000	0.000000	0.000000	0.000000	2.177694
Estimated B matrix:				
1.000000	0.000000	0.000000	0.000000	0.000000
0.000000	1.000000	0.000000	0.000000	0.000000
0.482293	-1.000000	1.000000	0.000000	0.021423
0.000000	0.000000	0.000000	1.000000	0.000000
0.000000	0.950426	0.000000	0.000000	1.000000

Tableau 7: Extrait de la matrice de transition pour le Congo

Log likelihood	10.21153			
LR test for over-identification:				
Chi-square(7)	262.2522		Probability	0.0000
Estimated A matrix:				
8.528773	0.000000	0.000000	0.000000	0.000000
0.000000	5.408585	0.000000	0.000000	0.000000
0.000000	0.000000	8.733101	0.000000	0.000000
0.000000	0.000000	0.000000	1.746629	0.000000
0.000000	0.000000	0.000000	0.000000	5.368960
Estimated B matrix:				
1.000000	0.000000	0.000000	0.000000	0.000000
0.000000	1.000000	0.000000	0.000000	0.000000
0.401157	-1.000000	1.000000	0.000000	1.562919
0.000000	0.000000	0.000000	1.000000	0.000000
0.000000	0.000000	-1.835538	0.000000	1.000000

Tableau 8: Extrait de la matrice de transition pour le Gabon

Log likelihood	25.60860			
LR test for over-identification:				
Chi-square(7)	326.4171		Probability	0.0000
Estimated A matrix:				
6.772534	0.000000	0.000000	0.000000	0.000000
0.000000	3.720550	0.000000	0.000000	0.000000
0.000000	0.000000	7.443814	0.000000	0.000000
0.000000	0.000000	0.000000	3.709284	0.000000
0.000000	0.000000	0.000000	0.000000	8.368614
Estimated B matrix:				
1.000000	0.000000	0.000000	0.000000	0.000000
0.000000	1.000000	0.000000	0.000000	0.000000
0.363992	-1.000000	1.000000	0.000000	0.719523
0.000000	0.000000	0.000000	1.000000	0.000000
0.000000	0.352902	0.000000	0.000000	1.000000

Tableau 9: Réponses impulsionnelles

Réponse de l'offre				Réponse de la demande				Réponse du prix			
Variables	Cameroun	Congo	Gabon	Variables	Cameroun	Congo	Gabon	Variables	Cameroun	Congo	Gabon
Demande	0.000000	0.010218	0.006480	Offre	0.009736	0.000000	0.000000	Demande	0.052846	0.076790	0.056789
	(0.00000)	(0.00288)	(0.00227)		(0.00238)	(0.00000)	(0.00000)		(0.03362)	(0.03396)	(0.02779)
	0.003140	0.011543	0.007918		0.018064	0.013701	0.009827		0.116640	0.104431	0.040697
	(0.00292)	(0.00270)	(0.00391)		(0.00300)	(0.00378)	(0.00380)		(0.03009)	(0.03005)	(0.03753)
	0.001320	0.011333	0.009679		0.016720	0.008896	0.005290		0.059938	0.084951	0.039907
	(0.00264)	(0.00298)	(0.00411)		(0.00335)	(0.00390)	(0.00382)		(0.03029)	(0.02351)	(0.03518)
	0.001777	0.011334	0.010319		0.017468	0.009115	0.005602		0.050713	0.081516	0.057353
	(0.00322)	(0.00321)	(0.00392)		(0.00369)	(0.00405)	(0.00458)		(0.02545)	(0.02057)	(0.03000)
	0.001817	0.011296	0.009741		0.017217	0.008910	0.005158		0.034416	0.077772	0.047173
	(0.00345)	(0.00345)	(0.00400)		(0.00412)	(0.00431)	(0.00486)		(0.02307)	(0.02017)	(0.02464)
	0.002092	0.011285	0.009731		0.017216	0.008966	0.005085		0.026950	0.075450	0.055176
	(0.00370)	(0.00369)	(0.00400)		(0.00449)	(0.00455)	(0.00497)		(0.02254)	(0.02086)	(0.02431)
	0.002289	0.011288	0.010006		0.017168	0.009028	0.004023		0.021503	0.073720	0.063396
	(0.00385)	(0.00393)	(0.00398)		(0.00484)	(0.00473)	(0.00502)		(0.02211)	(0.02195)	(0.02660)
	0.002468	0.011304	0.010012		0.017202	0.009101	0.003484		0.018736	0.072500	0.067635
	(0.00397)	(0.00418)	(0.00400)		(0.00518)	(0.00490)	(0.00501)		(0.02220)	(0.02321)	(0.02741)
	0.002601	0.011330	0.009828		0.017278	0.009171	0.003416		0.017257	0.071655	0.070641
	(0.00406)	(0.00444)	(0.00401)		(0.00553)	(0.00505)	(0.00495)		(0.02250)	(0.02455)	(0.02685)
	0.002703	0.011364	0.009612		0.017399	0.009236	0.003553		0.016672	0.071098	0.072039
	(0.00412)	(0.00470)	(0.00403)		(0.00589)	(0.00520)	(0.00487)		(0.02303)	(0.02592)	(0.02697)
Service dette	0.003954	0.000000	0.000000	Service dette	-0.001560	0.000000	0.000000	Offre	0.046078	0.005607	-0.014116
	(0.00328)	(0.00000)	(0.00000)		(0.00271)	(0.00000)	(0.00000)		(0.03486)	(0.03242)	(0.02667)
	0.003959	0.000479	-0.001079		0.003760	-0.000547	-0.003093		0.012311	-0.065541	-0.048409
	(0.00454)	(0.00302)	(0.00342)		(0.00439)	(0.00238)	(0.00285)		(0.03748)	(0.04218)	(0.03469)
	0.004256	-0.000164	0.000680		0.004118	-0.000126	0.001450		0.055460	0.011341	0.004381
	(0.00516)	(0.00416)	(0.00462)		(0.00520)	(0.00398)	(0.00398)		(0.02953)	(0.03640)	(0.04387)
	0.003612	-0.000607	0.004784		0.004135	-0.000650	0.004796		0.066745	0.024731	0.043947
	(0.00571)	(0.00503)	(0.00488)		(0.00573)	(0.00494)	(0.00435)		(0.02734)	(0.03087)	(0.04015)
	0.003352	-0.000941	0.006093		0.003555	-0.000988	0.005782		0.080911	0.036026	0.059230
	(0.00604)	(0.00562)	(0.00468)		(0.00615)	(0.00565)	(0.00442)		(0.02669)	(0.02630)	(0.03563)
	0.003102	-0.001168	0.004883		0.003304	-0.001237	0.005002		0.088363	0.041639	0.059010
	(0.00625)	(0.00605)	(0.00448)		(0.00639)	(0.00615)	(0.00440)		(0.02711)	(0.02442)	(0.03206)
	0.002968	-0.001326	0.004027		0.003095	-0.001400	0.004221		0.093831	0.045456	0.051876
	(0.00637)	(0.00637)	(0.00431)		(0.00653)	(0.00650)	(0.00435)		(0.02788)	(0.02421)	(0.03195)
	0.002890	-0.001439	0.004030		0.002991	-0.001511	0.004046		0.097190	0.048085	0.038204
	(0.00645)	(0.00662)	(0.00418)		(0.00662)	(0.00677)	(0.00424)		(0.02915)	(0.02502)	(0.03281)
	0.002859	-0.001522	0.004294		0.002937	-0.001589	0.004310		0.099512	0.050032	0.031236
	(0.00651)	(0.00682)	(0.00413)		(0.00667)	(0.00698)	(0.00417)		(0.03076)	(0.02625)	(0.03324)
	0.002855	-0.001584	0.004480		0.002924	-0.001646	0.004502		0.101165	0.051518	0.030590
	(0.00656)	(0.00698)	(0.00408)		(0.00672)	(0.00715)	(0.00413)		(0.03265)	(0.02759)	(0.03321)
Prix	0.000000	0.013748	0.000000	Prix	0.000000	0.056359	0.000000	Service dette	-0.013576	0.000000	0.000000
	(0.00000)	(0.00181)	(0.00000)		(0.00000)	(0.03813)	(0.00000)		(0.03543)	(0.00000)	(0.00000)
	-0.002642	0.008413	0.001796		-0.002633	0.013778	-0.000681		-0.040291	0.016287	-0.055303
	(0.00288)	(0.00360)	(0.00340)		(0.00229)	(0.03181)	(0.00284)		(0.04720)	(0.03052)	(0.03408)
	-0.003620	0.008707	-0.001751		-0.003990	0.004611	-0.001001		-0.005824	0.014000	-0.100886
	(0.00411)	(0.00363)	(0.00425)		(0.00388)	(0.03010)	(0.00360)		(0.04519)	(0.04225)	(0.04280)
	-0.003812	0.008513	-0.003312		-0.004248	0.006405	-0.003557		0.001969	0.015139	-0.031557
	(0.00512)	(0.00393)	(0.00420)		(0.00494)	(0.02774)	(0.00392)		(0.03880)	(0.04146)	(0.04203)
	-0.003633	0.008602	-0.003553		-0.004053	0.009110	-0.003659		0.010954	0.012286	0.015831
	(0.00577)	(0.00422)	(0.00433)		(0.00576)	(0.02587)	(0.00425)		(0.03546)	(0.03801)	(0.03718)
	-0.003349	0.008690	-0.002846		-0.003694	0.011336	-0.002680		0.014465	0.008467	0.023853
	(0.00622)	(0.00443)	(0.00451)		(0.00628)	(0.02504)	(0.00445)		(0.03397)	(0.03510)	(0.03499)
	-0.003075	0.008784	-0.002098		-0.003341	0.012900	-0.002172		0.016600	0.004575	0.026105
	(0.00651)	(0.00461)	(0.00447)		(0.00663)	(0.02495)	(0.00447)		(0.03401)	(0.03386)	(0.03423)
	-0.002858	0.008869	-0.002243		-0.003055	0.013988	-0.002335		0.017405	0.001171	0.024033
	(0.00670)	(0.00478)	(0.00429)		(0.00685)	(0.02525)	(0.00439)		(0.03494)	(0.03408)	(0.03280)
	-0.002706	0.008946	-0.002651		-0.002850	0.014761	-0.002607		0.017718	-0.001616	0.022100
	(0.00681)	(0.00494)	(0.00423)		(0.00698)	(0.02569)	(0.00430)		(0.03616)	(0.03517)	(0.03008)
	-0.002611	0.009016	-0.002750		-0.002719	0.015327	-0.002755		0.017769	-0.003818	0.024808
	(0.00688)	(0.00509)	(0.00422)		(0.00705)	(0.02618)	(0.00426)		(0.03735)	(0.03661)	(0.02848)
TC	0.000000	0.000000	0.000000	TC	0.000000	0.000000	0.000000	TC	0.000000	0.000000	0.000000
	(0.00000)	(0.00000)	(0.00000)		(0.00000)	(0.00000)	(0.00000)		(0.00000)	(0.00000)	(0.00000)
	-0.003644	-0.006621	0.011355		-0.001757	-0.002613	0.006551		-0.014215	0.007622	0.055007
	(0.00275)	(0.00318)	(0.00321)		(0.00219)	(0.00262)	(0.00284)		(0.02855)	(0.03794)	(0.05439)
	-0.004421	-0.008165	0.008246		-0.004506	-0.005729	0.017216		-0.006962	0.027746	-0.040482
	(0.00345)	(0.00411)	(0.00418)		(0.00339)	(0.00399)	(0.01562)		(0.03452)	(0.04294)	(0.05522)
	-0.005173	-0.008944	0.005776		-0.005175	-0.009197	0.006657		-0.013976	0.005441	-0.016776
	(0.00403)	(0.00456)	(0.00407)		(0.00396)	(0.00460)	(0.00388)		(0.02948)	(0.03735)	(0.05659)
	-0.005443	-0.009332	0.006763		-0.005583	-0.009747	0.006543		-0.018530	-0.012036	0.015025
	(0.00427)	(0.00496)	(0.00412)		(0.00436)	(0.00504)	(0.00396)		(0.02553)	(0.03366)	(0.05150)
	-0.005607	-0.009622	0.007880		-0.005744	-0.009996	0.008040		-0.023559	-0.026104	0.017197
	(0.00439)	(0.00529)	(0.00418)		(0.00451)	(0.00540)	(0.00411)		(0.02514)	(0.03255)	(0.02927)
	-0.005674	-0.009848	0.008546		-0.005635	-0.010192	0.008655		-0.027154	-0.036235	0.030007
	(0.00444)	(0.00560)	(0.00424)		(0.00456)	(0.00571)	(0.00427)		(0.02314)	(0.03223)	(0.02825)
	-0.005714	-0.010154	0.008766		-0.005669	-0.010548	0.008765		-0.029040	-0.043617	0.051166
	(0.00448)	(0.00587)	(0.00436)		(0.00461)	(0.00599)	(0.00435)		(0.02416)	(0.03272)	(0.02884)
	-0.005745	-0.010188	0.007910		-0.005904	-0.010082	0.008075		-0.031715	-0.049039	0.049162
	(0.00452)	(0.00613)	(0.00445)		(0.00465)	(0.00625)	(0.00442)		(0.02532)	(0.03359)	(0.02806)
	-0.005778	-0.010517	0.007817		-0.005920	-0.010598	0.007961		-0.033029	-0.053087	0.049936
	(0.00458)	(0.00636)	(0.00448)		(0.00469)	(0.00648)	(0.00447)		(0.02632)	(0.03473)	(0.02812)

Sources : auteurs à partir des données de WDI et de l' AIE

Tableau 10: Décomposition de la variance des erreurs de prévision pour le Cameroun

LNSDET:						
Période	**S.E.**	**LNSDET**	**LNOFF**	**LNDEM**	**LNPRIX**	**LNTC**
1	0.262365	100.0000	0.000000	0.000000	0.000000	0.000000
2	0.313636	82.86397	0.002900	7.803746	7.083096	2.246286
3	0.340768	72.41216	0.680421	11.21956	13.02048	2.667388
4	0.358721	65.86274	1.949410	13.51623	15.89848	2.773131
5	0.370879	61.66584	4.190083	14.53938	16.76510	2.839588
6	0.381033	58.42581	7.210726	14.86763	16.54660	2.949230
7	0.391074	55.51279	10.78145	14.73423	15.86265	3.108888
8	0.401694	52.71146	14.58431	14.34227	15.04563	3.316326
9	0.412961	49.99821	18.38047	13.81998	14.24262	3.558723
10	0.424705	47.40686	22.01839	13.25025	13.50317	3.821341
LNOFF:						
Période	S.E.	LNSDET	LNOFF	LNDEM	LNPRIX	LNTC
1	0.018159	10.74954	89.25046	0.000000	0.000000	0.000000
2	0.024855	8.274839	86.83986	1.605636	1.130336	2.149331
3	0.030896	7.252798	85.98311	1.221657	2.104166	3.438274
4	0.035915	6.378782	85.16921	1.148822	2.684035	4.619156
5	0.040344	5.745342	84.72237	1.113198	2.938041	5.481047
6	0.044307	5.253590	84.44728	1.145823	3.007379	6.145932
7	0.047943	4.870331	84.29319	1.206629	2.979975	6.649872
8	0.051336	4.564629	84.20386	1.283582	2.909012	7.038920
9	0.054550	4.317245	84.15318	1.364225	2.822397	7.342950
10	0.057627	4.113986	84.12431	1.442423	2.734270	7.585013
LNDEM:						
Période	S.E.	LNSDET	LNOFF	LNDEM	LNPRIX	LNTC
1	0.014612	1.140363	44.39215	54.46749	0.000000	0.000000
2	0.024148	6.107437	72.21328	19.96056	1.189189	0.529526
3	0.030347	5.708400	76.07970	13.19035	2.481482	2.540066
4	0.035896	5.407002	78.05884	9.545495	3.174305	3.814363
5	0.040599	4.993608	79.00482	7.650368	3.478193	4.873014
6	0.044788	4.647293	79.69235	6.473567	3.538132	5.648654
7	0.048585	4.355137	80.20980	5.712701	3.479555	6.242811
8	0.052106	4.115821	80.63332	5.185858	3.368817	6.696185
9	0.055425	3.918622	80.98515	4.805045	3.241961	7.049224
10	0.058592	3.755445	81.28302	4.516775	3.116190	7.328566
LNPRIX:						
Période	S.E.	LNSDET	LNOFF	LNDEM	LNPRIX	LNTC
1	0.191021	0.505076	5.818736	7.653429	86.02276	0.000000
2	0.258620	2.702716	3.401027	24.51634	69.07779	0.302125
3	0.282435	2.308670	6.707501	25.05990	65.62407	0.299853
4	0.298351	2.073285	11.01578	25.34690	61.07588	0.488154
5	0.312524	2.012344	16.74194	24.31264	56.13667	0.796413
6	0.327118	2.032323	22.57820	22.87050	51.27337	1.245608

7	0.342488	2.088912	28.10296	21.25800	46.78614	1.763982
8	0.358298	2.144595	33.03550	19.69681	42.81774	2.305352
9	0.374242	2.189879	37.35097	18.26683	39.36107	2.831245
10	0.390104	2.222904	41.10045	16.99422	36.35989	3.322536
LNTC:						
Période	S.E.	LNSDET	LNOFF	LNDEM	LNPRIX	LNTC
1	0.136169	5.838329	11.90755	0.799968	0.859592	80.59457
2	0.148625	6.064552	12.29121	2.129108	1.313953	78.20118
3	0.156142	6.780574	12.31612	4.334610	3.282220	73.28648
4	0.161683	6.780752	12.94902	6.049917	5.083574	69.13674
5	0.166017	6.520423	14.28570	7.175131	6.046393	65.97235
6	0.169785	6.235065	16.29496	7.773258	6.317950	63.37877
7	0.173493	5.991423	18.78542	8.011990	6.212955	60.99821
8	0.177387	5.790412	21.54523	8.023205	5.965502	58.67565
9	0.181527	5.618728	24.39003	7.903445	5.697270	56.39052
10	0.185875	5.465302	27.19335	7.715178	5.453895	54.17228

Sources : *auteurs à partir des données de WDI et de l'AIE*

Tableau 11: Décomposition de la variance des erreurs de prévision pour le Congo

LNDEM:						
période	**S.E.**	**LNDEM**	**LNOFF**	**LNPRIX**	**LNSDET**	**LNTC**
1	0.014580	100.0000	0.000000	0.000000	0.000000	0.000000
2	0.022773	61.87139	36.19408	0.560066	0.057621	1.316841
3	0.028537	55.99990	32.76720	1.837414	0.038652	9.356837
4	0.033587	52.10507	31.01984	2.557168	0.065342	14.25258
5	0.038098	49.62867	29.57929	3.051529	0.118047	17.62247
6	0.042218	47.84402	28.59818	3.417209	0.181977	19.95861
7	0.046045	46.48124	27.88589	3.709974	0.245380	21.67751
8	0.049643	45.39577	27.35200	3.953716	0.303704	22.99481
9	0.053053	44.50813	26.93739	4.160986	0.355601	24.03790
10	0.056304	43.76880	26.60650	4.339238	0.401178	24.88428
LNOFF:						
période	**S.E.**	**LNDEM**	**LNOFF**	**LNPRIX**	**LNSDET**	**LNTC**
1	0.017129	35.58641	64.41359	0.000000	0.000000	0.000000
2	0.023481	43.10650	47.11847	1.045785	0.041605	8.687640
3	0.028825	44.06390	40.39098	1.724895	0.030851	13.78937
4	0.033513	44.03489	36.33390	2.251357	0.055625	17.32423
5	0.037755	43.64521	33.81796	2.672604	0.105988	19.75824
6	0.041674	43.15446	32.10440	3.028520	0.165500	21.54712
7	0.045344	42.65010	30.87153	3.335191	0.225293	22.91789
8	0.048811	42.17019	29.94356	3.601552	0.281301	24.00340
9	0.052108	41.72949	29.22109	3.833532	0.332102	24.88379
10	0.055261	41.33219	28.64345	4.035891	0.377478	25.61099

LNPRIX:						
période	S.E.	LNDEM	LNOFF	LNPRIX	LNSDET	LNTC
1	0.190793	16.19874	0.086353	83.71491	0.000000	0.000000
2	0.255752	25.68828	6.615416	67.20193	0.405562	0.088808
3	0.283018	29.98687	5.562742	62.84091	0.575880	1.033602
4	0.299633	34.15469	5.644172	58.47695	0.769058	0.955127
5	0.313090	37.45215	6.493454	54.17343	0.858347	1.022615
6	0.326030	39.89372	7.619378	50.04380	0.859008	1.584094
7	0.339309	41.55258	8.829324	46.20387	0.811269	2.602953
8	0.353083	42.59002	10.00857	42.72129	0.750307	3.929818
9	0.367273	43.16889	11.10586	39.61504	0.695385	5.414821
10	0.381741	43.42759	12.10129	36.87137	0.653676	6.946070
LNSDET:						
période	**S.E.**	**LNDEM**	**LNOFF**	**LNPRIX**	**LNSDET**	**LNTC**
1	0.943128	0.749102	0.415448	3.932953	94.90250	0.000000
2	1.079338	0.653789	0.491403	3.276078	93.94185	1.636876
3	1.144606	0.582254	1.080297	4.354406	89.97257	4.010474
4	1.187634	0.561341	1.664269	5.659679	85.87754	6.237166
5	1.218019	0.597832	2.152638	6.668269	82.62076	7.960504
6	1.239885	0.684737	2.545568	7.347788	80.20333	9.218576
7	1.256038	0.812361	2.868127	7.782913	78.40619	10.13041
8	1.268443	0.972014	3.141177	8.056759	77.02648	10.80357
9	1.278413	1.156458	3.379568	8.228209	75.92020	11.31556
10	1.286795	1.359848	3.593380	8.335088	74.99312	11.71856
LNTC:						
période	**S.E.**	**LNDEM**	**LNOFF**	**LNPRIX**	**LNSDET**	**LNTC**
1	0.216241	5.840195	0.608171	6.792712	3.550791	83.20813
2	0.236628	9.275568	0.594331	6.011739	3.034674	81.08369
3	0.244470	11.77107	1.190279	5.667802	2.862585	78.50826
4	0.251466	13.89307	2.147507	5.421687	2.735338	75.80240
5	0.258567	15.68271	3.276135	5.252124	2.615676	73.17335
6	0.265863	17.21693	4.397492	5.149645	2.501718	70.73422
7	0.273287	18.54201	5.460023	5.096462	2.396511	68.50500
8	0.280770	19.69724	6.445543	5.076662	2.301415	66.47914
9	0.288258	20.71347	7.352798	5.078527	2.216333	64.63887
10	0.295719	21.61512	8.186058	5.094120	2.140387	62.96431

Sources : *auteurs à partir des données de WDI et de l'AIE*

Tableau 12: Décomposition de la variance des erreurs de prévision pour le Gabon

LNDEM:						
Période	**S.E.**	**LNDEM**	**LNOFF**	**LNPRIX**	**LNSDET**	**LNTC**
1	0.012248	100.0000	0.000000	0.000000	0.000000	0.000000
2	0.018406	55.86867	28.50378	0.136962	2.824178	12.66641
3	0.023182	56.70098	23.17816	0.272924	2.171831	17.67611
4	0.027154	53.34154	21.14792	1.914947	4.702438	18.89315
5	0.030900	51.79440	19.11798	2.880826	7.132627	19.07417
6	0.034281	50.39231	17.73373	2.951681	7.923980	20.99830
7	0.037313	49.96924	16.13081	2.830308	7.967909	23.10173
8	0.039990	49.94348	14.80286	2.804989	7.960496	24.48817
9	0.042441	49.91909	13.78996	2.867529	8.098574	25.32484
10	0.044735	49.71842	13.04256	2.960242	8.302150	25.97663
LNOFF:						
période	S.E.	LNDEM	LNOFF	LNPRIX	LNSDET	LNTC
1	0.012856	25.40572	74.59428	0.000000	0.000000	0.000000
2	0.021274	23.12987	47.41172	0.712693	0.257095	28.48862
3	0.025336	30.90331	37.18418	0.980264	0.253280	30.67897
4	0.028873	36.56731	30.79766	2.070916	2.940296	27.62382
5	0.032390	38.10177	26.86432	2.848979	5.874855	26.31007
6	0.035520	39.18822	24.22582	3.011114	6.775203	26.79964
7	0.038363	40.39717	21.87646	2.880368	6.909630	27.93637
8	0.040928	41.47723	19.89603	2.831130	7.040282	28.75533
9	0.043251	42.30593	18.39779	2.910979	7.290335	29.09496
10	0.045429	42.82318	17.25870	3.004853	7.580485	29.33277
LNPRIX:						
période	S.E.	LNDEM	LNOFF	LNPRIX	LNSDET	LNTC
1	0.152448	13.87677	0.857397	85.26583	0.000000	0.000000
2	0.197933	12.45932	6.490298	65.52032	7.806691	7.723374
3	0.229577	12.28301	4.860838	48.89186	25.11388	8.850418
4	0.243706	16.43828	7.565267	43.72825	23.96279	8.305415
5	0.256637	18.20224	12.14865	39.82732	21.98947	7.832334
6	0.271814	20.34690	15.54294	36.35525	20.37254	7.382366
7	0.287952	22.97725	17.09508	32.55853	18.97481	8.394324
8	0.303709	25.61436	16.94966	29.36854	17.68325	10.38419
9	0.318244	28.25518	16.40009	26.91403	16.58706	11.84363
10	0.332758	30.53106	15.84576	24.81048	15.72750	13.08520
LNSDET:						
période	**S.E.**	**LNDEM**	**LNOFF**	**LNPRIX**	**LNSDET**	**LNTC**
1	0.559955	3.357512	4.270761	0.297286	92.07444	0.000000
2	0.587413	4.285386	3.890276	2.484649	88.48821	0.851479
3	0.620144	4.174256	3.491772	4.141063	87.24841	0.944502
4	0.654331	4.350628	3.748766	7.196476	81.26288	3.441254
5	0.657445	4.444240	4.328109	7.223025	80.59419	3.410440
6	0.663172	4.417571	4.345990	7.746393	79.38996	4.100082

7	0.666497	4.400770	4.841606	7.742072	78.94738	4.068173
8	0.668362	4.419544	4.971424	7.701925	78.56876	4.338348
9	0.669263	4.516155	4.960839	7.681261	78.36045	4.481296
10	0.669930	4.621070	4.951886	7.666326	78.21535	4.545369
LNTC:						
période	**S.E.**	**LNDEM**	**LNOFF**	**LNPRIX**	**LNSDET**	**LNTC**
1	0.103546	0.003582	3.035202	10.97155	1.749006	84.24066
2	0.123807	0.053633	7.101062	8.158161	1.241436	83.44571
3	0.128210	0.140567	10.37871	9.684110	1.693680	78.10294
4	0.132945	0.196505	11.07731	9.728171	5.763813	73.23420
5	0.135878	1.021973	11.46593	9.903051	7.019752	70.58929
6	0.137389	1.836049	12.37314	9.700397	6.937765	69.15265
7	0.139326	2.856655	13.63838	9.486636	6.748635	67.26969
8	0.141660	4.241680	14.80960	9.190087	6.562849	65.19578
9	0.144240	5.906559	15.38668	8.875545	6.401429	63.42979
10	0.146956	7.761045	15.58236	8.590906	6.278362	61.78733

Sources : *auteurs, à partir des données de WDI et de l'AIE*

Effets de l'exploitation des produits forestiers non ligneux sur la conservation des forêts : cas du Congo

Maxime Rodrigue SAH[101]
Jean Claude BOZONGO[102]
Pam ZAHONOGO[103]

Résumé

Cet article analyse les effets de l'exploitation des produits forestiers non ligneux (PFNL) sur la conservation des forêts. Le modèle de Panel dynamique est utilisé pour atteindre cet objectif. Les estimations sont réalisées à partir des données issues des annuaires statistiques du ministère de l'Économie forestière (M.E.F) réalisées, en 2016, au Congo. Après les estimations, les résultats montrent que dans le contexte congolais, notamment dans le secteur forestier, l'exploitation des PFNL constitue un facteur explicatif de la conservation des forêts. Ces résultats impliquent qu'il faudrait mettre en œuvre les mécanismes et les techniques de domestication et de valorisation des espèces forestières.

Mots clés : Produits forestiers non ligneux, conservation des forêts
Classification JEL : Q18, Q20.

Introduction

Au cours de ces trois dernières décennies, près de quatre (4) milliards d'hectares de forêts naturelles ont disparu à travers le monde, suite à l'exploitation abusive des produits forestiers non ligneux (PFNL) et des produits forestiers ligneux (PFL) occasionnée par les variabilités climatiques, les populations, les industries agricoles et forestières (FAO, 2011 ; Sah, 2018). Sur le plan continental, l'Asie a subi une perte de couverture forestière, d'environ 0,6 million d'hectares par an et l'Amérique du Sud a enregistré la plus grosse perte nette de forêts estimée, environ 4 millions d'hectares, a suivi du Bassin forestier du Congo, dont les pertes en couverture forestière sont aussi signalées, bien qu'il représente la deuxième

[101] Enseignant chercheur, Université Marien Ngouabi (Congo Brazzaville). Email : rodriguesah2@gmail.com ;
[102] Enseignant chercheur, Université Marien Ngouabi (Congo Brazzaville). Email : bozongojclaude@gmail.com
[103] Professeur Titulaire des Universités, 'Université Ouaga II (Burkina-Faso). Email : pzahonogo@gmail.com;

plus grande forêt tropicale du monde après celle de l'Amazonie, avec plus de 240 millions d'hectares. Malgré que le taux annuel de perte des forêts naturelles soit en baisse, cette région enregistre les pertes les plus élevées de couverture forestière, estimées à environ 3,4 millions d'hectares au cours des cinq dernières années (FAO, 2015).

A l'instar des autres pays forestiers, le Congo fait aussi face à la problématique de déforestation. Durant ces dernières années, les forêts congolaises sont caractérisées par des taux de déforestation et de dégradation limités, résultant d'abattages localisés associés aux activités agricoles itinérantes (FAO, 2011). Cette situation peut s'expliquer par la croissance démographique et l'expansion des activités agricoles, la construction des infrastructures physiques ainsi que l'émergence de débouchés commerciaux. Selon la FAO (1999), les PFNL sont considérés comme des biens d'origine biologique autres que le bois, dérivé des forêts, des autres terres boisées et des arbres hors forêts. Dès lors, l'objectif de chaque ménage est d'exploiter ces produits forestiers, de manière abusive à des fins lucratives ou pour l'autoconsommation. Dans cette optique, la conservation des forêts devient vitale et soulève un certain nombre de problèmes au Congo. Il est évident que l'atteinte de l'objectif de la conservation des forêts dépend, énormément, des efforts de sensibilisation à une exploitation rationnelle des PFNL et de la volonté politique.

De nos jours, il y a des problèmes de pauvreté qui se posent. Pour faire face à ces situations, les agents économiques modifient leur comportement en exploitant, de manière abusive les PFNL, entraînant ainsi des effets sur la conservation des forêts. Enfin, le Congo dispose des moyens limités entre plusieurs urgences dont la conservation des forêts. Dans ces conditions, il est pertinent de s'interroger si les moyens publics mis à la disposition du secteur forestier sont suffisants pour conserver positivement ces forêts. A cet effet, la conservation des forêts a un coût, en dépit des subventions de l'Etat. Ce coût peut être très élevé, notamment au Congo où la pauvreté est estimée à environ 40% de la population active. Il est important de s'interroger sur le rôle que jouent ces forêts dans l'amélioration des conditions de vie des populations et dans la régulation des changements climatiques. Cet ensemble de préoccupations nous conduit à une interrogation centrale, à savoir : quels sont les effets de l'exploitation des PFNL sur la conservation des forêts ?

L'objectif principal de cet article est d'analyser les effets de l'exploitation des PFNL sur la conservation des forêts. Dans cet article, nous soutenons le point de vue selon lequel les PFNL contribuent, de façon positive, à la conservation des forêts. La suite de cet article s'articule autour des points suivants : la revue de la littérature, la méthodologie, l'interprétation des résultats et la conclusion.

Revue de la littérature

Depuis plusieurs années, la problématique sur l'exploitation des PFNL a donné lieu à une littérature abondante aussi bien sur le plan théorique que sur le plan empirique. Sur le plan théorique, deux approches se présentent. D'une part, celle des pessimistes et, d'autre part, celle des optimistes. La première théorie soutient l'idée selon laquelle l'exploitation des PFNL a des effets négatifs sur la conservation des forêts. L'argumentation théorique de cette approche se fonde sur trois différents types de théories :

La première est celle de Malthus (1798) qui, dans la recherche des moyens pour parvenir au bien-être de la population, a proposé une réflexion sur les relations qui existent entre l'augmentation de la population et les subsistances. Ainsi, il affirme que l'être humain, comme tout être vivant, n'échappe pas à une tendance naturelle qui est d'accroître son espèce plus que ne le permet la nourriture à sa portée « *lorsque la population n'est arrêtée par aucun obstacle, elle croît de période en période de manière géométrique, alors que les moyens de subsistance dans les conditions les plus favorables à l'industrie ne peuvent croître plus rapidement que selon une progression arithmétique* ». Cette situation a pour conséquence de creuser l'écart entre les besoins et les disponibilités alimentaires.

La seconde est celle de la tragédie des biens communs de Hardin (1968). Cet auteur stipule que la conjugaison des propriétés de non-exclusion d'une ressource collective et de rivalité dans son usage par les populations peut conduire à sa ruine. Les forêts intègrent cette catégorie de biens collectifs. Elle est la source d'externalités positives. Mais, lorsque les populations exploitent les forêts, leurs activités engendrent des externalités négatives : érosion des sols, déforestation, baisse de la pluviométrie, diminution des stocks de produits, perte des plantes médicinales et de la biodiversité, en général. Ces externalités négatives génèrent des coûts pour la société. La difficulté d'exclure des usagers de la forêt et la concurrence dans l'exploitation des biens et services sont la principale source des externalités négatives. Les externalités échappent au marché. Ce défaut de marché empêche de tenir compte de l'ensemble des conséquences des décisions individuelles pour gérer, efficacement, et, durablement, la ressource. Cette situation justifie l'intervention de l'Etat (Pigou 1920), puisque ce dernier a, notamment, pour fonction, par la législation ou la fiscalité, d'inciter les populations à adopter des comportements conformes à l'intérêt collectif.

Enfin, la troisième est celle du lien théorique entre la pauvreté et la dégradation de l'environnement. Leach et Mearns (1992) confirment que les pauvres sont plus souvent dépendants des PFNL, à cause de leur économie de subsistance et d'un manque d'alternative, par rapport aux sources de revenus. Des changements de l'environnement ont, de ce fait, des effets directs et, plus importants, sur le mode de vie et le comportement des pauvres.

En revanche, la deuxième approche (optimiste) prend son appui sur les théories des ressources naturelles renouvelables et celle du développement agronomique. Celle-ci soutient l'idée selon laquelle les PFNL ont des effets positifs sur la conservation des forêts. Faustman (1849) prescrit une règle de gestion pour les forêts, mais cette prescription n'a pas eu de retentissement, car à cette époque venait de commencer l'exploitation des forêts au monde. Mais, ce n'est qu'à partir des années 1970 que Gray (1914) et Hotelling (1931) constituent le point de départ de la théorie des ressources naturelles renouvelables et non renouvelables. Son but est la gestion des forêts, préservant des réserves de carbone et la régulation du climat mondial sur lesquels des regards sont tournés pour la conservation des forêts et l'absorption des émissions de gaz à effet de serre. Ce débat théorique sur les ressources naturelles renouvelables et non renouvelables nous conduit à retenir deux courants de pensées.

Le premier est celui de la valorisation des actifs naturels. D'inspiration néoclassique, ce courant milite, d'une manière générale, pour une gestion privative des ressources naturelles renouvelables.

Le second est, globalement, d'inspiration institutionnaliste ; il met l'accent sur le rôle des institutions comprises, au sens large, comme tout ensemble des relations entre ménages et communautés. Cette vision, appuyée par les théories du développement voit l'extractivisme comme une situation sub-optimale dérivée des contraintes sociales. Selon les défenseurs de cette thèse, la dépendance par rapport aux PFNL diminue, au fur et à mesure que l'on avance sur le chemin de développement. La théorie du développement agronomique s'inscrit dans cette lancée et voit la domestication des espèces importantes comme voie ultime ou la fin inévitable de l'extraction sur des peuplements naturels (Homma, 1992). Cette vision théorique a été structurée par un certain nombre de courants d'idées directrices qui ont pris forme à partir de certains travaux. Ces courants ont généré des visions antagonistes. Celles-ci abordent plusieurs aspects comme les deux paradigmes des PFNL et de la conservation des forêts.

A cet effet, deux points de vue ont émergé de cette situation de polémique, à savoir celui du développement classique et celui de l'écologie classique (Ruitenbeek, 1990). Selon le premier, le développement ou l'amélioration des conditions de vie des ménages pauvres passe par l'exploitation forestière et les pratiques agricoles. Conserver la forêt intacte revient, donc, à renoncer aux devises (bois, cultures de rente) et aux cultures vivrières. Au contraire, le deuxième soutient que la conservation des forêts rime, nécessairement, avec l'exploitation raisonnable des PFNL.

De ces deux approches, c'est la théorie des ressources naturelles renouvelables et celle de l'écologie classique qui peuvent apporter réellement la solution à la relation théorique entre l'exploitation des PFNL et la conservation des forêts. On peut, nettement, relever l'absence d'un consensus théorique, quant aux effets de l'exploitation des PFNL sur la conservation des forêts. Mais, qu'en est-il au niveau des travaux empiriques ?

Sur le plan empirique, la littérature sur l'exploitation des PFNL est très abondante sur la relation entre les PFNL et la conservation des forêts. Afin d'atteindre l'objectif de cet article, nous nous sommes appuyés sur deux points de vue sur lesquels s'opposent les partisans de la non-conservation et ceux intégrant la conservation des forêts.

Le premier point de vue a connu un essor, depuis les travaux précurseurs de Loubelo et Mialoundama (2002), Koubouana (2008), Loubelo (2012). Ces auteurs ont avancé une argumentation empirique sur l'existence d'une relation négative entre l'exploitation des PFNL et la conservation des forêts. Koubouana (2008), en utilisant les groupes focalisés, a montré, dans le cas du Congo, que l'exploitation des PFNL par abattage des arbres ou l'arrachage de certaines espèces végétales est une pratique qui est responsable de la réduction du potentiel forestier productif à court et moyen termes. Lorsque cette pratique perdure et se fait, de manière intensive, elle peut entraîner la disparition où l'extinction de certaines espèces. Le même auteur réalise que la demande croissante des PFNL sur le marché est la cause la plus flagrante de l'augmentation des pressions responsables de la dégradation de l'écosystème forestier. Les auteurs comme Loubelo et Mialoundama (2002), Loubelo (2012) ont trouvé les mêmes résultats sur leurs différentes études menées au Congo. Ces dernières soulignent que la demande en PFNL est nettement supérieure à l'offre et on assiste à une exploitation des PFNL non planifiée où les exploitants ou les récolteurs procèdent par des méthodes d'abattage de la plante/tige, peu importe le diamètre, destinée à la consommation ou à la commercialisation pour l'usage aussi médicinal consiste ainsi ce qui a des effets sur les superficies forestières.

Par ailleurs, le deuxième point de vue est focalisé par les tenants de la conservation des forêts (Ferraro et Simpson, 2003 ; Sist et Brown, 2004 ; Clark et al, 2009 ; Loupe, 2013 ; Koffi, 2016 ; Bouka, 2017) qui ont postulé sur l'existence d'une relation positive entre l'exploitation des PFNL et la conservation des forêts.

Une étude menée par Loupe (2013) en se servant des groupes focalisés a montré, pour le cas de la Côte d'Ivoire que l'exploitation forestière ne dégrade pas les forêts, mais contribue à l'augmentation de la diversité des espèces végétales des forêts tropicales. La pratique de l'exploitation par cueillette ou par ramassage contribue à la conservation de la biodiversité et permet la régénération future des espèces. Au Burkina-Faso, Koffi (2016), en utilisant le modèle linéaire généralisé (GLM), trouve que l'exploitation des PFNL est un facteur important dans les politiques d'adaptation aux changements climatiques, tout en garantissant la gestion et la conservation des forêts. Des divergences considérables subsistent, aussi bien sur les approches de conservation que sur les règles qui devraient guider l'exploitation des PFNL afin de concilier les objectifs de développement socio-économique. Bouka (2017) a analysé la structure de la biodiversité des forêts africaines et les changements climatiques. Ce dernier réalise que l'exploitation durable des PFNL améliore la résilience des écosystèmes et des sociétés, optimise le rôle des forêts et des arbres en matière d'absorption et de stockage du carbone et de fourniture de divers services environnementaux.

Au regard de tout ce qui précède, il est à retenir que cette synthèse sur la littérature théorique et empirique relative à la thématique abordée a des implications distinctes en termes de facteurs explicatifs et de politique à mettre en œuvre pour lutter contre la problématique de la déforestation et de la dégradation des forêts. Cela signifie que le débat sur le rôle de l'exploitation des PFNL et la conservation des forêts est loin d'être clos. En d'autres termes, l'exploitation des PFNL continue de susciter des interrogations relatives à son impact sur le devenir des ressources ligneuses, le sort de la diversité biologique et de la conservation des forêts. Cette distinction incite à des nouvelles analyses. Le choix du Congo comme champ d'investigation peut être riche en enseignements, d'autant plus que les études de même type sont peu abordées.

Méthodologie

La spécification de notre modèle découle des considérations empiriques. La discussion, précédemment, menée dans la revue de la littérature empirique suggère une formulation générale d'une fonction de conservation des forêts qui associe plusieurs constatations empiriques, à (1) l'exploitation des PFNL a un effet positif sur la conservation des forêts (Sist et Brown, 2004 ; Clark et al, 2009; Loupe, 2013 ; Bouka, 2017) et (2) l'exploitation des PFNL a un effet négatif sur la conservation des forêts (Terborgh et al, 1996 ; Loubelo et Mialoundama, 2002 ; Koubouana, 2008 ; Loubelo, 2012).

Sous sa forme générale, l'équation à estimer s'écrit :

$$SP = f(P, V) \quad (1)$$

Avec :

= Proxy de la densité forestière
= Produits forestiers non ligneux (PFNL)
= Vecteur de variables de contrôle (les produits forestiers ligneux, PFL, et la population).

Les variables du modèle

L'équation (1) peut se réécrire sous la forme suivante (2) :

$$SUPERFICIE = f(\underset{(+/-)}{PFNL}, \underset{(-)}{PFL}, \underset{(-)}{POPULATION}) \quad (2)$$

: Proxy de la densité forestière qui approxime la conservation des forêts.

: Les produits forestiers non ligneux ont une croissance rapide et entretiennent la conservation des forêts. En effet, ils jouent un rôle important dans l'atténuation des effets des changements climatiques en réduisant les émissions des gaz à effet de serre. Néanmoins leur régénération traduit le résultat d'un « effet positif ou négatif » au sein des forêts. En ce sens, une forêt bien gérée peut avoir le signe de la croissance. Par ailleurs, on recense des résultats mitigés, c'est-à-dire d'un côté, les auteurs comme Loubelo et Mialoundama, (2002), Koubouana (2008) ; Loubelo (2012) montrent que les PFNL ont un effet négatif sur la conservation des forêts et, de l'autre, Ferraro et Simpson (2003), Sist et Brown, (2004) ; Clark et al (2009) ; Louppe (2013) ; Vira et al, 2015 aboutissent à des résultats contraires c'est-à-dire qui démontrent que les PFNL avaient des effets positifs sur la conservation des forêts.

: Les produits forestiers ligneux (Grumes) sont supposés influer négativement sur la conservation des forêts, conformément aux résultats obtenus par les travaux empiriques énoncés, très haut, par les auteurs comme Johns (1996), Vidal et al (2002). En effet, les PFL, à cause de leurs nombreuses richesses variées, deviennent de véritables cibles d'une exploitation intensive. De ce fait, on assiste à une perte de la biodiversité importante, laquelle a des répercussions sur le potentiel hydrique des forêts. La destruction du couvert végétal par l'exploitation des grumes, la pratique des cultures itinérantes sur brûlis, les feux de brousse, les travaux publics et l'habitat sont à l'origine de la dégradation des forêts. Cette dégradation qualitative des forêts aggrave la vulnérabilité de la population aux risques naturels et aux risques d'insécurité alimentaire, sanitaire et des modes d'existence non viables à long terme. Par ailleurs, cette exploitation provoque la dénudation des sols, suivie des érosions qui les altèrent. On peut, également, assister à la pollution des points d'eau et au débordement des lits des rivières qui engendrent souvent les inondations.

: Les populations modifient les caractéristiques et la composition des espèces des forêts, depuis des milliers d'années afin de satisfaire à leurs besoins. Elles sont supposées influer négativement sur la conservation des forêts. En conséquence, près des deux tiers des forêts affichent des signes clairs des interventions de l'homme. Par ailleurs, depuis le Club de Rome, en 1972 et, plus récemment, la Conférence sur l'environnement et le Développement de Rio en 1992, les conséquences de la croissance démographique ont des signes négatifs sur l'environnement. En effet, ces préoccupations sont en bonne place dans la liste des questions environnementales actuelles. Il convient de noter que la combustion du charbon augmente au rythme de la croissance démographique. Les populations n'ont pas accès, en grande majorité, à l'eau potable et à l'énergie moderne, elles utilisent le bois comme source d'énergie. Compte tenu de leur faible revenu, elles participent à la dégradation de l'environnement et au renforcement de leurs mauvaises conditions de vie.

Supposons que la conservation des forêts de l'année en cours soit corrélée de celle de l'année antérieure. L'équation (2) devient :

SP = f (SP (-1), PFNL, PFL, POPULATION) (3)

Sous forme matricielle, le modèle à des fins d'estimation est la suivante :

$$SP_{it} = \delta SP_{it\text{-}1} + \sum_{k=1}^{k} \beta_k X_{kit} + \varepsilon_{it} \quad (4)$$

Avec X_{kit} la matrice des variables explicatives k du modèle et ε_{it} le terme d'erreur, où $\varepsilon_{it} \rightarrow N(o, \sigma^2)$, qui prend en compte les facteurs non observés (qui varient dans le temps) ayant un effet sur la conservation des forêts. On note $\boldsymbol{\beta_k}$ les paramètres à estimer, i désigne la dimension individuelle et t la dimension temporelle (en fréquence trimestrielle).

Données et méthode d'estimation

- Source de données

Les données utilisées portent sur dix (10) départements du Congo, notamment la Bouenza, la Cuvette, la Cuvette Ouest, le Kouilou, la Lékoumou, la Likouala, le Niari, les Plateaux, le Pool et la Sangha. Elles couvrent la période 2003-2016 (elles ont été trimestrialisées à des fins d'estimation). Toutes ces données sont extraites des annuaires statistiques du Ministère de l'Economie forestière (M.E.F). Ce qui nous donne un panel cylindré avec 560 observations (i*t).

- Méthode d'estimation

Suivant les tests de spécification[104], nous sommes amenés à considérer un modèle dynamique à effets aléatoires tel que :

$$SP_{it} = \delta SP_{it\text{-}1} + \sum_{k=1}^{k} \beta_k X_{kit} + \varepsilon_{it} \qquad (4)$$

Avec $\varepsilon_{it} = \nu_i + \mu_{it}$, où ν_i et μ_{it} sont des perturbations aléatoires non corrélées. L'équation est composée de deux parties : ν_i : effet individuel et μ_{it} : effet résiduel.

D'où $SP_{it} = \delta SP_{it\text{-}1} + \sum_{k=1}^{k} \beta_k X_{kit} + \nu_i + \mu_{it} \quad (5)$

Ce modèle autorégressif à effets aléatoires (RE) a la même spécification que celui à effets fixes, sauf que le terme plutôt que d'être fixe pour chaque département et constant dans le temps, ν_i est une variable aléatoire. Il ne s'agit nullement d'une constante propre à chaque individu, mais d'une perturbation propre à chaque individu. Le modèle à effets aléatoires est plus efficace que le modèle à effets fixes, suivant le test de discrimination[105], ce qui fait que l'on considère, dans ce cadre, la spécification de la structure du modèle autorégressif à erreurs composées. Cette méthode GMM a deux types d'estimateurs : les estimateurs GMM en différence et en système. Développé par Arellano et Bover (1995), l'estimateur GMM en différence est basé sur des régressions en différence pour contrôler les effets non observables. Il convient de dire que les observations antérieures des variables explicatives et les décalages des

---

[104] Cf. Présentation des résultats d'estimation

[105] Test de Hausman (Cf. Présentation des résultats)

variables dépendantes sont pris comme instruments. Par contre, l'estimateur GMM, en différence, présente des inconvénients et des limites, comme le montrent Blundell et Bond (1998), en particulier, lorsque les variables explicatives persistent dans le temps (ou bien au cas des échantillons finis). Dans ce cas, les valeurs retardées de ces variables sont des instruments faibles pour l'équation de différence.

Pour pallier cet inconvénient, les auteurs cités, précédemment, proposent l'introduction de nouveaux moments sur la corrélation de la variable retardée et du terme d'erreur. Pour ce faire, on ajoute les conditions de covariance entre la variable dépendante retardée et la différence des erreurs ainsi que la variation de la variable dépendante retardée; le niveau de l'erreur doit être nul. L'estimation GMM en système utilise un ensemble d'équations, c'est-à-dire celle des variables en différence qui sont instrumentées avec celle des variables décalées en niveau. Ou bien, vice-versa, cet estimateur met aussi en relation un ensemble d'équations: celle des variables en niveau instrumentées avec celle des variables décalées en différence (Bond, 2002).

De plus, l'estimateur GMM en système a l'avantage d'admettre les conditions d'orthogonalité suffisantes, qui sont imposées pour assurer des estimations convergentes des paramètres, même avec une endogénéité et des effets pays individuels non observés (Goddard et al, 2011).

Dans le cadre de cet article, l'estimateur GMM en système est à utiliser pour estimer les paramètres du modèle choisi, puisque celui-ci présente des avantages par rapport à d'autres, et ne produit pas des estimations biaisées (dans les petits échantillons ou en présence d'endogénéité). Dans ce cas, l'estimateur optimal GMM a la forme suivante:

$$\hat{\theta}_{GMM} = \begin{pmatrix} \hat{\alpha}_{GMM} \\ \hat{\beta}_{GMM} \end{pmatrix} = \left[\left(SP^{*}_{-1}; X^{*}\right)' Z^{*} V_{N}^{-1} Z^{*'} \begin{pmatrix} SP^{*}_{-1} \\ X^{*} \end{pmatrix} \right]^{-1} \left[\left(SP^{*}_{-1}; X^{*}\right)' Z^{*} V_{N}^{-1} Z^{*'} SP^{*} \right] \quad (7)$$

(7) cette équation est un système constitué d'une régression contenant des informations conjointes en niveau et en différence de conditions de moments :

$$E\left[X_{i,t=s}\left(v_{it} - v_{i,t=1}\right)\right] = 0 \text{ ; avec } s \geq 2; t = 3, \dots, T \quad (8)$$

(8) les relations, ci-dessus, seront appliquées à la première tranche du système. La régression des variables en différence (et les conditions de temps), qui sont écrites ci-dessous sont appliquées à la deuxième étape, c'est-à-dire dans une régression des variables en niveau :

$$E\left[\left(X_{i,t=s}\text{-}X_{i,t\text{-}s\text{-}1}\right)\left(v_{it}\text{-}v_{i,t=1}\right)\right] = 0\text{ ; avec } s = 1; t = 3, \dots, T \quad (9)$$

Selon cette approche, les décalages des variables en niveau sont utilisés comme instruments dans la régression des variables en différence, et seules les différences les plus récentes sont utilisées comme instruments dans la régression des variables en niveau. Le modèle génère des coefficients estimés convergents et efficaces, et fournit, également, des informations (sur les différences) telles que :

$$SP_i^* = \alpha SP_{i\text{-}1}^* + \beta X_i^* + v_i^* \quad (10)$$

(10) la composante erreur provient des deux modèles, en niveau comme en différence, qui peut être définie comme:

$$v_i^* = \begin{bmatrix} \Delta v_i \\ \mu_i \end{bmatrix} \to \begin{cases} \Delta v_i = [\Delta v_{i3}, \Delta v_{i4}, \dots, \Delta v_i T] \\ \mu_i = [\Delta \mu_{i2}, \Delta \mu_{i3}, \dots, \Delta \mu_i T] \end{cases} \quad (11)$$

Le tableau d'instruments pour le GMM en différence comprend des informations sur les variables explicatives et le décalage de la variable dépendante :

$$Z_i = \begin{bmatrix} SP_{i0} & X_i^2 & 0 & 0 & 0 & \cdots & 0 & 0 & 0 & \cdots & 0 & 0 \\ 0 & 0 & SP_{i0} & SP_{i1} & X_i^3 & \cdots & 0 & 0 & 0 & \cdots & 0 & 0 \\ 0 & 0 & 0 & 0 & 0 & \cdots & 0 & 0 & 0 & \cdots & 0 & 0 \\ \cdots & \cdots & \cdots & \cdots & \cdots & \cdots & \cdots & \cdots & \cdots & \cdots & \cdots & \cdots \\ 0 & 0 & 0 & 0 & 0 & \cdots & SP_{i0} & SP_{i1} & SP_{i2} & \cdots & SP_{T\text{-}1} & X_i^T \end{bmatrix} \quad (12)$$

Alors que la matrice des instruments pour l'équation des variables en niveau n'entre que dans les variables explicatives sans la variable dépendante retardée.

$$Z_i = \begin{bmatrix} X_i^2 & 0 & 0 & \dots & 0 \\ 0 & X_i^3 & 0 & \dots & 0 \\ 0 & 0 & X_i^4 & \cdots & 0 \\ \dots & \dots & \cdots & \cdots & \dots \\ 0 & 0 & 0 & \cdots & X_i^T \end{bmatrix} \quad (13)$$

La matrice instrumentale prend la forme suivante et est incluse dans l'estimateur GMM :

$$Z = \begin{bmatrix} Z_1 \\ Z_2 \\ Z_3 \\ \vdots \\ Z_N \end{bmatrix} \quad (14)$$

Enfin, la matrice V_N est la matrice de covariance des contraintes temporelles valides pour le cas optimal :

$$Z = \begin{bmatrix} Z_1 \\ Z_2 \\ Z_3 \\ \vdots \\ Z_N \end{bmatrix} \quad (15)$$

Des tests supplémentaires pour assurer le bon fonctionnement de GMM sont suggérés par les tests d'auto-corrélation Arellano Bond du premier et second ordre et le test de Sargan de sur-identification en considérant la statistique suivante :

$$S = \hat{v}'Z\left[\sum_{i=1}^{N} = Z_i'\hat{v}\hat{v}'\,Z_i\right]^{-1} Z'\hat{v} \sim X^2(p\text{-}k\text{-}1) \quad (16)$$

Ce test statistique a une distribution χ2 où v est le vecteur des résidus, Z le nombre de conditions imposées, k le nombre de paramètres inclus dans le vecteur β, et p est le nombre de colonnes de la matrice Z. Le test de Sargan, tout comme de Hansen (2008) examine la validité globale des instruments analysés. A la différence du test de Sargan, celui de Hansen est robuste à l'hétéroscédasticité des termes erreurs. Par la suite, s'assurer de l'existence d'absence d'une corrélation sérielle des erreurs de second ordre (l'acceptation de l'hypothèse nulle d'absence d'auto-corrélation des erreurs de second ordre du test d'Arellano-Bond), voir Roodman, (2006, 2008), Goddard et al, (2011).

Analyse des statistiques descriptives, de la matrice de corrélation

L'objectif de cette partie est de présenter le tableau des statistiques descriptives et de la matrice de corrélation.

Tableau 1 : Statistiques descriptives et matrice de corrélation

	SUPERFICIE (hectare)	PFNL (kilogramme)	*GRUMES (mètre cube)*	*POPULATION (nombre d'habitants)*
***Panel A**: Statistiques descriptives*				
Obs	560	560	560	560
Moyenne	396974.4	240432.5	198394.2	44288.03
Ecart type	311890	228876	213225.1	23981.3
CV[106]	0.78	0.95	1.07	0.54
Minimum	-30664.58	-120119.3	4077.068	4895.564
Maximum	1264430	2489702	1460305	137717.2
***Panel B**: Matrice de corrélation*				
SUPERFICIE	1.0000			
PFNL	0.1570*	1.0000		
GRUMES	-0.2618*	-0.0157	1.0000	
POPULATION	-0.3404*	0.0002	-0.0265	1.0000

Source : Auteurs, à partir des résultats de Stata

Au regard du Panel A, ci-dessus, nous remarquons que, sur la période sous examen, la variation moyenne de la densité forestière (superficie) est de 396974,4% pour l'ensemble des dix départements de la République du Congo. Le coefficient de variation de cette même variable est relativement faible, soit 0,78%, indiquant une faible volatilité de la densité forestière sur la période 2003-2016. En moyenne, les produits forestiers non ligneux représentent 240432,5% de variation pour l'ensemble des dix départements du pays. Son coefficient de variation étant relativement faible, soit 0,95%, ce qui dénote une forte concentration autour de la moyenne. Aussi, pour les variables grumes et population, l'on parvient à la conclusion suivant laquelle il y a une forte concentration autour de la moyenne.

S'agissant du Panel B, l'on observe un degré d'association (0,1570) positif et significatif entre les produits forestiers non ligneux et la densité forestière. Ce qui signifie que la densité forestière évolue dans le même sens que l'exploitation des produits forestiers non ligneux. Ceci est en phase avec la théorie des ressources naturelles renouvelables. Les grumes et la population, quant à eux, ont un degré d'association, de façon respective (-

[106] Coefficient de variation : écart-type par rapport à la moyenne.

0,2618 et -0,3404) négatif et significatif. Cela renseigne de ce que les grumes et la population évoluent dans le sens contraire. Ce constat est en phase avec les théories de la population de Malthus, de la tragédie des biens communs de Hardin et du lien entre la pauvreté et la dégradation des forêts.

L'analyse des tests de stationnarité (annexe) des variables grumes et population ne permet pas de conclure à leur stationnarité en niveau. Aussi, il faut relever la forte indication de la stationnarité de ces variables en niveau. L'on est, donc, en présence d'un panel non stationnaire, ce qui nous permet, tel est notre objectif, de recourir aux techniques de la résolution des modèles dynamiques dont les résultats y découlant sont présentés dans les lignes qui suivent.

Résultats d'estimation du modèle retenu

Le tableau, ci-dessous, présente les résultats d'estimation du modèle que nous avons retenu dans le cadre de ce travail.

Tableau 3 : Paramètres d'estimation du modèle

	(1)	*(2)*	*(3)*	*(4)*
	FE	RE	DIFF-GMM	SYS-GMM
VARIABLES	Superficie	Superficie	superficie	Superficie
L. superficie			0.861***	0.949***
			(0.0230)	(0.0148)
PFNL	0.0569**	0.0582**	0.0180***	0.0178***
	(0.0241)	(0.0241)	(0.00608)	(0.00627)
Grumes	-0.0359	-0.0382	-0.0370	-0.0239
	(0.0336)	(0.0335)	(0.0368)	(0.0203)
Population	1.005**	0.945**	-0.181	-0.376**
	(0.411)	(0.410)	(0.167)	(0.170)
Années			201.0	295.3**
			(143.0)	(138.4)
Constant	345,899***	348,707***		29,884*
	(19,973)	(98,374)		(15,758)
Observations	560	560	540	550
R-squared	0.030			
Number of newcode	10	10	10	10
Fisher test (*Prob*)	0.0000			
Breusch Pagan (*Prob*)		0.000		
Hausmann (*Prob*)		0.2586		
AR(1)			0.085	0.084
AR(2)			0.085	0.121
Hansen (*Prob*)			1.000	1.000

Standard errors in parentheses *** p<0.01, ** p<0.05, * p<0.1

Source : Les auteurs, à partir des résultats d'estimation de Stata.

La vérification de la spécification homogène ou hétérogène du processus générateur des données est préalable à l'usage des données de panel. Pour ce faire, trois (03) tests ont été menés, à savoir le test de Fischer, le test de Breusch Pagan et le test de Hausman. Après estimation du modèle à effets fixes (FE), il en résulte que la statistique de Fisher (330,19) a une probabilité critique (0,0000) inférieure au seuil conventionnel de 5%. L'hypothèse nulle d'absence d'effets est rejetée. Le modèle à effets fixes est meilleur que le modèle sans effets. La statistique de Breusch-Pagan (8904,08) obtenue à la suite de l'estimation du modèle à effets aléatoires a une probabilité critique (0.000) inférieure au seuil conventionnel de 5%. L'hypothèse nulle d'absence d'effets est rejetée. Le modèle à effets aléatoires (RE) est meilleur que le modèle sans effets. Il nous faut recourir au test de Hausman laquelle des deux spécifications (modèle à effets fixes ou modèle à effets aléatoires) est meilleure.

Le test de Hasusman (4,03) a une probabilité critique (0,2586) supérieure au seuil conventionnel de 5%. Le modèle à effets aléatoires est meilleur que le modèle à effets fixes. Ce disant, nous avons un modèle dynamique à effets aléatoires. Aussi, suivant les tests d'Arellano-Bond (estimateurs en différence et en système), il convient de relever l'acceptation de l'absence des effets AR(2) et de la présence des effets AR(1), au seuil de 10%. Le test de Hansen ne permet pas de rejeter l'hypothèse de la validité des instruments utilisés. Les résultats trouvés sont bien validés et peuvent se prêter à l'interprétation. En référence aux résultats découlant de l'estimateur SYS-GMM, le niveau initial de la superficie a un signe positif et significatif, de même son ampleur met en évidence l'existence d'une forte dynamique de divergence en République du Congo. Seuls les coefficients des variables produits forestiers non ligneux (0,0178) et population (-0.376) sont significatifs. Ce résultat nous amène à dire que, d'un côté, les produits forestiers non ligneux, en République du Congo, influencent positivement la conservation des forêts et, de l'autre, la population influence négativement la conservation des forêts en République du Congo. Cela confirme notre hypothèse en ce sens que les produits forestiers non ligneux contribuent, de façon positive, à la conservation des forêts.

Interprétation des résultats

Au regard de nos résultats obtenus, un enseignement peut être tiré : les PFNL contribuent à la conservation des forêts.

Les PFNL : des produits indispensables pour la conservation des forêts

Les résultats obtenus dans le tableau 1, ci-dessus, indiquent que la variable PFNL a des effets significatifs au seuil de 10%, cela suggère qu'une forêt soumise à une pression intense de l'exploitation des PFNL a une forte probabilité de ne pas être dégradée. Ces résultats confirment les théories des ressources naturelles renouvelables (Gray, 1914 ; Hotteling, 1931) et celles de l'écologie classique qui prédisent que le caractère fondamental des ressources naturelles renouvelables (PFNL) « prélevées » est la propriété commune ou collective. L'idée véhiculée ici est celle de la gestion rationnelle des forêts qui vise à préserver les stocks de carbone et la régulation du climat mondial sur laquelle des regards sont tournés pour la conservation des forêts. Les PFNL sont des produits biologiques ayant une croissance rapide, par rapport aux PFL, ils suscitent, aujourd'hui, un intérêt sans précédent, en particulier, du fait de la prise de conscience croissante de leur rôle dans le cycle mondial du carbone (FAO, 2000) afin d'atténuer les effets des changements climatiques en réduisant les émissions de carbone dues à la déforestation et à la dégradation des forêts et en augmentant l'absorption de carbone, à travers les techniques de gestion durable des forêts. Ces résultats sont cohérents avec quelques-uns des résultats de la littérature, en l'occurrence ceux de Ferraro et Simpson (2003), Sist et Brown (2004), Louppe (2013) qui ont confirmé, dans leurs différents travaux que l'exploitation des PFNL contribue à la dynamique, notamment à la croissance et à la régénération des forêts.

Nos résultats sont similaires à ceux obtenus par Sheil (2001), Clark et al (2009), Bouka (2017) qui stipulent que l'exploitation des produits forestiers augmente la diversité des espèces végétales et conserve les forêts. Actuellement, les PFNL contribuent au développement économique et social ; ils procurent des avantages écologiques. Lorsqu'une forêt est bien gérée, elle offre une gamme d'avantages tant sur le plan économique que sur le plan social. Du point de vue économique, elle se manifeste à la formation de la main-d'œuvre locale et à la création des emplois directs et périphériques (Mialoundama, 2008). La création des emplois a permis la redistribution des revenus susceptibles d'assurer le bien-être des populations et a favorisé la naissance et le dynamisme d'autres activités comme le commerce, l'agriculture, l'artisanat et la pêche.

Du point de vue social, les PFNL participent à l'équilibre nutritionnel des habitants. Ils contribuent à l'équilibre nutritionnel de plus de 30.000.000 habitants du Bassin forestier du Congo (FAO, 2015) et améliorent les conditions de vie des communautés rurales et urbaines. Ils jouent un rôle important sur l'environnement ; ils constituent, de ce fait, une ressource écologique inestimable. Or, c'est grâce à la biodiversité que la vie est possible et se perpétue à la surface du globe terrestre. Ils nous permettent de combattre certaines maladies grâce aux médicaments provenant des subsistances chimiques produites par certains organismes vivants.

Conclusion

L'objectif de ce travail était d'analyser les effets de l'exploitation des PFNL sur la conservation des forêts au Congo en recourant au modèle de Panel dynamique, auquel il a été estimé la méthode des moments généralisés GMM en système. A l'issue de ces estimations, plusieurs résultats sont obtenus. En sus de ces résultats, il apparaît que les compartiments structuraux de la forêt sont d'autant plus impactés par la croissance démographique (populations) qui contribue à la dégradation des forêts. Par ailleurs, ces résultats ont confirmé que l'exploitation des PFNL contribue, de façon significative, à la conservation des forêts au Congo. L'analyse des PFNL a permis de tirer un enseignement à partir des résultats obtenus. Ces résultats montrent que l'exploitation des PFNL a des effets positifs sur la conservation des forêts. Cet enseignement tiré des résultats permet de valider l'hypothèse défendue dans ce travail. Pour favoriser la gestion durable de l'exploitation rationnelle des PFNL et rendre efficace la conservation des forêts, il est nécessaire de préserver ces PFNL d'importance économique. Pour les gérer durablement, il est indispensable d'encourager les populations rurales sur les techniques de domestication, de valorisation et de conservation des forêts.

Références bibliographiques

Bouka D. (2017): «Structuration de la biodiversité des forêts africaines et changement climatiques: une étude à travers le genre de *Khaya* (Meliaceae)» Thèse de Doctorat : Ecole Doctorale « Sciences Humaine et Sociales » de l'Université de Montpellier : 210p.

Clark L et Sunderland T. (2004): «*The key Non-Timber Forest Products of Central Africa: State of the Knowledge* ». Technical paper n° 122, 186 p. USAID.

Clark L., Poulsen J., Malonga R., Elkan P. (2009): Logging concessions can extend the conservation state for Central African tropical forests. *Conservation biology* 23: 1281- 1293.

FAO, (1999) : Les produits forestiers non ligneux et la création des revenus. Rome, FAO, 125 p.

FAO (2011), « Évaluation des ressources forestières mondiales : Rapport principal », FAO, Rome.

FAO (2015). Évaluation des ressources forestières mondiales 2015.Rome (consultable à l'adresse www.fao.org/forest-resources-assessment/fr).

Ferraro P.J., Simpson R. D. (2003). Protecting forests and biodiversity: are investments in eco-friendly production activities the best way to protect endangered ecosystems and enhance rural livelihoods? Paper presented at the conference 'Rural Livelihoods, Forests and Biodiversity', Bonn, Germany, sponsored by CIFOR, in collaboration with BMZ, DSE, and GTZ, 26–30 May.

Hardin, G. (1968): The tragedy of the commons. *Science, 1163(1): 243-248.*

Hansen M., Roy D., Lindquist E., Adusei B., Justice C., Altstatt A., (2008). A method for integrating MODIS and Landsat data for systematic monitoring of forest covers and changes in the Congo Basin. *Remote Sensing of Environment,* 112(5), 2495- 2513.

Hoteling, H., 1931. The economics of exhaustible resources. Journal of Political Economy, 39

Johns J. S., Uhl C.(1996): «*Logging damage during planned and umplanned logging operations in the Eastem Amazon* ». Forest Ecology and Management89: 59-77.

Koffi C. (2016). « *Contribution des ressources arborées à la sécurité alimentaire des populations rurales dans le sud-Ouest du Burkina Faso dans un contexte de variabilité climatique* » Thèse de doctorat : Ecole Doctorale « ABIES » de l'Institut des Sciences et Industries du vivant et de l'environnement 243p.

Koubouana F (2008) : « *Diagnostic, analyse des politiques et stratégies de gestion des Produits Forestiers Non Ligneux au Congo* ». FAO, Brazzaville, 51p.

Leach, M. et Mearns, R. (1992): *Poverty and the environment in Developing Countries: An Overview Study.* Final report to the Economic and Social Research Council. Brighton: Official Development Assistance (ODA), IDS.

Loubelo E. et Mialoundama F. (2002). « *Organisation de la commercialisation et avantages socio-économiques du Gnetum (Koko)* ». Annales de l'Université Libre du Congo; Série A,Volume 1, 51 – 75.

LoubeloE (2012). « *Impact des produits forestiers non ligneux (PFNL) sur l'économie des ménages et la sécurité alimentaire : ca de la République du Congo* ». Thèse de Doctorat : Ecole Doctorale « Sciences Humaine et Sociales » de l'Université Rennes 2 : 218p.

Louppe, (2013). « Etude sur l'exploitation forestière et les contraintes d'une gestion durable des forêts dans le domaine rural en côte d'ivoire ». Etude établie pour le compte du programme de Promotion des Filières Agricoles et de la Biodiversité (PROFIAB), 218 p.

Malthus, Th. R. (1798) : *An Essay on the Principle of Population,* traduit en Français sous le titre *Essai sur le principe de population,* Paris : Edition Gonthier, Traduction de Robert THEIL, 1963, 236 p.

Mayaux P., Bartholomé E., Massart M., Vancutsem C., Cabral A., Nonguierma A., Diallo O., Pretorius C., Thompson M., Cherlet M., Pekel J.F., Defourny P., Vasconcelos M., Di Gregorio A., Fritz S., De Grandi G., Elvidge C., Vogt P. and Belward A., (2003). A Land Cover Map of Africa – Carte de l'occupation du Sol de l'Afrique, EUR 20665, EN (European Commission, Luxembourg), 20 pp.

Peters, C.M., Gentry, A.H., Mendelsohn, R.O. (1989). Valuation of an Amazonian Forest. Nature 339: 655-656.

Sah M. (2018) « Effets de l'exploitation des produits forestiers non ligneux, déficience alimentaire et conservation des forêts » *Thèse de doctorat, Université Marien Ngouabi, Soutenue le 11 Aout 2018.*

Sheil D, (2001). Long-term observations of rain forest succession, tree diversity and responses to disturbance. *Plant Ecology* 155: 183-199.

Sist P., Brown N. (2004) « Silvicultural intensification for tropical forest conservation: a response to Fredericksen and Putz ». *Biodiversité and Conservation* 13: 2381-2385.

Terborgh J., Foster R. B., Nunez V. P. (1996) « Tropical tree communities: a test of the nonequilibrium hypothesis ». *Ecology* 77: 561-567.

Vidal E., Viana V. M., Ferreira Batista J. L. (2002) « Regrowth of a tropical rain forest in Eastern Amazonia three years after planned and unplanned logging ». *Scientia Forestalis* 61:133-1655.

Annexe:

Tableau 2 : Tests de racine unitaire en panel

Variables	Modèles	En niveau LLC	En 1ère différence LLC
SUPERFICIE	*Constante*	0.0000	0.0000
	Constante et tendance	0.0000	0.0000
	Ni Constante, ni tendance	0.0300	0.0000
PFNL	*Constante*	0.0000	0.0000
	Constante et tendance	0.0000	0.0000
	Ni Constante, ni tendance	0.0360	0.0000
GRUMES	*Constante*	0.0000	0.0000
	Constante et tendance	0.0000	0.0000
	Ni Constante, ni tendance	0.4878	0.0000
POPULATION	*Constante*	0.0007	0.0000
	Constante et tendance	0.0000	0.0000
	Ni Constante, ni tendance	0.9892	0.0000

Source : auteurs

Incidence de la concentration bancaire sur la croissance économique : Cas de la CEMAC

Roland Frédéric Didier BANY[107]

Résumé :

L'objectif de cet article est d'analyser l'incidence de la concentration bancaire sur la croissance économique dans la Communauté économique et monétaire de l'Afrique centrale (CEMAC), au cours de la période 2005-2015. Pour ce faire, nous avons recouru à l'extension du modèle AK de Pagano (1993) proposée par Deidda et Fattouh (2005) et à la méthode des moments généralisés (GMM) en système pour tester l'hypothèse selon laquelle, dans cet espace communautaire, la concentration bancaire exerce une influence négative sur la croissance économique. Il ressort des résultats des estimations que la concentration bancaire n'a pas de pouvoir explicatif significatif sur la croissance économique.

Mots clés : concentration bancaire, croissance économique, CEMAC, GMM.
Classification JEL : G29, O49, O55, C59.

Introduction

L'importance accordée à la croissance économique, dans la résolution des problèmes d'emploi, de pauvreté, d'inégalités et bien d'autres, a suscité de nombreuses contributions théoriques et empiriques[108]. Cependant, la lecture des faits a montré que les taux de croissance, réalisés dans divers pays sont, souvent, en deçà des prévisions, ce qui ne permet pas de lutter efficacement contre le chômage ou la pauvreté. Cette situation incite à de nouvelles recherches sur les vecteurs de la croissance. Ainsi, l'apport des institutions bancaires peut se révéler, particulièrement, utile. En effet, dans leur rôle d'intermédiaires entre les agents à capacité de financement et ceux

[107] Enseignant-chercheur, Laboratoire de recherche et d'études économiques et sociales (LARES), Faculté des sciences économiques, Université Marien N'GOUABI. E-mail : bany_roland@yahoo.fr

[108] Pour une revue sur les bienfaits de la croissance, cf. Avallone Nathalie et Nicolas Françoise (2003) : Théorie de la croissance : les leçons pour les pays en développement. Revue sélective de la littérature théorique et empirique, Economie internationale n° 2003-75/- septembre.

en quête de financement, les banques contribuent à la croissance économique et favorisent le développement (Schumpeter, 1911 ; Gurley et Shaw, 1955 ; King et Levine, 1993). Selon Lui et Mirzaei (2013), le niveau de croissance est d'autant élevé dans les économies où les marchés bancaires sont plus concurrentiels. En d'autres termes, un marché bancaire concentré serait néfaste pour la croissance (Diallo, 2015). Dans cette optique, les différentiels de niveau de croissance entre les pays s'expliqueraient, alors, par leurs niveaux de concurrence bancaire respectifs (Gerschenkron, 1962). Dès lors, améliorer la concurrentiabilité du secteur bancaire devient un enjeu important pour les pays.

Dans ce contexte, de nombreux systèmes bancaires d'Amérique, d'Europe, d'Asie et d'Afrique ont été reformés dans le sens des 3D « dérèglementation-décloisonnement-désintermédiation » (Bourguinat, 1992) afin de les rendre plus concurrentiels. Cette tendance au renforcement des mécanismes concurrentiels du marché bancaire a été, également, observée au niveau de la CEMAC après la crise bancaire qui avait secoué cette zone dans les années 1985-2000. En effet, suite à cette crise, les autorités monétaires et bancaires de l'espace CEMAC avaient opté, entre autres, pour plus d'ouverture du marché bancaire et pour la libéralisation des conditions de banques (suppression des taux débiteurs maximum, libre affichage de la grille des taux pratiqués, libre détermination du coût et du prix des services bancaires, etc.). Les résultats de cette politique ont été tangibles[109] :

a. le nombre de banques en activités, dans la zone, toutes catégories confondues, est passé de 30 à 50 entre 2000 et 2014. Au niveau des pays et dans la même période, le nombre de banques est passé de 9 à 13, au Cameroun ; 3 à 4, en Centrafrique ; 4 à 10, au Congo ; 6 à 10, au Gabon ; 2 à 5, en Guinée Equatoriale et 6 à 8 au Tchad.

b. la libre fixation des taux bancaires a induit une baisse de ceux-ci, avec une tendance à la hausse des dépôts et des crédits bancaires :
    i. sur le marché des dépôts, la baisse des taux créditeurs minimum est évidente : 5%, en 2005 ; 4,25%, en 2006 ; 3,25 %, en 2010 ; 2,75 %, en 2015. Dans le même temps, les dépôts collectés augmentent avec, toutefois, une prédominance des dépôts, à court terme (74,22% en 2005 ; 77,89 % en 2012) par rapport à ceux de moyen et long termes (14,95% en 2005 ; 15,61 % en 2012).

---

[109]Les informations qui suivent sont extraites des différents rapports de la COBAC, de 2005 à 2015.

ii. sur le marché du crédit, les taux débiteurs maximums sont passés de 18%, en moyenne en 2005, à 15%, en 2006, avant d'être supprimés, en 2009 afin de laisser fonctionner les lois du marché. Dans la même période, d'importants volumes de crédits ont été alloués à l'économie avec, toutefois, une prédominance des crédits à court terme (61,07%, en 2006 ; 60,58%, en 2012), par rapport à ceux de moyen terme (35,73%, en 2006 ; 36,66%, en 2012) et long terme (3,18 %, en 2006 ; 2,75%, en 2012).

c. la concurrence interbancaire a fait baisser les marges d'intérêts qui sont passées de 9,24 %, en 2006 à 7,9 %, en 2009 puis à 6,9 %, en 2013.

Bien que les marchés bancaires de la zone CEMAC fonctionnent suivant les mécanismes concurrentiels, ils demeurent encore concentrés (COBAC, 2015)[110]. En effet, sur la période 2005-2015, les niveaux de concentration bancaire de la zone, mesurés, au moyen de l'indice HH1, sont compris entre 1107 et 6065 pour le marché de dépôt et entre 923 et 5718 pour le marché de crédit. Des disparités sont aussi observables entre les pays. Sur le marché des dépôts par exemple, les indices HH1 sont passés pour les années 2005 et 2015, respectivement, de 1416 à 1200, au Cameroun, 3421 à 3700, en Centrafrique, 2708 à 1900, au Congo, 2994 à 2600, au Gabon, 4437 à 2500, en Guinée Equatoriale et 2107 à 1700, au Tchad. Au niveau du marché des crédits, les indices HH1 ont évolué pour les mêmes années 2005 et 2015, respectivement, de 1445 à 1300 au Cameroun, 3520 à 2750 en Centrafrique, 2657 à 2000 au Congo, 2876 à 2700, au Gabon, 4849 à 3900 en Guinée Equatoriale et 2042 à 1600, au Tchad.

Parallèlement à la situation du marché bancaire, celle de la croissance n'a cessé de s'améliorer avec, une variabilité entre les pays de la zone. Le PIB/tête[111] de l'ensemble de la zone CEMAC est passé de 1.292,2 $ US, en 2005, à 1.416,5 $ US, en 2006, puis de 1.988,4 $ US, en 2008, à 1.893,1 $ US, en 2010. Par pays, le niveau du PIB/tête est passé, respectivement, pour les années 2005 et 2015, de 1.174,72 $ US à 1.332,68 $ US, au Cameroun, 410,414 $ US à 314,92 $ US, en Centrafrique, 2.503,31 $ US à 2.925,52 $ US, au Congo, 9.693,59 $ US à 9.598,30 $ US, au Gabon, 1.5941,64$ US à 1.3840,83 $ US, en Guinée Equatoriale et 835,19 $ US à 953,59$ US, au Tchad.

---

[110] La COBAC retient trois zones pour apprécier le niveau de concentration : si HHI est inférieur à 1000, la concentration du marché bancaire est considérée comme faible ; si HHI est compris entre 1 000 et 1 800, le marché est moyennement concentré ; si HHI est supérieur à 1 800, la concentration du marché est élevée. Ainsi, plus la concentration est forte, plus la concurrence est faible.

[111] Ces données sont tirées de World Development Indicators, Banque Mondiale, année 2016.

Au regard de ce qui précède, la question posée est celle de savoir si, dans le cas de la zone CEMAC, la concentration bancaire permet d'expliquer les niveaux de croissance économique observés ces dernières années ?

Ainsi, l'objectif poursuivi, dans cet article, est d'analyser l'incidence de la concentration bancaire sur la croissance économique dans la zone CEMAC au cours de la période 2005-2015. Pour ce faire, nous supposons, que dans cet espace communautaire, la concentration bancaire agirait négativement sur la croissance économique. En effet, la concentration bancaire se traduirait par un volume de crédits plus faible, elle traduit une baisse de l'investissement et de la croissance économique (Diallo, 2015).

Après cette introduction, nous allons, dans la suite de cet article, présenter successivement la revue de la littérature, la méthodologie, les résultats et les éléments de discussion et, enfin, la conclusion.

Revue de la littérature

Il est passé en revue, dans cette section, les travaux relatifs à l'incidence de la concentration bancaire sur la croissance économique dans la littérature théorique et empirique

Revue des travaux théoriques

Le survol de la littérature théorique permet de relever l'existence de deux théories prédictives des effets du pouvoir de marché sur la croissance économique, en l'occurrence la théorie s'appuyant effectivement sur l'hypothèse du pouvoir de marché (the market power hypothesis) et celle qui met en exergue l'hypothèse d'information (information hypothesis).

Dans l'univers de la théorie qui s'appuie sur l'hypothèse du pouvoir de marché, un système bancaire concurrentiel serait plus efficient et implique plus de croissance ((Rajan, 1992 ; Fecher et Pestieau, 1993 ; Sussman(1993) ; Chiappori et Yanelle, 1996 ; Northcott, 2004 ; Claessens et Laeven, 2005); Inklaar et al., 2015 ; etc.). En effet, plus de concurrence dans le secteur bancaire induit une hausse excessive des taux d'intérêt sur les dépôts et/ou une baisse excessive des taux d'intérêt sur les crédits, ce qui a, notamment, pour effet de réduire les marges d'intermédiation permettant ainsi à l'épargne disponible d'être investie et, au final, le niveau de croissance se trouve amélioré. Selon toujours, les tenants de cette théorie, tout écart par rapport à l'état de concurrence pure et parfaite, induit des marges d'intermédiation élevées et il est de nature à affecter négativement la croissance économique.

Par contre, dans la vision de la théorie sur l'hypothèse d'information, le marché bancaire est considéré comme un marché atypique, en raison des asymétries d'information. De ce fait, les intermédiaires bancaires encourent un coût fixe élevé pour évaluer les dossiers des demandes de crédit et n'ont pas intérêt à évaluer tous les projets existants dans l'économie. Ils ont, plutôt, tendance à se concentrer sur certains types de projets, entraînant ainsi une segmentation du marché, reflet d'une concurrence imparfaite (Diallo, 2015). En raison des asymétries d'information qui empêcheraient le libre jeu du marché, les banques ont tendance à réduire l'accès au crédit pour les entreprises les plus opaques.

L'épargne ne se dirige pas, nécessairement, vers les projets les plus productifs (Petersen et Rajan, 1995 ; Jackson et Thomas, 1995 ; Cetorelli, 2001 ; Cetorelli et Gambera, 2001 ; Dell'Ariccia et Marquez, 2004 ; Diallo et Koch, 2013). Cependant, c'est en favorisant l'établissement des relations, de long terme, qu'un système bancaire peu concurrentiel améliorerait la disponibilité du crédit pour les agents les plus opaques, ce qui devrait favoriser l'investissement et, donc, la croissance (Leroy, 2016). En effet, la concurrence bancaire imparfaite peut avoir des effets contradictoires (positifs ou négatifs) sur la croissance et que l'effet définitif ne saurait être connu (Amable et al.1996 ; Deidda et Fattouh, 2005 ; Guevara et Madous, 2007).

De ce qui précède, on peut, nettement, relever l'absence d'un consensus théorique au sujet des effets de la concurrence bancaire sur la croissance économique. Mais, qu'en est-il au niveau des travaux empiriques ?

Revue des travaux empiriques

Sur la base des prédictions théoriques évoquées ci-haut, plusieurs travaux empiriques ont été réalisés.

Petersen et Rajan (1995) ont mené une étude sur les effets de la concurrence bancaire aux Etats-Unis. Plus précisément, ces auteurs ont cherché à savoir si les différentiels de concurrence bancaire d'un État à l'autre des Etats-Unis impliquent des différentiels d'accès aux crédits. Ainsi, sur la base d'un échantillon de plus de 3000 entreprises américaines nouvellement créées, ces auteurs sont parvenus aux résultats selon lesquels les firmes nouvellement créées ont un accès plus facile au crédit et à des meilleures conditions financières dans les États où le niveau de concentration bancaire est plus important. Ces conclusions rejoignent celles obtenues par Ceterolli (2001). En effet, cet auteur a procédé à une étude empirique des effets de la concentration bancaire sur la croissance d'un groupe de 17 pays de l'OCDE sur la période 1986-1994 en utilisant la méthode de Rajan et Zingales (1998), une méthode qui explicite le canal par lequel la concurrence peut exercer une influence sur la croissance économique. Les résultats de son étude montrent que la concentration bancaire améliore le taux de croissance des industries dépendantes des financements externes. Les conclusions de Petersen et Rajan (1995) sont, également, similaires à celles obtenues, notamment, par Fischer (2000) et Di Patti et Gobbi (2001) ou Leroy (2016), respectivement, dans le cas de l'Allemagne, de l'Italie et de l'ensemble de l'union européenne.

Cependant, Beck et al. (2004), ensuite Diallo (2015) ont abouti à des conclusions contraires à celles de Petersen et Rajan (1995) et de Ceterolli (2001). Utilisant la même méthode que Rajan et Zingales (1998), comme l'on fait Ceterolli (2001) et Leroy (2016), Beck et al. (2004), par exemple, sont parvenus aux résultats selon lesquels la concentration bancaire est de nature à augmenter les contraintes de crédit pour les firmes, pénalisant ainsi leur expansion et, de surcroît, la croissance économique. Ce qui rejoint, par ailleurs, les conclusions de Carbo-Valverde et al. (2009) dans le cas de l'Espagne, lorsqu'ils ont montré que le pouvoir de marché bancaire peut avoir des effets négatifs, quand il augmente les contraintes de financement qui pèsent sur les entreprises.

Analysant l'effet de la concentration bancaire sur la croissance économique de 125 pays entre 1980 et 2010 sur la base d'un modèle de croissance endogène du type Schumpetérien et sous l'hypothèse d'un marché bancaire en concurrence imparfaite à la Cournot, Diallo (2015) parvient aux mêmes résultats que Beck et al. (2004). Pour Diallo (2015), la concentration bancaire qu'il mesure par l'indice Herfindahl-Hirschman ou HH1 a un effet négatif et significatif sur la croissance économique, c'est-à-dire diminue le taux de croissance annuel moyen du PIB par travailleur. En plus, cet effet est d'autant plus négatif pour les pays proches de la frontière technologique mondiale. Diallo (2015) explique, en partie, ce résultat par le fait que la concentration bancaire entraîne une hausse des taux d'intérêts débiteurs et une diminution des montants alloués aux entrepreneurs-innovateurs, ce qui entraîne une baisse de l'innovation et de la croissance économique.

D'autres travaux ont mis en lumière l'effet hétérogène de la concentration bancaire. C'est, notamment, le cas des travaux de Cetorelli et Gambera (2001). Ces derniers ont testé, sur la base d'un échantillon de 41 pays et 36 secteurs industriels durant la période 1980-90, l'hypothèse selon laquelle la concentration bancaire contribuerait défavorablement à la croissance économique. Pour ce faire, ils ont opté pour une approche en double différence, comme chez Rajan et Zingales (1998). Les résultats de leur étude attestent l'existence d'un effet hétérogène de la concentration bancaire sur la croissance économique. Premièrement, la concentration agirait négativement sur la croissance économique par le fait qu'elle conduirait les banques à limiter l'accès au crédit aux firmes les plus opaques. Deuxièmement, elle faciliterait l'accès au crédit des jeunes entreprises dépendantes des financements externes. Ce deuxième résultat corrobore celui obtenu par Dell'Ariccia et Di Patti (2004) dans le cas de l'Italie où il a été relevé, l'existence d'une relation positive entre la concentration du système bancaire et la création d'entreprises industrielles.

Toujours dans le prolongement des travaux mettant en lumière l'effet hétérogène de la concentration bancaire et introduisant l'hypothèse selon laquelle l'effet de la concentration bancaire est fonction de la zone géographique, Goldberg et White (2000) ont aussi montré, dans le cas des Etats-Unis, que la concentration bancaire affecte effectivement le niveau des crédits accordés aux petites et moyennes entreprises. Cet effet est positif dans les zones urbaines et négatif dans les zones rurales. Le résultat obtenu par Goldberg et White (2000) semble être à l'opposé de celui de Soedarmono (2010) où ce dernier a montré, dans le cas de l'Asie, que le pouvoir du marché bancaire a un impact positif sur la croissance du secteur agricole, contrairement au secteur industriel où cet impact est jugé négatif.

De leur côté, Deidda et Fattouh (2005) ont utilisé un modèle de croissance endogène du type AK pour analyser la relation entre concentration bancaire et croissance dans le cas de 41 pays pauvres et riches, au cours de la période 1980-1990. Utilisant les données des entreprises industrielles de ces 41 pays, Deidda et Fattouh (2005) relèvent que la concentration bancaire exacerbe deux effets opposés sur la croissance économique. D'une part, elle induit des économies de spécialisation qui améliorent l'efficacité de l'intermédiation, puis la croissance économique. D'autre part, il en résulte une duplication des coûts fixes (sélection et surveillance des emprunteurs) qui est, par contre, préjudiciable à l'efficacité de l'intermédiation et à la croissance. L'effet global est ambigu et peut varier en fonction du niveau de développement économique et financier d'un pays. En substance, ces auteurs affirment que l'effet de la concentration bancaire sur la croissance est négatif dans les pays à faible revenu, alors que cet effet serait positif dans les pays à revenu élevé.

Il ressort des travaux théoriques et empiriques passés en revue une ambiguïté liée aux effets de la concentration bancaire sur la croissance. La concentration bancaire serait, globalement, défavorable à la croissance, parce qu'elle se traduit par un volume de crédits plus faible et un coût du capital plus élevé pour les entreprises. En même temps, elle profite à certains types de firmes notamment nouvelles (Dell'Ariccia et Di Patti, 2004) ou encore aux firmes, opaques, lesquelles nécessitent, en conséquence, une surveillance plus rigoureuse (Cetorelli et Gambera, 2001 ; Amable et al, 1996) ainsi qu'à certains secteurs financièrement dépendants. Aussi, il semble que l'effet de la concentration bancaire soit fonction du niveau de développement des pays (Deidda et Fattouh, 2005 ; Guevara et Maudos (2007). C'est dans les pays les moins avancés que les industries dépendantes financièrement des banques « gagnent » le plus à ce qu'il y ait un secteur bancaire concentré (Claessens et Laeven, 2005), alors que le lien est moins évident dans les économies développées où les firmes peuvent mobiliser des financements alternatifs au crédit bancaire, par exemple les émissions d'actions (Amable et al, 1996).

Cette ambiguïté incite à de nouvelles analyses. Le choix de la CEMAC, champ d'investigation, peut être riche en enseignements, d'autant plus que les études de même type sont rares dans cet espace communautaire.

Méthodologie

Le modèle théorique

Il est examiné ici le modèle de Pagano (1993) et son extension par Deidda et Fattouh (2005)

Le modèle de Pagano (1993)

Le modèle théorique retenu dans le cadre de ce travail est le modèle AK développé par Pagano (1993). Ce modèle découle des travaux de Romer (1989) et Rabelo (1991) offre une représentation des canaux par lesquels la finance est à même d'influer sur la croissance. En effet, Pagano (1993) part d'une fonction de production Y avec un seul intrant, le stock de capital K ; K est composé du capital physique et du capital humain.

$$Y_t = AK_t \qquad (1.1)$$

où Y_t représente la production et A un paramètre de productivité qui reflète l'état actuel des connaissances.

Il donne, ensuite, une expression à l'investissement :

$$I_t = K_{t+1} + (1 - \delta)K_t \qquad (1.2)$$

où I_t est l'investissement en t correspond au stock de capital en t+1 net de la dépréciation du capital $(1-\delta)K_t$, qui est fonction du taux d'amortissement δ.

D'après Pagano (1993), dans une économie fermée, l'investissement dépend de l'épargne de l'économie S_t et d'un paramètre Φ,, qui représente le taux de conversion de l'épargne en investissement :

$$I_t = \Phi S_t \qquad (1.3)$$

Ainsi, $(1-\Phi)$ représente la marge d'intermédiation du secteur financier, c'est-à-dire, le degré d'efficience du secteur financier. De l'équation (1.1), on a l'expression du taux de croissance de l'économie en t+1:

$$g_{t+1} = \frac{Y_{t+1}}{Y_t}\text{-}1 = \frac{K_{t+1}}{K_t}\text{-}1$$

$$g_t = \frac{\Phi S_t}{K_t}\text{-}\delta$$

et de l'équation (1.2), le taux de croissance g tel que :

$$g = A\frac{I}{Y}\text{-}\delta = A\Phi s\text{-}\delta \qquad (1.4)$$

où s représente le taux d'épargne $\frac{S_t}{Y_t}$

Selon Pagano (1993), l'équation (1.4) montre les trois canaux par lesquels le système financier influence la croissance économique : i) par l'intermédiaire du taux de conversion de l'épargne en investissement (Φ) traduction de l'efficience du système financier ; ii) par l'intermédiaire du taux d'épargne qui détermine le volume des placements ; iii) par l'intermédiaire du paramètre de productivité A qui traduit le niveau d'efficacité d'allocation des ressources vers les emplois les plus productifs.

A partir, donc, de (Φ), il est possible de formaliser la place d'un système financier efficient dans la détermination du niveau de croissance. Cependant, le modèle AK de Pagano (1993) ne permet que de démontrer comment la finance agit sur la croissance, sans pour autant expliciter la manière dont la concurrence bancaire influence la croissance. Cette lacune peut être comblée en recourant, notamment, à la démarche méthodologique de Deidda et Fattouh (2005).

L'extension du modèle de Pagano (1993) par Deidda et Fattouh (2005)

Se situant dans le prolongement des travaux de Pagano (1993), Deidda et Fattouh (2005) partent de l'idée que l'économie est composée d'un nombre indéfini de firmes et d'individus identiques qui vivent pendant deux périodes.

L'utilité des individus dérive de la consommation sur deux périodes telles que $U = \ln c_t + \beta \ln c_{t+1}$, où c_t et c_{t+1} sont, respectivement, les consommations à la première et à la deuxième période pour un individu né à la période t et β est le facteur d'actualisation inter-temporelle. Chaque individu est doté d'une unité de travail qu'il fournit de manière élastique à la firme contre un salairew_t ; w_t est partiellement consommé à la première période de la vie et partiellement épargné pour financer la consommation de la seconde période. L'épargne de l'individu est égale à $S_t = s$ où $s = \beta/(1 + \beta)$ est l'épargne nécessaire pour financer l'accumulation du capital de la firme, c'est-à-dire $k_{t+1} = s$ (k_{t+1} étant le capital par tête).

Les firmes sont identiques et opèrent dans un environnement de concurrence parfaite. La fonction de production se présente comme suit :

$$Y_t = \phi A_t K_t^{\alpha}(A_t L)^{1-\alpha} \qquad (2.1)$$

où Y_t est le niveau de production des firmes obtenu par combinaison du capital K_t et du travail L ; $A_t = K_t / L = k_t$ est le paramètre traduisant l'apprentissage (learning by doing).

Les facteurs de production sont rémunérés à leurs productivités marginales:

$$w_t = (1-\alpha)\phi A_t^{1-\alpha} k_t^{\alpha} \qquad (2.2)$$
$$P_t = \alpha A_t k_t^{\alpha\text{-}1} A_t^{1-\alpha} \qquad (2.3)$$

Deidda et Fattouh (2005) estiment que le financement de l'accumulation du capital des firmes se fait au coût fixe majoré du coût c(z) par unité de prêt (avec z le nombre de firmes financées). Ils supposent :

$$\frac{dc}{dz} = c(\acute{z}) > 0 \qquad (2.4)$$

c'est-à-dire, quand le nombre de firmes financées par la banque diminue, le coût moyen de la surveillance est réduit ou décroît et, ce, au fur et à mesure que la banque se rapproche de l'optimum. Cet effet s'interprète comme un «effet de spécialisation ».

D'après Deidda et Fattouh (2005), cette structure de coûts justifie l'émergence d'un marché du crédit où les intermédiaires mutualisent l'épargne pour financer les investissements des firmes. L'existence d'effets de spécialisation implique que le marché du crédit est caractérisé par la présence de plus d'un intermédiaire qui opèrent tous dans un cadre de concurrence monopolistique, sans développer de stratégies opportunistes.

Dès lors Deidda et Fattouh (2005) définissent les conditions d'équilibres micro et macroéconomique[112]

Équilibre macroéconomique

Deidda et Fattouh (2005) posent à l'équilibre $A_t = k_t^{1-\alpha}$ de sorte que $R_t = \alpha\phi$ où R_t représente les fonds bancaires destinés à l'investissement des firmes. Ils rappellent que $k_{t+1} = sw_t$ et supposent que $z_t = \frac{1}{n_t}$ (avec n_t est le nombre de banques). Ainsi, l'ensemble des équations décrivant l'équilibre se présente comme suit :

$$R_{t+1}^d = \frac{\alpha^2\phi z_t}{\int_0^{zt} 1+c(z)dz} \qquad (2.5)$$

$$w_{t+1} = (1-\alpha)\phi k_{t+1} \qquad (2.6)$$

$$k_{t+1} = \frac{[s(1-\alpha)\phi k_t\text{-}C/z_t]}{\int_0^{zt} 1+c(z)dz/z_t} \qquad (2.7)$$

$$\pi_t = R_t^d \int_0^{zt} 1 + c(z)d\left(\frac{1-\alpha}{\alpha}\right)k_{t+1}\text{-}R_t^d C \quad (2.8)$$

En conséquence, le taux de croissance d'équilibre a pour expression :

$$g_t = \frac{[s(1-\alpha)\phi k_t\text{-}C/k_t z_t]}{\int_0^{zt} 1+c(z)dz/z_t}\text{-}1 = \frac{\left[s((1-\alpha)\phi)\text{-}\frac{C}{k_t z_t}\right]}{\bar{c}(z_t)}\text{-}1 \quad (2.9)$$

avec

$$z_t = \frac{1}{n_t},\ et\ n_t \leq n_t^{max} \equiv \frac{(1-\alpha)^2\phi s}{C}k_t. \quad (2.10)$$

$$\bar{c}(z_t) = \int_0^{zt} 1 + c(z)dz/z_t$$

---

[112] Pour les besoins de cet article, ne sont discutées ici que les conditions d'équilibre macroéconomique. Pour les conditions d'équilibre microéconomiques se référer à Deidda et Fattouh (2005).

où $\overline{c}(z_t)=\int_0^{z_t}1+c(z)dz/z_t$ est le coût d'intermédiation moyen, $n_t^{\max}$ le nombre maximal de banques capables d'opérer sur un marché de crédit parfaitement contestable pour une condition de profit $\pi_t=0$; $n_t^{\max}$ étant une fonction linéaire croissante du développement économique.

Quand le marché du crédit est entièrement contestable, le nombre de banques opérantes est positivement lié au niveau du développement économique Y_t, ce qui implique que z_t est négativement lié à Y_t. En fixant un certain degré de contestabilité ainsi qu'un niveau de profit d'équilibre $\overline{\pi}$ par banque, de manière similaire, en cas de contestabilté parfaite, le niveau de concentration d'équilibre devrait décroître relativement au niveau du développement économique. Pour vérifier cela, Deidda et Fattouh (2005) posent $\pi_t=\overline{\pi}$. Comme k_t augmente en maintenant fixe le nombre de banques, le niveau d'équilibre des profits des banques π_t accroît de $\overline{\pi}$, ce qui stimule l'entrée de nouvelles banques. Alors, le nombre de banques opérantes augmente et z_t est réduit jusqu'au point où l'égalité $\pi_t=\overline{\pi}$ est maintenue.

Cette démonstration a amené Deidda et Fattouh (2005) à établir le lien entre la concentration bancaire et la croissance économique.

Concentration sur le marché de crédit et croissance économique

Pour Deidda et Fattouh (2005), l'analyse de l'équation (2.9) révèle que le niveau de concentration affecte le taux de croissance de l'économie de deux manières opposées.

D'un côté, la réduction du niveau de concentration implique plus de spécialisation, ce qui réduit le coût moyen $\overline{c}(z_t)=\int_0^{z_t}1+c(z)dz/z_t$. En fait, aussi longtemps que $c'(z_t)\succ 0$

$$\frac{d\bar{c}(z_t)}{dz_t}=\frac{[1-c(z_t)]z_t-\int_0^{zt}1+c(z)dz}{\left[\int_0^{zt}1+c(z)dz\right]^2}\qquad(2.11)$$

alors, si z_t décroît, cela réduit $c'(z_t)$. Tant que $\overline{c}(z_t)$ affecte négativement la croissance, l'effet de cette spécialisation est bénéfique pour la croissance.

De l'autre côté, la réduction du niveau de concentration, qui est toujours associée à une hausse du nombre de banques opérantes, implique un accroissement du coût fixe total $n_t C$. Cet effet de duplication des coûts a des conséquences négatives pour la croissance.

En définitive, l'effet global est ambigu. Cela peut être démontré en dérivant g_t par rapport à z_t.

$$\frac{dg_t}{dz_t} = \frac{s(1-\alpha)\phi\left\{\int_0^{zt} 1+c(z)\,dz\text{-}[1+c(z_t)]dz_t\right\}+[1+c(z_t]C/k_t}{\left[\int_0^{zt} 1+c(z)dz\right]^2} \quad (2.12)$$

Cette dérivée est positive si :

$$\overbrace{s(1-\alpha)\phi\left\{\int_0^{zt} 1+c(z)dz\text{-}[1+c(z_t)]z_t\right\}} + \overbrace{[1+c(z_t)]C/k_t} > 0 \quad (2.13)$$

et négative si non.

En posant :

$s(1-\alpha)\phi\left\{\int_0^{zt} 1+c(z)dz\text{-}[1+c(z_t]z_t\right\}$= A

$\overbrace{[1+c(z_t)]C/k_t}$= B

On remarque que le terme A est négatif en raison de l'effet de spécialisation, alors que le terme B, qui renvoie à l'effet de duplication, est positif. Deidda et Fattouh (2005) supposent que l'ampleur de l'effet de spécialisation décroît aussi plus vite que l'effet de duplication, au fur et à mesure que $z_t$diminue en raison de nouvelles entrées sur le marché du crédit, stimulées par le développement économique. Dès lors, on devrait observer que l'effet sur la croissance de l'augmentation de la concentration est négatif dans le cas des pays à niveau de développement économique bas. Cet effet serait, par contre, positif pour les pays dont le niveau de développement économique est élevé. En supposant $c(z_t) = \alpha z_t$, avec $z_t > 0$, l'équation (2.13) devient :

$$\text{-}s(1-\alpha)\phi\frac{\alpha z_t^2}{2} + \left[\frac{(1+\alpha z_t)C}{k_t} > 0,\right] \quad (2.14)$$

ce qui implique que, pour un niveau donné de k_t, une augmentation du niveau de concentration est préjudiciable à la croissance pour z_t supérieure à une certaine valeur critiquez^*.

Etant donné que le marché du crédit est parfaitement contestable de sorte que $n_t = n_t^{max}$, l'expression (2.10) devient :

$$z_t = \frac{C}{(1-\alpha)^2 \phi s k_t} \qquad (2.15)$$

et en remplaçant (2.15) dans la condition (2.14) on obtient :

$$-\frac{\alpha C^2}{2(1-\alpha)^3 \phi s k_t^2} + \frac{[(1-\alpha)^2 \phi s k_t + \alpha C]C}{(1-\alpha)^2 \phi s k_t^2} > 0, \qquad (2.16)$$

Alors, sous l'hypothèse qu'un marché de crédit est concentré et parfaitement contestable, on a un effet positif (ou négatif) sur la croissance pour k_t tel que :

$$k_t > (<) \frac{\alpha C}{(1-\alpha)^2 \phi s} \left[\frac{2\alpha\text{-}1}{2(1-\alpha)}\right] \equiv k^* \qquad (2.17)$$

où $k* > 0$ pour $\alpha > \frac{1}{2}$. Donc, pour $k_t > k^*$, la constestabilité parfaite induit une hausse du nombre de banques, correspondant à une situation de faible concentration. A contrario, $k_t < k^*$ correspond à une situation de forte concentration. Tenant compte de l'argument de continuité, pour $k_t < k^*$, une réduction du niveau de concentration due à une hausse du niveau de contestabilité du marché de crédit induit une croissance pour $k_t < k^*$. Pour $k_t > k^*$, la réduction de la concentration consécutive à la hausse de la contestabilité est susceptible de nuire à la croissance.

Dans ces circonstances, le taux de croissance de l'économie serait fonction du degré de concentration bancaire. Il serait, également, fonction d'autres facteurs. Ainsi, en posant : C comme intensité concurrentielle, X le vecteur des autres variables explicatives de la croissance, Y_{-1} le niveau de croissance de l'année antérieure, on obtient la forme implicite suivante :

$$Y = f(C, X, Y_{-1}) \qquad (2.18)$$

Le modèle à estimer

Reprenons l'expression (2.18)
En différenciant celle-ci, on obtient la forme explicite ci-après :

$\Delta Yt = \beta_1 \Delta Y_{t-1} + \beta_2 \Delta X_t + \beta_3 \Delta C_t + \mu t$ (2.19)

Le modèle à estimer a pour expression :

$$y_{it} = \beta_0 + \beta_1 y_{it\text{-}1} + \beta_2 x_{it} + \beta_3 c_{it} + \mu_{it} \quad (2.20)$$

où i = pays, avec i= 1, …, 6 ; t = année, avec t = 2005 à 2015 ;est le logarithme du PIB réel par tête ; est le logarithme du PIB réel par tête initial ; un vecteur de variables explicatives de la croissance ; exprime le niveau de concurrence bancaire ; les perturbations aléatoires.

En posant $\mu_{it} = U_i + \epsilon_{it}$
L'équation (2.20) devient :

$$y_{it} = \beta_0 + \beta_1 y_{it\text{-}1} + \beta_2 x_{it} + \beta_3 c_{it} + U_i + \epsilon_{it} \quad (2.21)$$

où U_i exprime les effets fixes individuels ou d'inobservables par pays et ϵ_{it} le terme erreur.

Dans la mesure où les banques occupent une position d'intermédiaire entre préteurs et emprunteurs, elles sont contraintes de se concurrencer à la fois sur le marché des dépôts et sur celui des prêts. Par conséquent, le modèle (2.21) devient :

$$y_{it} = \beta_0 + \beta_1 y_{it\text{-}1} + \beta_2 x_{it} + \beta_3 cd_{it} + \beta_3 cc_{it} + U_i + \epsilon_{it} \quad (2.22)$$

où c_d et c_c représentent, respectivement, le niveau de concentration sur le marché des dépôts et de crédit.

La spécification (2.22) du modèle suggère quelques commentaires. En effet, le modèle (2.22) a comme variables explicatives, entre autres, la variable dépendante retardée $y_{it\text{-}1}$. Ce qui traduit effectivement la nature dynamique du modèle et soulève, à la fois, des problèmes d'endogenéité et de corrélation entre la variable endogène retardée $y_{it\text{-}1}$ et les résidus ϵ_{it}. Dans ce cas, l'estimation du modèle (2.22) par la technique des moindres carrés ordinaires génère une estimation biaisée des coefficients, à cause de la corrélation entre la variable endogène retardée et l'hétérogénéité individuelle des U_i. Ainsi, pour estimer ce type de modèle, notamment, dans le cas des données en panel, on a, souvent, recours à la méthode des moments généralisés (GMM). En substance, la méthode GMM permet de contrôler les effets spécifiques individuels et temporels et d'éliminer les effets individuels non observés. Elle permet, aussi, de pallier les biais de simultanéité, de variables omises, d'endogénéité potentielle des variables explicatives x_{it}, de colinéarité multiple et de traiter des problèmes occasionnés par des erreurs de mesure et l'auto-corrélation des résidus. En effet, l'hypothèse d'absence d'auto-corrélation des résidus est essentielle pour pouvoir utiliser la variable retardée comme instrument de la variable endogène.

Cette méthode GMM a deux types d'estimateurs[113] : i) l'estimateur en différence basé sur des régressions en différence pour contrôler les effets non observables (Arellano et Bover (1995); ii) l'estimateur en système basé sur un ensemble d'équations, qui prend en compte les conditions d'orthogonalité suffisantes afin de s'assurer des estimations convergentes des paramètres même avec une endogénéité et des effets individuels non observés (Goddard et al, 2011).

Comme l'ont montré Blundell et Bond (1998), lorsque le nombre de périodes est faible ou lorsque le problème d'endogénéité persiste dans le temps, l'estimateur GMM en différence fournit des estimations biaisées et, dans ces conditions, les variables décalées en niveau constituent de faibles instruments, c'est-à-dire fournissent peu d'informations. Ainsi, au vu de la spécificité de notre échantillon qui est petit et de l'existence des problèmes d'endogénéité dans le modèle (2.22), nous optons pour l'estimateur GMM en système, car celui-ci ne génère pas, dans ces conditions, des estimateurs biaisés.

Aussi, afin de jauger de la qualité économétrique du modèle estimé à partir de l'estimateur GMM en système, nous allons recourir à deux tests. Il s'agit du test de sur-identification de Sargan/Hansen qui permet de tester la validité des instruments analysés (variable retardée comprise) et du test d'auto-corrélation d'Arellano et Bond (1991) pour vérifier l'absence d'auto-corrélation d'ordre deux du terme d'erreur.

Choix des variables et source des données

Par rapport à l'objectif de cette recherche et en se référant à la littérature, les variables ci-dessous dénommées sont retenues pour l'estimation du modèle (2.22).

Le capital humain : De nombreux auteurs (Mankiw et al., 1992) ont montré que le capital humain a un impact significatif sur la croissance

[113] Pour plus de détails, cf .Arellano et Bond (1991).

économique. Nous supposons et anticipons que des dépenses, en capital humain, plus élevées sont associées à une croissance ultérieure plus rapide. Le signe attendu, pour cette variable, est donc positif.

L'inflation : Un taux d'inflation élevé influe négativement sur le taux d'intérêt réel et défavorise les investissements à long terme, ce qui est nuisible à la croissance. En effet, de nombreuses études ont montré, empiriquement, que l'inflation agit négativement sur la performance du secteur financier et diminue l'impact de ce dernier sur la croissance (Barro, 1997). Le signe attendu, pour cette variable, est négatif.

L'ouverture commerciale : De façon générale, l'ouverture commerciale affecte positivement et, de manière significative, la croissance économique. Elle permet à l'économie de bénéficier non seulement des transferts technologiques, mais aussi des différentes formes d'externalités positives et des effets d'entraînement de la demande extérieure (Easterly et Levine, 2000). L'ouverture commerciale incite les décideurs à poursuivre des politiques macroéconomiques vertueuses. Le signe attendu, pour cette variable, est positif.

Les dépenses de l'administration centrale : Celles-ci ont un effet sur la croissance en raison des externalités positives qu'elles génèrent (Musgrave, 1959 ; Barro, 1990 ; etc.). Le signe attendu, pour cette variable, est positif.

Le développement bancaire : De nombreuses études (Gurley et Shaw, 1955 ; King et Levine, 1993 ; etc.) ont souligné l'importance du secteur financier pour la croissance économique. Ainsi, un niveau plus élevé de développement bancaire est associé à des taux de croissance plus élevés. Le signe attendu, pour cette variable, est positif.

La concentration bancaire : La littérature théorique suggère que l'effet de la concentration bancaire sur la croissance économique est fonction du niveau de développement économique (Deidda et Fattouh, 2005). Dans les pays en développement, cet effet ne serait pas bénéfique, tandis qu'il le serait dans les pays développés. Par conséquent, le signe attendu, pour cette variable, est négatif.

S'agissant des données, celles-ci sont extraites de la base de données WDI (Word Development Indicators) de la Banque Mondiale et des rapports annuels de la COBAC. Elles couvrent la période 2005-2015. Le choix de cette période se justifie par la disponibilité des données concernant la concentration bancaire.

Le tableau 1 récapitule l'ensemble des informations relatives au choix des variables et aux données.

Tableau 1 : Définition des variables et source des données

Variables	Nature de la variable	Notation	Définitions	Signes attendus	Source des données
Variable endogène		$Y_{i,t}$	Le logarithme du PIB réel par tête		Banque Mondiale
Variables explicatives		$Y_{i,t-1}$	Le logarithme du PIB réel par tête initial	-	
	Variables de contrôle	CapHum	Le capital humain, approximé par les dépenses de santé	+	Banque Mondiale
		Inf	L'inflation mesurée par le taux de croissance de l'indice des prix à la consommation	-	Banque Mondiale
		Oucom	L'ouverture commerciale mesurée par la somme des exportations et des importations divisée par le PIB	+	Banque Mondiale
		Pac	Dépenses de l'administration centrale approximées par les dépenses de consommation finale de l'administration publique	+	Banque Mondiale
		Df	Le développement bancaire mesuré par les encours de crédit au secteur privé rapporté au PIB	+	Banque Mondiale
	Variables d'intérêt	$Cd_{i,t}$	Le niveau de concentration bancaire sur le marché des dépôts mesuré par l'indice Herfindahl-Hirschman (HH_I)	-	COBAC[105].
		$Cc_{i,t}$	Le niveau de concentration bancaire sur le marché des crédits mesuré par l'indice Herfindahl-Hirschman (HH_I)	-	

<u>*Source*</u> *: auteur à partir des rapports de la COBAC et de la base des données WDI 2016 de la Banque* Mondiale.

Analyse des statistiques descriptives des variables du modèle.

Le tableau 2 présente les statistiques descriptives des variables du modèle. Celui-ci permet de relever l'évidence d'une forte variabilité des valeurs de la variable endogène PIB/tête ainsi que celle des variables d'intérêt Cc et Cd et, ce, autour de leurs moyennes respectives. Cependant, de meilleurs résultats apparaissent en termes de variabilité « within », comparativement à la variabilité « between ».

Tableau 2 : Statistiques descriptives des variables du modèle.

CEMAC	Moyenne	Ecart-type	Minimum	Maximum	Observations
PIB/tête	5261.183				
overall		6203.282	300.4796	20333.94	N= 66
between		6696.006	403.5614	17225.46	n= 6
within		736.2989	1876.555	8369.662	T= 11
Cc	2754.939				
overall		1247.706	1107	6065	N= 66
Between		1262.685	1326	4878.364	n= 6
within		455.7242	694.5758	3941.576	T= 11
Cd	2651.424				
overall		1032.558	923	5718	N= 66
between		1013.801	1247.727	3828.364	n= 6
within		443.2892	1323.061	4541.061	T= 11

Source : *auteur à partir des données de la Banque Mondiale et de la COBAC.*

Résultats et discussion

Dans cette section, il est question de procéder à l'analyse des résultats des estimations du modèle.

Analyse des résultats des estimations du modèle

Nous avons choisi un modèle avec effets fixes, c'est-à-dire avec d'inobservables par pays. Les résultats du test de Hausman, effectué pour la circonstance, confirment ce choix (cf. annexe 1). Ainsi, l'estimation du modèle (2.22) donne les résultats présentés dans le tableau 3.

Tableau 3 : Résultats de l'estimation du modèle

Variables	Coefficients	Ecart-type	Probabilités
Y_{t-1}	0,9602759*	0,0629018	0,000
Cc	-7,58e-07	3,48e-06	0,828
Cd	2,08e-06	3,61e-06	0,564
Df	-0,0012525*	0,0004556	0,006
Pac	8,09e-12	5,06e-12	0,110
Inf	0,0005069**	0,0002982	0,089
Oucom	0,0051297	0,0113326	0,651
Caphum	2,15e-06	0,0000242	0,929
Constante	0,036005	0,0559571	0,520
Wald chi2(8) = 7539.05			
Prob > chi 2 = 0.000			
Arellano-Bond test for AR(1) in first differences : z = -2.90 Pr > z = 0.004			
Arellano-Bond test for AR(2) in first differences : z = -0.37 Pr > z = 0.714			
Sargan test of overid. Restrictions: chi2(8)=5.74 Prob > chi2 = 0.676 (Not robust, but not weakened by many instruments)			

Source : auteur à partir à partir de Eviews 8.
* *Significativité au seuil de 5% ;*
* * *Significativité au seuil de 10%.*

La lecture de ce tableau permet de tirer quelques conclusions sur les plans économétrique et économique.

Sur le plan économétrique :

1- Du point de vue de la spécification du modèle, la statistique Wald et la probabilité qui lui est associée (Prob > chi 2 = 0.000) ainsi que les résultats des tests d'Arellano-Bond et de Sargan montrent que, dans l'ensemble, le modèle (2.22) est bien spécifié et admet un seul retard.

2- Par rapport aux coefficients estimés du modèle, on peut relever ce qui suit :

- Les coefficients estimés des variables d'intérêt Cc et Cd sont, respectivement, négatif (-7,58e-07) et positif (2,08e-06). Au vu, donc, des valeurs prises par ces coefficients et des probabilités qui leur sont associées, les variables d'intérêt Cc et Cd sont statistiquement non significatifs aux seuils respectifs de 5% et de 10%.

- Les coefficients associés à la plupart des variables de contrôle du modèle sont statistiquement significatifs. Il s'agit, notamment, des coefficients associés à Df (négatif et, statistiquement, significatif au seuil de 5%), à Inf (positif et statistiquement significatif au seuil de 10%), contrairement aux coefficients associés aux variables Pac, Oucom et Caphum qui ne sont pas significatifs. Dans l'ensemble, la significativité d'au moins une variable de contrôle permet de conclure à une absence d'effets de report de celles-ci sur les variables d'intérêt.

Sur le plan économique :

Les résultats des estimations révèlent que les probabilités affectées aux coefficients des variables Cc et Cd attestent de la non-significativité de ces deux variables d'intérêt. La concentration sur les marchés de crédit et de dépôts n'aurait qu'une influence « argile » sur la croissance économique. Cela revient à dire qu'une hausse (baisse) du niveau de concentration sur le marché du crédit ou sur celui des dépôts n'a pas d'effets significatifs sur la croissance économique par tête, toutes choses égales par ailleurs.

Ces résultats sont contraires à ceux obtenus par Carbo-Valverde et al. (2009) dans le cas de l'Espagne, Diallo (2015) dans le cas de 125 pays ou encore par Cetorelli et Gambera (2001) dans le cas de 41 pays, où l'effet négatif de la concentration bancaire sur la croissance économique est avéré. Ces mêmes résultats contrastent avec ceux des travaux de Dell'Ariccia et Di Patti (2004) dans le cas de l'Italie, de Petersen et Rajan (1995) sur les Etats-Unis ou de Ceterolli (2001) dans le cas de 17 pays de l'OCDE où il a été montré que la concentration bancaire agit positivement sur la croissance économique. Cependant, ces résultats semblent corroborer ceux de Deidda et Fattouh (2005) obtenus dans le cas de 41 pays pauvres et riches où ces auteurs mettent en lumière l'incertitude des effets de la concentration bancaire sur la croissance en raison des économies de spécialisation et de la duplication des coûts fixes consécutives au caractère concentré même du marché bancaire.

Mais, comment expliquer ces résultats ?

De prime abord, il convient de souligner que la lecture des différents rapports de la COBAC des années 2005 à 2015 permet de relever un fait constant : les marchés bancaires de la CEMAC demeurent encore concentrés, aussi bien en termes de total crédit que de total dépôt. Les indices de concentration HH1 sont, en moyenne annuelle, supérieurs à 1000 (COBAC, 2015). Ce qui traduit l'évidence d'un faible niveau de concurrence, en dépit d'une ouverture du marché bancaire et de la libéralisation des conditions des banques. Par conséquent, on devrait s'attendre, au regard des prédictions théoriques évoquées (Petersen et Rajan, 1995 ; Cetorelli, 2001 ; Amable et al., 1996 ; Deidda et Fattouh, 2005 ; Guevara et Madous, 2007 ; etc.), à un effet soit négatif, soit positif de la concentration bancaire sur la croissance économique par tête dans la zone

CEMAC ou encore à un effet hétérogène de celle-ci, ce qui n'est pas le cas. Quelques explications peuvent être avancées pour comprendre ces résultats :

1. La prédominance, dans les bilans bancaires, des dépôts, à court terme, et des crédits, à court terme

Ces quinze (15) dernières années, on a relevé dans la zone CEMAC une intense activité de collecte d'épargne bancaire, constituée pour l'essentiel des dépôts à vue qui, par exemple, en 2012, ont représenté 77,89 % des dépôts collectés contre 15,61 %, pour les dépôts, à moyen et long termes. De ce fait, les dépôts à vue ne peuvent être transformés en prêts pour des investissements productifs. Aussi, les crédits accordés sont majoritairement, de court terme (soit 60,58% du total des crédits octroyés, en 2012 contre 36,66% pour les crédits, à moyen terme et 2,75% pour les crédits, à long terme). Ceux-ci ne sont, majoritairement, destinés qu'à résoudre des problèmes de trésorerie, plutôt qu'à financer l'investissement. Dans ce contexte, l'enchaînement concentration bancaire-disponibilité de l'épargne pour l'investissement-distribution des crédits, à long terme-amélioration du revenu par tête est « brisé » en raison peut-être des imperfections du marché bancaire qui ne facilitent pas la conclusion des contrats de dépôts et de prêts optimaux.

2. Le faible niveau des crédits à l'économie

L'installation de nouvelles banques dans la zone CEMAC qui traduit, par ailleurs, une intensification de la concurrence ou une modération du niveau de concentration bancaire n'a pas permis d'améliorer le niveau de transformation financière qui demeure encore loin des attentes. D'après la COBAC (2012), ce niveau a connu une évolution à la baisse, passant de 85%, en 2000 à 45%, en 2012, soit une baisse de 40 points sur la période, reflétant ainsi la difficulté des banques de cet espace communautaire à soutenir véritablement les économies de la sous-région. Selon le FMI (2011), la part des financements bancaires dans l'économie de la zone ne dépassait pas les 10% du PIB en 2008 contre, par exemple, 17%, pour la zone UEMOA et 21% pour le Nigéria. Bien que cette part ait augmenté pour atteindre 18,6 %, en 2015, elle demeure encore faible, par rapport à la moyenne de l'Afrique subsaharienne évaluée à 46 % (Banque de France, 2015).

3. Le nombre dérisoire des banques de développement ou des banques spécialisées dans la sous-région comparé au nombre de banques commerciales.

4. L'évidence d'une croissance impulsée essentiellement par les activités des industries extractives.

En effet, les économies de la CEMAC reposent essentiellement sur les activités des industries extractives, notamment pétrolières qui sont financées au moyen des investissements directs étrangers (IDE), donc quasiment hors du système bancaire sous-régional.

Conclusion

L'objet de cet article a été d'analyser l'incidence de la concentration bancaire sur la croissance économique dans les pays de la CEMAC au cours de la période 2005-2015. Le recours à l'extension du modèle AK de Pagano (1993) proposée par Deidda et Fattouh(2005) et à la méthode des moments généralisés (GMM) a permis d'obtenir des résultats attestant d'un effet « argile » de la concentration bancaire sur la croissance économique par tête d'habitant. Ce résultat, contraire aux prédictions de l'ensemble des auteurs mobilisés, s'explique à partir des réalités économiques et bancaires de la zone CEMAC : prédominance dans les bilans bancaires des dépôts à court terme et des crédits à court terme ; faiblesse du financement bancaire de l'économie ; nombre limité des banques de développement ou des banques spécialisées ; économies pétrolières essentiellement financées à partir des investissements directs étrangers, hors du système bancaire sous-régional.

Pour que la structure du marché bancaire puisse être un vecteur de la croissance économique dans la zone CEMAC, il est souhaitable :

- de promouvoir l'installation des banques de développement ou des banques spécialisées ;
- d'améliorer l'environnement bancaire de manière à garantir la bonne réalisation des contrats de dépôts et de crédits.

Références bibliographiques

Amable B., Chatelain J.B., et Jessua C. (1996) : La concurrence imparfaite entre les intermédiaires financiers est-elle toujours néfaste à la croissance économique ? <u>Revue économique</u>, vol. 47, n°3, pp. 765-775, Presses de Sciences Po.

Arellano, M. and Bond, S. (1991) : Some tests of specification for panel data : Monte Carlo evidence and an application to employment equations. <u>Review of Economic Studies</u>, (58) : 277-297.

Arellano, M. and Bover, O. (1995) : Another look at the instrumental-variable estimation of error components models. <u>Journal of Econometrics</u>, (68) : 29-52.

Avallone, N. et Nicolas, F. (2003) : Théorie de la croissance : les leçons pour les pays en développement. Revue sélective de la littérature théorique et empirique. Economie internationale n° 2003-75/- septembre.

Banque de France (2015) : Rapport annuel sur la zone franc.

Banque mondiale: World development indicators.

Barro, R. J. (1997): Determinants of economic growth. MIT Press, Cambridge.

Barro, R. J. (1990): Government spending in a simple model of endogenous growth. Journal of Political Economy, 98(5):103-125.

Beck, T, Demirgüç-Kunt, A and Maksimovic, V.(2004): Bank competition, financing constraints and access to credit. international evidence Journal of Money, Credit and Banking. 36 (3): 627-648.

Bourguinat, H. (1992): Finance internationale. Éditions PUF. Paris, France.

Carbo-Valverde, S., Rodriguez-Fernandez, F. and Udell, G. F. (2009): Bank market power and SME financing constraints. Review of Finance, 13(2):309–340.

Cetorelli N. (2001): Does bank concentration lead to concentration in industrial sectors? Working Paper Series WP-01-01. Federal Reserve Bank of Chicago. March.

Cetorelli, N. and Gambera, M. (2001): Banking market structure, financial dependence and growth: International evidence from industry data. The Journal of Finance, 56(2):617–648.

Chiappori P.A et Yanelle M.O. (1996) : Le risque bancaire : un aperçu théorique. Revue d'économie financière, n°37, pp. 97-111.

Claessens, S. and Leaven, L. (2005): Financial dependence, banking sector competition, and economic growth. Journal of the European Economic Association, 3(1):179–207.

Cobac : Rapports annuels de 2005 à 2015.

Deidda, L. and Fattouh, B. (2005): Concentration in the banking industry and economic growth. Macroeconomic Dynamics, 9(02):198–219.

Dell'Ariccia, G., and Di Patti, E. B., (2004): Bank competition and firm creation. Journal of Money, Credit, and Banking n° 362, May, pp. 225-251.

Dell'Ariccia, G. and Marquez, R. (2004): Information and bank credit allocation. Journal of Financial Economics, 72(1):185–214.

Di Patti, E. B., and Gobbi, G. (2001): The changing structure of local credit markets: Are small businesses special ? Journal of Banking and Finance, 25(12):2209–2237

Diallo B. S. (2015): Le rôle du système bancaire et des marches financiers dans le développement. Thèse de doctorat en économique, Université du Québec à Montréal, Canada.

Diallo, B. and Koch, W. (2013): Bank concentration and schumpeterian growth: Theory and international evidence. Working Paper n°213, CIRPEE.

Easterly, W. and Levine R. (2000): It's not factor accumulation: Stylized facts and growth models. Mimeo, World Bank, January.

Fecher F. and P. Pestieau (1993): Efficiency and competition in OECD financial services. Fried HO and SS Schmidt (eds.). The measurement of productive efficiency: techniques and applications. University of Oxford, United Kingdom, pp. 374-385.

Fischer, K.H. (2000): Acquisition of information in loan markets and bank market power. An empirical investigation. Working Paper n° 214,....

FMI (2011): « Rapport n°11/329 », Novembre.

Gerschenkron, A. (1962): Economic backwardness in historical perspective: A book of essays. Cambridge, Mass., Harvard University Press.

Goddard, J., Liu, H., Molyneux, P. and Wilson, J. O. (2011): The persistence of bank profit. Journal of Banking andFinance, 35(11):2881–2890.

Goldberg, L.G. and White, L.J. (2000): Cookie-Cutter versus character: The microstructure of small business lending by large and small banks. Federal Reserve, Washington, D.C.

Guevara, J. F. and Maudos, J. (2007) :The cost of market power in banking : Social welfare loss versus cost inefficiency. Journal of Banking and Finance, 31(7):2103–2125.

Gurley, J. G. and Shaw, E. S. (1955): Financial aspects of economic development. The American Economic Review. 45(4) : 515–538.

Inklaar, R., Koetter, M., and Noth, F. (2015): Banking market competition, factor reallocation, and aggregate growth. Journal of Financial Stability n° 216.

Jackson, J. E. and Thomas, A. R. (1995): Bank structure and new business creation lessons from an earlier time. Régional Science and Urban Economics, 25(3):323– 353.

King, R. G. and Levine, R. (1993): Finance, entrepreneurship and growth. Theorie and evidence. Journal of Monetary Economics. 32(3): 513–542.

Leroy A. (2016): Analyse des effets de la concurrence bancaire sur la stabilité et l'efficience : une perspective européenne. Thèse en sciences économiques, Ecole doctorale sciences de l'homme et de la société, Laboratoire d'Economie d'Orléans, Université d'Orléans, France.

Lui, G. and Mirzaei, A. (2013): Industrial growth: Does bank competition, concentration and stability constraints matter? Evidence from developed and developing countries. Working Paper n° 23, Brunel University.

Mankiw N. G., Romer D., Weil D. (1992): A contribution to empirics of economic growth. The Quarterly Journal of Economics. 107(2): 407-437.

Musgrave R. A. (1959): «The Theory of Public Finance», New York, N.Y. : McGraw Hill.

Northcott, C. A.(2004): Competition in banking: A review of the literature. Bank of Canada, Working Paper n° 2004-2024.

Pagano, M. (1993): Financial markets and growth: An overview. European Economic Review, 37(2):613–622.

Petersen, M. A. and Rajan, R. G. (1995): The effect of credit market competition on lending relationships. The Quarterly Journal of Economics, 110 (2): 407–443.

Rabelo S. (1991): Long-run policy analysis and long-run growth. Journal of Political Economy. 99(3): 500-521

Rajan, R. G. (1992): Insiders and outsiders: The choice between informed and arm's length debt. The Journal of Finance, 47(4):1367–1400.

Rajan, R. and Zingales, L. (1998): Financial dependence and growth. American Economic Review, 88(1998), 559-586.

Romer P.M. (1989): Capital accumulation and the theory of long–run growth. Modern Business Cycle Theory. Barro R. (ed.), Harvard University Press, Cambridge.

Schumpeter, J.A (1911): A theory of economic development. Harvard University Press.

Soedarmono,W.(2010): Bank competition, institution and economic development: Evidence from Asia during 1999-2007. Economics bulletin, 30(3), 2119-2133.

Sussman, O., (1993): A theory of financial development. In Giovannini A. (ed.), Finance and development: Issues and experience. Cambridge UK, Cambridge University Press., pp. 29–57

Annexe 1 : Test

[illegible]

Annexe 2 : Evolution de la concentration bancaire sur les marchés de dépôt et de crédit et du PIB/tête dans les six (6) pays de la CEMAC (période 2005-2015).

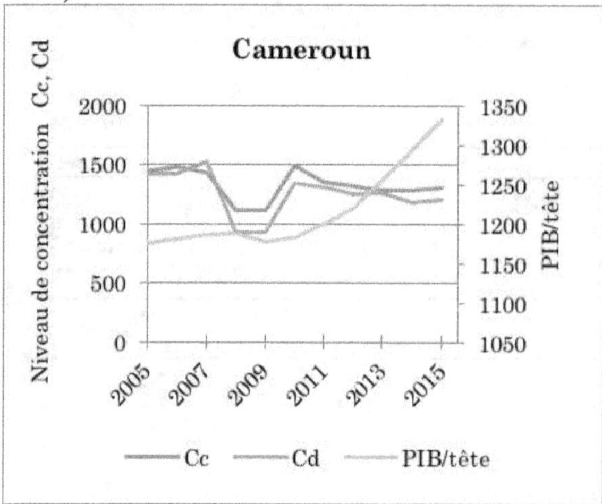

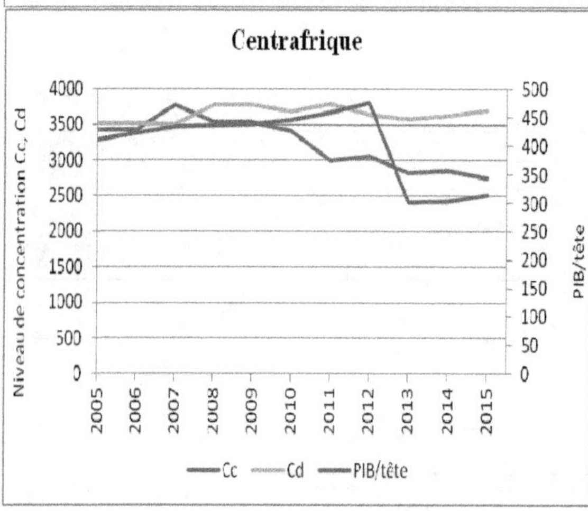

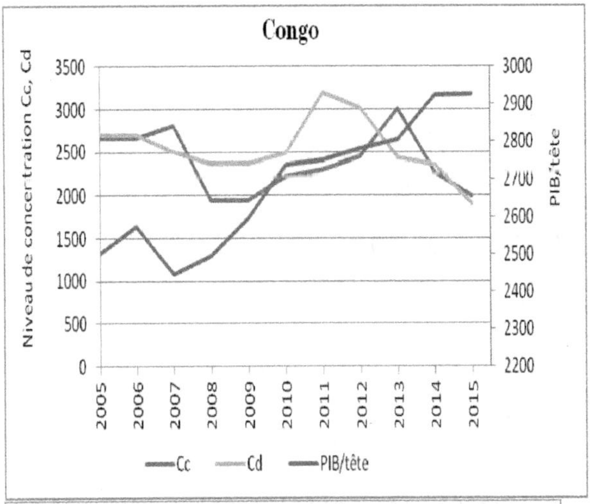
Congo
Niveau de concentration Cc, Cd
PIB/tête
3500
3000
2500
2000
1500
1000
500
0
3000
2900
2800
2700
2600
2500
2400
2300
2200
2005
2006
2007
2008
2009
2010
2011
2012
2013
2014
2015
Cc
Cd
PIB/tête

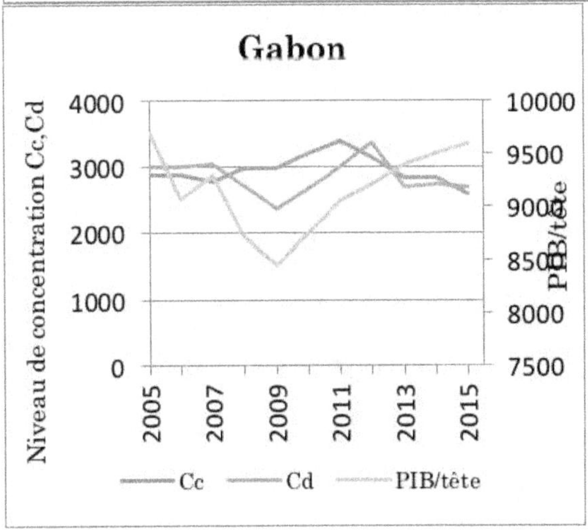
Gabon
Niveau de concentration Cc,Cd
PIB/tête
4000
3000
2000
1000
0
10000
9500
9000
8500
8000
7500
2005
2007
2009
2011
2013
2015
Cc
Cd
PIB/tête

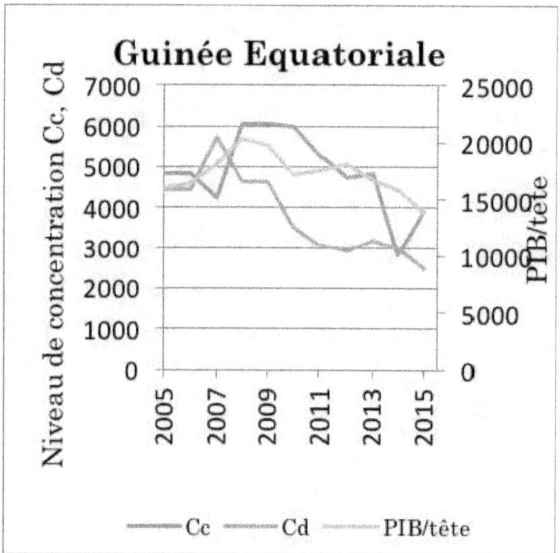

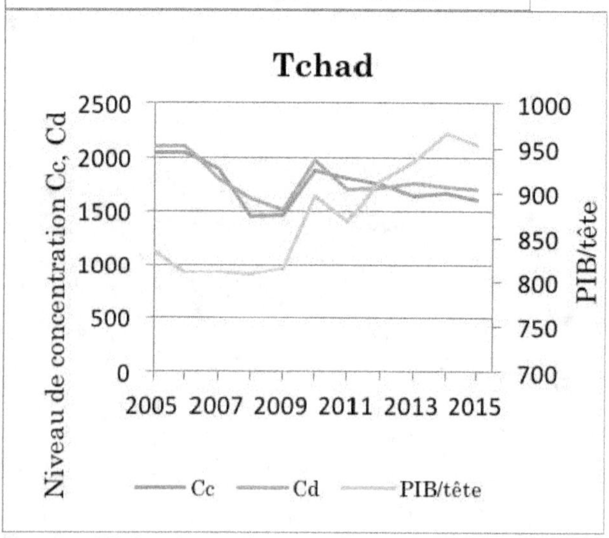

Source : élaborés par l'auteur à partir des données de la COBAC et de la Banque Mondiale

Effets du capital social des Très petites entreprises sur l'accès au financement bancaire au Congo

Pierre Ghislain Batila Ngouala Kombo[114]

Résumé

Cet article a pour objectif d'analyser les effets du capital social de la Très petite entreprise (TPE) sur l'accès au financement bancaire au Congo. A cette fin, nous avons recouru au modèle probit pour atteindre cet objectif. A partir de la base de données du RTPMEA disposant de 4179 TPE congolaises, les résultats montrent que le capital social a plus d'effets sur l'accès au financement bancaire quand il est associé à la tenue de la comptabilité. Par conséquent, le capital social de la TPE est un complément important à la non tenue de la comptabilité. Au vu de ces résultats, il est recommandé aux TPE d'améliorer la tenue de leur comptabilité et de se mettre en réseaux afin de bénéficier des bienfaits du capital social.

Mots Clés : Capital social, financement bancaire, TPE
Classification JEL : O15-G32-N97.

Introduction

La situation des banques congolaises, sur-liquides et celle des Très petites entreprises (TPE) en manque de financement (BAD, 2009) est paradoxale. En effet, les chercheurs (Plane & Torres., 1998 ; St-Pierre et al, 2004 ; OCDE2, 2013), les décideurs publics, les institutions bilatérales et multilatérales (FMI, 2004 et Banque mondiale, 2006) présentent la TPE comme le moteur de la croissance économique, de la création d'emplois et de la réduction de la pauvreté dans les pays en développement. Ce rôle dévolu aux TPE fait de leur financement un problème important de développement. Ce problème du financement surtout bancaire est considéré comme l'une des contraintes de l'entreprenariat dans la plupart des pays en développement (PED). Mais, cette contrainte touche, particulièrement, les Très petites entreprises (TPE).

---

[114] Enseignant-chercheur, Laboratoire de recherche et d'études économiques et sociales (LARES), Faculté des sciences économiques, Université Marien N'GOUABI. E-mail : ghislain.batila@umng.cg

Au Congo, les Très petites entreprises (TPE) jouent un rôle économique (27,3% des produits de la TPE sont destinés à l'exportation dans la CEEAC, 40,3% dans la CEDEAO, 2,6% dans les autres pays africains et 29,9% dans les autres pays et 81,6% de Très petites entreprises s'approvisionnent directement sur le marché national)[115] et social important. Elles couvrent le manque des gros investissements et créent ainsi un tissu économique primaire qui est à la base du développement de ces économies (Ferrier, 2002). C'est un secteur générateur de revenus et pourvoyeur d'emplois, car selon le RTPMEA (2017), ces TPE créent 39,6 % d'emplois permanents et 11,9 % d'emplois temporaires.

Malgré leur contribution dans l'économie, les TPE congolaises sont fortement exposées à la faillite et à l'échec. L'existence des difficultés de financement bancaire en est la cause principale (BAD, 2009) et l'une des principales raisons de leurs problèmes de croissance. En effet, selon le RTPMEA (2017), plus de 81% du total des financements des petites entreprises proviennent de fonds propres et, seulement, 3%, d'entre elles ont accès à une ligne de crédit.

Cette situation caractérisée par le refus de prêts par des banques, s'explique par l'impossibilité pour elles de lever totalement les risques d'anti-sélection, les risques d'aléa moral ex-ante et les risques d'aléa moral ex-post.

Pour faire face à ces problèmes financiers qui risquent de compromettre l'avenir des TPE, l'entrepreneur peut utiliser ses relations personnelles pour mobiliser les fonds nécessaires à l'épanouissement de son entreprise. Il peut, notamment, compter sur ses relations privilégiées avec les responsables des banques afin d'obtenir un meilleur accès au financement bancaire (Gharsalli, 2014).

C'est dans ce contexte que le capital social est envisagé comme une solution à la contrainte de crédit (Shane et Cable, 2002 ; Davidsson et Honig, 2003 ; Florin et al., 2003). En effet, le capital social représente les ressources relationnelles que les acteurs individuels peuvent mobiliser à travers leurs réseaux de relations sociales (Bourdieu, 1980; Lin, 1995). Ces ressources sont, généralement, très variées et peuvent consister en des informations, des opportunités ou toute autre forme de soutien moral ou matériel. Il se réfère, alors, aux liaisons entre les individus, les réseaux sociaux ainsi qu'aux normes de réciprocité et de loyauté qui résultent d'eux-mêmes (Putnam, 1995).

---

[115] Recensement des Très petites, petites, moyennes entreprises et artisans au Congo (RTPMEA)

Le capital social est, alors, perçu comme un substitut des garanties financières réelles exigées par les institutions bancaires. Ainsi, une réflexion sur les effets du capital social des TPE sur la probabilité d'accès au financement bancaire serait une contribution à la littérature empirique sur cette question de développement, d'autant plus que les travaux sur le capital social au Congo sont quasiment inexistants. Aussi, la question qui structure notre problématique se présente-t-elle comme suit : Quels sont les effets du capital social des TPE sur la probabilité d'accès aux crédits bancaires au Congo ?

L'objectif poursuivi, dans cet article, est d'analyser les effets du capital social de la TPE congolaise sur l'accès au financement bancaire. Étant donné que le capital social est supposé réduire l'asymétrie d'information sur le marché de crédit, nous soutenons qu'il est de nature à faciliter l'accès au crédit bancaire (Wu et Choi, 2004, Bjørnskov, 2006 et Gharsalli, 2014). La suite de cet article, hormis l'introduction et la conclusion, se structure de la manière suivante : Revue de la littérature, méthodologie d'étude et résultats obtenus.

Revue de la littérature

La problématique de l'accessibilité au financement bancaire des entreprises a fait l'objet d'une littérature abondante. Cet intérêt procède aussi bien au développement de la littérature théorique que de la littérature empirique.

Sur le plan théorique, deux approches structurent les travaux sur la problématique de financement bancaire des entreprises. La première approche est fondée sur la relation contractuelle entre le préteur et l'emprunteur (théorie de l'agence). La deuxième approche est axée sur la théorie du capital social.

La première approche a pour fondement les travaux de Jensen et Meckling (1976). En effet, pour ces auteurs, la relation contractuelle entre prêteur et emprunteur pose un problème d'agence qui est source des problèmes de sélection adverse (Stiglitz et Weiss, 1981) et d'aléa moral (Chan et Thakor, 1987) préjudiciables au créancier. Ces problèmes, qui existent indépendamment de la taille de l'entreprise, sont considérés comme des facteurs déterminant les coûts de financement, car l'octroi des crédits aux entreprises de petite taille entraîne des coûts élevés pour la banque. Ces coûts varient en fonction de la nature du contrat. Dans cette optique, il y a risque de non-exécution des contrats.

Cette incertitude liée au contrat nécessite la mise en place des mécanismes incitatifs pour amoindrir les problèmes d'agence. Ainsi, la signalisation et le filtre font partie des techniques classiques de gestion de cette incertitude. En effet, les termes des contrats de crédit déterminent les comportements des entreprises, en matière de choix d'un niveau de risque, et engendrent une auto-sélection (Bester, 1985). Les contrats révélateurs les plus usuels reposent sur la fixation du niveau de taux d'intérêt et des garanties (Besanko et Thakor, 1987). De son côté, l'entreprise a intérêt à signaler la qualité de son projet pour limiter l'importance des asymétries d'information et éviter qu'elle soit rationnée (Stiglitz et Weiss, 1981). A cet égard, la qualité des états financiers constitue une source importante d'information pour les partenaires externes de la firme et, spécialement, les banquiers (Berger et Udell, 1998). De même, le secteur d'activités permet de renseigner sur le degré d'opacité de l'entreprise en passant par la spécificité des actifs à financer (Leland et Pyle, 1977). L'âge de l'entreprise apparait, également, comme vecteur de réputation de l'entreprise, car les entreprises les plus jeunes seraient les plus opaques et les plus exposées aux problèmes d'accès au crédit (Wamba et Niyonsaba, 2014).

En revanche, les tenants de la seconde approche (Wu et Choi, 2004 ; Lehmann et Neuberger, 2001 ; Wamba, 2013 ; Wamba et Niyonsaba, 2014) mettent, en avant, l'importance du capital social dans l'accès au financement bancaire. En effet, le capital social dont disposent les TPE est un élément essentiel dans la décision de prêt qui peut aller jusqu'à la garantie réelle exigée par les institutions bancaires. Ceci réduit le coût d'acquisition de l'information sur l'entreprise ainsi que la survenance de sélection adverse et d'aléa moral. En présence du capital social, les coûts de transaction liés au contrat et le risque de défaillance de l'entreprise sont significativement réduits (Wamba, 2013).

Ainsi donc, le capital social est considéré comme un catalyseur d'accès au financement bancaire lorsque les conditions exigées par les banques ne sont pas réunies. Cet effet positif du capital social sur le financement bancaire passe par la réduction du degré d'opacité de la PME aux yeux de la banque et à l'établissement d'une relation de long terme entre la PME et la banque (Wamba et Niyonsaba, 2014). Ces relations interpersonnelles entre la banque et l'entrepreneur accroissent la confiance entre parties contractantes et facilitent l'accès au crédit bancaire (Wu et Choi, 2004 ; Lehmann et Neuberger, 2001).

De même, Fukuyama (1995) montre l'importance des réseaux sociaux dans le processus d'accès au crédit bancaire. Pour cet auteur, la constitution des réseaux sociaux peut réduire les asymétries d'information et permettre aux offreurs de financer les meilleurs projets. Il estime que les réseaux et les associations procurent, à leurs membres, les avantages financiers, notamment l'accès au financement bancaire. Ainsi, l'appartenance à un réseau facilite la circulation de l'information, procure aux banquiers des garanties personnelles plus solides, permet d'exercer des mécanismes internes de contrôle et de sanction aux membres, etc. (Kim al., 2008 ; Biggs et Shah, 2006). Tous ces avantages sont susceptibles de faciliter l'accès au financement bancaire.

Enfin, perçu comme l'une des sources privilégiées du capital social, le capital humain élevé augmente la confiance des partenaires financiers vis-à-vis des PME (Montgomery et al. 2005). A cet effet, Mweze (2008) soutient que plus l'entrepreneur est instruit, plus le prêteur l'estime crédible, car il a une réputation avantageuse, par rapport à une personne non instruite. Aussi, dans la vie courante, un entrepreneur instruit a plus de chance de rencontrer des personnes qu'il connaît dans une institution financière et qui pourraient lui faciliter l'accès au crédit.

Sur le plan empirique, plusieurs études ont été effectuées sur l'analyse de l'influence du capital social sur le financement bancaire des micro-entrepreneurs. Toutes les études ont montré l'aspect positif du capital social sur l'accès au financement bancaire. En se servant du modèle probit, les auteurs Lawal et al. (2009) comme Ajani et Tijani (2009) ont montré, dans le cas du Nigéria, que l'indice du capital social affecte positivement la probabilité des membres de réseaux dans l'obtention de microcrédit. Ils concluent que l'appartenance à des réseaux ou associations améliore la probabilité d'obtenir un crédit pour les membres.

Par contre, d'autres auteurs se sont servis du modèle logit pour expliquer l'influence du capital social à faciliter l'accès au crédit bancaire. Les études menées au Cameroun par Ngoa et niyonsaba (2012) et Wamba (2013), mettent l'accent sur le capital social comme facteur d'accès au crédit des PME. Le capital social est capté par cinq variables, à savoir, le ratio de la main-d'œuvre familiale, le soutien gouvernemental, l'appartenance aux réseaux d'affaires ou aux associations, les relations personnelles avec la banque et le niveau du capital humain prépondérant dans l'entreprise.

Le résultat obtenu montre que le capital social réduit les coûts de transaction et joue un rôle de facilitateur dans l'accès au crédit. Mwangi et Ouma (2012) sont parvenus au même résultat après une étude menée au Kenya. Ils montrent que le capital social de l'entreprise, capté par son affiliation à un groupe, réduit les asymétries d'information et facilite son accès au crédit bancaire. Sadick et Amegashie (2013) par contre construit une série d'indices pour capter le capital social. Il s'agit de l'indice d'homogénéité, de l'indice de connexion au réseau, de l'indice du respect du contrat, de l'indice du niveau de confiance et de l'indice d'action collective. Les résultats obtenus, par ces auteurs, sur une étude menée au sud du Ghana, montrent une influence positive de toutes ses variables sur la probabilité des organisations d'avoir accès au crédit au sein des institutions financières.

Cette revue de la littérature révèle qu'en dehors des techniques classiques de gestion de l'incertitude liée au contrat, le capital joue un rôle important dans la prise de décision de prêt. Les travaux font aussi remarquer que le capital social constitue un bon moyen de réduction des risques liés au contrat. Dans cette optique, ce travail montre les éléments du capital social qui contribuent à la réduction de ces risques.

Méthodologie de l'étude

Cet article utilise les données issues du recensement des très petites, petites, moyennes entreprises et artisans au Congo (RTPMEA) mené auprès des promoteurs ou patrons des TPMEA, en 2017. Ce recensement a été initié par le ministère des Petites et Moyennes entreprises, de l'Artisanat et du Secteur informel du gouvernement congolais et réalisée par l'Institut national de la statistique (INS). Le choix de cette source de données se justifie non seulement parce qu'elle est récente, mais aussi et surtout parce qu'elle est liée directement aux questions de financement des entreprises. La base de données dispose de 4179 TPMEA.

Ainsi, pour expliquer notre variable dépendante (accès au financement bancaire), nous utiliserons, en tenant compte de la littérature, les variables suivantes : capital social qui est construit à partir de l'outil de Grootaert et al.(2004). Cet outil regroupe six dimensions du capital social, à savoir : Groupes et réseaux, confiance et solidarité, action et coopération collective, information et communication, cohésion et inclusion sociale et habilitation et action politique. Dans le cadre de ce travail, nous avons construit une variable composite du capital social au moyen de quatre dimensions (groupes et réseaux, confiance et solidarité, action et coopération collectives et informations et communication) qui ont été approchées en utilisant plusieurs questions disponibles dans les questionnaires de Grootaert et al. (2004) et du RTPMEA.

Groupes et réseaux, pour capter cette dimension, les questions sur l'appartenance à une organisation et sur les avantages d'accès aux services financiers retirés de ce groupe ont été mobilisées. On considère que cette variable prend la valeur 1, si la TPE appartient à un groupe et bénéficie des avantages des services financiers et 0 pour les autres réponses.

Confiance et solidarité sont approchées par la question suivante : avez-vous un contrat de sous-traitance avec une grande entreprise ? On considère que la TPE qui a développé un niveau de confiance est celle qui a un contrat de sous-traitance avec une grande entreprise (égale 1) c'est-à-dire qu'elle fait confiance aux grandes entreprises de leur environnement en ce qui concerne la facilitation à l'accès aux crédits et les autres le contraire (égale 0).

Action et coopération collective, cette dimension est saisie par les questions relatives à l'ouverture du capital de la TPE et sur la destination des produits/services. On considère que celle qui ouvre son capital aux autres actionnaires et qui a une coopération avec les clients pour la destination de ses produits/services a pour code 1 et les autres le contraire (égale 0).

Enfin, la dimension information et communication est la question suivante contenue dans le RPTMEA pour capter l'information : quelles sont les sources les plus importantes d'information ? Cette question a pour code 1, lorsque les TPE ont recours aux amis, familles, etc. et 0 pour les autres.

Les variables de contrôle qui sont les autres variables explicatives sont : la tenue de la comptabilité (Audet et al., 2009), l'ancienneté de la TPE (Zambaldi et al., 2011), le niveau d'instruction de l'entrepreneur (Mweze, 2008), la composition de la main-d'œuvre, le motif de la demande de crédit (Mweze, 2008), le sexe de l'entrepreneur (Saruzi , 2011) et le secteur institutionnel.

Les signes attendus des coefficients des différentes variables sont résumés dans le tableau ci-dessous :

Les variables utilisées sont résumées dans le tableau ci-dessous :

Tableau 1 : les variables et les signes attendues

VARIABLES	**Signe**
Niveau d'étude de l'Entrepreneur	+
Sexe de l'entrepreneur	+
Composition de la main-d'œuvre	-
Tenue de la comptabilité	+
Secteur institutionnel	-
Motifs de demande de crédit	+
Capital social	+
Ancienneté de la TPE	(-, +)

Source : Auteur, à partir de la littérature

L'analyse des problèmes de financement bancaire est à l'origine de nombreux travaux empiriques. Ainsi, il y a des travaux qui font usage des modèles à variable dépendante limitée (logit/probit) et, d'autres, des modèles de régression linéaire, lorsqu'il s'agit de la structure financière. Ainsi, pour mettre en évidence le rôle du capital social dans le financement bancaire, nous optons pour un modèle de régression probit en nous inspirant des travaux de Tabi et Niyonsaba (2012). En effet, dans ce modèle, les variables dépendantes sont binaires et prennent la valeur 1, si la TPE accède au financement bancaire, 0 si non. Ce modèle permet de prendre en compte la nature dichotomique de la variable dépendante relative à l'accès ou non au financement bancaire.

Le modèle dichotomique détermine la probabilité d'observer une réalisation spécifique j de la variable binaire à modéliser à partir d'une règle de décision par rapport à une variable latente non observable. Ainsi, d'après Crépon et Jacquemet (2010), le modèle latent spécifie la relation qu'entretient la variable qu'il est possible d'observer, avec le processus sous-jacent déduit de l'analyse théorique. Cette variable latente qui, par hypothèse, s'adapte à une mesure quantitative, décrit alors la probabilité d'obtenir un crédit bancaire. Ainsi, l'individu i obtient un crédit après demande dès lors que X(i) est supérieure à un certain seuil. Ainsi, pour notre cas, Y est une variable supposée mesurer l'accès au financement bancaire.

L'hypothèse émise sur la variable latente nous permet d'écrire, d'une part

$$X(i) = \alpha_0 + \left(\sum_{k=1}^{j} \alpha_k X_k(i) \right) + \varepsilon_i \qquad \textbf{(1)}$$

Et, d'autre part

$$Y = \begin{cases} 0 \; si \; X \leq y_0 \\ 1 \; si \; X > y_0 \end{cases}$$

De ce fait, la probabilité P_i que l'individu obtienne un crédit (Y=1) sera :

$$P_i = P(Y = 1) = P(X > y_0) = P\left(\alpha_0 + \sum_{k=1}^{j} \alpha_k X_k(i) + \varepsilon_i > y_0 \right) \qquad \textbf{(2)}$$

Ainsi, pour mettre en évidence le rôle du capital social dans le financement bancaire, nous optons pour un modèle en deux étapes. En effet, la première étape permet de sélectionner les TPE, puisque la base de données utilisée prend aussi en compte les petites entreprises et les moyennes entreprises. La variable dépendante type d'entreprise prend la valeur 1, s'il s'agit d'une TPE et 0, si non. La deuxième étape est celle relative à l'influence du capital social sur l'accès au financement des TPE. Dans cette deuxième étape, on prend en compte le biais de sélection en intégrant l'inverse du ratio de mills calculé à partir de la première équation. Nous posons l'hypothèse selon laquelle l'effet positif du capital social sur l'accès au financement est plus fort pour les TPE qui tiennent la comptabilité, car celles-ci, au fur et à mesure qu'elles cherchent un financement bancaire, peuvent mieux tirer parti des opportunités que le capital social offre principalement en termes d'informations et de confiance. Afin de prendre en compte dans le modèle cette hypothèse, nous intégrons les termes d'interaction entre le capital social et la tenue de la comptabilité ($CS{*}TC$). Notre modèle, en deux étapes, peut s'écrire :

$$(3)\begin{cases} Type\ d'entreprise = F(\mathrm{T}_i\theta_i) + \delta_i \\ Accès\ au\ financement = (CS, TC, CS{*}TC, invmills, ß_1 X_{1i}) + \varepsilon_2 \end{cases}$$

Où $\mathbf{T}_i, et\ X_{1i}$ représentent respectivement les matrices des variables qui déterminent le type d'entreprise et celles qui déterminent l'accès au financement bancaire ; CS le capital social et TC tenue de la comptabilité $\theta_i\ et\ ß_1$; les paramètres à estimer ; $\delta_i\ et\ \epsilon_2$ les termes d'erreurs.

La méthode utilisée pour estimer les paramètres du modèle est celle du maximum de vraisemblance et la probabilité d'un individu est modélisée à l'aide de la loi binomiale, c'est-à-dire

$$P(Y = y_k/X(i)) = P_i^{y(i)} * (1 - P_i)^{1-y(i)} \qquad (4)$$

Résultats

Avant de faire l'analyse économétrique, nous procédons à la description des variables de base du RTPMEA utilisées pour cette recherche.

Les statistiques descriptives des variables retenues dans le cadre de notre travail se présentent comme suit :

Tableau 2 : Statistiques descriptives des principales variables d'analyse

VARIABLES QUATITATIVES		%
Niveau d'étude de l'entrepreneur		
- Sans niveau/primaire		35,22
- Secondaire		50,98
- Supérieur		13,80
Sexe de l'entrepreneur		
- Hommes		81,65
- Femmes		18,35
Composition de la main-d'œuvre		
- Hommes		68,70
- Femmes		17,42
- Hommes et femmes		13,89
Tenue de la comptabilité		
- Tenue formelle avec DSF		2,92
- Tenue formelle, mais détaillée		33,84
- Non		63,24
Secteur institutionnel		
- Secteur formel		98,44
- Secteur informel		1,56
Accès au financement bancaire		
- Oui		26,53
- Non		73,47
Motifs de demande de crédit		
- Terrain	Oui	8,27
	Non	91,73
- Bâtiment	Oui	6,30
	Non	93,70
- Matériel de transport	Oui	4,28
	Non	95,72
- Autres équipements	Oui	16,04
	Non	83,96
- Formation du personnel	Oui	7,42
	Non	92,58
- Matériel informatique	Oui	2,47
	Non	97,53

VARIABLES QUANTITATIVES		
	MOYENNE	ECART-TYPE
Capital social	0,0145604	1,024982
Ancienneté de la TPE	6,252011	6,395783

Source *: auteur à partir des résultats du RTPMEA*

Le tableau 2 renseigne sur les caractéristiques de l'échantillon à partir duquel cette recherche est menée. Il indique que 26,53% des TPE ont accès au financement bancaire et 63,24 % d'entre elles ne tiennent pas leur comptabilité. Ces TPE sont dirigées, en majorité, par les hommes (81,65%). Lesdites TPE exercent, en majorité, dans le secteur formel (98,44%). Les entrepreneurs des TPE concernées ont, pour la plupart, le niveau secondaire (50,98%) contre 13,80% d'entrepreneurs de niveau supérieur. En abordant les motifs de demande de crédit, le motif dont le pourcentage semble plus élevé est « autres équipements ». Pour les autres motifs retenus dans la base de données, les pourcentages n'atteignent pas 10%. En ce qui concerne le capital social et l'ancienneté, on observe une dispersion au niveau des structures (TPE) étudiées, car les écart-types de ces deux variables sont supérieurs à leur moyenne. Il convient de noter que cette dispersion est plus importante pour le capital social.

Après la description de la base de données, les lignes suivantes s'attèlent à l'analyse économétrique.

On constate, à partir des résultats présentés, ci-dessous, que la probabilité qui est associée au chi2 est inférieure à 5%. Cela prouve que les variables explicatives dans l'ensemble sont liées à la variable dépendante. Autrement dit, les variables retenues dans le modèle sont globalement significatives. Aussi, ces résultats montrent qu'il y a des variables de contrôle qui ont des coefficients significatifs (chi2 de wald). Quant au R^2 de Mc Fadden (Pseudo R^2), les résultats montrent que le modèle explique à 4% la variance de la variable dépendante. Toutes les conditions présentées prouvent que les résultats obtenus peuvent faire l'objet des interprétations.

Tableau 3 : Effets marginaux liés à l'accès au financement bancaire (sans et avec interactions)

	Modèle 1		Modèle 2	
VARIABLES	Effets marginaux	Z-stat	Effets marginaux	Z-stat 2
Sexe				
Homme	Réf.	Réf.	Réf.	Réf.
Femme	-0,018	-0,660	-0,017	-0,620
Tenue de comptabilité				
Formelle avec DSF	Réf.	Réf.	Réf.	Réf.
Formelle mais pas détaillée	-0,121	-1,600	-0,028	-0,420
Non	-0,187**	-2,470	-0,097	-1,440
Age TPME	0,003**	2,270	0,003**	2,310
Age TPME au carré	-0,000**	-2,280	-0,000**	-2,330
Capital social	0,023***	3,26	0,007	0,590
Capital social* Formelle mais pas détaillée			0,027*	1,840
Capital social* Non			-0,333***	-12,38
Secteur institutionnel				
Informel	Réf.	Réf.	Réf.	Réf.
Formel	-0,038	-0,440	-0,053	-0,640
Composition par genre de la main-d'œuvre				
Hommes seuls	Réf.	Réf.	Réf.	Réf.
Femmes seules	0,014	0,480	0,015	0,510
Hommes et Femmes	0,024	0,980	0,021	0,890
Niveau d'instruction (promoteur/gérant)				
Sans niveau/Primaire	Réf.	Réf.	Réf.	Réf.
Secondaire	0,059***	3,36	0,058***	3,290
Supérieur	0,167***	5,84	0,164***	5,730
Motifs d'investissement				
Terrain				
Non	Réf.	Réf.	Réf.	Réf.
Oui	0,056	1,580	0,056	1,580
Bâtiment				
Non	Réf.	Réf.	Réf.	Réf.
Oui	0,068*	1,760	0,069*	1,780
Matériel de transport				
Non	Réf.	Réf.	Réf.	Réf.
Oui	0,030	0,730	0,031	0,740
Autres équipements				
Non	Réf.	Réf.	Réf,	Réf.
Oui	0,023	1,070	0,022	1,020
Formation du personnel				
Non	Réf.	Réf.	Réf.	Réf.
Oui	0,020	0,560	-0,020	0,560

Matériel informatique				
Non	Réf.	Réf.	Réf,	Réf.
Oui	0,117*	1,840	0,117*	1,840
N	2946		2946	
Vraisemblance	-1608,9428		-1606,174	
Wald chi2(18)	138,68		477,70	
Prob > chi2	0,0000		0,0000	
Pseudo R^2	0,0428		0,0445	

*** $p<0,01$; ** $p<0,05$; * $p<0,1$

Source *: auteur à partir des données du RTPMEA*

Le tableau ci-dessus montre que l'accès au financement bancaire est expliqué par les variables significatives suivantes : le niveau d'instruction de l'entrepreneur, la durée de l'existence de la TPE (Age), le capital social, le motif d'investissement, la composition de la main-d'œuvre de l'entreprise et la tenue de la comptabilité.

Toutes choses étant égales, par ailleurs, cela peut signifier que le capital social augmente de 2,3% la probabilité d'accéder au financement bancaire (modèle 1). Ces résultats montrent que le capital social a un effet positif sur l'accès au financement bancaire.

Le modèle 2 est obtenu en insérant les termes d'interaction entre capital social et tenue de la comptabilité dans le modèle 1. Les résultats du modèle 2 montrent que le capital social n'est plus significatif, mais exerce plutôt un effet plus important, lorsqu'il est associé à la tenue de la comptabilité. Ces résultats prouvent que le capital social est un facteur complémentaire de la tenue de la comptabilité, en ce qui concerne l'accès au financement bancaire.

Ces résultats peuvent vouloir dire que plus une TPE fait partie des réseaux d'affaires ou d'une association, plus elle a la chance d'accéder au financement bancaire. Ces résultats coïncident avec ceux de Mwangi et Ouma (2012) sur une étude menée au Kenya. Ces auteurs montrent que le capital social de l'entreprise, capté par son affiliation à un groupe, réduit les asymétries d'information et facilite son accès au crédit bancaire. En effet, les entrepreneurs ayant réussi à inspirer confiance aux autres, à travers leur appartenance aux réseaux d'affaires, ont plus de chance d'accéder au financement bancaire que ceux d'autres catégories. Le mécanisme qui peut expliquer cela est le fait que l'appartenance à un réseau facilite la circulation de l'information, procure aux banquiers des garanties personnelles plus solides, et permet d'exercer des mécanismes internes de contrôle et de sanction aux membres.

De même, Fukuyama (1995) montre l'importance des réseaux sociaux dans le processus d'accès au crédit bancaire. Pour cet auteur, la constitution des réseaux sociaux peut réduire les asymétries d'information et permettre aux offreurs de financer les meilleurs projets. Il estime que les réseaux et les associations procurent à leurs membres les avantages financiers dont l'accès au financement bancaire. Ainsi, l'appartenance à un réseau facilite la circulation de l'information, procure aux banquiers des garanties personnelles plus solides, permet d'exercer des mécanismes internes de contrôle et de sanction aux membres, etc. (Kim al., 2008 ; Biggs et Shah, 2006).

En ce qui concerne les variables de contrôle, les résultats obtenus montrent que le fait d'avoir un promoteur ou un gérant de niveau secondaire ou supérieur augmente la probabilité d'accéder au financement bancaire respectivement de 7,2% et 16,8%. Par ailleurs, la durée de l'existence de la TPE tend à augmenter la probabilité d'accéder au crédit bancaire alors que la non-tenue de la comptabilité tend à diminuer cette probabilité. En effet, les résultats consignés dans le tableau 4 montrent que la durée de l'existence de la TPE (Age) augmente de 0,3% la probabilité d'accéder au crédit bancaire, tandis que la non-tenue de la comptabilité diminue de 18,7% cette probabilité. A côté de cela, les résultats du tableau 4 indiquent aussi que le fait de demander un crédit afin d'investir dans le bâtiment ou dans le matériel informatique ou encore le fait de disposer d'un personnel composé d'hommes et de femmes augmente, également, la probabilité d'accéder au financement bancaire.

Conclusion

Dans cet article, nous avons examiné les effets du capital social des TPE sur l'accès au financement bancaire au Congo. Le recours à un modèle probit a permis d'obtenir des résultats qui attestent le caractère positif du capital social dans l'explication de l'accès au financement bancaire. Cela veut dire que le recours au capital social permet aux TPE d'accéder au financement bancaire. Ensuite, les résultats montrent que le capital social est un facteur complémentaire de la tenue de la comptabilité dans l'accès au financement bancaire. Notre hypothèse de départ a été vérifiée.

Ces résultats impliquent que pour qu'une TPE ait la chance d'accéder au financement bancaire, il serait souhaitable pour elle de tenir régulièrement sa comptabilité (ou d'améliorer la qualité de ses états financiers). En plus, elle doit se mettre en réseaux afin de bénéficier des bienfaits du capital social.

Références bibliographiques

Ajani, O.I.Y. et Tijani, G.A. (2009), « The Role of Social Capital in Access to Microcredit in Ekiti State, Nigéria », *Journal of Social Sciences*. Vol. 6, No. 3, pp. 125-132;

Audet J., ST-Pierre J. et Thi Hong V. P., (2009), « La vulnérabilité des TPE et des PME dans un environnement mondialisé », 11es Journées scientifiques du Réseau Entrepreneuriat, 27, 28 et 29 mai 2009, INRPME, Trois-Rivières, Canada;

Banque Africaine de Développement (2009), *Etude sur l'amélioration de l'accès au financement des petites et moyennes entreprises*;

Banque Mondiale (2006), *Making Finance Work for Africa*, Banque Mondiale ;

Berger A., et Udell G.F., (1998), «The economics of small business finance: the roles of privateequity and debt markets in the financial growth cycle », in *Journal of Banking & Finance*, Vol. 22, n°8, pp. 613-673 ;

Besanko D. and Thakor A.V., (1987), « Collateral and rationing: sorting equilibria in monopolisticand competitive credit markets », in *International Economic Review,* Vol. 28, pp. 671-689 ;

Bester H., (1985), « Screening vs rationing in credit markets with imperfect information », in *American Economic Review,* Vol. 75, pp. 850- 855 ;

Biggs T. and M.K. Shah, (2006), « African Small and Medium Enterprises, Networks, and Manufacturing Performance », *World Bank Policy Research Working Paper 3855,*

Bjørnskov C., (2006), « The multiple facets of social capital », in *European Journal of Political Economy*, Vol. 22, pp. 22-40 ;

Bourdieu, P., 1980,« Le Capital Social, Notes Provisoires ». *Actes de Recherches de Sciences Sociales*. Vol. 31, pp. 2-3 ;

Chan Y.S. and A.V. Thakor, 1987, « Collateral and competitive equilibrium with moral hazardand private information », in *Journal of Finance*, Vol. XLII, n° 2, pp. 345-363 ;

Crépon B. et Jacquemet N. (2010), « Économétrie : méthode et applications », Bruxelles, Groupe De Boeck, coll. Ouvertures économiques, 416 p ;

Davidsson.P. et Honig. B., 2003, «The role of social and human capital among nascent entrepreneurs», *Journal of Business Venturing*, Vol.18, N°3, pp.301-331 ;

Fonds Monétaire International, (2004), *Republic of Mozambique : Financial System Stability Assessment Including Report on the Observance of Standards and Codes on the following topics: Banking Supervision, Payment Systems, and Anti-Money Laundering and Combating the Financing of Terrorism,* IMF Country Report 04/52, FMI ;

Florin. J., Lubatkin, M., & Schulze. W., (2003), « A social capital model of high-growth ventures», Academy of Management Journal, 46(3), pp. 374-384 ;

Fukuyama F., (1995), *Trust: the social values and the creation of prosperity*, New York: The free press ;

Gharsalli M., (2015), « Liens sociaux et financement bancaire : le cas des PME ».9e Congrès de l'Académie de l'Entrepreneuriat et de l'Innovation, Nantes, France, 20-22 mai ;

Jensen, M.C. and Meckling, W.H., (1976), « Theory of the firm: Managerial behavior, agency costs and ownership structure ». *Journal of Financial Economics*, vol.13, pp. 305-60 ;

Kim M., J. Surroca and Tribó J.A., (2008), « The effect of social capital on financial capital », Electronic copy available at: http://ssrn.com/abstract=1343863;

Lawal, O., Omonona, T., Ajani, Y. and Oni, A. (2009), « Effects of Social Capital on Credit Access Among Cocoa Farming Households in Usun State, Nigéria », *Agricultural Journal*, Vol. 4, No. 4, pp. 184-191 ;

Lehmann E. andNeuberger D., (2001), « Do Lending Relationships Matter? Evidence *from* Bank Survey Data in Germany », in *Journal of Economic Behavior and Organization*, vol. 45, n° 4, pp. 339-359 ;

Leland H. and D. Pyle, (1977), « Informational Asymetries, Financial Structure, and Financial Intermediation », in *Journal of Finance*, Vol.32, n°2, pp. 371-384,

Lin, N. (1995), Les ressources sociales: une théorie du capital social. *Revue française de sociologie*, *XXXVI*, 685-704 ;

McFadden D., (1987), « Regression based specification tests for the multinomial logit model », in *Journal of econometrics*, Vol.34, pp.63-82 ;

Ministère des Petites et Moyennes entreprises, de l'Artisanat et du Secteur Informel, (2017), *Recensement des Très Petites, Petites, Moyennes Entreprises et Artisans au Congo : Rapport Principal* ;

Montgomery M., J. Terry and Syed F., (2005), « What kind of capital do you need to start a business : i financial or human ? », in *Quarterly Review of Economics and Finance*, Vol. 45, pp. 103-122 ;

Mwangi, W.I. and Ouma, S.A. (2012), « Social Capital and Access to Credit in Kenya ». *American Journal of Social and Management Sciences.* Vol. 3, No. 1, pp. 8-16,

Ngoa H. et Niyonsaba E. (2012), *Accès au crédit bancaire et survie de la PME camerounaise : rôle du capital social*, trust Africa

OCDE. (2013), *Le financement des PME et des entrepreneurs 2012*. Editions OCDE ;

Plane, J.-M., & Torres., O. (1998), Le recours au conseil est-il un processus dénaturant pour la PME ? *1998*, 12 ;

Putnam R. D., (1995), « Bowling Alone: America's Declining Social Capital », in *Journal of Democracy*, n° 1, Vol. 6, pp. 65-78 ;

Sadik, M., Irene, S.E., Amegashie, D.P.K. (2013), « Social Capital and Access to Credit by Farmer BasedOrganization in the Karraga District of Northern Ghana », *Journal of Economics and Sustainable Development*. Vol. 4, No. 16, pp. 146-155 ;

Shane.S, et Cable D. (2002), «Ntwork ties, reputation and the financing of new ventures», *Management science*, Vol.48, N°3, pp.364-381 ;

St-Pierre, J. (2004), *La gestion du risque : comment améliorer le financement des PME et faciliter leur développement* (Presse de l'Université du Québec), Canada ;

St-Pierre, J., & Fadil, N. (2011), « La recherche en finance entrepreneuriale: Critique sur l'état actuel des connaissances et proposition d'un nouveau cadre de réflexion », *Revue internationale P.M.E.: Économie et gestion de la petite et moyenne entreprise*, *24*(3–4), 255 ;

Stiglitz J. and A. Weiss, (1981), «Credit rationing in markets with imperfect information», in *American Economic Review*, Vol. 71, n°3, pp. 393-410 ;

Wamba H. et Tchamanbé-Djine L., (2002), « Information financière et politique d'offre de crédit bancaire aux PME : cas du Cameroun », in *Revue Internationale PME*, Vol. 15, n°1, pp. 87-114 ;

Wamba H. et Niyonsaba Sebigunda E. (2014), «Le rôle du capital social en matière d'octroi de crédits bancaires aux PME : une étude à partir de l'expérience camerounaise», *Revue internationale P.M.E. : économie et gestion de la petite et moyenne entreprise*, vol. 27, n° 2, p.39-62 ;

Wamba H. (2013), «Capital social et accès des PME africaines au crédit bancaire : le cas du Cameroun », l*a revue des sciences de gestion,* N°259-260 ;

Wei-Ping Wu et Choi W.L., (2004), «Transaction cost, Social capital and firm's synergy creation in Chinese Business Networks: An Integrative Approach », *in Asia Pacific Journal of Management*, Vol. 21, pp. 325-343;

Zambaldi F., Aranha F., Lopes H. and Politi R., (2009), «Credit granting to small firms: A Brazilian case», in *Journal of Business Research*, Vol 30;

ANNEXES

Annexe 1 : Probit regression (première étape)

TPE	Coef.	Std. Err.	Z-stat	P>|z|
Forme Juridique	-0,003	0,002	-1.630	0.103
Type de secteur	-0,068	0,011	-5.980	0.000
Tenue de la comptabilité	-0,070	0,011	-6.330	0.000
Nombre d'activité	0,022	0,010	2.180	0.030
Enregistrement au CEF	-0,091	0,007	-12.270	0.000
N	11,105			
LR chi2(5)	694.54			
Prob > chi2	0.0000			
Pseudo R2	0.0472			

Annexe 2 : Calcul de l'inverse du ratio de mills

```
predict p1, xb

replace p1=-p1

generate phi = (1/sqrt(2*_pi))*exp(-(p1^2/2))

generate capphi = normal(p1)

generate invmills1 = phi/(1-capphi)
```

Annexe 3: estimation du modèle sans et avec interactions

VARIABLES	Modèle 1 Coef.	P>|z|	Modèle 2 Coef.	P>|z|
Sexe				
Homme	Réf.	Réf.	Réf.	Réf.
Femme	-0,060	0,514	-0,057	0,537
Tenue de comptabilité				
Formelle avec DSF	Réf.	Réf.	Réf.	Réf.
Formelle mais pas détaillée	-0,338	0,092	-0,083	0,666
Non	-0,550	0,007	-0,301	0,121
Age TPME	0,010**	0,024	0,010**	0,021
Age TPME au carré	-0,000**	0,023	-0,000**	0,020
Capital social			0,228	0,552
Capital social* Formelle mais pas détaillée			0,087	0,067
Capital social* Non			-1,082***	0,000
Secteur institutionnel				
Informel	Réf.	Réf	Réf.	Réf
Formel	-0,128	0,677	-0,183	0,403
Composition de la main d'œuvre				
Hommes seuls	Réf.	Réf.	Réf.	Réf.
Femmes seules	0,046	0,629	0,049	0,610
Hommes et Femmes	0,077	0,322	0,070	0,366
Niveau d'instruction (promoteur/gérant)				
Sans niveau/Primaire	Réf	Réf.	Réf.	Réf.
Secondaire	0,198***	0,001	0,194***	0,001
Supérieur	0,511***	0,000	0,502***	0,000
Motifs d'investissement				
Terrain				
Non	Réf.	Réf.	Réf.	Réf.
Oui	0,172	0,100	0,172	0,099
Bâtiment				
Non	Réf.	Réf.	Réf.	Réf.
Oui	0,209**	0,065	0,211**	0,062
Matériel de transport				
Non	Réf.	Réf.	Réf.	Réf.
Oui	0,097	0,453	0,098	0,447
Autres équipements				
Non	Réf,	Réf.	Réf,	Réf.
Oui	0,074	0,278	0,071	0,302
Formation du personnel				
Non	Réf.	Réf.	Réf.	Réf.
Oui	0,064	0,568	0,064	0,567
Matériel informatique				
Non	Réf,	Réf	Réf.	Réf
Oui	0,345**	0,048	1,970	0,048
Invmills1	**0,575**	0,155	0,560	0,165
N	**2946**		**2,946**	
Vraisemblance	**-1608,9428**		**1606,174**	
Wald chi2 (18 ;20)	**138,68**		**477.70**	
Prob > chi2	**0,0000**		**0,0000**	
Pseudo R2	**0,0428**		**0,0445**	

Chocs du prix du pétrole et activité économique dans un pays exportateur : cas du Congo

Par Gaspard Symphorien Mbou Likibi[116]

Résumé

Cet article vise à vérifier les effets des chocs du prix du pétrole sur l'activité économique au Congo. Pour atteindre cet objectif, les données du PIB industriel, PIB agricole, PIB par habitant, prix du baril de pétrole et taux de change effectif réel couvrant la période 1982-2016 font l'objet d'estimation par une méthodologie VAR structurel à la Sims. Les résultats mettent en évidence une forte influence des fluctuations du prix du pétrole sur l'activité économique. En particulier, environ 17% de la variance du PIB industriel sont expliqués par la variabilité du prix du pétrole et, environ, 12% de la variance du PIB agricole seraient imputables à la variabilité du prix du pétrole. Aussi, les effets d'un choc sur le prix du pétrole tendent à s'annuler dès la deuxième année pour le PIB agricole et à partir de la quatrième année en ce qui concerne le PIB industriel.

Mots clés : chocs du prix du pétrole, activité économique, VAR structurel
Classification JEL : E32, O44.

Summary

This paper aims to verify the effects of oil price shocks on economic activity in the Republic of Congo. To achieve this objective, data on in industrial GDP, agricultural GDP, GDP per capita, oil price per barrel, and reel effective exchange rate covering the period 1982-2016 are estimated using a structural VAR methodolology. The results highlight a strong influence of oil price fluctuations on economic activity. In particular, about 17% of the variance in industrial GDP is explained by the variability in the price of oil and about 12% of the variance in agricultural GDP is attributable to the variability of the price of oil. Also, the effects of a shock on the price of oil lend to cancel out in the second year for agricultural GDP and in the fourth year for industrial GDP.

Keywords : oil price shocks, economic activity, structural VAR
JEL classification : : E32, O44.

[116]Université Marien Ngouabi, Laboratoire de Recherche et d'Études Économiques et Sociales

Introduction

Les prix du pétrole ont été en baisse de plus de la moitié de juin 2014 à 2017. Ce fait, d'après le FMI (2017), a surpris la plupart des analystes. Les causes de cette baisse sont recherchées tant du côté de l'offre que de la demande. En effet, pour les économistes, lorsque les élasticités de la demande et de l'offre sont faibles, des perturbations sur le marché sont susceptibles de créer d'importantes fluctuations des prix. Or, ces fluctuations ne sont pas neutres vis-à-vis de l'activité économique. Ainsi, la recherche sur l'interaction entre le prix du pétrole et les performances économiques est devenue une préoccupation importante, depuis le premier choc pétrolier intervenu en 1973. Plusieurs travaux ont, d'ailleurs, conclu à une relation négative entre les chocs des décennies 1970/1980 et la production (Hamilton, 1983 ; Mork, 1994 ; Hsieh, 2008 ; DePratto et al., 2009 ; Nchor et al., 2016).

Aussi, les investigations ont-elles, souvent, montré que les effets des chocs pétroliers sont différents, selon que le pays est importateur ou exportateur. Hsieh (2008), González et Nabiyev (2009) estiment, pour cela, c'est le cas de la Corée et des USA, qu'une hausse du prix du pétrole est suivie d'une baisse du PIB réel. Ce résultat est similaire à ceux portant sur le Royaume-Uni (Lorusso et Pieroni, 2015). Pour ce qui est des pays exportateurs, un ralentissement du taux de croissance économique a été observé au Nigéria, à la suite d'une baisse des cours du pétrole (Eyedayi et Nwanna, 2016), alors qu'une hausse du prix du pétrole accélère la croissance économique de ce pays (Ayodele et al., 2014).

La république du Congo est l'un des plus importants exportateurs du pétrole en Afrique au sud du Sahara (troisième producteur après le Nigéria, et l'Angola). L'analyse de la relation entre les fluctuations du prix du pétrole et sa production est une recherche intéressante pour plus d'un titre. D'abord, parce que depuis le début de la décennie 1970, le pétrole est devenu le principal produit d'exportation (plus de 85% des exportations) et sa contribution au PIB qui n'était que de 33,6%, en 1980, a déjà dépassé 70%.

Ensuite, parce qu'à mesure que la contribution du pétrole, dans l'économie, prend de l'ampleur, celle des secteurs agricoles et des industries manufacturières se comprime. De 9% et 7,5 % du PIB en 1980, les contributions de ces deux secteurs au PIB n'ont plus été que de 4,4% et 3,5%, en 2000 respectivement, puis en deçà de ces valeurs ces dernières années (Bhattacharya et Ghura, 2006 ; PNUD, 2012). Enfin, du fait de la chute du prix du baril de pétrole intervenue en 2014, le gouvernement congolais a, plusieurs fois, procédé à des révisions à la baisse de ses budgets.

Malgré ces exercices, les déséquilibres financiers persistent et ont, d'ailleurs, conduit le pays à entreprendre des négociations avec le FMI en vue d'une probable signature d'un programme de sortie de crise.

Ce travail se propose d'évaluer les effets des chocs pétroliers sur le produit par tête, la production agricole et la production industrielle. Nous postulons qu'une augmentation du prix du pétrole déprime les productions agricole et industrielle. Dans la suite, nous consacrons la deuxième section à la revue de la littérature et la troisième à la méthodologie et à la présentation des résultats. L'analyse des résultats est faite dans la quatrième section, la dernière conclut l'article avec des recommandations de politique économique.

Revue de la littérature

Depuis les travaux de Hamilton (1983), l'étude de la relation entre fluctuations du prix du pétrole et évolution des différentes variables macroéconomiques est devenue une préoccupation pour de nombreux économistes. Cet intérêt n'est pas seulement manifeste sur le plan empirique, il l'est également sur le plan théorique.

Sur le plan théorique, il ressort une absence de consensus sur les différents mécanismes de transmission des chocs pétroliers sur l'activité économique. Comme l'ont relevé Lescaroux et Mignon (2008), les canaux par lesquels les fluctuations du prix du pétrole influencent l'économie et leur ampleur ont suffisamment évolué au cours du temps. Dans l'analyse, il est, d'ailleurs, distingué les effets du côté de l'offre de ceux du côté de la demande. Du côté de l'offre, il est admis qu'une augmentation du prix du pétrole renchérit les coûts de production qui, à leur tour, contractent la production (Barro, 1984). Ce ralentissement de l'activité, comme l'ont souligné Brown et Yucel (2002) ou Ferderer (1996) et Abel et Bernanke (2001) s'accentue avec la baisse du volume d'investissement et, donc, de la productivité. Du côté de la demande, en revanche, un renchérissement des coûts de production occasionné par une augmentation du prix du pétrole se manifeste par une augmentation des prix des biens et services destinés au marché. Ce qui conduit à une baisse du pouvoir d'achat des ménages et, par suite, à une contraction de la demande de biens de consommation et de la production.

Les réactions d'autres variables (autre que le PIB), suite aux fluctuations du prix du pétrole, ont, également, retenu l'attention des économistes. Ainsi, Loungani (1986) et Kliesen (2008) ont argumenté qu'une firme qui propose des produits intensifs en énergie, aura tendance à modifier sa structure de production afin de se réorienter vers la production des biens moins intensifs en énergie. Ce comportement n'est pas sans conséquence sur l'emploi dans la mesure où une réallocation du capital, tant humain que physique, entre secteurs d'activités est observée. Cependant, pour Keane et Prasad (1996), du fait des complémentarités ou des substituabilités existantes entre différents segments du marché du travail, une augmentation du prix du pétrole améliorerait le niveau d'emploi, à long terme, en dépit de sa contraction, à court terme. S'intéressant au taux d'intérêt, Pierce et Enzler (1974), Mork (1994) ainsi que Brown et Yucel (2002) ont souligné qu'une augmentation du prix du pétrole exerce une pression sur la demande de monnaie. Lorsque cette demande additionnelle n'est pas satisfaite, elle finit par se traduire par une hausse des taux d'intérêt et, donc, une baisse de l'activité.

Sur le plan empirique, c'est, sans doute, à Hamilton (1983) que revient le mérite d'avoir conduit des travaux considérés séminaux sur l'étude de la relation entre variations du prix du pétrole et activité économique. Sur la base d'un modèle vectoriel autorégressif (VAR), l'auteur est parvenu à la conclusion selon laquelle les récessions économiques aux Etats-Unis (USA) ont été précédées des hausses de prix de pétrole. Cette conclusion a, d'ailleurs, été confortée par plusieurs travaux établissant une relation négative entre des hausses du prix de pétrole et le produit, tout comme une relation positive entre ces hausses, le taux de chômage et le taux d'inflation (Hamilton, 1996 ; Ahmed et al., 2012).

D'autres recherches, en revanche, focalisées sur les périodes de baisse du prix de pétrole n'ont pas mis en évidence une corrélation forte entre prix du pétrole et variables macroéconomiques, infirmant de ce fait les conclusions de Hamilton (1983). Ainsi, Mork (1989) et Hooker (1996) n'ont trouvé qu'un faible impact du prix du pétrole sur le produit. De façon précise, une baisse du prix de pétrole ne conduit pas à une augmentation significative du produit.

S'intéressant au cas des USA, Dissou et Karnizona (2014) ont construit un modèle multisectoriel de cycle économique caractérisé par une production endogène du pétrole, plusieurs sources de variations de prix du pétrole et par la présence de relations intersectorielles. A partir de ce modèle, les auteurs sont parvenus à expliquer l'hétérogénéité observée dans les réponses de la production et des prix du pétrole dans certains travaux passés. Outre les USA, les effets des chocs pétroliers ont été évalués sur les économies. S'appuyant sur un modèle VAR et des données couvrant la période 1961-1982, Burbidge et Harrison (1984) ont trouvé que les chocs pétroliers renchérissent les salaires et les prix dans l'ensemble des pays de leur champ d'étude (USA, Canada, Grande-Bretagne, Allemagne de l'est et Japon). Scholtens et Yurtsever (2012) qui ont, pour leur part, travaillé sur un échantillon plus large de 38 pays européens, concluent, à partir d'un modèle VAR, que les effets des chocs pétroliers diffèrent, selon les industries. L'évidence des effets asymétriques des chocs est aussi mise en lumière, en dépit du fait que les résultats sont statistiquement non significatifs. Cependant, Caldara et al. (2016) sont parvenus, à partir d'un modèle VAR structurel, à ce qu'une baisse dans les prix du pétrole occasionnée par des chocs d'offre dynamise l'activité économique dans les pays avancés alors qu'elle créée une récession dans les pays émergents.

S'agissant des pays en développement, Suhair (2016) a trouvé qu'une hausse du prix du pétrole a un effet négatif important et très significatif sur la production industrielle. Mais, cette évidence n'est pas prouvée pour 24 économies africaines où Rajhi et al. (2009) ne parviennent pas à des réponses significatives à partir d'une méthode d'évaluation générant des fonctions de réponse des variations du PIB et de l'indice des prix à la consommation (IPC) à un choc pétrolier. Cependant, au Nigéria, il ressort, des réactions des fonctions impulsionnelles, que les prix du pétrole sont négativement corrélés à l'inflation dans la production industrielle (Ojapinwa et Ejumedia, 2012). Les travaux de Nchor et al. (2016), pour le cas du Ghana, ont intégré l'analyse des effets asymétriques des chocs pétroliers. Comme résultats, il apparaît que les chocs linéaires et non linéaires des prix pétroliers ont des effets inverses sur les variables macroéconomiques. Plus précisément, les chocs positifs des prix du pétrole ont plus de portée que les chocs négatifs sur les dépenses gouvernementales et l'inflation. En revanche, la valeur ajoutée, dans l'industrie et les importations sont plus sensibles aux chocs négatifs des prix du pétrole.

Bhattacharya et Ghura (2006) ont également, pour un travail portant sur la recherche de la relation entre le pétrole et la croissance économique au Congo, conclu que les fluctuations du prix du pétrole affectent le TCER. C'est par ce canal que le prix du pétrole impacte la croissance du PIB. En effet, leurs résultats attestent qu'une hausse du prix du pétrole apprécie le TCER qui, à son tour, contracte l'activité économique. En particulier, sur le long terme, une hausse du prix du pétrole de 1% sur le marché mondial conduit à une appréciation du TCER de 0,2% qui, par la suite, à des effets pervers sur la croissance économique pour au moins 2 ans.

Cette revue de la littérature permet de tirer quelques enseignements majeurs sur les plans théoriques et empiriques. Sur le plan théorique, il est souvent distingué des chocs du prix du pétrole du côté de l'offre et des chocs du côté de la demande. Sur le plan empirique, on retiendra, d'abord, que l'ensemble de travaux converge à conclure que les variations du prix du pétrole ont des effets sur l'activité économique. Ensuite, les variables macroéconomiques, souvent, retenues pour vérifier l'incidence des chocs des prix du pétrole sont le PIB, le taux d'inflation, le taux d'intérêt, le TCER et le taux de chômage. Aussi, un recours est constamment fait au modèle VAR pour vérifier l'impact des chocs du prix du pétrole sur l'activité économique. Pour mieux tenir compte des implications économiques, nous utilisons, dans le cadre de ce papier, un modèle VAR structurel.

Méthodologie et estimations des équations

Dans cette section, nous présentons, en premier lieu, la méthodologie et, en second lieu, les estimations d'équations.

1.1. Spécification du modèle

La théorie économique montre qu'un régime de taux de change fixe, à l'instar de celui en vigueur dans la zone CEMAC, peut contribuer à réduire la variabilité du taux de change et les coûts de transaction, stimulant ainsi le commerce, les investissements et la croissance économique (Frankel et Rose, 2002). Aussi, des auteurs comme Obstfeld et Rogoff (1995) ont montré que les chocs réels externes, selon les termes de l'échange et les taux d'intérêt réel, induiraient des modifications du taux de change réel à l'équilibre. Si le taux de change nominal est fixé, l'ajustement du taux de change réel d'équilibre devra s'effectuer par le biais des modifications des prix nominaux et des salaires domestiques. Cependant, Meade (1951) avait déjà indiqué que cet ajustement sera difficile dans les pays où le taux de change est fixé et les salaires nominaux sont rigides.

Plus récemment, Bhattacharya et Ghura (2006) ont confirmé empiriquement qu'un choc pétrolier a des effets sur le produit. Ces effets peuvent être observés à court comme à long terme. En outre, ils montrent que l'un des canaux par lequel le prix du pétrole affecte le produit est le taux de change effectif réel. Dès lors, il serait possible, dans le cas du présent article, de retenir comme forme fonctionnelle de l'équation, la relation entre le produit, le prix du pétrole et le taux de change effectif réel.

Produit=f(prix du pétrole, taux de change effectif réel).
En désignant par pib le produit, rop le prix du baril de pétrole et reex le taux de change effectif réel, la forme spécifiée de l'équation est, donc :

$$pib_t = \beta_0 + \beta_1 rop_t + \beta_2 reex_t + \varepsilon_t \qquad (1)$$

Les variables endogènes étant le produit par tête, le produit agricole et le produit du secteur manufacturier, trois équations font donc l'objet d'estimation :

$pibhbt_t = \beta_0 + \beta_1 rop_t + \beta_2 reex_t + \varepsilon_t$ (2), pour le produit par habitant (modèle 1)

$pibind_t = \beta_0 + \beta_1 rop_t + \beta_2 reex_t + \varepsilon_t$ (3), pour le produit du secteur manufacturier (modèle 2)

$pibagri_t = \beta_0 + \beta_1 rop_t + \beta_2 reex_t + \varepsilon_t$ (4), pour le produit du secteur agricole (modèle 3)

Les données utilisées sont annuelles et proviennent de la base de données de la Banque des Etats de l'Afrique centrale (BEAC) pour les produits et des statistiques financières du Fonds monétaire international (FMI) pour les autres données. Elles couvrent la période 1982-2016.

1.2. Estimations des équations

1.2.1. Analyse des caractéristiques stochastiques

Avant toute investigation relative à la modélisation statistique, il est nécessaire d'examiner, préalablement, les chroniques étudiées afin de mettre en évidence leur caractère stationnaire. En effet, le choix de l'approche de modélisation ainsi que leurs résultats en dépendent.

Pour mener à bien cette analyse, nous avons transformé les variables en logarithme. Trois raisons principales motivent d'opter pour cette démarche. Premièrement, la transformation logarithmique agit sur les séries en amortissant l'amplitude des fluctuations et permet d'atteindre aisément la stationnarité en variance après la première différenciation. Deuxièmement, elle corrige, parfois, des irrégularités d'ordre de grandeur des variables retenues. In fine, elle permet d'interpréter directement les paramètres ou coefficients des variables du modèle en termes d'élasticité, cette raison est d'ordre économique.

Tableau 1 : Résultats des statistiques descriptives des séries étudiées

	LPIBAGRI	LPIBIND	LPIBRT	LREEX	LROP
Mean	4.434720	4.301147	7.732699	6.155812	3.869297
Median	4.318535	4.138361	7.797885	6.212903	3.686391
Maximum	5.128800	5.132786	8.443428	6.597198	4.726047
Minimum	3.876803	3.737670	7.070266	5.578566	2.907804
Std. Dev.	0.326672	0.400489	0.447964	0.287158	0.514446
Skewness	0.506874	0.602131	-0.232799	-0.747839	0.238970
Kurtosis	2.388277	2.118702	1.855503	2.526932	1.780174

Source : Calculs de l'auteur

L'analyse du tableau 1, ci-dessus, révèle que les caractéristiques de forme et de tendance centrale des logarithmes des cinq séries d'étude ne sont pas assez conformes à celles d'une loi normale. En effet, leurs coefficients d'asymétrie (skewness) et d'aplatissement (kurtosis) sont respectivement différents de 0 et 3 (valeurs caractérisant une distribution normale). Ainsi, les distributions des chroniques étudiées restent plus aplaties que celle d'une distribution normale.

En outre, les distributions des séries Log(PIBAGRI), Log(PIBIND) et Log(ROP) sont étalées à droite, contrairement à celles des séries Log(PIBRT) et Log(REEX) étalées à gauche. Par ailleurs, on note un rapprochement marquant entre les séries Log(PIBAGRI) et Log(PIBIND) par la similarité de leur caractéristique de forme et de tendance centrale, ainsi que leur forte corrélation significativement positive (voir tableau 2). Il apparaît, également, que le prix du pétrole a une forte corrélation, et de façon très significative, avec le PIB agricole et le PIB industriel. Cependant, avec le PIB réel par habitant, la corrélation n'est pas significative. En ce qui concerne le taux de change, il est faiblement corrélé au PIB agricole, au PIB industriel et au PIB réel par habitant.

Tableau 2 : matrice des corrélations des séries étudiées

	LPIBAGRI	LPIBIND	LPIBRT	LREEX	LROP
LPIBAGRI	1.000000 -----				
LPIBIND	0.911501 0.0000	1.000000 -----			
LPIBRT	0.575813 0.0003	0.420203 0.0120	1.000000 -----		
LREEX	0.154664 0.3750	0.066554 0.7040	0.302718 0.0771	1.000000 -----	
LROP	0.509082 0.0018	0.740656 0.0000	0.112464 0.5201	0.107829 0.5375	1.000000 -----

Source : Calculs de l'auteur

Pour étudier l'existence de la racine unitaire ou la stationnarité d'un processus, plusieurs tests peuvent être utilisés, notamment les tests de Dickey-Fuller (AD) et Dickey-Fuller Augmenté (ADF), le test de Phillips et Perron (PP), et le test de Kwiatkowski, Phillips, Schmidt et Shin (KPSS). Ainsi, ces trois tests ont été exécutés dans le cadre de ce papier pour mettre en évidence le caractère stationnaire ou non d'une série temporelle par la détermination d'une tendance déterministe ou stochastique.

La détermination du nombre de retards (p) pour l'exécution du test de racine unitaire sur chaque processus étudié indique qu'à l'exception de la série Log(PIBRT) dont p=3, les autres séries n'ont pas de retard (p=0), comme l'illustre le tableau 1, en annexes. Cependant, les résultats des tests de racine unitaire sont ci-dessous présentés.

Tableau 3 : Résultats des tests de racine unitaire sur les séries d'étude

Test	Types de tests	Log(PIBAGRI)	Log(PIBIND)	Log(PIBRT)	Log(REEX)	Log(ROP)
En niveau	ADF	1,774913 (-2,634731***)	0,825969 (-2,634731***)	1,009993 (-2,641672***)	-0,045410 (-2,634731***)	-0,766117 (-2,634731***)
	PP	1,774913 (-2,634731***)	0,850850 (-2,634731***)	0,821724 (-2,634731***)	-0,045410 (-2,634731***)	-0,766117 (-2,634731***)
	KPSS	3,031614 (0,739000***)	2,509827 (0,739000***)	0,662169 (0,463000**)	1,004097 (0,739000***)	1,098320 (0,739000***)
En différence première	ADF	-6,044291 (-2,636901***)	-5,354360 (-2,636901***)	-3,366359 (-2,644302***)	-5,246563 (-2,636901***)	-5,512150 (-3,646342***)
	PP	-6,044291 (-2,636901***)	-5,354360 (-2,636901***)	-3,886465 (-2,636901***)	-5,246563 (-2,636901***)	-5,565074 (-2,636901***)
	KPSS	0,065616 (0,739000***)	0,143639 (0,739000***)	0,055095 (0,739000***)	0,171508 (0,739000***)	0,200906 (0,739000***)
Conclusion tirée des tests		I(1)	I(1)	I(1)	I(1)	I(1)

Source : Auteur, sorties du logiciel.

Les valeurs entre parenthèses (...) indiquent les seuils critiques de niveau de significativité de : 1%*** et 5%**.

Les résultats du tableau renseignent que toutes les séries sont intégrées d'ordre 1, c'est-à-dire stationnaires en différence première. Ceci dénote une présomption d'au moins une relation de long terme. De même, après le test de co-intégration, quel que soit le modèle, il y a absence d'au moins une relation de co-intégration (cf. annexes tableaux 2, 3 et 7). Le recours à la méthodologie SVAR paraît, donc, évident afin, suivant Sims (1990), de capter, dans une dimension de court terme, les chocs structurels et leur propagation au sein de l'économie. L'estimation des modèles SVAR a permis de générer, afin d'appréhender les effets cumulés des coefficients[117], les matrices ci-après:

- *1er modèle SVAR*

$$\begin{pmatrix} 0.282732^{***} & 0 & 0 \\ 0 & 0.160311^{***} & 0 \\ 0 & 0 & 0.347858^{***} \end{pmatrix} \begin{pmatrix} e_{rop} \\ e_{reex} \\ e_{pibhbt} \end{pmatrix} = \begin{pmatrix} 1 & 0 & 0 \\ 0.010992 & 1 & 0 \\ 0.170885 & -0.007373 & 1 \end{pmatrix} \begin{pmatrix} Choc_{rop} \\ Choc_{reex} \\ Choc_{pibhbt} \end{pmatrix}$$

- *2e modèle SVAR*

$$\begin{pmatrix} 0.282597^{***} & 0 & 0 \\ 0 & 0.160121^{***} & 0 \\ 0 & 0 & 0.102407^{***} \end{pmatrix} \begin{pmatrix} e_{rop} \\ e_{reex} \\ e_{pibind} \end{pmatrix} = \begin{pmatrix} 1 & 0 & 0 \\ 0.025906 & 1 & 0 \\ -0.153043^{***} & -0.446385^{***} & 1 \end{pmatrix} \begin{pmatrix} Choc_{rop} \\ Choc_{reex} \\ Choc_{pibind} \end{pmatrix}$$

- *3e modèle SVAR*

$$\begin{pmatrix} 0.288302^{***} & 0 & 0 \\ 0 & 0.157425^{***} & 0 \\ 0 & 0 & 0.074644^{***} \end{pmatrix} \begin{pmatrix} e_{rop} \\ e_{reex} \\ e_{pibagri} \end{pmatrix} = \begin{pmatrix} 1 & 0 & 0 \\ 0.026903 & 1 & 0 \\ -0.125669^{***} & 0.273056^{***} & 1 \end{pmatrix} \begin{pmatrix} Choc_{rop} \\ Choc_{reex} \\ Choc_{pibagri} \end{pmatrix}$$

avec $Choc_{rop}$ est le choc sur le prix du pétrole, $Choc_{reex}$ le choc sur le taux de change effectif réel, $Choc_{pibhbt}$ le choc sur le PIB par habitant, $Choc_{pibind}$ **Erreur ! Signet non défini.** le choc sur le PIB industriel, $Choc_{pibagri}$ le choc sur le PIB agricolee_{rop}, e_{reex}, e_{pibhbt}, e_{pibind} et $e_{pibagri}$ représentent respectivement les résidus (ou perturbations) du prix du pétrole, du taux de change, du PIB par habitant, du PIB industriel et du PIB agricole.

Les résultats montrent que les coefficients de la matrice d'impact de chocs ne sont pas significatifs pour le premier modèle (tableaux 5, 6 et 7 en annexes). Cependant, ils le sont pour le deuxième modèle, excepté le coefficient associé au choc du taux de change réel sur le taux de change. Le choc pétrolier et le choc du taux de change influencent négativement les fluctuations du PIB industriel. Aussi, pour le troisième modèle, tous les coefficients montrent un impact significatif sur le PIB agricole. Le choc pétrolier influence négativement les fluctuations du PIB agricole, tandis le choc du taux de change les influence positivement.

[117] *Coefficients des matrices*

Analyse des résultats

Nous abordons, en premier lieu, l'analyse des réponses impulsionnelles et, en second lieu, l'analyse de la décomposition de la variance des erreurs structurelles.

Analyse des réponses impulsionnelles

Dans les tableaux présentant les résultats des réponses impulsionnelles et de la décomposition de la variance des erreurs structurelles, shock1, shock2 et shock3 sont respectivement le choc sur le prix du pétrole, le choc sur le taux de change effectif réel et le choc endogène.

Suivant les résultats du tableau 5 en annexes, il apparaît que le PIB par habitant est faiblement sensible aux chocs sur le prix du pétrole et sur le taux de change effectif réel. La réaction du PIB par habitant aux chocs pétroliers est d'environ 4,8% la première année, -4,5% la deuxième, 1,8% la troisième, -1,2% la quatrième et tend à s'annuler à partir de la cinquième année. Aussi, le PIB par habitant réagit de la façon suivante aux chocs du taux de change : 3,7% la deuxième année, -1,2% la troisième et tend à s'annuler à partir de la quatrième année. Quant à la réaction du PIB par habitant à ses chocs endogènes, il faut noter qu'il réagit, tel que : 34,8% (la première année); -17,1% (la deuxième année); 10,9% (la troisième année); -6,5% (la quatrième année); 3,9% (la cinquième année); -2,3% (la sixième année); 1,4% (la septième année) et tend à s'annuler à partir de la huitième année. Cette réaction dénote une très forte sensibilité du PIB par habitant à ses chocs endogènes.

En ce qui concerne le PIB industriel, il est d'une sensibilité substantielle aux chocs sur le prix du pétrole, le taux de change effectif réel et ses propres valeurs passées. En particulier, la sensibilité du PIB industriel aux chocs pétroliers est de 4,6% (la première année), 3,4% (la deuxième année) et tend à s'annuler à partir de la troisième année (tableau 6 en annexes). Pour ce qui est des chocs sur le taux de change, le PIB industriel réagit comme suit: -7,1% (la première année); 1,4% (la deuxième année) et tend à s'annuler à partir de la deuxième année. Quant à la sensibilité du PIB industriel à ses chocs endogènes, elle est de 10% la première année et tend à s'annuler à partir de la deuxième. Cela fait présager une forte baisse persistante du PIB industriel suite aux chocs qui lui sont endogènes.

Enfin, les résultats montrent que le PIB agricole est réactif, la première année, d'environ 3,8% et -4,2% respectivement aux chocs pétroliers et au taux de change et les effets tendent à s'annuler dès la deuxième année. Par rapport à ses valeurs passées, cette réaction est de 7,5%

la première année, -2,3% la deuxième, mais ses effets s'annulent pratiquement à partir de la troisième année (tableau 7 en annexes).

Analyse de la décomposition de la variance des erreurs structurelles

Il est aussi important de saisir la portée de la contribution de chaque type de choc à l'explication de la variance de l'activité macroéconomique. Dans le cas de ce papier, il s'agit d'expliquer la variance du PIB par habitant, du PIB industriel et du PIB agricole. Le tableau décrit la décomposition de la variance de ces trois variables par analyse statistique.

Tableau n°4: Décomposition de la variance des erreurs structurelles

	PIB par habitant				PIB Industriel				PIB Agricole			
Period	S.E.	Shock1	Shock2	Shock3	S.E.	Shock1	Shock2	Shock3	S.E.	Shock1	Shock2	Shock3
1	0.351202	1.894316	0.001133	98.10455	0.133266	12.18412	28.76598	59.04990	0.094287	16.54203	20.78473	62.67324
2	0.395015	2.812761	0.867883	96.31936	0.138372	17.42225	27.78779	54.78997	0.097295	15.60681	19.70171	64.60147
3	0.410448	2.808342	0.890553	96.30111	0.138514	17.38669	27.73108	54.88223	0.097796	15.45986	19.56475	64.97539
4	0.415854	2.824874	0.915399	96.25973	0.138540	17.40567	27.72963	54.86471	0.097871	15.43788	19.54368	65.01843
5	0.417813	2.829006	0.922314	96.24868	0.138541	17.40566	27.72928	54.86507	0.097883	15.43453	19.54048	65.02499
6	0.418524	2.830649	0.924972	96.24438	0.138541	17.40575	27.72926	54.86499	0.097885	15.43402	19.53999	65.02599
7	0.418783	2.831230	0.925920	96.24285	0.138541	17.40576	27.72926	54.86499	0.097885	15.43394	19.53992	65.02614
8	0.418877	2.831443	0.926267	96.24229	0.138541	17.40576	27.72926	54.86499	0.097885	15.43393	19.53990	65.02617
9	0.418912	2.831520	0.926393	96.24209	0.138541	17.40576	27.72926	54.86499	0.097885	15.43393	19.53990	65.02617
10	0.418924	2.831548	0.926439	96.24201	0.138541	17.40576	27.72926	54.86499	0.097885	15.43393	19.53990	65.02617

Factorization: Structural

Source : Auteur

Il ressort, des résultats, que seul le choc endogène, c'est-à-dire le choc sur les valeurs passées du PIB par habitant explique la variance de ce dernier à hauteur de 96% (shock3). Les chocs sur le prix du pétrole n'expliquent que de 1,9% la variance de PIB par habitant la première année et de 2,8% les neuf autres années. L'effet sur le taux de change, presque nul la première année, n'atteint même pas 1% de l'explication de la variance les années suivantes.

En revanche, les chocs pétroliers et du taux de change contribuent de manière significative à la variance du PIB industriel. Pour les chocs pétroliers, la contribution qui est de 12,18% la première année, atteint plus de 17% la deuxième année et se maintient jusqu'à la dixième année. De ce qui est du taux de change effectif réel, la contribution qui est forte à 28,76% la première année baisse légèrement de 1 point de pourcentage les années d'après. Est-il que l'on remarque que la variance du PIB industriel est beaucoup plus endogène dans la mesure où elle s'explique par ses propres valeurs passées de plus de 50% (59% la première année et environ 55% les autres années).

Enfin, les chocs pétroliers et sur le taux de change expliquent fortement la variance du PIB agricole, mais à une moindre ampleur que dans le cas du PIB industriel. La contribution est de 16,54% la première année pour le choc pétrolier et de 20,78% pour le choc sur le taux de change. Dans les deux cas, la contribution baisse d'environ 1 point de pourcentage le reste de la période. Et comme pour le PIB par habitant et le PIB industriel, la variance du PIB agricole est surtout endogène. Elle commence à 62,67%, puis augmente à 64,69% la deuxième année, 64,97% la troisième année et atteint 65% à partir de la cinquième année.

Interprétation des résultats

Les résultats attestent, pour le cas du Congo, que les chocs sur le prix du pétrole affectent les trois variables du PIB retenues dans l'étude, à savoir le PIB par habitant, le PIB industriel et le PIB agricole. La sensibilité est plus forte pour le PIB industriel. Cette sensibilité qui est de 4,6% la première année, 3,4% la deuxième année s'annule pratiquement à partir de la troisième année (graphique 2 en annexes). Les résultats montrent également que les variations sur le prix du pétrole expliquent la variabilité du PIB industriel à 12,18% la première année pour atteindre 17% la deuxième. Ce résultat semble analogue aux travaux de Sadeghi (2017) qui, dans une étude de 28 pays sur la période allant de 1990 à 2016, a obtenu que dans les pays où les gouvernements ont une petite taille, à la première année, les chocs sur les prix du pétrole expliquent entre 5 et 8% la variance du PIB non pétrolier. Dans la même étude, après la troisième année, la volatilité des prix du pétrole explique entre 14 et 21% celle du PIB non pétrolier.

Pour le PIB agricole, nous trouvons que les effets de chocs pétroliers s'estompent dès la deuxième année. La sensibilité du PIB agricole aux chocs sur le prix du pétrole est de 3,8% la première année. Comme dans le cas du PIB industriel, on constate à partir du graphique 3 en annexes que cette réaction débute du côté positif c'est-à-dire au-dessus de la ligne passant par zéro. Le lien entre les chocs sur le prix du pétrole et le PIB agricole est confirmé par la variance de ce dernier par la variabilité des prix du pétrole. En effet, la contribution des variations du prix du pétrole à la variance du PIB agricole est de 16,54% la première année avant de baisser à 15,60% la deuxième année et 15,46% la troisième année pour se stabiliser à 15,43% de la quatrième à la dixième année. Comme on le remarque, la production manufacturière et agricole au Congo est beaucoup influencée par les variations du prix du pétrole sur le marché international.

A propos du PIB réel par habitant, l'effet apparaît à hauteur de -4,8% la première année, -4,5% la deuxième année, 1,8% la troisième année, de -1,2% la quatrième année et tend à s'annuler à partir de la cinquième année. Nos résultats contrastent avec ceux de Nagmi (2016) qui, dans le cas de la Lybie, a observé qu'une déviation standard des chocs du prix du pétrole a des effets positifs et statistiquement significatifs sur le PIB et que des réponses positives de grande ampleur apparaissent dans la troisième période. Cependant, Mahammad et Ghulam (2017) ont trouvé dans leur étude que la volatilité du prix du pétrole affecte le PIB pakistanais et que cela commence gravement du côté négatif de la ligne zéro et prend une allure descendante tout en demeurant du côté négatif pour s'arrêter après la cinquième année.

De nos résultats, il ressort que la variabilité du prix du pétrole n'explique pas considérablement la variance du PIB par habitant, car la contribution n'est que de 1,9% la première année et de 2,8% le reste du temps. Pour le cas de la Lybie et du Pakistan par contre (Nagmi, 2016 ; Mahammad et Ghulam, 2017), la contribution de la variabilité du prix du pétrole à la variance du PIB atteint, respectivement, 6,3% et 7,5% dès la cinquième année. Cette différence, dans la sensibilité du PIB par habitant à la variabilité du prix du pétrole, peut s'expliquer par le fait que la Lybie et le Pakistan produisent et exportent plus de pétrole que le Congo.

Conclusion

Ce travail a analysé l'évaluation des effets des chocs du prix du pétrole sur l'activité économique du Congo. A cette fin, nous avons utilisé trois variables pour approcher l'activité économique à savoir : le PIB par habitant, le PIB industriel et le PIB agricole sur la période 1982-2016. L'analyse des variables a révélé que les PIB industriel et agricole sont fortement corrélés au prix du baril de pétrole. Pour le premier cas, le coefficient de corrélation est de 0,741 avec une probabilité de 0,0000 et, dans le second, de 0,509 avec une probabilité de 0,0018. Les cinq variables de l'étude, à savoir les trois types de PIB ainsi que le prix du baril du pétrole et le taux de change effectif réel, sont intégrées en différence première. Le recours à un VAR structurel étant fait, les principaux résultats attestent que des chocs sur le prix du pétrole affectent considérablement les PIB industriel, agricole et par habitant. La sensibilité du PIB industriel tend à s'annuler à partir de la troisième année, mais celle du PIB agricole dès la deuxième année.

En ce qui concerne la variance des PIB, il ressort que, pour le PIB industriel, la variabilité du prix du pétrole explique la variance du PIB industriel à 12% la première année et 17% les neuf années suivantes. En revanche, pour le PIB agricole, cette variance qui est de 16,54% la première année, décroît progressivement jusqu'à se stabiliser à 15,43% à partir de la quatrième année. Le secteur non pétrolier est donc fortement influencé par les cours du baril du pétrole. Le Congo étant, d'une part, un des exportateurs importants du pétrole en Afrique et, d'autre part, un preneur de prix, il y a un intérêt particulier pour ce pays à diversifier son économie afin de l'immuniser. Il s'agira, entre autres, d'accélérer la mise œuvre des Zones économiques spéciales, de poursuivre l'assainissement de l'environnement des affaires, d'entretenir les infrastructures physiques déjà acquises dans le transport, l'énergie et la télécommunication. Toutefois, au regard de la forte influence du prix du pétrole sur l'activité hors pétrole, une recherche intéressante serait celle de tester de nouveau l'hypothèse du mal hollandais dans le cas du Congo.

Références bibliographiques

Abel A.B. and Bernanke B.S., (2001). *Macroeconomics. Addison-Wesley Longman Inc.*

Ahmed, H. J. A., Bashar, O. H. M. N. and Wadud, I. K. M. M. (2012), "The Transitory and Permanent Volatility of Oil Prices: What Implications are there for the US Industrial Production?", *Applied Energy*, Vol.92, No1, pp. 447–455.

Ayodele, A. ; Hakeem, M. ; Ibrahim, A. ; and Yinka, A. (2014), "Oil Price Shocks and Nigerian Economic Growth", *European Scientific Journal*, Vol.10, N° 19.

Barro, R.J. (1984), *Macroeconomics*, John Wiley & Sons.

Bhattacharya, R. and Ghura (2006), "Oil and Growth in the Republic of Congo", IMF Working Paper, N° 06/185.

Brown, S. P. A. and Yucel, M. K. (2002), "Energy Prices and Aggregate Economic Activity : An Interpretative Survey", *Quarterly Review of Economic and Finance*, Vol.43, Issue 2, pp. 193–208.

Burbidge, J. and Harrison, A. (1984), 'Testing for the Effects of Oil-Price Rises using Vector Autoregressions", *International Economic Review*, Vol. 25, No. 2, pp.459–484.

Caldara, D. ; Cavallo, M. and Iacoviello, M. (2016), "Oil Price Elasticities and Oil Price Fluctuations", *International Finance Discussions Papers*, No1173.

DePratto, B. ; Resende, C. ; and Maier, P. (2009), "How Changes in Oil Prices Affect the Macroeconomy ? ", *International Economic Analysis Department*, Bank of Canada Working Paper 2009-33.

Dissou, Y. and Karnizona, L. (2014), "Comovement of Oil Prices with US Economic Indicators over the Busines Cycle : Facts and

Explanations", Working Paper #1401E, Department of Economics, Faculty of Social Sciences, University of Ottawa.
Eyedayi, A. M., and Nwanna, I.O. (2006), "Impact of Crude Oil Volatility on Economic Growth in Nigeria (1980-2014)", *Journal of Business and Management*, Vol.18, Issue 6. Ver. I, pp. 10-19.
Ferderer, J.P. (1996), "Oil price volatility and the Macroeconomy", *Journal ofMacroeconomics*, Vol.18, N°1, pp. 1-26.
Frankel, J. and Rose, A. (2002), "An Estimate of The Effect of Common Currencies on Trade and Income", *The Quartely Journal of Economics*, Vol.117, Issue 2, pp.437-466.
González, A. and Nabiyev, S. (2009), "Oil Price Fluctuations and its Effects on GDP Growth : A Case Study of USA and Sweden", Bachelor Thesis within Economics, Jönkoping International Business School, Jönkoping University.
Hamilton, J.D. (1983), "Oil and the Macroeconomy since World War II", *Journal of Political Economy*, Vol. 91, N° 2, pp. 228-248.
Hamilton, J.D. (1996), "This is what Happened to the Oil Price-Macroeconomy relationship", *Journal of Monetary Economics*, Vol.38, N° 2, pp. 215-220.
Hsiech, W.-J. (2008), "Effects of Oil Price Shocks and Macroeconomic Conditions on Output Fluctuations for Korea", *Journal of International and Global Economic Studies*, Vol.1, N° 2, pp. 84-91.
Hooker, M.A.(1996a), "What Happened to the Oil Price-Macroeconomy Relationship? Journal of monetary Economics, Vol. 38, Issue 2, pp. 195–213, with reply by Hamilton and final response from Hooker.
Hooker, M. A. (1996b), "This is what Happened to the Oil Price–Macroeconomy Relationship: Reply", *Journal of Monetary Economics*, Vol. 38, Issue 2, pp. 221-222.
IMF (2017), "Oil Prices and the Global Economy", IMF Working Paper, WP/17/15.
Keane, M.P. and Prasad, E.S.(1996), "The Employment and Wage Effects of Oil Price Changes: A Sectoral Analysis", *Review of Economics and Statistics*, Vol.78, N° 3, pp. 389-400.
Kliesen, K. L. (2008), "Oil and the U.S. Macroeconomy: An update and a simple forecasting exercise", Federal Reserve Bank of St. Louis Working Paper 2008-009A.
Lescaroux, F. and Mignon, V. (2008), "On the Influence of Oil Prices on Economic Activity and Other Macroeconomic and Financial variables. CEPII, No2008
Lorusso, M. and Pieroni, L. (2015), "Causes and Consequences of Oil Price Shocks on the UK Economy, *Centre for Economics Research and Policy*, Working Paper No.2.
Loungani, P. (1986), "Oil Price Shocks and the Dispersion Hypothesis", *Review of Economics and Statistics* 58, 536-539.

Mahammad, J. and Ghulam, S. K. N. (2017), "Impact of Oil Price Volatility and Macroeconomic Varaibles on Economic Growth of Pakistan", *Review of Innovation and Competitiveness*, Vol.3, Issue 1, pp.49-74.
Meade, J. (1951), *The Theory of International Economic Policy*, 2 volumes.
Mork K. A., (1989). "Oil and the Macroeconomy when Prices Go Up and Down : An Extension of Hamilton's Results", *Journal of Political Economy,* Vol. 97, N° 3, pp. 740-744
Mork K. A., (1994). "Business Cycles and the Oil Market", *The Energy Journal*, Vol.15, Special Issue on the changing World Petroleum Market, pp.15-38.
Nagmi, M. M. A. (2016), "The Effects of Fluctuations of Oil Price on Economic Growth of Libya", *Energy Economics Letters*, Vol. 3, N° 2, pp. 17-29.
PNUD (2012), Etude de la vulnérabilité de l'économie congolaise et ses perspectives de diversification.
Nchor, D., Klepac, V. and Adamec, V. (2016), "Effects of Oil Price Shocks on the Ghanaian Economy", *Acta Universitais Agriculturae et Silviculturae Mendelianae Brunensis*, Vol.64, N° 1, pp. 315-324.
Obstfeld, M. and Rogoff, K. (1995), "The Mirage of Fixed exchange Rates", *Journal of Economics Perspectives*, Fall.
Ojapinwa T. V. and Ejumedia, P. E. (2012), "The Industrial Impact of Oil Price Shocks In Nigeria: (1970 – 2010)", *European Scientific Journal*, Vol.8, No.12, ISSN :1857–7881.
Pierce J. L. and Enzler J.J. (1974). "The Effects of External Inflationary Shocks" *Brookings Papers on Economic Activity.*
Sadeghi, A. (2017), "Oil Price Shocks and Economic Growth in Oil-Exporting Countries : Does the Size of Government Matter ? ", *IMF Working Paper*, WP/17/287.
Scholtens, B. and Yurtsever, C. (2012), "Oil price shocks and European industries", *Energy Economics*, Vol.34, Issue 4, pp.1187–1195.
Suhair, M. (2016), "The Impact of Oil Prices on Industrial Production in Developing Countries", Document de travail ECO 6999, Department of Economics of the University of Ottawa

Annexe

Tableau 1 :Détermination des retards (p) pour le test de racine unitaire sur chaque processus

P	Log(PIBAGRI)								
	Modele 3			Modele 2			Modele 1		
	AIC	SC	HQC	AIC	SC	HQC	AIC	SC	HQC
0*	-1,954704*	-1,820025*	-1,908774*	-1,9016*	-1,811814*	-1,870981*	-1,908118*	-1,863225*	-1,892808*
1	-1,863141	-1,681947	-1,802308	-1,848647	-1,712608	-1,802872	-1,859588	-1,76889	-1,829071
2	-1,812275	-1,583253	-1,736361	-1,765489	-1,582272	-1,704758	-1,77197	-1,634557	-1,726421
3	-1,749737	-1,472892	-1,659264	-1,667982	-1,436613	-1,592507	-1,677156	-1,492126	-1,616841
4	-1,668747	-1,341801	-1,564154	-1,561184	-1,280945	-1,471533	-1,572074	-1,338541	-1,497365
5	-1,625968	-1,248783	-1,507858	-1,448617	-1,11858	-1,345253	-1,470533	-1,187644	-1,381935
6	-1,559463	-1,131254	-1,428555	-1,32675	-0,94612	-1,210388	-1,364055	-1,031004	-1,262238

P	Log(PIBIND)								
	Modele 3			Modele 2			Modele 1		
	AIC	SC	HQC	AIC	SC	HQC	AIC	SC	HQC
0*	-1,195108*	-1,060429*	-1,149179*	-1,169832*	-1,080046*	-1,139212*	-1,209688*	-1,164795*	-1,194378*
1	-1,110689	-0,929194	-1,049555	-1,082123	-0,946077	-1,036348	-1,120007	-1,02931	-1,08949
2	-1,02039	-0,791368	-0,944476	-0,99731	-0,814098	-0,936579	-1,025594	-0,888181	-0,980046
3	-0,928326	-0,65078	-0,837853	-0,909458	-0,6782	-0,834094	-0,925836	-0,740805	-0,86552
4	-0,873138	-0,546192	-0,768545	-0,813045	-0,532805	-0,723394	-0,843763	-0,61023	-0,769054
5	-0,874223	-0,497088	-0,756093	-0,797538	-0,467508	-0,694174	-0,776012	-0,493124	-0,687415
6	-0,768377	-0,340868	-0,637469	-0,699836	-0,319196	-0,583463	-0,66653	-0,333479	-0,564713

P	Log(PIBRT)								
	Modele 3			Modele 2			Modele 1		
	AIC	SC	HQC	AIC	SC	HQC	AIC	SC	HQC
0	0,31244	0,447119	0,35837	0,357845	0,447631	0,388464	0,415317	0,46021	0,430627
1	0,323909	0,505204	0,384843	0,433096	0,569142	0,478872	0,507138	0,597835	0,537658
2	0,169887*	0,398908*	0,245901*	0,502007	0,685224	0,562739	0,60367	0,741083	0,649218
3*	0,204141	0,481887	0,294814	0,170681*	0,401989*	0,246075*	0,22881*	0,413841*	0,289125*
4	0,294094	0,62104	0,398887	0,246426	0,526666	0,336077	0,322664	0,556197	0,397373
5	0,364216	0,741401	0,482346	0,308717	0,638754	0,41208	0,429579	0,712468	0,518176
6	0,413204	0,841412	0,544111	0,36332	0,74395	0,479683	0,548896	0,881947	0,650713

P	Log(REEX)								
	Modele 3			Modele 2			Modele 1		
	AIC	SC	HQC	AIC	SC	HQC	AIC	SC	HQC
0*	-0,946745*	-0,812066*	-0,900816*	-0,915153*	-0,825367*	-0,884533*	-0,90424*	-0,859347*	-0,888931*
1	-0,873045	-0,695661	-0,816012	-0,851167	-0,715121	-0,805392	-0,828178	-0,737488	-0,797661
2	-0,786405	-0,557384	-0,710491	-0,761583	-0,578366	-0,700852	-0,740254	-0,602841	-0,694706
3	-0,821745	-0,5442	-0,731272	-0,776836	-0,545548	-0,701442	-0,698417	-0,513387	-0,638102
4	-0,757001	-0,430065	-0,652408	-0,764013	-0,483774	-0,674362	-0,699711	-0,466178	-0,625002
5	-0,822856	-0,445671	-0,704727	-0,819641	-0,488604	-0,716278	-0,648466	-0,365577	-0,559868
6	-0,892248	-0,464089	-0,76134	-0,833618	-0,452988	-0,717255	-0,532034	-0,198983	-0,430217

P	Log(ROP)								
	Modele 3			Modele 2			Modele 1		
	AIC	SC	HQC	AIC	SC	HQC	AIC	SC	HQC
0*	0,211062*	0,345741*	0,256991*	0,217318*	0,307104*	0,247938*	0,247433*	0,292326*	0,262742*
1	0,283621	0,469015	0,348654	0,305555	0,441601	0,351331	0,335747	0,426445	0,366264
2	0,368235	0,597256	0,444149	0,40333	0,586547	0,464062	0,4271	0,564513	0,472648
3	0,432867	0,710413	0,523341	0,455689	0,686957	0,531063	0,504471	0,689501	0,564786
4	0,444841	0,771787	0,549434	0,388447	0,668687	0,478098	0,40061	0,634143	0,475319
5	0,476426	0,853611	0,594556	0,425635	0,755672	0,528999	0,479297	0,762186	0,567894
6	0,477801	0,90601	0,608709	0,410502	0,791132	0,526865	0,497586	0,830637	0,599403

Source : Auteur, sorties du logiciel

Tableau 2 : Résultats du test de co-intégration entre Log(PIBIND), Log(REEX) et Log(ROP)

Unrestricted Cointegration Rank Test (Trace)

Hypothesized No. of CE(s)	Eigenvalue	Trace Statistic	0.05 Critical Value	Prob.**
None	0.323187	16.94122	29.79707	0.6444
At most 1	0.114420	4.059343	15.49471	0.8987
At most 2	0.001496	0.049414	3.841466	0.8241

Unrestricted Cointegration Rank Test (Maximum Eigenvalue)

Hypothesized No. of CE(s)	Eigenvalue	Max-Eigen Statistic	0.05 Critical Value	Prob.**
None	0.323187	12.88188	21.13162	0.4631
At most 1	0.114420	4.009929	14.26460	0.8583
At most 2	0.001496	0.049414	3.841466	0.8241

Source : Auteur, sorties du logiciel

Tableau 3 :Résultats du test de co-intégration entre Log(PIBRT), Log(REEX) et Log(ROP)

Unrestricted Cointegration Rank Test (Trace)

Hypothesized No. of CE(s)	Eigenvalue	Trace Statistic	0.05 Critical Value	Prob.**
None	0.440163	25.78551	29.79707	0.1353
At most 1	0.111038	6.641874	15.49471	0.6196
At most 2	0.080172	2.757760	3.841466	0.0968

Unrestricted Cointegration Rank Test (Maximum Eigenvalue)

Hypothesized No. of CE(s)	Eigenvalue	Max-Eigen Statistic	0.05 Critical Value	Prob.**
None	0.440163	19.14364	21.13162	0.0927
At most 1	0.111038	3.884114	14.26460	0.8714
At most 2	0.080172	2.757760	3.841466	0.0968

Source : Auteur, sorties du logiciel

Tableau 4 : Résultats des réponses impulsionnelles sur le modèle 1

Response of D(LROP)			
1	0.282732	0.000000	0.000000
2	0.014793	-0.012061	-0.077376
3	0.010344	-0.009321	0.035012
4	-0.003720	0.002279	-0.022948
5	0.002616	-0.001938	0.013570
6	-0.001522	0.001080	-0.008236
7	0.000928	-0.000666	0.004965
8	-0.000559	0.000400	-0.002998
9	0.000338	-0.000242	0.001810
10	-0.000204	0.000146	-0.001093
Response of D(LREEX):			
Period	Shock1	Shock2	Shock3
1	-0.003108	0.160311	0.000000
2	-0.000917	0.013273	0.027345
3	-0.003473	0.003849	-0.012064
4	0.001283	-0.000737	0.007987
5	-0.000911	0.000680	-0.004711
6	0.000528	-0.000374	0.002861
7	-0.000322	0.000232	-0.001725
8	0.000194	-0.000139	0.001041
9	-0.000117	8.40E-05	-0.000629
10	7.08E-05	-5.07E-05	0.000380
Response of D(LPIBRT,2)			
Period	Shock1	Shock2	Shock3
1	-0.048337	0.001182	0.347858
2	-0.045304	0.036781	-0.171140
3	0.018498	-0.012086	0.109279
4	-0.012411	0.009097	-0.065040
5	0.007305	-0.005198	0.039409
6	-0.004439	0.003185	-0.023767
7	0.002675	-0.001915	0.014351
8	-0.001616	0.001157	-0.008663
9	0.000975	-0.000698	0.005230
10	-0.000589	0.000422	-0.003157

Source : Auteur, sorties du logiciel

Tableau 5 :Résultats des réponses impulsionnelles sur le modèle 2

Response of D(LROP)			
Period	Shock1	Shock2	Shock3
1	0.282597	0.000000	0.000000
2	0.001792	-0.007129	0.053441
3	0.018700	0.010640	-0.006158
4	-0.001717	-0.000896	0.003981
5	0.001370	0.000809	-0.000797
6	-0.000247	-0.000136	0.000334
7	0.000112	6.55E-05	-8.46E-05
8	-2.71E-05	-1.53E-05	2.98E-05
9	9.90E-06	5.72E-06	-8.40E-06
10	-2.73E-06	-1.55E-06	2.75E-06
Response of D(LREEX)			
Period	Shock1	Shock2	Shock3
1	-0.007321	0.160121	0.000000
2	0.005145	0.013344	-0.006340
3	-0.001779	-0.000370	0.001357
4	0.000457	0.000301	-0.000496
5	-0.000163	-9.13E-05	0.000139
6	4.54E-05	2.60E-05	-4.55E-05
7	-1.50E-05	-8.60E-06	1.35E-05
8	4.40E-06	2.52E-06	-4.26E-06
9	-1.40E-06	-8.03E-07	1.29E-06
10	4.22E-07	2.41E-07	-4.02E-07
Response of D(LPIBIND):			
Period	Shock1	Shock2	Shock3
1	0.046517	-0.071476	0.102407
2	0.034234	0.014551	-0.001864
3	2.88E-05	-6.10E-05	0.006258
4	0.002214	0.001314	-0.000779
5	-0.000219	-0.000112	0.000476
6	0.000163	9.67E-05	-9.78E-05
7	-3.05E-05	-1.68E-05	4.02E-05
8	1.35E-05	7.87E-06	-1.03E-05
9	-3.30E-06	-1.87E-06	3.60E-06
10	1.19E-06	6.90E-07	-1.02E-06

Source : Auteur, sorties du logiciel

Tableau 6 :Résultats des réponses impulsionnelles sur le modèle 3

Response of D(LROP)			
Period	Shock1	Shock2	Shock3
1	0.288302	0.000000	0.000000
2	0.001719	-0.005310	0.007378
3	0.000205	0.000347	-0.002180
4	-0.000103	-0.000233	0.000888
5	3.84E-05	8.65E-05	-0.000345
6	-1.51E-05	-3.40E-05	0.000135
7	5.89E-06	1.33E-05	-5.27E-05
8	-2.30E-06	-5.19E-06	2.06E-05
9	8.99E-07	2.03E-06	-8.05E-06
10	-3.51E-07	-7.92E-07	3.14E-06
Response of D(LREEX)			
Period	Shock1	Shock2	Shock3
1	-0.007756	0.157425	0.000000
2	0.006000	0.015290	-0.029277
3	-0.000958	-0.002168	0.010046
4	0.000453	0.001020	-0.003987
5	-0.000173	-0.000391	0.001555
6	6.79E-05	0.000153	-0.000608
7	-2.65E-05	-5.98E-05	0.000237
8	1.04E-05	2.34E-05	-9.28E-05
9	-4.05E-06	-9.12E-06	3.62E-05
10	1.58E-06	3.57E-06	-1.42E-05
Response of D(LPIBAGRI)			
Period	Shock1	Shock2	Shock3
1	0.038348	-0.042986	0.074644
2	0.002608	0.004155	-0.023500
3	-0.001094	-0.002481	0.009506
4	0.000411	0.000927	-0.003699
5	-0.000162	-0.000364	0.001446
6	6.31E-05	0.000142	-0.000565
7	-2.47E-05	-5.56E-05	0.000221
8	9.63E-06	2.17E-05	-8.62E-05
9	-3.76E-06	-8.48E-06	3.37E-05
10	1.47E-06	3.31E-06	-1.32E-05

Source : Auteur, sorties du logiciel

Tableau 7 :Résultats du test de cointégration entre Log(PIBAGRI), Log(REEX) et Log(ROP)

Unrestricted Cointegration Rank Test (Trace)

Hypothesized No. of CE(s)	Eigenvalue	Trace Statistic	0.05 Critical Value	Prob.**
None	0.410875	23.10065	29.79707	0.2411
At most 1	0.144449	5.639789	15.49471	0.7376
At most 2	0.014783	0.491483	3.841466	0.4833

Unrestricted Cointegration Rank Test (Maximum Eigenvalue)

Hypothesized No. of CE(s)	Eigenvalue	Max-Eigen Statistic	0.05 Critical Value	Prob.**
None	0.410875	17.46086	21.13162	0.1513
At most 1	0.144449	5.148306	14.26460	0.7230
At most 2	0.014783	0.491483	3.841466	0.4833

Graphique 1 : Fonctions des réponses impulsionnelles du PIB réel

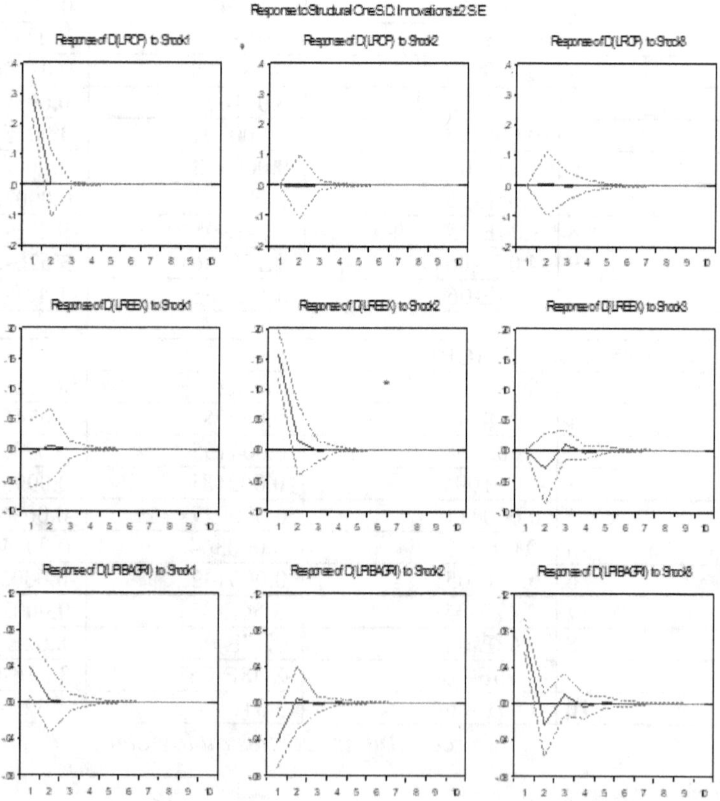

Graphique 2 : Fonctions des réponses impulsionnelles du PIB industriel

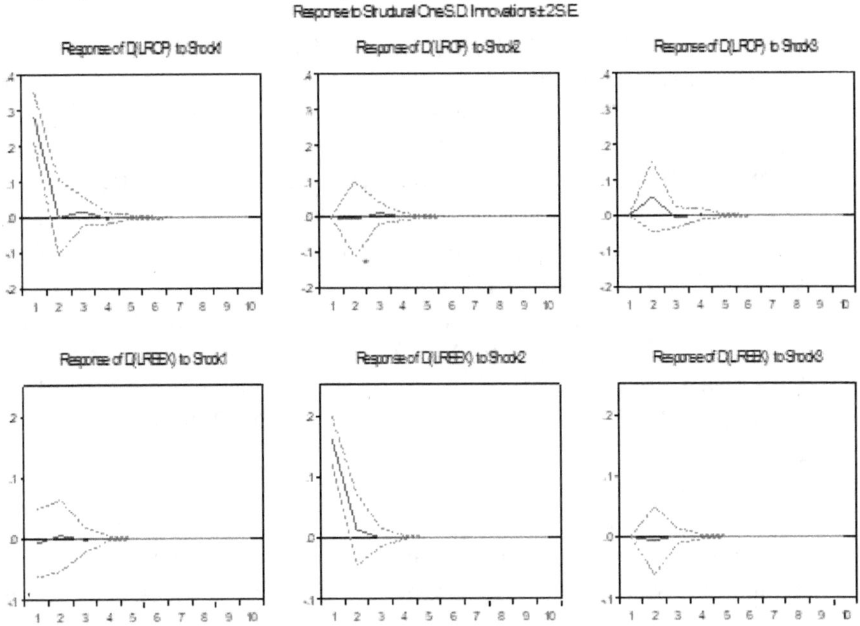

Graphique 3 : Fonctions des réponses impulsionnelles du PIB agricole

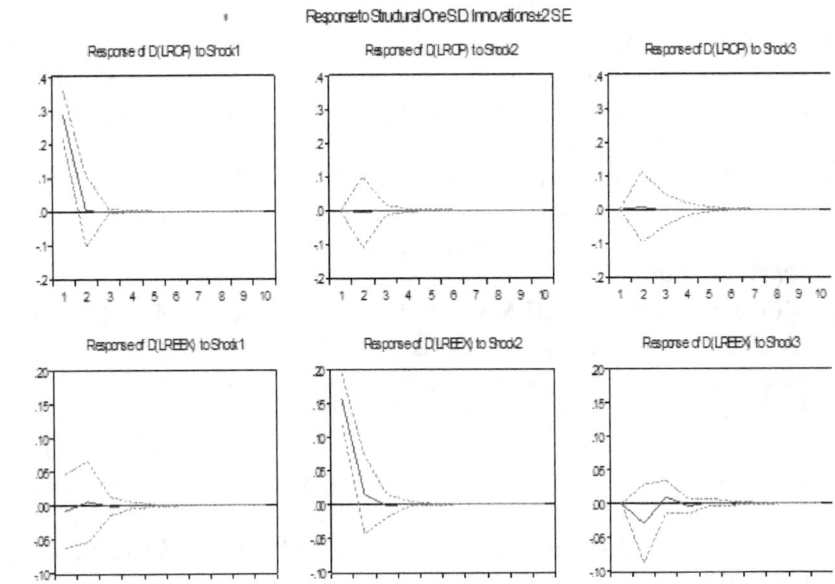

Quelques articles publiés par les membres du LARES

AMBAPOUR Samuel, BIDOUNGA Rufin et MBOKO Ibara Stève (2015), « Survie des enfants et pauvreté au Congo : application d'un modèle de durée », *African Journal of Applied Statistics, ,* Vol. 2, 2015, pages 39–49, DOI : http ://dx.doi.org/10.16929/ajas/2015.1.39.74

BANGAGNAN Elfy D, LOUBÉLO Denis B, MOUANDA MAKONDA J. G (2018), « Gestion du Risque de Crédit au Particulier : Cas de la Banque congolaise de l'habitat (BCH) », *Annales de l'Université Marien N'GOUABI*, Janvier-Juin, 18(1), pp 52-60

BANY R.F.D., 2015 « Les Activités De Hors Bilan Améliorent-Elles L'efficience Bancaire ? Une Vérification Empirique Dans Le Cas de La CEMAC. », Journal of Economics and Development Studies, September, Vol. 3, N° 3, pp. 19-35, ISSN: 2334-2382 (Print), 2334-2390 (Online).

BANY R.F.D., 2015 « Les Activités De Hors Bilan Améliorent-Elles L'efficience Bancaire ? Une Vérification Empirique Dans Le Cas De La CEMAC. », Journal of Economics and Development Studies, September, Vol. 3, N° 3, pp. 19-35, ISSN: 2334-2382 (Print), 2334-2390 (Online).

BANY R.F.D., 2016 « Performances bancaires des pays de la CEMAC: Y a-t-il convergence?», Annales de l'Université Marien NGOUABI, Sciences Economiques et de Gestion 2016 ; 16 (1-2) : 29-48, ISSN :1815–4433 www.annalesumng.org

Batila Ngouala Kombo Pierre Ghislain (2016), « Les effets de l'ouverture financière sur ledéveloppement financier : cas des pays de la CEMAC », in *International Multilingual Journal of Contemporary Research*, 3(2), pp. 99-108.

Etsiba Sylvaniste, Ndombi Avouba F, Bozongo J.C (2018), « Effets de la Gouvernance Institutionnelle sur la Croissance Économique : cas de la CEMAC », *Annales de l'Université Marien N'GOUABI*, Janvier-Juin, 18(1), pp. 140-150.

KOUAKO Jean Marie, OKIEMY Michel, LEKANA Clachel Hermann (2017), « Les Effets de la Croissance du Secteur Agricole sur la Réduction de la Pauvreté au Congo », *Annales de l'Université Marien N'GOUABI*, Janvier-Juin, 17(1), pp. 92-105.

Kouika Bouanza Jean Roméo Félix, Ngassa Ted Cléophane, Ndinga Mathias Marie Adrien (2017), « The Effects of Regulatory Quality on the Pro-Cyclicality of Fiscal Policy in Countries in the Central African Economic and Monetary Community (CA EMC) », *Modern Economy*, July 2018, 9, pp. 1228-1246.

Lekouka Fabien C, Etsiba Sylvaniste, Sah Maxime R (2018), « Incidence de la Croissance Économique sur la Pauvreté au Congo Brazzaville »,

Annales de l'Université Marien N'GOUABI, Janvier-Juin, 18(1), pp. 127-139.

MAMPOUYA M'BAMA Franck Corneille (2016), "Noyau dur de la pauvreté au Congo", Journal of Economics and Development Studies, Mars 2016, Vol. 4, N° 1, pp. 1-12.
MAMPOUYA M'BAMA Franck Corneille (2016), "Noyau dur de la pauvreté au Congo", Journal of Economics and Development Studies, Mars 2016, Vol. 4, N° 1, pp. 1-12.
MBOKO IBARA Stève Bertrand (2015). *Pauvreté des ménages et éducation au Congo : application d'un modèle de comptage à partir des données du RGPH 2007*. Québec : Observatoire démographique et statistique de l'espace francophone / Université Laval, 56 p. (collection Rapport de recherche de l'ODSEF)

Mbou Likibi. Gaspard Symphorien (2015). "Cycles économiques dans la zone Cemac", Journal of Economics and Development Studies, Vol. 3, N° 3, pp. 169-184
Mbou Likibi. Gaspard Symphorien (2015). "Cycles économiques dans la zone Cemac", Journal of Economics and Development Studies, Vol. 3, N° 3, pp. 169-184
Mbou Likibi. Gaspard Symphorien (2016). "Effets de la qualité des institutions sur le commerce intra-zone : cas de la Cemac", International Journal of Business and Management Invention, Vol. 5, Issue 11, pp. 169-184
Mbou Likibi. Gaspard Symphorien (2016). "Effets de la qualité des institutions sur le commerce intra-zone : cas de la Cemac", International Journal of Business and Management Invention, Vol. 5, Issue 11, pp. 169-184
Menga-Mokombi R, Akylangongo O, Kouika Bouanza J (2018), « Analyse des déterminants de l'Efficacité interne du programme Licence Master Doctorat à la Faculté des sciences économiques de l'Université Marien NGOUABI », *Annales de l'Université Marien N'GOUABI*, Janvier-Juin, 18(1), pp. 27-38.

Ndinga Mathias Marie Adrien (2016), « *Macroeconomic determinants of primary education in the Republic of the Congo : Analysis based on a simultaneous equation model*", African Economic Research Consortium (AERC), AERC Research Paper 312, April 2016, 37p

Ndinga Mathias Marie Adrien (2017), « Initiation à la recherche en sciences économiques : Guide de travail des masters et doctorats » édition l'Harmattan, Paris, 128p.

Ndinga Mathias Marie Adrien (2017), « Le déclassement dans le secteur informel au Congo-Brazzaville » : dans l'ouvrage collectif sur le secteur informel, edds Félix Zogning, Ahmadou Aly Mbaye et Marie Thérèse Um Ngouem, "*L'économie informelle, l'entrepreneuriat et l'emploi* », 84ème conférence de lAFCAS, 2017, JFD Inc éditions, Montréal(Québec), pp153 – 178.

Ndinga Mathias Marie Adrien (2018), La gouvernance dans les pays africains au sud du Sahara : quelles incidences sur l'emploi ? in edds Félix Zogning, Ahmadou Aly Mbaye, Muriel Dufour et Marie Thérèse Um Ngouem, « *Gouvernance et performances : une perspective internationale* », 85ème conférence de l'AFCAS, 2018, JFD Inc éditions, Montréal (Québec), pp. 167-196.

Ndinga Mathias Marie Adrien, Akouélé Arsène Fabrice et Lékana Hermann Clachel (2017), « Effets des savoirs et des connaissances sur la diversification des économies de la Communauté Économique et Monétaire d'Afrique centrale (CEMAC) », *REVUE CEDRES-ETUDES - N°64 Séries économie – 2ie Semestre 2017,* pp. 1-19.

Okiemy Michel (2015), « Déterminants des cycles d'affaires au Congo », *International Multilingual Journal of Contemporary Research,* December 2015, Vol. 3, No. 2, pp. 109-119.

Ouadika Séverin Aimé Blanchard (2009), « Pauvreté et Marché du Travail en Milieu Urbain », Ministère du Plan et de l'Aménagement du Territoire, Centre National de la Statistique et des Études Économiques, Brazzaville, 24p.

Ouadika Séverin Aimé Blanchard et al. (2010), « *Rapport d'analyse de l'Enquête de Base sur l'Utilisation des Centres de Santé Intégrés (EBUCSI-1)* », Ministère du Plan et de l'Aménagement du territoire, Centre national de la statistique et des études économiques, Brazzaville, 117p.

Laboratoire de Recherche et d'Études Économiques et Sociales
LARES

Créé en 2014, le Laboratoire de recherche et d'études économiques et sociales (LARES) est un organe ancré à la Faculté des sciences économiques de l'Université Marien N'GOUABI. Il a pour missions essentielles de promouvoir la recherche économique fondamentale et appliquée, d'assurer la formation doctorale, d'appuyer et de conseiller les organisations publiques et privées.

Placé sous la direction du Professeur Mathias Marie Adrien NDINGA, Maitre de Conférences, agrégé et d'un coordonnateur des activités, le Docteur Gaspard Symphorien MBOU LIKIBI, le LARES est doté d'un comité scientifique présidé par le Professeur Moustapha KASSE, Doyen honoraire de la Faculté des sciences économiques et de gestion de l'Université Cheick Anta Diop du Sénégal. Il a, depuis sa création, contribué à l'avancement de la recherche et au renforcement du partenariat avec les laboratoires et centres de recherche extérieurs.

En effet, le LARES a assuré l'encadrement des thèses de ses membres, soutenues dans les universités étrangères : deux thèses soutenues en 2014 à l'Université de Lomé au Togo, une thèse soutenue en 2015 à l'Université de Yaoundé II Soa au Cameroun, une thèse soutenue en 2018 à l'Université Cheick Anta Diop au Sénégal. Dans le même cadre, il s'est fortement impliqué dans les travaux de recherches des premiers doctorants de la Faculté des sciences économiques et les a accompagnés jusqu'aux soutenances, les toutes premières organisées en République du Congo. Ainsi, douze (12) candidats, après trois ans de recherches menées avec l'appui du LARES, ont brillamment soutenu en août 2018, à Brazzaville, dans les locaux du rectorat et devant des jurys composés d'enseignants de rang magistral venus d'Afrique de l'Ouest et du Centre, leurs thèses de doctorat unique.

Sur un autre plan, le LARES est sur le point de finaliser l'étude sur l'*Amélioration des politiques de l'emploi des jeunes en Afrique francophone* menée conjointement avec le Centre d'études et de recherches sur le développement international (CERDI). Enfin, plusieurs articles dans les revues scientifiques dans le domaine des sciences économiques et sociales sont l'œuvre des membres du LARES.

Table des matières

SCIENCES ÉCONOMIQUES
AUX ÉDITIONS L'HARMATTAN

Dernières parutions

L'ÉCONOMIE AU XXIE SIÈCLE
Critique de la raison en économie
Tome 2 : Synthèse
Emile Jalley
La crise de la culture actuelle en France semble moins affecter les sciences économiques que la psychanalyse ou la philosophie. Des sondages montrent l'attirance croissante d'un public éclairé vers ce type d'ouvrages d'économie, surtout du courant dit des économistes « hétérodoxes ». On examine ici une vingtaine de ces ouvrages parus de 2011 à 2018. Leur dialogue aboutit à la proposition d'une trentaine de « solutions » à une prochaine crise financière majeure, plus catastrophique qu'en 2007. Le tome 2, intitulé Synthèse, étudie les points saillants de ce corpus, la littérature critique le concernant, et enfin l'ensemble des solutions proposées par les auteurs à la crise globale contemporaine.
(328 p., 34 euros)
ISBN : 978-2-343-17459-4, EAN EBOOK : 9782140120848

LE MAROC ET SES RIVERAINS MÉDITERRANÉENS
Emergence économique, réformes, défis et enjeux
Abdelghani Youmni
Dans quelle mesure les politiques économiques telles qu'elles ont été appliquées dans certains Pays du sud et de l'est de la Méditerranée (PSEM), durant les trois dernières décennies, ont impacté leur développement économique et social ? Ce livre cherche à comprendre et à tirer des conclusions et des leçons des trois dernières décennies, pour montrer qu'elles n'ont pas réussi à ajuster de manière efficiente les économies de ces pays. Les inégalités se sont davantage creusées dans des sociétés de plus en plus injustes et de plus en plus déchirées. Les « printemps dits arabes » ont montré le grand décalage dans cette région entre le temps politique, le temps économique, le temps social et le temps administratif.
(Coll. Histoire et perspectives méditerranéennes, 252 p., 26 euros)
ISBN : 978-2-343-16567-7, EAN EBOOK : 9782140119996

L'ÉCONOMIE AU XXIE SIÈCLE
Critique de la raison en économie
Tome 1 : Analyse
Emile Jalley
La crise de la culture actuelle en France semble moins affecter les sciences économiques que la psychanalyse ou la philosophie. Des sondages montrent l'attirance croissante d'un public éclairé vers ce type d'ouvrages d'économie, surtout du courant dit des économistes « hétérodoxes ». On examine ici une vingtaine de ces ouvrages parus de 2011 à 2018. Leur dialogue aboutit à la proposition d'une trentaine de « solutions » à une prochaine crise financière majeure, plus catastrophique qu'en 2007. Le tome 1, intitulé Analyse, envisage : 1. L'environnement interdisciplinaire de l'économie, 2. Les chiffres et données significatifs de l'économie actuelle, 3. Une chronologie commentée, 4. La présence latente de Marx et Hegel dans le champ de la recherche économique, et 5. La relation effective de vassalité de la France à l'égard de l'empire européen de l'Allemagne.
(258 p., 27 euros)
ISBN : 978-2-343-17458-7, EAN EBOOK : 9782140120480

LES OBJECTIFS DU MILLÉNAIRE POUR LE DÉVELOPPEMENT (OMD) FACE À LA RÉALITÉ CAMEROUNAISE

Joseph-Eric Nnomenko'o
Préface d'Alain François

Lorsque les États membres des Nations Unies se réunissent en septembre 2010 à New York aux États-Unis, c'est pour mettre sur pied des politiques de réduction de la pauvreté dans plusieurs pays, notamment en Afrique et donner lieu à la "Déclaration du millénaire pour le développement », déclinée en huit objectifs principaux. Ce travail, qui a comme cadre territorial d'analyse le Cameroun, par son approche triangulaire entre théorie, terrain et recherche, est une interpellation adressée aux décideurs publics dans la perspective de l'amélioration de la conduite des politiques publiques de développement.

(124 p., 14 euros)

ISBN : 978-2-343-17491-4, EAN EBOOK : 9782140120428

L'AFRIQUE DES PARADOXES

Regards et attitudes des jeunes

Driss Guerraoui, Noureddine Affaya

Cet ouvrage a pour ambition de penser l'Afrique à partir d'une tentative de réappropriation du continent par sa jeunesse. Pour ce faire, les auteurs apportent un éclairage sur l'état de la mobilisation des élites scientifiques, des chercheurs et des intellectuels africains pour la compréhension des problématiques majeures de leur continent et interrogent le paradigme et les paradoxes du développement en Afrique. Il examine les réalités de la jeunesse africaine et les transformations qu'elle connait en termes démographique, économique, social et culturel, identifie ses défis et dévoile son regard sur l'avenir du continent et du monde.

Editions La croisée des chemins (282 p., 18 euros)

ISBN : 978-9920-769-11-2, EAN EBOOK : 9782140120213

LES ÉCOSYSTÈMES D'INNOVATION

Regards croisés des acteurs clés

Sous la direction de Blandine Laperche, Marcos Lima, Eric Seulliet et Brigitte Trousse

L'innovation est le résultat d'un processus composé de nombreuses étapes et d'interactions entre de multiples personnes, organisations et institutions. Le concept d'écosystème, emprunté à la biologie, traduit bien ces interactions. L'innovation s'épanouit aussi mieux lorsqu'elle est portée par des communautés d'usagers qui sont autant de co-créateurs. Il est également essentiel de faire preuve d'agilité, de partager les risques, de mutualiser les ressources. Pour ces raisons, les écosystèmes d'innovation deviennent le creuset incontournable de l'innovation.

(Coll. L'esprit économique, 326 p., 35 euros)

ISBN : 978-2-343-17437-2, EAN EBOOK : 9782140120077

RECHERCHE PROSPECTIVE SUR LE FINANCEMENT INTERNE DU DÉVELOPPEMENT

Ong 3D - Démocratie - Droits humains - Développement

L'objectif général de cette recherche est de faire une étude prospective sur les possibilités de financement interne du développement au Sénégal et de formuler des recommandations pour améliorer la mobilisation des ressources fiscales. De façon spécifique, il s'est agi, par une démarche empirique, d'identifier les principales sources de pertes de recettes tout en suggérant des mesures allant dans le sens de les neutraliser.

(Coll. Harmattan Sénégal, 214 p., 22 euros)

ISBN : 978-2-343-16697-1, EAN EBOOK : 9782140118791

UNE MONDIALISATION CONTRARIÉE

L'Europe et la Chine face à de nouveaux enjeux

Xavier Richet, Julien Vercueil

Ce livre se donne pour but d'éclairer les rôles respectifs de l'Europe et de la Chine dans les évolutions contemporaines de la mondialisation. Pour contrariée et contradictoire qu'elle soit, la mondialisation économique n'est pas pour autant à l'arrêt : elle change de vecteurs. Face au repli protectionniste américain, aux incertitudes européennes et aux crises qui touchent les institutions les plus emblématiques de ce qui faisait jusqu'ici la mondialisation, la Chine apparaît comme la puissance qui a désormais le plus intérêt à poursuivre la progression des échanges. Elle y contribue notamment avec le développement de ses « Nouvelles Routes de la Soie » (NRS). Les contributions à ce livre ouvrent de nouvelles perspectives.

(Coll. Questions contemporaines, 238 p., 24,5 euros)

ISBN : 978-2-343-16753-4, EAN EBOOK : 9782140118364

LES MIGRATIONS INTERNATIONALES ET LE DÉVELOPPEMENT

L'exode de compétences et les envois de fonds émigrés

Serge Feld

Depuis 1990, le nombre de migrants internationaux a augmenté de plus de 91 millions soit plus de 60%, et s'élève actuellement à 224 millions. La question se pose de savoir si les migrations internationales favorisent le bien-être des populations des pays de départ, au delà des polémiques politiciennes. D'une part, l'émigration de personnel qualifié, appelée également "exode des cerveaux", est considérée comme un frein au développement de nombreux pays. D'autre part, les transfers des économies des migrants vers leurs familles peuvent fournir des ressources qui bénéficient à toute la population.

(Coll. Populations, 242 p., 25,5 euros)

ISBN : 978-2-343-16543-1, EAN EBOOK : 9782140118340

LA FORMALISATION VUE D'EN BAS

Enjeux pour la transition vers l'économie formelle

Fréderic Lapeyre, Simon Barussaud

L'économie informelle a pendant longtemps été une boite noire faute de données disponibles et compte tenu de la diversité et de la complexité des institutions et des pratiques à l'oeuvre en son sein. Pourtant c'est la réalité du monde du travail de la grande majorité des travailleurs en Afrique. Cet ouvrage s'adresse à tous ceux désireux d'en savoir plus sur le fonctionnement de l'économie informelle et sur les conditions d'une transition vers l'économie formelle.

Academia (Coll. Espace Afrique, 348 p., 33 euros)

ISBN : 978-2-8061-0441-0, EAN EBOOK : 9782806109972

NIGERIA AND THE MILLENIUM DEVELOPMENT GOALS DEVELOPMENT AGENDA

Chukwuebuka Dominic Onyechi

The Millennium Development Goals adopted by United Nations member states in 2000 were meant to improve a variety of situations affecting the well-being of their inhabitants by 2015: poverty, hunger, education, disease, gender equality and environmental sustainability. In this book, Chukwuebuka Dominic Onyechi evaluates the performance of Nigeria with respect to achieving these goals.He describes the challenges faced by the country and evaluates its successes and failures goal by goal to establish what worked, what didn't, and why.

(266 p., 27,5 euros)

ISBN : 978-2-343-17020-6, EAN EBOOK : 9782140115158

HISTOIRE ÉCONOMIQUE DU MONDE ISLAMIQUE

De l'Arabie préislamique à la dynastie umayyade

Ahmed Danyal Arif

La mémoire collective considère généralement l'Islam comme l'entrave essentielle au progrès économique et social des peuples qui s'en réclament. La plupart du temps sont étudiés les conflits sociaux, les guerres et les manoeuvres politiques. C'est omettre que les périodes du VIIe au XIe siècle ont été celles où le monde arabo-musulman a fait de remarquables avancées dans la compréhension des phénomènes marchands, des mécanismes monétaires ou en matière de finances publiques. L'ouvrage tente de réunir l'ensemble des travaux jusqu'alors entrepris sur le sujet afin de mettre en lumière le versant économique de l'histoire de l'Islam.

(254 p., 25,5 euros)

ISBN : 978-2-343-16696-4, EAN EBOOK : 9782140114496

GESTION DES DÉCHETS SOLIDES MÉNAGERS ET SÉGRÉGATION SOCIO-SPATIALE DANS LA VILLE DE CONAKRY

Marie Rose Bangoura

Préface de Laurien Uwizeyimana

Cet ouvrage essaie d'analyser les raisons de l'échec de la gestion des déchets solides ménagers dans la ville de Conakry dans un contexte de ségrégation socio-spatiale. Il tente également de construire une perspective de gestion qui puisse prendre en compte le traitement et la valorisation des déchets dans cette ville.

(Coll. Études africaines, 660 p., 49 euros)

ISBN : 978-2-343-15829-7, EAN EBOOK : 9782140114373

LES IMPÔTS DU BONHEUR

Pour une révolution fiscale écologique européenne

Etienne Levesque

Nous ne sommes pas sur la bonne trajectoire écologique. Face à cela, Etienne Levesque nous entraîne dans une démarche de politique fiction avec la conviction de la nécessité d'imaginer demain. L'avenir ne se prévoit pas, il se construit. Pour cela, il prône une révolution fiscale écologique européenne. Il étudie les accompagnements nécessaires dans l'agriculture, l'industrie, les mobilités, le logement et l'emploi. Il propose une démarche pour un développement équilibré et harmonieux entre les territoires et les pays de l'Europe. Sûre de ses choix pour elle-même et la planète, l'Union européenne verra son rôle renforcé commercialement et politiquement.

(Coll. Questions contemporaines, 140 p., 15,5 euros)

ISBN : 978-2-343-16810-4, EAN EBOOK : 9782140114083

QUESTIONS D'EUROPE

Quatrième édition augmentée

STEPHANE MADAULE

Les frontières de l'Europe, l'existence d'un peuple européen, son histoire, son mode de construction, les concepts arides de subsidiarité et de majorité qualifiée, le nouveau traité constitutionnel sont les principaux thèmes abordés dans cet ouvrage. Mais il ne suffit pas de vouloir construire l'Europe, il faut lui donner un sens. Libéralisme, libre-échange, non-interventionnisme ont largement guidé ses premiers pas. Aujourd'hui, lui donner un contenu politique, social et démocratique semble indispensable pour son avenir.

(210 p., 20 euros)

ISBN : 978-2-343-16800-5, EAN EBOOK : 9782140113994

GUADELOUPE : LE DÉVELOPPEMENT EN QUESTION(S)

Sous la direction de Georges Combé

Ce numéro spécial d'Etudes Guadeloupéennes a pris le parti d'une approche transversale avec un ensemble de contributions qui mettent en question le développement dans ses multiples dimensions. Elles font des propositions novatrices qui pourraient nourrir le débat nécessaire et inévitable sur le devenir de la Guadeloupe. Comment la situer au regard des critères conventionnels du développement ? Si elle n'est pas un pays développé, à quelles conditions peut-elle l'être?

(218 p., 23,5 euros)

ISBN : 978-2-343-16121-1, EAN EBOOK : 9782140113772

LES MARCHÉS ONT TOUJOURS RAISON

Quarante années de révolution silencieuse

Alain Fiorucci

Les marchés sont mal considérés, malgré l'accélération spectaculaire du volume des transactions qui s'y opèrent depuis le début des années 1970. En démontrant la réalité de leur dépendance vis-à-vis de la conjoncture et non l'inverse, l'auteur entend souligner à quel point leur observation dans le court terme peut apporter un côté expérimental à une science économique qui en manque cruellement.

(310 p., 32 euros)

ISBN : 978-2-343-16106-8, EAN EBOOK : 9782140112485

Structures éditoriales du groupe L'Harmattan

L'Harmattan Italie
Via degli Artisti, 15
10124 Torino
harmattan.italia@gmail.com

L'Harmattan Hongrie
Kossuth l. u. 14-16.
1053 Budapest
harmattan@harmattan.hu

L'Harmattan Sénégal
10 VDN en face Mermoz
BP 45034 Dakar-Fann
senharmattan@gmail.com

L'Harmattan Cameroun
TSINGA/FECAFOOT
BP 11486 Yaoundé
inkoukam@gmail.com

L'Harmattan Burkina Faso
Achille Somé – tengnule@hotmail.fr

L'Harmattan Guinée
Almamya, rue KA 028 OKB Agency
BP 3470 Conakry
harmattanguinee@yahoo.fr

L'Harmattan RDC
185, avenue Nyangwe
Commune de Lingwala – Kinshasa
matangilamusadila@yahoo.fr

L'Harmattan Congo
67, boulevard Denis-Sassou-N'Guesso
BP 2874 Brazzaville
harmattan.congo@yahoo.fr

L'Harmattan Mali
Sirakoro-Meguetana V31
Bamako
syllaka@yahoo.fr

L'Harmattan Togo
Djidjole – Lomé
Maison Amela
face EPP BATOME
ddamela@aol.com

L'Harmattan Côte d'Ivoire
Résidence Karl – Cité des Arts
Abidjan-Cocody
03 BP 1588 Abidjan
espace_harmattan.ci@hotmail.fr

L'Harmattan Algérie
22, rue Moulay-Mohamed
31000 Oran
info2@harmattan-algerie.com

L'Harmattan Maroc
5, rue Ferrane-Kouicha, Talaâ-Elkbira
Chrableyine, Fès-Médine
30000 Fès
harmattan.maroc@gmail.com

Nos librairies en France

Librairie internationale
16, rue des Écoles – 75005 Paris
librairie.internationale@harmattan.fr
01 40 46 79 11
www.librairieharmattan.com

Lib. sciences humaines & histoire
21, rue des Écoles – 75005 Paris
librairie.sh@harmattan.fr
01 46 34 13 71
www.librairieharmattansh.com

Librairie l'Espace Harmattan
21 bis, rue des Écoles – 75005 Paris
librairie.espace@harmattan.fr
01 43 29 49 42

Lib. Méditerranée & Moyen-Orient
7, rue des Carmes – 75005 Paris
librairie.mediterranee@harmattan.fr
01 43 29 71 15

Librairie Le Lucernaire
53, rue Notre-Dame-des-Champs – 75006 Paris
librairie@lucernaire.fr
01 42 22 67 13

www.ingramcontent.com/pod-product-compliance
Lightning Source LLC
LaVergne TN
LVHW021147061026
849535LV00002B/381